SOCIALISME, CALCUL ÉCONOMIQUE ET FONCTION ENTREPRENEURIALE

Traduit de l'espagnol par Mme Rosine Letinier
Révision faite par Mlle Elizabeth Vásconez Bautista

5-7, rue de l'École-polytechnique ; 75005 Paris

http://www.harmattan.fr
diffusion.harmattan@wanadoo.fr
harmattan1@wanadoo.fr

ISBN : 978-2-343-01978-9
EAN : 9782343019789

Jesús HUERTA DE SOTO

SOCIALISME, CALCUL ÉCONOMIQUE ET FONCTION ENTREPRENEURIALE

Aphorismes libertariens

L'Harmattan

Collection « L'esprit économique »

fondée par Sophie Boutillier et Dimitri Uzunidis en 1996
dirigée par Sophie Boutillier, Blandine Laperche, Dimitri Uzunidis

Si l'apparence des choses se confondait avec leur réalité, toute réflexion, toute Science, toute recherche serait superflue. La collection « L'esprit économique » soulève le débat, textes et images à l'appui, sur la face cachée économique des faits sociaux : rapports de pouvoir, de production et d'échange, innovations organisationnelles, technologiques et financières, espaces globaux et microéconomiques de valorisation et de profit, pensées critiques et novatrices sur le monde en mouvement...
Ces ouvrages s'adressent aux étudiants, aux enseignants, aux chercheurs en sciences économiques, politiques, sociales, juridiques et de gestion, ainsi qu'aux experts d'entreprise et d'administration des institutions.

La collection est divisée en six séries :

Dans la série *Economie et Innovation* sont publiés des ouvrages d'économie industrielle, financière et du travail et de sociologie économique qui mettent l'accent sur les transformations économiques et sociales suite à l'introduction de nouvelles techniques et méthodes de production. L'innovation se confond avec la nouveauté marchande et touche le cœur même des rapports sociaux et de leurs représentations institutionnelles.

La série *L'économie formelle* a pour objectif de promouvoir l'analyse des faits économiques contemporains en s'appuyant sur les approches critiques de l'économie telle qu'elle est enseignée et normalisée mondialement. Elle comprend des livres qui s'interrogent sur les choix des acteurs économiques dans une perspective macroéconomique, historique et prospective.

Dans la série *Le Monde en Questions* sont publiés des ouvrages d'économie politique traitant des problèmes internationaux. Les économies nationales, le développement, les espaces élargis, ainsi que l'étude des ressorts fondamentaux de l'économie mondiale sont les sujets de prédilection dans le choix des publications.

La série *Krisis* a été créée pour faciliter la lecture historique des problèmes économiques et sociaux d'aujourd'hui liés aux métamorphoses de l'organisation industrielle et du travail. Elle comprend la réédition d'ouvrages anciens, de compilations de textes autour des mêmes questions et des ouvrages d'histoire de la pensée et des faits économiques.

La série *Clichés* a été créée pour fixer les impressions du monde économique. Les ouvrages contiennent photos et texte pour faire ressortir les caractéristiques d'une situation donnée. Le premier thème directeur est : mémoire et actualité du travail et de l'industrie ; le second : histoire et impacts économiques et sociaux des innovations.

La série *Cours Principaux* comprend des ouvrages simples, fondamentaux et/ou spécialisés qui s'adressent aux étudiants en licence et en master en économie, sociologie, droit, et gestion. Son principe de base est l'application du vieil adage chinois : « le plus long voyage commence par le premier pas ».

PRÉFACE À L'ÉDITION FRANÇAISE

Je suis ravi de présenter aux lecteurs l'édition française de *Socialisme, calcul économique et fonction entrepreneuriale* publiée pour la première fois en espagnol en 1992, il y a déjà 20 ans.

J'ai profité dans cette édition pour revoir complètement le livre et faire une série d'améliorations, la plupart stylistiques mais d'importance mineure. En outre, les références bibliographiques se sont aussi mis à jour, en particulier avec les nombreuses éditions d'œuvres clés des auteurs de l'École autrichienne qui n'arrêtent pas d'être publiées.

Après la chute du Socialisme réel après 1989 dans l'ancienne Union soviétique et pratiquement dans le monde, le débat sur l'impossibilité de l'étatisme n'a pas perdu un millésime d'actualité dans le temps, spécialement dans le contexte de grande crise de l'« *Etat-providence* » et le chaos financier et économique qui affectent actuellement les économies du monde entier avec un résultat inévitable de l'intention faillite de réglementer et d'intervenir d'une manière coactive le processus du marché avec des critéres de l'ingénierie sociale.

Preuve du grand intérêt que suscite l'analyse scientifique à propos de l'impossibilité que l'interventionnisme de l'Etat sur l'économie, atteigne ses objectifs prétendus, c'est la publication de plusieurs traductions de ce livre dans différentes parties du monde, parmi lesquelles on remarque la traduction russe élaborée par Alexander Kouryaev, qui a était publiée en 2008 à Moscou par la prestigieuse éditoriale Irisen avec le titre *Socializm, ekonomicheski raschot i predprinimatielskaya funkcia*, que j'ai eu l'honneur de présenter personnellement le 30 octobre 2008 à la Haute École d'Economie à l'Université d'Etat de Moscou, la traduction anglaise effectuée par Melinda Stroup a était publiée en 2010 en Angleterre et aux Etats-Unis pour Edward Elgar (avec la collaboration de l'*Institute of Economic Affairs* de Londres), on a également surmonté les obstacles bureaucratiques qui prévalent encore dans la République populaire de Chine et on a reussi a publier en 2011 à Shangai la traduction élaborée par Zhu Haijiu de l'École d'Économie à l'Université Zhejiang Gongshang, la traduction polaque faite par Mateusz Machaj a été publiée en 2011 et la traduction italienne faite par Antonio Zanella en 2012, pour finir il y a quelques traductions qui sont en attente comme l'arabe et l'allemande faites respectivement par Nelly Hachem et Marius Kleinheyer.

Je ne voudrais pas terminer cette préface sans mentionner, l'effort, l'enthousiasme et le dévouement qu'année après année mes élèves et assistants investissent dans l'analyse, l'étude, et la discussion en classe de ce livre, dans les cours d'économie politique à l'Université Rey Juan Carlos de Madrid dont je suis professeur, et maintenant grâce à l'enregistrement vidéo de mes cours en direct, à travers internet Youtube et Blip.tv est en train d'atteindre à des dizaines de milliers d'étudiants partout dans le monde, sous l'auspice de l'Institut Juan de Mariana, effectué par Fernando Díaz Villanueva et édité par José Manuel González y González. À toutes ces personnes je dédie mes remerciements les plus grands.

JESÚS HUERTA DE SOTO
Le 27 mai 2012
Fête de la Pentecôte

PREFACE A LA TROISIEME EDITION

Il faut tenir compte, dans cette troisième édition de mon livre *Socialisme, calcul économique et fonction entrepreneuriale*, que j'ai le plaisir de présenter aux lecteurs et étudiants, des trois observations faites, il y a quatre ans, dans la préface à la seconde édition ; elles doivent, donc, être considérées comme reproduites ici.

Deux évènements marquants se sont produits depuis la parution de l'édition précédente. D'une part, nous avons achevé la préparation de la version anglaise de ce livre qui, si Dieu le veut, sera publiée par une prestigieuse maison d'édition en Angleterre et aux Etats-Unis, sous le titre *Socialism, economic calculation and entrepreneurship*. L'on constate, d'autre part, une augmentation toujours croissante, tant en Espagne que dans le reste du monde, du nombre des chercheurs, étudiants et professeurs, désireux d'approfondir la conception dynamique de la concurrence et des processus de marché et de l'appliquer à la théorie de l'impossibilité du socialisme et de l'interventionnisme économique. C'est pourquoi il a fallu fonder une revue scientifique qui, sous le titre *Procesos de Mercado : Revista Europea de Economía Política*[1], serve à réunir et publier les travaux des chercheurs, et en particulier des nouvelles générations intéressées par ce que représente aujourd'hui, au niveau international, la dynamique et très productive Ecole autrichienne d'Economie. Celle-ci développe un paradigme capable de se substituer à celui qui s'est imposé jusqu'ici et se trouve actuellement dans une phase aiguë de crise, décadence et désagrégation.

Il faut, enfin, souligner l'enthousiasme et l'esprit universitaire que démontrent, dans chaque promotion, les étudiants de mes cours de licence qui utilisent cet ouvrage comme manuel. Ils constituent, avec mes étudiants de doctorat et les assistants de ma Chaire d'Economie Politique à l'Université Rey Juan Carlos de Madrid, le stimulant et l'aide les plus efficaces pour continuer de promouvoir, en Espagne, le noble programme de recherche de l'Ecole autrichienne d'Economie.

Formentor, 22 août 2005
JESUS HUERTA DE SOTO

---

[1] Il est possible de demander les différents numéros déjà publiés de *Procesos de Mercado* en s'adressant à ommcamp@teleline.es, ou en consultant la page web : www.jesushuertadesoto.com.

PREFACE A LA DEUXIEME EDITION

J'ai le plaisir de présenter la deuxième édition de mon livre *Socialisme, calcul économique et fonction entrepreneuriale* et considère opportun de faire ici trois observations.

En premier lieu, cette nouvelle édition conserve le contenu, la structure et la pagination de la première. Cela permet d'éviter des confusions et de faciliter le travail des chercheurs qui utilisent les allusions et citations déjà nombreuses, concernant la première édition, qui sont apparues dans la littérature spécialisée. La nouvelle édition a, en tout cas, été entièrement revue et les errata et les erreurs qui s'étaient glissées dans la première édition ont été corrigés. On a également actualisé quelques articles et éditions de livres cités à pied de page et dans la bibliographie. On a effectué, enfin, quelques légères modifications de style. Mis à part ces petites modifications, aucun autre changement n'a été réalisé.

Deuxièmement, et pour les raisons indiquées au paragraphe précédent, on a renoncé à inclure et à commenter, dans cette édition, les livres et travaux les plus significatifs publiés sur le socialisme depuis la parution de la première édition car ils ne sont pas très nombreux et n'apportent pas grand-chose de nouveau et, d'autre part, leur commentaire détaillé aurait substantiellement modifié le contenu de ce livre que nous avons préféré ne pas altérer[1]. Il faut, cependant, souligner l'importance qu'a représenté la publication, en Espagne, de tous les articles qu'a écrit Hayek à l'occasion de la polémique concernant le calcul économique socialiste. Ils sont inclus dans le volume 10, intitulé *Socialismo y guerra,* de l'édition espagnole des *Œuvres Complètes* de F. A. Hayek que je dirige[2]. Ce volume doit être considéré, en raison de son importance, comme un complément indispensable du présent livre, dont les lecteurs de langue espagnole ne disposaient pas lors de la parution de sa première édition en 1992.

Troisièmement, l'auteur est très satisfait de constater le recul, durant les neuf années écoulées depuis la publication de la première édition de ce livre, de l'interprétation traditionnelle du débat autour de l'impossibilité du calcul

---

[1] Il faut citer, ne serait-ce que pour l'amplitude de sa vision, le livre de David-Ramsey Steel *From Marx to Mises : Post-Capitalist Society and the Challenge of Economic Calculation*, Open Court Publishing, La Salle, Illinois 1992. Il peut être également intéressant de revoir la polémique soutenue, dans la *Review of Austrian Economics*, entre les professeurs Joseph Salerno, Jörg Guido Hülsmann, Hans-Hermann Hoppe et Leland Yeager au cours des années 1992-1995 et concernant les prétendues différences d'optique entre Mises et Hayek à propos de leurs critiques respectives du socialisme ; différences que, pour les raisons que je donne dans les notes au pied des pages 140 et 148, je considère, avec Leland Yeager, être plus fictives que réelles.

[2] F. A. Hayek, *Socialismo y guerra*, vol 10 des *Obras Completas de F. A. Hayek*, édition espagnole dirigée par Jesús Huerta de Soto, Unión Editorial, Madrid 1998.

économique socialiste et de l'apparition d'un nouveau consensus parmi les économistes : ceux-ci acceptent actuellement, de façon majoritaire, que les économistes autrichiens Mises et Hayek ont triomphé dans ce débat. La preuve en est que Mark Blaug, l'un des auteurs de plus grand prestige en matière d'histoire de la pensée économique, a écrit : « *je me suis rendu compte de façon lente et très réticente qu'ils (les théoriciens de l'Ecole autrichienne) étaient dans le vrai et que tous les autres étions dans l'erreur* ». Il a également affirmé, en parlant de l'évaluation de l'application du paradigme neóclassique pour justifier la possibilité du calcul économique socialiste, que cela était « *si naïf du point de vue administratif qu'on peut en rire. Seuls les fanatiques du modèle d'équilibre statique parfaitement concurrentiel peuvent avoir avalé une telle sottise. Je fus moi-même l'un de ceux qui l'avala dans les années 50, étant étudiant, et je ne fais aujourd'hui que m'étonner de mon manque de perspicacité* »[3]. Cette reconnaissance a beaucoup d'importance car ce n'est qu'en acceptant la conception dynamique du marché et du processus entrepreneurial que défendent les économistes de l'Ecole autrichienne que l'on peut apprécier les erreurs socialistes. Cela implique tout un changement d'optique dans le monde de la science économique qui, s'il se poursuit, bouleversera les fondements de celle-ci ; elle se transformera pour devenir, au cours du siècle qui vient de commencer, beaucoup plus riche, féconde et humaniste[4].

Formentor, 28 août 2001
JESUS HUERTA DE SOTO

[3] Mark Blaug et Neil de Marchi (éd.), *Appraising Economic Theories*, Edward Elgar, Londres 1991, p. 508 et *The Economic Journal*, vol. 103, n° 421, novemvre 1993, p. 1571.

[4] Voir Jesús Huerta de Soto, *L'Ecole autrichienne : marché et créativité entrepreneuriale,* Edit. Charles Coquelin, Paris 2007. L'auteur est reconnaissant de l'envoi de tout commentaire concernant la seconde édition de son livre à l'adresse : huertadesoto@dimasoft.es.

PREFACE A LA PREMIERE EDITION

Ce livre est l'aboutissement d'un long processus personnel de formation intellectuelle dont les débuts remontent à une vingtaine d'années : l'automne 1973. J'ai alors commencé à assister, à l'instigation de mon père Jesús Huerta Ballsester, et grâce aussi à José Ramón Canosa, au séminaire hebdomadaire que tenaient, tous les jeudis soir à Madrid, sur l'Economie autrichienne, les frères Joaquín et Luis Reig Albiol, au domicile particulier de ce dernier. L'enthousiasme et l'appui infatigable de Luis Reig, tout comme la préparation des sessions hebdomadaires de ce séminaire, mon assistance et ma participation à celles-ci, durant les années 70, ont représenté une expérience intellectuelle extraordinaire et d'une valeur incalculable dans ma formation comme économiste. Cela m'a en outre donné l'occasion de me convaincre que seul le paradigme de l'Ecole autrichienne permettait de répondre aux interrogations et de résoudre les inconsistances d'autres paradigmes qui, comme le keynésien et celui de l'Ecole de Chicago, m'avaient paru, autrefois et trompeusement, attrayants.

Plus tard, en 1980, grâce à une recommandation du Prix Nobel d'Economie Friedrich A. Hayek, et à une bourse de la Banque d'Espagne pour la réalisation d'études supérieures d'Economie Politique à l'Université de Stanford, j'ai pu consacrer deux années universitaires complètes à l'approfondissement de mes connaissances sur l'Ecole autrichienne en général et sur sa théorie du capital et des processus de marché en particulier. Je suis reconnaissant à Leonard Liggio et à Walter Grinder, à l'Institute for Humane Studies, situé alors à Menlo Park tout à côté de l'Université, de l'aide qu'ils m'ont apportée à cette période. J'ai ainsi eu l'occasion de faire la connaissance de Murray N. Rothbard, l'un des plus brillants étudiants de Ludwig von Mises et célèbre membre de l'Ecole autrichienne actuelle, et de converser avec lui sur quelques-uns des sujets les plus polémiques et intéressants de la Science Economique. Ce qui a représenté, pour moi, une expérience intellectuelle très importante.

De retour en Espagne, en 1983, et après avoir eu la satisfaction de recevoir des mains de sa majesté le roi Juan Carlos I le Prix International d'Economie qui porte son nom pour mes travaux sur les plans privés de pensions et la privatisation de la sécurité sociale, Gustavo Villapalos Salas, actuel recteur de l'Université Complutense de Madrid, m'a invité à faire partie de l'assemblée des professeurs de cette Université, dans laquelle j'enseigne actuellement l'économie politique en tant que maître de conférences. Je suis très reconnaissant à mes étudiants d'Economie politique, de licence et de doctorat, de l'effort, de l'enthousiasme et du temps qu'ils consacrent à apprendre et à approfondir les principes essentiels de l'économie politique en général et de l'Ecole autrichienne, en particulier. Leur nombre élevé – en moyenne 300 étudiants par an, de doctorat et licence, qui ont dépassé, en 7 ans, les 2000 étudiants – m'empêche, pour des raisons évidentes d'espace, et non de mérite, de citer expressément tous ceux qui se sont le plus brillamment distingués. Je ne peux, cependant, pas omettre de citer, en raison de leur valeur, de leur collaboration et de leur appui, Esteban Gándara Trueba, Eugenio Illana Rodríguez, Miguel Angel Ferrero Andrés, Sara González Pérez et Carlos de Miguel.

J'ai acquis la conviction, durant les dernières années de mon activité d'enseignant, qu'il fallait élaborer une théorie du socialisme qui, profondément enracinée dans la méthodologie subjectiviste de l'Ecole autrichienne, se fondât sur les théories de l'action humaine et de la fonction entrepreneuriale telles que les a d'abord développées Ludwig von Mises et, par la suite et surtout, Israël M. Kirzner. J'ai également abouti à la conclusion suivante : il faut adopter une nouvelle définition du mot socialisme, beaucoup plus féconde et expliquant mieux les problèmes réels ; de sorte qu'elle permette un traitement unitaire des divers types de socialisme existant ou ayant existé dans l'histoire, et puisse, en outre, promouvoir le développement futur de la Science Economique qui, à partir de l'optique proposée, pourra, je crois, et devra se transformer en une théorie des effets de la contrainte institutionnelle.

C'est à l'occasion du séminaire que j'organisai pour le Liberty Fund au Real Colegio Universitario María Cristina de San Lorenzo de El Escorial, du 30 octobre au 1° novembre 1988, sur le thème « Economic Calculation, Economic Planning and Economic Liberty » que j'ai soumis, pour la première fois, à discussion publique ma nouvelle conception du socialisme. Dans ce séminaire, Gerald P. O'Driscoll et Don A. Lavoie, entre autres[1], intervinrent brillamment. Lavoie, un des meilleurs spécialistes du débat sur l'impossibilité du calcul économique socialiste, m'a montré l'importance qu'il y avait à approfondir ce débat ainsi que la nécessité d'une révision et d'une réévaluation globale de celui-ci du point de vue de la nouvelle conception du socialisme proposée.

C'est ainsi qu'a commencé la rédaction du manuscrit, intitulé *Análisis Crítico del Socialismo : Teórico, Histórico y Etico.* Il s'agit d'un ouvrage qui prétend analyser de manière intégrée, avec l'extension et la profondeur nécessaires, le phénomène socialiste dans ses aspects les plus importants, et permettre, en systématisant et en prenant pour base les travaux d'autres théoriciens en la matière, d'avancer dans la compréhension, explication et prévention du socialisme. Le désir de faire connaître les chapitres qui sont achevés, afin d'éviter un retard inutile dans leur publication et qui serait inévitable étant donné l'extension du programme entrepris, ainsi que la nécessité pratique de doter mes étudiants de matériaux d'étude nouveaux et plus actuels ont conseillé la publication de la première partie de mon travail : celle qui correspond fondamentalement au traitement *théorique* de l'analyse

---

[1] En plus de ceux cités dans le texte, les professeurs suivants participèrent aussi à ce séminaire du Liberty Fund : Karl H. Paqué, de l'Institut d'Economie de Kiel ; Charles King, du Liberty Fund ; Norman P. Barry, de l'Université de Buckingham ; Carlos Rodríguez Braun, José T. Raga Gil, Francisco Cabrillo Rodríguez, Santos Pastor Prieto, Lucas Beltrán Flórez et Pedro Schwartz Girón, ces derniers appartenant alors à l'Université Complutense de Madrid ; Antonio Argandoña, de l'Université Centrale de Barcelone ; Henri Lepage, de l'Institut de l'Entreprise de Paris ; et Luis Reig Albiol de Madrid.

critique du socialisme, sous le titre *Socialisme, Calcul Economique et Fonction Entrepreneuriale.* Nous réservons pour une publication future l'application de l'analyse théorique, proposée dans ce livre, à l'interprétation historique des cas réels de socialisme ainsi qu'à l'étude de leur admissibilité morale et au développement d'une théorie sur leur prévention et désarticulation.

Les professeurs suivants ont lu ce livre et apporté de précieux commentaires critiques et suggestions : Israël M. Kirzner, de l'Université de New York, Lucas Beltrán Flórez, José Luis Pérez de Ayala y López de Ayala, José T. Raga Gil, Francisco Cabrillo Rodríguez et Carlos Rodríguez Braun, de l'Université Complutense de Madrid ; Pedro Schwartz Girón, de l'Université Autónoma de Madrid ; Santos Pastor Prieto, de l'Université Carlos III de Madrid ; Joaquín Trigo Portela, de l'Université Centrale de Barcelone ; et Javier Paredes Alonso, de l'Université d'Alcalá de Henares. J'exprime à tous ma profonde et sincère reconnaissance et les décharge, naturellement, de toute responsabilité quant au contenu final de cet ouvrage. Une version anglaise du chapitre III a été esquissée à la réunion régionale de la Société Mont Pèlerin tenue à Prague au début du mois de novembre 1991 ; elle a été ensuite présentée de façon beaucoup plus détaillée et discutée lors de la First European Conference on Austrian Economics qui, présidée par Israël M. Kirzner, s'est tenue à Maastricht du 9 au 11 avril 1992[2].

Je remercie également mes collaboratrices Carmen Galiana, Sandra Moyano et Ann Lewis pour leur travail de dactylographie et de correction des différentes versions du manuscrit. Et j'exprime aussi ma reconnaissance à mon épouse, collaboratrice et étudiante Sonsoles Huarte Giménez pour l'effort, la patience et le dévouement avec lesquels elle a supporté mes longues heures d'étude et de travail au prix d'un temps précieux que j'aurais souvent consacré, en d'autres circonstances, à ma famille. A tous, mes remerciements.

Señorio de Sarría, 7 juillet 1992
J. H. S.

---

[2] Publiée sous le titre « The Economic Analysis of Socialism », chap. 14 de *New Perspectives on Austrian Economics*, Gerrit Meijer (éd.), Routledge, Londres et New York 1995.

CHAPITRE I

INTRODUCTION

Ce chapitre introductif se propose de résumer les particularités et nouveautés principales de l'analyse du socialisme que nous allons réaliser dans ce livre. Il contient également un résumé et une évaluation succincts du contenu, de la structure et des conclusions de l'ouvrage ; il indique, enfin, une liste de possibles lignes de recherche, intéressantes et importantes, qu'il conviendrait d'amorcer à partir de l'analyse proposée.

1. SOCIALISME ET ANALYSE ECONOMIQUE

L'échec historique du socialisme

La chute du socialisme dans les pays de l'Est de l'Europe est un évènement historique de premier ordre qui a surpris, sans aucun doute, la plupart des spécialistes de la science économique. Non seulement la science économique n'a pas été à la hauteur de circonstances historiques d'énorme envergure qu'elle n'a pas su prévoir, mais – ce qui est plus grave – elle n'a pas su jouer son rôle et fournir à l'humanité les instruments d'analyse nécessaires pour lui permettre d'éviter à temps les graves erreurs commises[8]. L'on a, au contraire, souvent utilisé son prestige scientifique pour justifier et encourager des politiques économiques et des systèmes sociaux qui ont ostensiblement échoué et ont coûté très cher en souffrance humaine.

Face à cette situation, les économistes occidentaux, loin de manifester un profond malaise ou désarroi, continuent de bâtir leur science *comme si de rien n'était*[9]. Et, dans les rares occasions où un économiste de renom s'est posé la difficile question de savoir ce qui s'était passé pour que la plupart des théoriciens professionnels aient été incapables d'évaluer correctement et de prévoir à temps le cours des évènements, les réponses, naïves et superficielles, ont été très peu satisfaisantes. On a ainsi parlé, par exemple,

---

[8] De ce point de vue, il semble même relativement peu important que la science économique se soit à nouveau fait remarquer lorsqu'il a fallu aider à la transition vers une économie de marché des systèmes récemment effondrés : il s'est avéré que les économistes n'avaient pratiquement pas travaillé dans ce domaine, que l'on n'avait, jusque là, jugé utile d'inclure dans presque aucun programme de recherche scientifique.

[9] Il n'en a pas été de même pour les économistes de l'est de l'Europe, comme nous le verrons plus loin *in extenso.* Ces auteurs sont, en outre, les plus conscients des insuffisances théoriques de la science économique occidentale. Cela produit souvent chez eux une sensation étrange de malaise et de perplexité théoriques, que leurs arrogants collègues occidentaux ne comprennent pas.

d'une « *erreur* » d'interprétation des données statistiques qui, provenant des systèmes de socialisme réel, auraient été acceptées par la profession sans « *esprit critique* » suffisant. On a mentionné aussi la médiocre considération scientifique accordée au rôle que jouent les « *stimulants* » dans la vie économique[10]. C'est à peu près tout ce que l'on a entendu, jusqu'ici, comme *mea culpa* de la part des économistes les plus distingués et des membres de la profession en général. Personne, ou presque, n'a pensé que l'essence même du problème résidait peut-être dans la méthode qui a prévalu en économie précisément durant la période du XXème siècle où les systèmes socialistes ont été en vigueur. Et l'on peut compter sur les doigts d'une main les économistes qui se sont attelés à la tâche incontournable et fondamentale de mettre en lumière et de réévaluer le contenu du débat sur l'impossibilité économique du socialisme qui, amorcé à l'instigation de Ludwig von Mises en 1920, s'est étendu aux décennies suivantes[11]. Mis à part ces exceptions honorables, il semble que la plupart des économistes préfèrent orienter aujourd'hui leurs recherches en appliquant la « *loi du silence* » à tout ce qui a été écrit jusqu'ici sur le socialisme, aussi bien par eux que par leurs prédécesseurs.

Et, cependant, on ne peut pas tourner la page du socialisme dans l'Histoire comme si son échec ne devait avoir aucune répercussion sur la connaissance humaine de caractère scientifique. L'histoire de la pensée économique, en effet, serait tout à fait boiteuse si, dorénavant, celle-ci se dispersait à nouveau dans l'analyse des « *problèmes ponctuels* » les plus urgents à chaque moment et négligeait la nécessité fondamentale de soumettre à une profonde réévaluation et étude critique les analyses du socialisme réalisées jusqu'ici et, en particulier, de se prononcer définitivement, en termes de réfutation théorique, sur ce système social. Si, d'ailleurs, il en était ainsi, il faudrait forcément considérer que la science économique a de nouveau trahi les grandes espérances que l'humanité a le droit de placer en elle. Le socialisme, en effet, sera historiquement prédestiné, en tant que système abstrait de pensée fortement enraciné dans l'arrogance rationaliste innée de l'homme[12], à affleurer de façon récurrente, à moins que l'on ne profite de l'occasion historique unique qui se présente à nous : celle de faire un profond « *examen de conscience* » théorique, d'expliciter les erreurs commises, de réévaluer globalement les instruments

---

[10] Ce sont les seules explications mentionnées par Gary Becker dans sa « Presidential Address », à la Réunion Régionale de la Mont-Pèlerin Society tenue à Prague, Tchécoslovaquie, du 3 au 6 novembre 1991, sous le titre général « In Search of a Transition to a Free Society ».

[11] Il faut citer ici le travail de Don A. Lavoie *Rivalry and Central Planning. The Socialist Calculation Debate Reconsidered*, Cambridge University Press, Cambridge 1985, qui est devenu une référence incontournable pour les spécialistes en la matière.

[12] C'est la thèse exposée par F. A. Hayek dans son *Fatal Conceit. The Errors of Socialism*, publié comme vol. I des *Collected Works of F. A. Hayek*, par Routledge, Londres 1989. Traduction espagnole de Reig Albiol, que j'ai préfacée ; publiée sous le titre *La Fatal Arrogancia. Los Errores del Socialismo* comme vol I des *Obras Completas* en 22 volumes de F. A. Hayek, par Unión Editorial, Madrid 1990. La présomption fatale, Presses Universitaires de France (PUF) 1993.

d'analyse utilisés et de ne permettre de considérer comme close aucune étape historique sans avoir préalablement abouti aux conclusions théoriques nécessaires et aussi définitives que possible.

Le point de vue subjectif dans l'analyse économique du socialisme

La thèse fondamentale défendue et développée dans ce livre est que l'analyse du socialisme ne peut et ne doit se faire que du point de vue d'une conception profonde et claire de l'action humaine et des processus dynamiques d'interaction sociale qu'elle engendre. Ou, autrement dit, que l'analyse économique du socialisme réalisée jusqu'ici n'a pas su, en général, incorporer de façon satisfaisante l'individualisme méthodologique et la perspective subjectiviste indispensables, selon Hayek, au développement de notre science. D'après cet auteur, en effet, « *it is probably no exaggeration to say that every important advance in economic theory during the last hundred years was a further step in the consistent application of subjectivism* »[13]. Et c'est précisément ce que nous nous sommes proposé de faire dans notre travail de recherche sur le socialisme, à savoir : le développer sur la base d'une application radicale et cohérente du « *subjectivisme* ». C'est-à-dire de le construire autour de la caractéristique la plus intime et essentielle de l'homme : sa capacité d'entreprise et de création.

C'est dans cette optique qu'il faut comprendre l'effort continu que nous avons réalisé pour nous défaire, à tout moment et dans tous les contextes de notre travail, des restes de cet « *objectivisme* » qui imprègne encore, explicitement ou inconsciemment, de nombreux domaines de notre science, la rend stérile et entrave énormément son futur développement. Et bien qu'on ne puisse jamais être absolument sûr d'avoir totalement évité que l'objectivisme stérile, omniprésent dans notre science, ne se soit subrepticement introduit dans notre analyse (peut-être et surtout en raison des nombreuses années de déformation que subit tout étudiant en économie

---

[13] « Il n'est probablement pas exagéré d'affirmer que chacun des progrès les plus importants de la théorie économique durant les cent dernières années a été le résultat d'un degré supérieur d'application cohérente du subjectivisme ». F. A. Hayek, *The Counter-Revolution of Science*, Free Press of Glencoe, New York 1952, p. 31 (il existe une magnifique réédition de Liberty Press, Indianapolis 1979). Hayek ajoute à la note 24 des pp. 209-210 que le subjectivisme « has probably been carried out most consistently by L. v. Mises and I believe that most peculiarities of his views which at first strike many readers as strange and unacceptable are due to the fact that *in the consistent development of the subjectivist approach he has for a long time moved ahead of his contemporaries*. Probably all the characteristic features of his theories, from his theory of money to what he calls his *apriorism*, his views about mathematical economics in general, and the measurement of economic phenomena in particular, and his criticism of planning all follow directly from his central position ». (Comme dans les autres notes du livre, et tant qu'on n'indique pas expressément le contraire, l'italique est de moi et n'apparaît pas dans le texte original. D'autre part, nous avons reproduit les citations textuelles chaque fois que c'était possible, dans la langue originale, quoique toutes celles incluses dans le texte principal sont convenablement traduites dans les notes de pied de page).

durant ses études universitaires), on a tâché d'écarter le mieux possible le paradigme dominant qui étouffe tout. Nous avons, donc, spécialement évité de tomber dans l'erreur qui consiste à considérer que les phénomènes économiques ont une existence « *matérielle* » et « *objective* » en marge de l'interprétation et de la connaissance subjectives que créent les hommes à leur sujet lorsqu'ils agissent. Nous en sommes donc venus à concevoir l'économie comme une science qui ne traite que de réalités « *spirituelles* », c'est-à-dire d'information ou de connaissance subjectives créées par les hommes dans les processus d'interaction sociale.

Notre définition du socialisme

Le désir d'appliquer le subjectivisme avec le maximum de rigueur et de consistance possible à l'analyse du socialisme se matérialise, avant tout, dans notre définition de ce système social. Nous avons dit, en effet, que l'essence la plus intime et caractéristique de la nature humaine consistait, pour nous, dans sa capacité à agir librement et de façon créative. Or, de ce point de vue, nous entendons par *socialisme tout système d'agression institutionnelle contre le libre exercice de l'action humaine ou fonction entrepreneuriale.* Nous aurons l'occasion d'explorer en détail, au chapitre III, tous les éléments et implications de notre définition et d'analyser les avantages comparatifs importants et fructueux de celle-ci par rapport aux autres définitions utilisées jusqu'à présent. Nous voulons seulement souligner ici qu'en concevant le socialisme comme l'*anti-action* violente systématique ou *contrainte institutionnelle*, notre analyse du socialisme se généralise inévitablement et se transforme en une *théorie économique sur la contrainte institutionnelle*. Il est, en outre, évident que l'analyse des implications théoriques que produit l'agression systématique contre l'action et interaction humaine exige au préalable de comprendre et de connaître suffisamment bien les principes fondamentaux de l'analyse théorique de l'action humaine non soumise à la contrainte. C'est ce à quoi est consacré le chapitre II de livre, intitulé « La fonction entrepreneuriale ».

Fonction entrepreneuriale et concept de socialisme

Notre conception de la fonction entrepreneuriale est à la fois très ample et précise. Nous considérons, dans un sens général, que les concepts de fonction entrepreneuriale et d'action humaine sont synonymes. Dans un sens plus strict, la fonction entrepreneuriale consiste dans la capacité caractéristique de l'homme de reconnaître les occasions de gain existant dans son environnement. L'action est, donc, un phénomène typique d'entreprise dont le chapitre II étudie en détail les caractéristiques et éléments principaux. La caractéristique la plus remarquable de toutes est la capacité créative et de coordination de l'esprit d'entreprise. Tout acte entrepreneurial, en effet, crée et engendre de l'information nouvelle, tacite, dispersée, pratique et subjective, et conduit les acteurs impliqués à ajuster ou discipliner leur comportement en fonction des besoins et circonstances des autres. Ce qui crée, de façon spontanée et inconsciente, les liens qui rendent possible la vie en société. En outre, la fonction entrepreneuriale est seule capable d'engendrer l'information nécessaire pour permettre le *calcul économique,* entendu comme tout jugement estimatif du résultat des différents courants d'action. Or, l'identification et la compréhension adéquates de l'essence de ce processus merveilleux de coordination sociale et de calcul économique, que seule la fonction entrepreneuriale engendre, permet de comprendre, par contraste et par comparaison, les graves effets de discoordination sociale et d'absence de calcul économique que produira forcément toute contrainte institutionnelle exercée à l'encontre de la fonction entrepreneuriale libre. Autrement dit, seule une compréhension adéquate de l'essence des processus du marché et de la société peut faire apprécier clairement toutes les implications, principales et secondaires, du système socialiste analysées, de ce point de vue et en relation les unes avec les autres, au chapitre III.

Le socialisme, erreur intellectuelle

Si le socialisme a souvent été défendu dans des milieux scientifiques, politiques ou philosophiques, c'est parce que l'on a cru que l'usage systématique de la contrainte pouvait rendre le processus de coordination sociale beaucoup plus effectif et parfait. Nous consacrons toute la première partie du chapitre III à la réfutation théorique de cette idée. Pour ce faire, nous élaborons notre argument à partir de deux points de vue, « *statique* »[14] et « *dynamique* » ; ils sont différents mais complémentaires. Nous concluons que le socialisme, ainsi entendu, n'est qu'une erreur intellectuelle, puisqu'il n'est pas possible, théoriquement, de coordonner la société en utilisant et en imposant systématiquement des ordres contraignants.

La deuxième moitié du chapitre III étudie, d'une part, les implications et les conséquences secondaires de notre argument essentiel, de façon concaténée et dans une perspective multidisciplinaire. Il explique et défend, d'autre part, notre définition du socialisme face aux autres conceptions historiquement utilisées. Il présente, enfin, une description des différentes variétés ou types historiques de socialisme qui, différenciés par leurs motivations, degrés d'intervention et autres particularités, se fondent tous, dans une plus ou moins large mesure, sur l'usage systématique de la violence qu'ils pratiquent contre le libre exercice de la fonction entrepreneuriale.

---

[14] Notre argument « *statique* » n'a rien à voir avec l'analyse de l'équilibre ou conception statique que nous critiquons sévèrement plus bas, au chapitre IV et, en général, tout au long de ce livre. Cependant, nous n'avons pas trouvé, parce qu'il concerne le caractère *dispersé* d'une information hypothétiquement *déjà créée*, de terme mieux adapté pour le distinguer de l'argument plus « *dynamique* », qui concerne le processus de création d'information *nouvelle.* Nous verrons plus loin (p. 79 et p. 80) que nos deux arguments, « *statique* » et « *dynamique* », sont, à notre point de vue, aussi dynamiques l'un que l'autre et, donc, aussi incompréhensibles pour l'analyse économique de l'équilibre. Car les deux arguments concernent des processus sociaux simultanés et indiscernables, que nous n'étudions séparément que pour des raisons strictement didactiques.

2. DEBAT SUR L'IMPOSSIBILITE DU CALCUL ECONOMIQUE SOCIALISTE

L'analyse du socialisme dont nous parlions à la section précédente rend évident le besoin de réévaluer le débat sur l'impossibilité du calcul économique socialiste qui opposa, entre les années 20 et 30 du XXème siècle, Mises et Hayek, d'une part, et divers théoriciens partisans du socialisme, de l'autre. Rappelons-nous, d'abord, comme nous l'avons défendu plus haut, que la récente chute historique du socialisme dans les pays de l'Est oblige tout chercheur sérieux et honnête à revoir et réévaluer ce qu'ont dit sur le socialisme, dans le domaine théorique, ceux qui ont étudié le plus à fond les problèmes impliqués. Deuxièmement, notre conception de la fonction entrepreneuriale et du socialisme n'est que l'aboutissement d'une synthèse théorique apparue, sous forme embryonnaire, à l'origine du débat et qui s'est perfectionnée au fur et à mesure de son déroulement. L'analyse et la réévaluation du débat sont, donc, indispensables à la compréhension et à la clarté de toutes les implications de l'analyse du socialisme proposée ici. Enfin, l'étude du débat montre l'incapacité du paradigme dominant, fondé sur l'analyse de l'équilibre, à comprendre les problèmes théoriques du socialisme. Cette analyse étant fondée sur l'étude réalisée du point de vue du mécanicisme newtonien et de l'équilibre ou, si l'on veut, de l'« *inaction répétitive* », il est même impossible de distinguer quel est le problème théorique inévitable que pose la contrainte institutionnelle. De surcroît, le fait que la plupart des commentateurs et auteurs des sources secondaires concernant le débat aient procédé dudit paradigme explique qu'ils n'aient pas su comprendre le contenu du défi posé par Mises et Hayek, ainsi que la survie, durant tant d'années, du « *mythe* » du triomphe socialiste dans la polémique dont nous parlons.

Ludwig von Mises et le départ du débat sur le socialisme

Ce n'est pas par l'effet d'un pur hasard que le débat a commencé à la suite des apports de Mises élaborés peu après la Première Guerre Mondiale. En effet, seul quelqu'un ayant acquis, comme Mises, une profonde connaissance de l'essence et des implications des processus de marché mus par l'action humaine a été capable de sentir et de comprendre les incontournables problèmes de calcul économique qu'implique le socialisme. Le chapitre IV est consacré à l'étude des antécédents et du contenu de l'apport séminal de Mises. Nous prenons spécialement soin de situer Mises dans le contexte historique où il réalisa son apport historique et fondamental et où prédominait une conception du socialisme typiquement marxiste. Nous nous attachons, de même, à démontrer que l'analyse du socialisme effectuée par Mises est une analyse (selon la meilleure tradition de l'Ecole autrichienne) de théorie dynamique ; elle n'a donc rien à voir ni avec l'analyse statique de l'équilibre ni avec la « *logique pure du choix* » élaborée dans ce domaine. Le chapitre s'achève par une étude critique et détaillée des premières propositions socialistes de « *solution* » au problème du calcul économique : le calcul en nature, en heures de travail et le calcul dit « *en unités d'utilité* » ; aucune d'elles n'ayant su faire face aux incontournables problèmes théoriques posés par Mises.

Déviation indue du débat vers la statique

L'idée absurde selon laquelle seule l'analyse économique de l'équilibre est « *théorie* », idée qui imprègne le paradigme dominant, a inévitablement fait dévier le débat vers les problèmes de la statique. Ainsi, – comme nous le verrons au chapitre V – les économistes n'ont pas compris le défi de Mises : ou bien, voyant que son analyse n'était pas une analyse d'équilibre, ils ne l'ont pas considérée comme « *théorique* », mais plutôt relative à des questions pratiques ; ou bien, la plupart du temps, ils ont interprété le défi misesien dans les termes restreints de l'équilibre et dans la stricte « *logique pure du choix* », sans voir que Mises lui-même avait établi très clairement, dès le début, que le socialisme ne posait aucun problème en termes statiques, de sorte que son argument théorique contre le socialisme était essentiellement dynamique et se fondait sur sa théorie des processus d'interaction humaine qui se produisent dans le marché. C'est pourquoi la déviation du débat vers la statique a été *non pertinent* (car la statique n'avait rien à voir avec le défi théorique original posé par Mises contre le socialisme) et, de surcroît, *indue* car elle a complètement stérilisé la polémique théorique (le point de vue statique a empêché de voir où résidait le problème et de comprendre sa nature essentiellement insoluble). Le chapitre V analyse aussi les diverses tentatives de « *solution mathématique* » proposées par les économistes socialistes, allant des arguments de la « *similitude formelle* » existant en termes statiques entre le marché et le socialisme, jusqu'aux contributions les plus épurées de Taylor et Dickinson. Il propose, enfin, une étude détaillée de la « *méthode d'essai et erreur* », conçue comme système pratique de solution au système d'équations correspondant. Le chapitre se termine par une analyse critique des modèles « *planométriques* » qui, fondés sur les apports des théoriciens socialistes décrits dans ce même chapitre, se sont obstinément développés jusqu'à nos jours.

Oskar Lange et la « solution compétitive »

L'idée qu'Oskar Lange ait su réfuter théoriquement l'argument de Mises contre le socialisme est, probablement, l'un des mythes les plus importants de l'histoire de la pensée économique. Les manuels et livres d'étude les plus connus et presque toutes les sources secondaires admettent, en effet, de manière aussi catégorique que superficielle, la version mythique d'après laquelle Lange réfuta Mises. Ce mythe s'est transmis, à son tour, sans justification ou analyse critique aucune, à deux générations entières d'économistes. C'est pourquoi nous avons considéré indispensable de réaliser une étude critique minutieuse de la « *solution compétitive* » proposée par Lange et l'incluons au chapitre VI. Ses contenu, étendue et profondeur en font, peut-être, l'une des parties les plus nouvelles et illustratives de notre effort pour appliquer la méthodologie subjectiviste au domaine de l'analyse économique du socialisme. Et, de fait, si notre étude contribue, au moins, avec d'autres apports récents cités dans ce livre, à détruire définitivement le mythe d'après lequel Lange réfuta Mises, nous nous estimerons suffisamment satisfaits de notre travail.

Le « socialisme de marché » ou l'impossible quadrature du cercle

Le septième et dernier chapitre complète notre analyse de la « *solution compétitive* » avec l'étude des apports réalisés dans ce domaine, après Oskar Lange, par Dickinson, Durbin et Lerner : nous y aboutissons à la conclusion que concurrence et socialisme, tout comme action créative et contrainte, sont des concepts radicalement et essentiellement contradictoires. Chose curieuse, un groupe de théoriciens socialistes, à la tête duquel se trouvait Dobb, a défendu, comme nous le verrons, cette même position ; ils ont toujours traité d'hypocrites et de visionnaires leurs collègues partisans du socialisme de marché. Après quelques considérations sur le sens véritable de l'impossibilité du socialisme, la fin de ce même chapitre présente un bref résumé des conclusions les plus importantes de notre étude.

3. AUTRES LIGNES POSSIBLES DE RECHERCHE

Ce travail n'épuise naturellement pas l'analyse théorique du socialisme qu'il propose. Nous considérons, au contraire, notre étude comme un premier pas ouvrant la voie à une série de lignes de recherche. Nous croyons que celles-ci pourraient être entreprises ou réélaborées, suivant l'optique méthodologique développée ici, avec des résultats prometteurs. L'on peut, parmi elles, mettre l'accent sur les suivantes[15] :

1. Analyse du « socialisme autogestionnaire »

Nous estimons d'un grand intérêt théorique l'application de notre approche au « *socialisme autogestionnaire* » ou « *syndicaliste* », même s'il est aujourd'hui très discrédité en raison, surtout, de l'échec économique, social et politique retentissant du modèle yougoslave. Car ce modèle présente à tous les niveaux des problèmes particuliers de coordination, et il a été souvent préconisé comme « *troisième voie* », capable de résoudre les problèmes que posent aussi bien le capitalisme que le socialisme, entendus dans leur sens traditionnel.

---

[15] La liste ne prétend naturellement pas être exhaustive ; elle répond au schéma d'un deuxième volume sur le socialisme, faisant suite à celui-ci et dont le contenu, pour certaines des lignes mentionnées, est en partie élaboré.

2. La « planification indicative »

Nous croyons nécessaire l'étude de la planification indicative, quoiqu'elle soit pratiquement tombée dans l'oubli, pour les raisons suivantes. D'abord, parce que ce modèle a compté un groupe important de défenseurs – en particulier dans les années soixante du XXème siècle – qui ont essayé de justifier leur position sur la base d'arguments théoriques, très semblables à ceux qui sont latents dans le modèle du « *socialisme de marché* » et auxquels l'on a pratiquement pas répliqué à leur époque. C'est pourquoi il faut analyser aujourd'hui, de nouveau et convenablement, la « *planification indicative* », même si elle est désuète, avant de la considérer théoriquement et définitivement comme « *une affaire classée* ». Deuxièmement, parce qu'à la suite du phénomène curieux que l'on vient de décrire (abandon ou oubli de certaines positions théoriques sans avoir effectué l'étude nécessaire et sans s'être prononcé scientifiquement à leur sujet), différents économistes des pays de l'Est de l'Europe ont prétendu ressusciter la « *planification indicative* » comme panacée permettant de relancer leurs économies. Et troisièmement il faut souligner que notre analyse du socialisme trouve un champ parfait d'application dans la théorie de la « *planification indicative* », car ce sont précisément les mêmes arguments théoriques expliquant l'impossibilité du socialisme – et que nous analyserons dans ce livre – qui empêchent que la planification indicative puisse accomplir ses prétendus objectifs. Il en est de même pour tout un ensemble de techniques, comme les tableaux *input-output,* que de nombreux économistes scientistes suivent obstinément et prétendent utiliser comme instrument pour rendre faisable la planification (que celle-ci soit ou non indicative)[16].

3. La salutaire clarification de « responsabilités scientifiques »

L'un des aspects les plus curieux concernant le débat sur l'impossibilité du calcul économique socialiste a trait a la formation et au maintien, durant tant d'années (presque quarante) du mythe d'après lequel les théoriciens socialistes avaient « *gagné* » le débat et le socialisme ne poserait, donc, comme modèle, aucun problème théorique. Les principaux responsables de la formation de ce mythe sont non seulement les auteurs de traité qui élaborèrent des sources secondaires sur le débat mais toute une légion d'économistes qui, au cours de ces années, admirent la version la plus populaire sans prendre la peine d'étudier personnellement la question ou bien ignorèrent simplement tout le débat et considérèrent évident que le socialisme ne posait aucun problème théorique. L'on peut affirmer que la

[16] Tel est le cas de l'économiste scientiste Wasily Leontief qui, toujours désireux de trouver de nouvelles « *applications* » pour sa « *créature intellectuelle* » (tableaux *input-output*), n'hésite pas à proposer des interventions et des agressions continues dans le corps social. Voir à ce propos « *Leontief and the Critique of Aggregative Planning* », dans Don A. Lavoie, *National Economic Planning : What is Left ?*, Ballinger Publishing, Cambridge, Massachusetts, 1985, pp. 93-124.

plupart de la communauté de scientifiques sociaux concernés par le problème du socialisme n'a pas été à la hauteur de ce que la société était en droit d'exiger d'elle, puisqu'elle a, à tout le moins, manqué à son devoir scientifique fondamental d'avertir la société des graves dangers inhérents à l'idéal socialiste. Cependant, il existe une grande différence, au niveau individuel de chaque théoricien, entre les cas de mauvaise foi, de négligence ou de simple ignorance. C'est pourquoi il est indispensable d'effectuer une clarification saine et formative de responsabilités scientifiques qui, face à la société et au futur de l'histoire de la pensée économique, situe chaque théoricien, indépendamment de la renommée, du nom ou de la popularité qu'il ait pu acquérir conjoncturellement et passagèrement, à la place qui lui revient véritablement[17].

4. Conséquences du débat sur l'évolution et le développement futur de la science économique

La thèse la plus hardie de notre travail est peut-être celle qui défend que la chute du socialisme aura une profonde répercussion sur le paradigme dominant d'aujourd'hui et la manière de faire de l'économie dans le futur. Car il semble évident que l'Economie a échoué dans un domaine critique puisque, hormis de très rares exceptions, un fait aussi important n'a pu être analysé à temps de façon correcte. Nous sommes heureusement en mesure aujourd'hui, grâce au choc reçu, d'évaluer convenablement la nature et le niveau du manque de graduation des « *lunettes théoriques* » du paradigme dominant, qui a empêché, jusqu'ici les membres de la profession d'apprécier et d'interpréter de façon suffisamment claire les faits les plus notables du monde social. En outre, il ne sera pas nécessaire de partir de zéro, car une grande partie des nouveaux instruments analytiques ont été élaborés et perfectionnés précisément par suite de la nécessité, pour les théoriciens de l'*Ecole autrichienne* d'expliquer, de défendre et de clarifier leurs positions au cours du débat sur l'impossibilité du calcul économique socialiste[18].

Il n'est possible ici ni d'énumérer tous les domaines de notre discipline qui sont en cause ni de développer en détail leur contenu nouveau. L'on peut, cependant, à titre d'exemple en citer quelques-uns. Il faut sans doute commencer par la *méthode* adéquate pour notre science. Car ce sont justement les raisons mêmes qui rendent le socialisme impossible (celles qui concernent le caractère subjectif, créatif, dispersé et non articulable de

---

[17] On trouve un exemple de cette ligne de recherche dans le très intéressant travail de Don A. Lavoie « A Critique of the Standard Account of the Socialist Calculation Debate », publié par *The Journal of Libertarian Studies. An Interdisciplinary Review*, vol. V, n° 1, hiver 1981, pp. 41-87.

[18] Israël M. Kirzner a montré que le débat sur l'impossibilité du calcul économique socialiste avait servi de catalyseur pour permettre le développement, le perfectionnement et la correcte articulation des théories de l'Ecole autrichienne, en général, et de l'analyse et la compréhension de la théorie de la fonction entrepreneuriale et des processus dynamiques de créativité et découverte se produisant dans le marché, en particulier. Voir à ce sujet son article « The Economic Calculation Debate : Lessons for the Austrians », dans *The Review of Austrian Economics*, vol. 2, Lexington Books, Massachusetts, 1988, pp. 1-18.

l'information utilisée par la société) qui rendent également impossible les idéaux de vérification empirique et de mesurage spécifique qui étaient entretenus jusqu'ici avec autant d'enthousiasme que de naïveté. Et cela, sans parler des effets négatifs que le formalisme mathématique et la pernicieuse obsession pour les analyses fondées sur la pleine information et sur l'équilibre ont exercé sur le développement de notre science. De même, il est nécessaire d'abandonner la théorie fonctionnelle de la détermination des prix et de la remplacer par une *théorie des prix* qui explique comment ceux-ci se forment de manière dynamique à la suite d'un processus séquentiel et évolutif impulsé par la force de la fonction entrepreneuriale ; c'est-à-dire par les actions des acteurs impliqués, et non pas par l'intersection de courbes mystérieuses ou de fonctions dépourvues de toute entité réelle, l'information nécessaire pour élaborer celles-ci n'existant même pas dans l'esprit des acteurs impliqués. Il faut aussi abandonner et reconstruire la théorie statique grossière de la *concurrence « parfaite » et du monopole*, afin de la substituer par une théorie de la concurrence entendue comme processus dynamique de rivalité nettement entrepreneuriale, qui enlève toute importance aux problèmes de monopole entendus dans leur sens traditionnel, et fixe son attention sur les restrictions institutionnelles au libre exercice de l'activité d'entreprise dans n'importe quel secteur du marché.

La *théorie du capital et de l'intérêt* est, elle aussi, profondément affectée par la conception subjectiviste. Celle-ci considère comme bien d'investissement toutes et chacune des étapes intermédiaires, subjectivement considérées comme telles par l'acteur, dans le contexte de l'action concrète à laquelle il participe, et dont la réalisation engendre précisément l'idée subjective de l'écoulement du temps. Le capital apparaît comme une catégorie mentale du calcul économique ou appréciation subjective par l'acteur de la valeur à des prix monétaires de marché de chacune desdites étapes. Cette conception explique, en outre, le caractère primordial de la préférence temporelle dans la détermination de l'intérêt, tout comme l'inexistence de toute relation causale entre l'intérêt et la productivité du capital. La croyance en cette relation a pour origine trois erreurs distinctes mais intimement liées entre elles : l'analyse exclusive d'un état d'équilibre parfait, la considération de la production comme un « *processus* » instantané qui ne prend pas de temps, et le fait de croire que le capital est un « *fonds* » mythique d'existence réelle séparé de l'esprit humain et qui se reproduit seul.

Peut-être la *théorie de la monnaie*, du crédit et des marchés financiers constitue-t-elle le défi théorique le plus important pour notre science au siècle prochain. De fait, nous ne craignons pas d'affirmer qu'une fois couvert le « *gap théorique* » que représentait l'analyse du socialisme, le domaine le plus mal connu et, à la fois, le plus important est le domaine monétaire ; on s'y heurte partout à la contrainte systématique, aux erreurs méthodologiques et à l'ignorance théorique. Car les relations sociales dans lesquelles la monnaie est impliquée sont, de loin, les plus abstraites et les plus difficiles à comprendre[19], de sorte que la connaissance qu'elles engendrent et impliquent est la plus vaste, complète et insaisissable. Ainsi, la contrainte systématique en ce domaine est nettement la plus nocive. La *théorie de l'interventionnisme*, en général, et celle des *cycles économiques*, en particulier, sont parfaitement englobées dans la définition et l'analyse du socialisme proposées dans ce livre et qui expliquent clairement les effets perturbateurs qu'entraîne, pour la coordination intra et intertemporelle du marché, la contrainte systématique dans tous les secteurs, et en particulier dans le secteur monétaire et fiscal.

La *théorie de la croissance et du développement économique* fondée sur l'équilibre et sur les agrégats macroéconomiques a été élaborée sans tenir compte de l'unique et véritable protagoniste du processus : l'homme avec sa perspicacité et sa capacité créative entrepreneuriale. Il faut, donc, reconstruire toute la théorie de la croissance et du sous-développement en éliminant tous les éléments justificatifs de la contrainte institutionnelle qui la rendaient jusqu'ici nocive et stérile, et la recentrer sur l'étude théorique des processus de découverte des occasions de développement qui demeurent inexploitées faute de l'élément entrepreneurial indispensable. L'on peut faire de semblables remarques à propos de l'*économie du bien-être* qui, fondée sur le fantasmagorique concept parétien d'efficience, devient sans intérêt et inutile, car elle exige, pour son maniement opérationnel, un environnement statique et de pleine information qui n'existe jamais dans la vie réelle. L'efficience dépend, donc, plus que des critères parétiens, de la capacité de la fonction entrepreneuriale à coordonner spontanément les désajustements issus des situations de déséquilibre, et elle doit être définie dans ce sens. La *théorie des biens « publics »* a été construite dès le début en termes strictement statiques et d'équilibre ; il était présupposé que les circonstances déterminant l'« *offre conjointe* » et « *non rivalité dans la consommation* » étaient données et ne devaient jamais changer. Or, du point de vue de la théorie dynamique de la fonction entrepreneuriale, toute situation apparente de bien « *public* » offre à la créativité entrepreneuriale correspondante une occasion claire de la découvrir et de l'éliminer; de sorte que, dans la perspective dynamique des processus entrepreneuriaux librement exercés, l'ensemble des biens « *publics* » tend à se vider, et ainsi disparaît l'un des alibis les plus couramment utilisés pour justifier, dans de nombreux domaines sociaux, la contrainte systématique et institutionnelle exercée contre le libre exercice de la fonction entrepreneuriale.

Nous abordons, enfin, les théories de l'école du *choix public* et de l'*analyse économique du droit et des institutions*, qui cherchent actuellement

---

[19] « *The operation of the money and credit structure has, with language and morals, been one of the spontaneous orders most resistant to efforts at adequate theoretical explanations, and it remains the object of serious disagreement among specialists... The selective processes are interfered with here more than anywhere else : selection by evolution is prevented by government monopolies that make competitive experimentation impossible* ». F. A. Hayek, *The Fatal Conceit : The Errors of Socialism*, The University of Chicago Press, Chicago 1989, pp. 102-103. Jesús Huerta de Soto, Monnaie, crédit bancaire et cycles économiques, L'Harmattan, 2011.

à se débarrasser de l'influence malsaine du modèle statique fondé sur la pleine information et qui donne lieu à une analyse pseudoscientifique de nombreuses normes sur la base de données méthodologiques identiques à celles qu'on voulut utiliser, à un certain moment, pour justifier le socialisme et qui négligent totalement l'analyse dynamique et évolutive des processus sociaux de type spontané engendrés et impulsés par l'esprit d'entreprise. Car il est évidemment contradictoire de prétendre analyser les normes et les règles en se fondant sur un paradigme qui présuppose l'existence d'une pleine information dans le domaine des bénéfices et des coûts dérivant de celles-ci : si cette information existait, les règles et normes ne seraient pas nécessaires (on pourrait les remplacer plus efficacement par de simples mandats), et s'il y a quelque chose qui justifie l'apparition évolutive du droit, c'est justement l'ignorance indéracinable dans laquelle vit l'homme.

Nous pourrions citer bien d'autres champs de recherche (*théorie de la population*, analyse économique des recettes fiscales et de la redistribution, écologie de marché, etc.), mais nous estimons que les domaines mentionnés illustrent suffisamment la voie dans laquelle nous croyons que la science économique évoluera dans le futur, une fois débarrassée des vices théoriques et méthodologiques que la chute du socialisme a mis en évidence. Nous espérons qu'il en résultera l'apparition d'une véritable science sociale au service de l'humanité, beaucoup plus large, riche et explicative.

5. Réinterprétation et analyse historique des divers types réels de socialisme

Il s'agit là de réélaborer, à la lumière de l'analyse économique du socialisme proposée dans ce livre, le travail effectué dans le domaine des « *systèmes économiques comparés* » et qui, manquant, la plupart du temps, des instruments d'analyse nécessaires, a présenté jusqu'ici de graves défauts. L'objectif poursuivi est, donc, de réaliser une étude détaillée de réinterprétation historique de chacun des différents types de socialisme ayant existé ou existant encore, afin non seulement d'illustrer la théorie mais de voir dans quelle mesure les faits semblent s'adapter ou pas à celle-ci.

6. Développement d'une théorie sur l'inadmissibilité éthique du socialisme

Il est nécessaire de se demander si les efforts réalisés pour trouver un fondement théorique à l'idée de justice et à ses implications sont ou non entachés des vices méthodologiques et d'analyse critiqués dans notre travail. Autrement dit, il faut essayer de reconstruire la théorie de la justice en abandonnant le paradigme statique et de pleine information, et s'intéresser à la réalité créative et incertaine de l'action humaine, afin de pouvoir étudier dans quelle mesure le socialisme, en plus de constituer une erreur intellectuelle et un échec historique, est ou non éthiquement inadmissible.

7. *Elaboration d'une théorie sur la prévention et le démantèlement du socialisme*

Si l'on aboutit à la conclusion que le socialisme, en plus de constituer un échec historique et une erreur intellectuelle, est éthiquement inadmissible, il faudra élaborer une théorie tactique et stratégique sur le démantèlement et la prévention du socialisme. Il s'agira d'étudier les difficultés spécifiques que pose le démantèlement de chaque type historique de socialisme (« *réel* », autogestionnaire, etc.), en évaluant, en général, les avantages et les inconvénients des diverses possibilités d'action et, en particulier, ceux du « *gradualisme vs la révolution* », selon les circonstances spécifiques de chaque cas. Enfin, la prévention acquiert une importance de premier ordre, étant donné le caractère récurrent, sinueux et essentiellement corrupteur des mécanismes qui stimulent continuellement la réapparition du socialisme ; caractère qui oblige à être vigilant, non seulement dans le domaine scientifique, mais aussi dans celui de la défense et la stimulation des institutions, habitudes, principes et comportements réglés qu'exige tout réseau social sain et libre de contraintes systématiques.

4. CONCLUSION

Les considérations précédentes étaient nécessaires pour situer correctement, dans son contexte, notre étude sur le socialisme et la contrainte institutionnelle. Seule une compréhension adéquate de la théorie générale de l'action humaine peut expliquer les conséquences inévitables qui surgissent chaque fois que l'on prétend empêcher par la force le libre exercice de l'action entrepreneuriale. Le centre de notre analyse est, donc, l'homme, sujet acteur et créatif, qui lutte vaillamment au cours de l'histoire pour manifester et réaliser sa nature la plus intime, libre des entraves et des contraintes que l'on veut lui imposer systématiquement et sous les prétextes les plus divers et injustifiés.

CHAPITRE II

LA FONCTION ENTREPRENEURIALE

Il n'est pas possible de saisir le concept de socialisme sans comprendre préalablement l'essence de la fonction entrepreneuriale. C'est pourquoi le présent chapitre étudie le concept, les caractéristiques et les éléments fondamentaux de l'esprit d'entreprise. Notre idée de la fonction entrepreneuriale est à la fois précise et générique. Elle est intimement liée à un concept de l'action humaine entendue, d'une part, comme une caractéristique essentielle et éminemment créative de tout homme et, d'autre part, comme l'ensemble des facultés coordinatrices qui permettent spontanément l'apparition, le maintien et le développement de la civilisation. Notre analyse de l'esprit d'entreprise nous permettra, enfin, de proposer une définition originale du socialisme, entendu comme « *maladie sociale* » dont les symptômes les plus caractéristiques sont un désajustement général et une ample discoordination des comportements individuels et des processus sociaux qui constituent la vie en société.

1. DEFINITION DE LA FONCTION ENTREPRENEURIALE

La fonction entrepreneuriale, au sens large, coïncide avec l'*action humaine* elle-même. L'on pourrait affirmer, en ce sens, que la fonction entrepreneuriale est exercée par toute personne *agissant* pour modifier le présent et atteindre ses objectifs dans le futur. Bien que cette définition puisse paraître, à première vue, trop large et non adaptée aux usages linguistiques actuels, elle répond à une conception de l'esprit d'entreprise de plus en plus élaborée et étudiée par la science économique[20] et qui est, en

---

[20] Le principal spécialiste de la conception de la fonction entrepreneuriale développée dans ce livre est Israël M. Kirzner, ancien Professeur d'Economie de l'Université de New York. Kirzner est l'auteur d'une trilogie (*Competition and Entrepreneurship ; Perception, Opportunity and Profit* et *Discovery and the Capitalist Process*) ; livres publiés par The University of Chicago Press, Chicago 1973, 1979 et 1985 respectivement ; il existe une traduction espagnole du premier de ces livres, publiée en 1975 à Madrid par Unión Editorial et intitulée *Competencia y Función Empresarial*) dans la quelle il élargit et approfondit impeccablement les divers aspects de la conception de l'esprit d'entrepreise initialement développée par ses maîtres Mises et Hayek. Kirzner a écrit également un quatrième livre, intégralement consacré à l'étude des implications de sa conception de l'esprit d'entreprise dans le domaine de l'*éthique sociale ;* il s'intitule *Discovery, Capitalism, and Distributive Justice* et a été publié par Basil Blackwell, Oxford 1989. Enfin, alors que ce chapitre venait d'être rédigé, un autre livre remarquable de Kirzner est sorti, *The Meaning of Market Process. Essays in the Development of Modern Austrian Economics,* Routledge, Chapman & Hall,

outre, pleinement conforme à la signification *étymologique* du terme *entreprise.* En effet, aussi bien l'expression espagnole *empresa* que les expressions française et anglaise *entrepreneur*[21] procèdent étymologiquement du verbe latin *in prehendo-endi-sum*, qui signifie *découvrir, voir, percevoir, se rendre compte, attraper ;* et l'expression latine *in prehensa*, qui signifie prendre, saisir, suppose clairement l'idée d'*action.* Entreprise est, en somme, synonyme d'action ; ainsi, en France, le terme *entrepreneur* s'utilise très tôt, au Moyen Age, pour désigner les personnes chargées de réaliser des actions importantes[22], généralement liées à la guerre, ou les grands projets de construction de cathédrales. En espagnol, l'un des sens du terme *empresa*, selon le *Dictionnaire* de la Real Academia Española, est celui d'« *action* ardue et difficile vaillamment commencée ». Et, depuis le Moyen Age également, on utilise ce terme pour désigner les enseignes de certains ordres de chevalerie qui indiquaient l'engagement, sous serment, de réaliser certaine action importante[23]. Or, le sens d'entreprise comme action est nécessairement et inexorablement lié à une attitude *entreprenante,* qui

---

Londres 1992 ; il présente, à côté des apports les plus récents de l'auteur, une série de travaux publiés auparavant dont le présent livre a tenu compte chaque fois que cela a été possible. L'analyse économique fondée sur la fonction entrepreneuriale a été traitée en Espagne, mes propres travaux exceptués, par José T. Raga, « Proceso Económico y Acción Empresarial », dans *Homenaje a Lucas Beltrán*, édit. Moneda y Crédito, Madrid 1982, p. 597 à 619 ; par Pedro Schwartz dans son *Empresa y Libertad*, Unión Editorial, Madrid 1981, en particulier au chapitre III, p. 107 à 148; et par Juan Marcos de la Fuente, *El empresario y su función social*, Fundación Cánovas del Castillo (3° édition), Madrid 1983.

[21] Il est curieux de constater que l'anglais a adopté littéralement le terme français *entrepreneur.* Cette adoption a été relativement tardive ; ainsi, par exemple, la traduction anglaise, de 1821, du *Traité d'Economie Politique* de Jean Baptiste Say montre que ce transfert terminologique ne s'était pas encore réalisé, le traducteur, C. R. Prinsep, s'étant vu obligé de traduire maladroitement l'expression française *entrepreneur* par celle d'*adventurer.* L'on peut consulter, en ce sens, les pages 329 et 330 de cette édition anglaise, rééditée en 1971 par Augustus M. Kelley à New York. Stuart Mill, pour sa part, regrette que sa langue ne connaisse pas de terme équivalent au mot français *entrepreneur*, lorsqu'il affirme, en 1871, que « *it is to be regretted that this word -undertaker- is not familiar to an English ear. French political economists enjoy a great advantage in being able to speak currently of : les profits de l'entrepreneur* ». *Principles of Political Economy*, réédition d'Augustus M. Kelley, Fairfield 1976, note en pied de p. 406. Mill fait ici une allusion presque littérale au titre du paragraphe III du chapitre VII du livre 2° de la 16° édition du *Traité d'Economie Politique* de J. B. Say (réimpression de Slatkine, Genève 1982, p. 368).

[22] Bert F. Hoselitz, « The Early History of Entrepreneurial Theory », dans *Explorations in Entrepreneurial History 3,* n° 4, 15 avril 1951, pp. 193-220. Version espagnole au chap. 9 de J. P. Spengler y W. R. Allen, *El pensamiento económico de Aristóteles a Marshall*, Edit. Tecnos, Madrid 1971.

[23] On lit ainsi, au début du chapitre II de la Première Partie de l'ouvrage immortel de Cervantes, Don Quichotte : « *à peine se vit-il dans le champ, qu'une pensée terrible l'assaillit, une pensée telle qu'elle lui fit presque abandonner l'entreprise commencée ; c'est qu'il lui vint à la mémoire qu'il n'était pas armé chevalier et que, selon la loi de chevalerie, il ne pouvait ni ne devait se battre avec aucun chevalier, sans devise (empresa) sur son écu, jusqu'à ce qu'il ne la gagne par son effort* » (les italiques sont, naturellement, de moi). Voir la p. 69 du tome 1 de l'*Edición Crítica* de Vicente Gaos, publiée par editorial Gredos, Madrid 1987.

consiste à essayer sans cesse de chercher, de découvrir, de créer ou de se rendre compte de nouveaux objectifs et moyens (tout cela en accord avec le sens étymologique déjà vu de *in prehendo*).

L'action humaine : fin, valeur, moyen et utilité

Définir la fonction entrepreneuriale par rapport au concept d'action humaine exige de préciser comment nous entendons cette dernière. L'action humaine est tout comportement – ou conduite – délibéré[24]. Tout homme prétend, lorsqu'il agit, atteindre certains *objectifs* dont il aura découvert qu'ils sont importants pour lui. On appelle *valeur* l'appréciation subjective, psychiquement plus ou moins intense, que l'acteur donne à son objectif. On entend par *moyen* tout ce que l'acteur croit subjectivement être adéquat à l'atteinte d'un objectif. Et par *utilité* l'appréciation subjective que l'acteur donne au moyen, en fonction de la valeur de l'objectif qu'il estime pouvoir atteindre par ce moyen. En ce sens, valeur et utilité sont les deux faces de la même monnaie, puisque la valeur subjective que donne l'acteur à l'objectif poursuivi se projette sur le moyen qu'il considère utile pour l'atteindre, précisément par l'intermédiaire du concept d'utilité.

Rareté, plan d'action et acte de volonté

Les moyens, par définition, doivent être rares, puisque, s'ils ne l'étaient pas, on n'en tiendrait même pas compte au moment d'agir. Autrement dit, en l'absence de *rareté*, il n'y a pas d'action humaine[25]. Objectifs et moyens ne sont jamais donnés, mais sont, au contraire, le résultat de l'activité entrepreneuriale essentielle qui consiste précisément à créer, découvrir ou, simplement, voir les objectifs et moyens importants pour l'acteur dans chaque circonstance de sa vie. Lorsque l'acteur croit avoir découvert quels

---

[24] Sur le concept d'action humaine et ses éléments principaux, consulter en particulier le traité d'économie de Ludwig von Mises *Human Action : A Treatise on Economics*, troisième édition revue, Henry Regnery Company, Chicago 1966, p. 11 à 29 et 251 à 256. *L'action humaine, traité d'économie*, Presses Universitaires de France (PUF) 1997. Mises affirme textuellement que « every *actor* is always an *entrepreneur* and speculator » (p. 252), et que « *entrepreneur means acting man* in regard to the changes occurring in the market » (p. 254). Traduction espagnole de Joaquín Reig Albiol, publiée (4° é. par Unión Editorial, Madrid 1986) sous le titre *La Acción Humana, Tratado de Economía.* On peut également consulter le livre *Action and Purpose*, de Richard Taylor, publié par Humanities Press au New Jersey en 1980, bien que Taylor n'insiste pas suffisamment, à notre avis, sur le fait que l'essence de l'action humaine consiste à saisir ou découvrir de nouveaux moyens et objectifs plus qu'à assigner efficacement des moyens donnés à des objectifs préétablis. Tadeusz Kotarbinsky (*Praxiology, An Introduction to the Sciences of efficient Action*, Polish Scientific Publishers, Varsovie 1965) tombe dans la même erreur, mais de façon encore plus grave.

[25] En ce sens, définir l'économie comme « *la science qui étudie l'action humaine affectée par la rareté* » (Avelino García Villarejo et Javier Salinas Sánchez, *Manual de Hacienda Pública,* Editorial Tecnos, Mdrid 1985, p. 25) est un pléonasme évident, car toute action humaine présuppose la rareté. Comme le dit Mises (*Human Action,* cit.. p. 93) « *where man is not restrained by the insufficient quantity of things available, there is no need for any action* ».

sont les objectifs intéressants et les moyens dont il estime pouvoir disposer pour les atteindre, il les incorpore – de façon presque toujours tacite[26] – à un plan d'action[27] entrepris et mis en pratique à la suite d'un acte personnel de *volonté*[28].

Concept subjectif de temps : passé, présent et futur

Toute action humaine se déroule dans le *temps*, non pas entendu dans son sens déterministe, newtonien, physique ou analogique (*cronos*), mais dans sa conception subjective (*kairos*), c'est-à-dire comme il est subjectivement ressenti et expérimenté par l'acteur dans le contexte de chaque action[29]. Selon cette conception subjective du temps, l'acteur sent et expérimente son écoulement à mesure qu'il agit, c'est-à-dire qu'il crée, découvre ou, simplement, voit, en accord avec l'essence de la fonction entrepreneuriale déjà expliquée, de nouveaux objectifs et de nouveaux moyens. Il se produit ainsi, sans cesse, dans son esprit, une espèce de fusion entre les expériences

[26] Nous expliquerons plus tard que l'information ou les connaissances les plus importantes pour l'action humaine sont très difficilement explicables et généralement de type plutôt tacite qu'explicite.

[27] Le *plan* est la représentation mentale de type prospectif que l'acteur se fait des différentes étapes, éléments et possibles circonstances pouvant être liées à son action. Le plan, est, donc, un aménagement personnel de l'information pratique que l'acteur possède et découvre, dans le contexte de chaque action. L'on peut affirmer, en ce sens, que toute action implique, au fur et à mesure que l'acteur engendre de l'information nouvelle, un processus continu de *planification individuelle ou personnelle.* Le concept de *planification centrale* est différent ; il répond, nous le verrons, à la nécessité de l'organe directif d'un système socialiste d'articuler, de façon aussi précise et coordonnée que possible, les moyens qu'il peut mobiliser par la contrainte pour atteindre l'objectif prétendu. La planification centrale échoue parce qu'elle est incapable d'obtenir l'information pratique nécessaire. Le problème n'est donc pas de planifier ou non, mais, au contraire, de savoir si la *planification*, indispensable dans tout action humaine, doit être réalisée par l'acteur individuel, qui est le seul à posséder l'information pratique nécessaire, ou par un organe contraignant différent de lui et ne disposant pas de cette information. Voir l'article d'Hayek « The New Confusion about Planning », dans *New Studies in Philosophy, Politics, Economics and the History of Ideas*, Routledge & Kegan Paul, Londres 1978, pp. 232-246. Il existe une autre classification de cas différents de planification (intégrale, partielle, indicative et individuelle) qui toutes, sauf l'individuelle, présentent une contradiction irrésoluble de type épistémologique, que l'on appellera « *paradoxe de la planification* » (voir note 89 et le paragraphe c) de la section 6 du chapitre III).

[28] D'après saint Thomas d'Aquin, « *volontatis autem motivum et obiectum est finis* » (« *la fin est le motif et l'objet de la volonté* ») *Suma Teológica,* 1-2, Q. 7, a4, B. A. C., Madrid 1954, vol. IV, p. 301.

[29] Sur le concept subjectif, expérimental et dynamique du temps comme unique concept applicable au domaine de l'action humaine et de la science économique, il faut signaler le chapitre IV de l'ouvrage *The Economics of Time and Ignorance* de Gerald P. O'Driscoll et Mario J. Rizzo, publié par Basil Blackwell, Oxford 1985, p. 52 à 70. Cette conception du temps fut déjà avancée par Bergson, pour qui « *la durée toute pure est la forme que prend la succession de nos états de conscience quand notre moi se laisse vivre, quand il s'abstient d'établir une séparation entre l'état présent et les états antérieurs* ». Voir p. 67 de l'*Essai sur les Données Immédiates de la Conscience*, dans *Œuvres* d'Henry Bergson, Presses Universitaires de France, Paris 1959.

du passé que retient sa mémoire et leur projection simultanée et créative vers le futur sous forme d'imaginations ou *expectatives*. Futur qui n'est jamais déterminé, mais que l'acteur imagine, crée et construit pas à pas.

Créativité, surprise et incertitude

Le futur est, donc, toujours *incertain*, en ce sens qu'il est à créer et que l'acteur ne dispose, à son sujet, que de quelques idées ou perspectives qu'il espère réaliser en agissant lui-même et en *interaction* avec d'autres acteurs. Le futur est, en outre, *ouvert* à toutes les possibilités *créatrices* de l'homme. Chaque acteur s'affronte ainsi à lui-même avec une *incertitude incontournable*, qui pourrait être réduite par des comportements personnels et d'autrui (institutions) ordonnés et s'il agit bien et exerce correctement la fonction d'entreprise, mais qu'il ne pourra pas supprimer totalement. Le caractère *ouvert* et *illimité* de cette incertitude empêche d'appliquer au domaine de l'action humaine les notions traditionnelles de la probabilité objective et subjective, tout comme la conception bayésienne développée au sujet de celle-ci. Car, non seulement on ne connaît pas toutes les solutions ou hypothèses possibles, mais, en plus, l'acteur n'a que certaines croyances ou convictions subjectives – que Mises appelle « *probabilités* » de cas ou *évènements uniques*[30] – qui tendent, à mesure qu'elles se modifient ou s'élargissent, à changer *par surprise*, c'est-à-dire de façon radicale et non convergente, tout son bagage de croyances et de connaissances. L'acteur découvre ainsi continuellement des situations complètement nouvelles qu'il n'avait même pas été capable de concevoir auparavant[31].

---

[30] *Human Action*, cit., pp. 110-118. Le tableau suivant présente les principales différences existant, d'après Mises, entre les concepts de probabilité applicables au monde de la science naturelle et au monde de la science de l'action humaine.

[31] « Surprise is that dislocation and subversion of received thoughts, which springs from an actual experience outside of what has been judged fully possible, or else an experience of a character which has never been imagined and thus never assessed as either possible or impossible; a *counter-expected* or else an *unexpected* event ».G. L. Shackle, *Epistemics and Economics*, Cambridge University Press, Cambridge 1972, p. 422. Traduction espagnole de Francisco González Aramburu, publiée à Madrid par le Fondo de Cultura Económica en 1976 et intitulée *Epistémica y Economía* (la traduction espagnole de la citation de ce début de note se trouve à la p. 438 de cette dernière édition). Les anglo-saxons utilisent le terme *serendipity* (qui, d'après Gustavo Villapalos -*ABC*, Madrid, 3 janvier 1992, p. 3 - peut être traduit en espagnol par « *serendipidad* ») pour décrire la capacité typiquement entrepreneuriale qui consiste à voir les occasions surgissant à l'improviste, sans être délibérément recherchées. Le terme procède étymologiquement de l'arabe *sarandib*, ancien nom de Ceylan, et a acquis son sens actuel grâce à Horace Walpole qui l'utilisa pour la première fois au XVIII° siècle, en s'inspirant des découvertes fortuites réalisées souvent par les héros du conte perse « Les Trois Princes de Serendip ». Voir la lettre d'Horace Walpole à Mann du 28 janvier 1754, où Walpole signale que les héros du conte « *were always making discoveries, by accidents and sagacity, of things they were not in quest of* ». Il conclut que « *this discovery, indeed, is almost of that kind which I call Serendipity* ». Voir l'*Oxford English Dictionary*, 2° édition, vol. XV, Clarendon Press, Oxford 1983, p. 5. Gregorio Marañon, pour sa part, reprend la même idée lorsqu'il affirme : « *La création du génie se distingue de celle des hommes*

Monde de la science naturelle	*Monde de l'action humaine*
1. *Probabilité de classe* : on connaît ou on peut arriver à connaître le comportement de la classe, mais pas le comportement individuel de ses éléments.	1. « *Probabilité* » *de cas* ou évènement unique ; il n'y a pas de classe mais on connaît quelques facteurs qui affectent l'évènement unique et d'autres pas. L'action elle-même provoque, ou crée, cet évènement.
2. Il existe une situation de *risque*, *assurable* par toute la classe.	2. Il y a *incertitude* incontournable, étant donné le caractère créatif de l'action humaine. L'incertitude n'est, donc, pas assurable.
3. La probabilité est *mathématisable.*	3. Elle n'est pas *mathématisable.*
4. On l'atteint en utilisant la logique et la *recherche empirique.* Le théorème de Bayes permet d'approcher la probabilité de classe, à mesure qu'il apparaît de l'information nouvelle.	4. On la découvre par la compréhension et l'*évaluation entrepreneuriale.* Toute information nouvelle modifie *ex novo* tout le bagage de croyances et de perspectives (concept de « surprise »)
5. Elle est objet de recherche de la parte du *spécialiste en science* naturelle	5. Concept typique utilisé par l'*acteur-entrepreneur*, ou par l'historien.

Le coût, concept subjectif. Le profit entrepreneurial

Lorsque l'acteur s'aperçoit qu'il désire atteindre un certain objectif et qu'il découvre et sélectionne certains moyens pour y réussir, il *renonce* en même temps à d'autres objectifs qui ont pour lui une moindre valeur et dont il croit qu'ils pourraient être atteints en utilisant alternativement ces mêmes moyens. On appellera *coût* la valeur subjective que donne l'acteur aux objectifs auxquels il renonce lorsqu'il décide de suivre et d'entreprendre un certain plan d'action. Autrement dit, l'action implique toujours un renoncement ; la valeur que donne l'acteur à ce à quoi il renonce est son coût, et celui-ci consiste, par nature, dans une évaluation, estimation ou jugement nettement subjectifs[32]. Tout homme agit, en principe, parce qu'il considère subjectivement que le but poursuivi a, pour lui, une valeur supérieure au coût qu'il pense encourir, c'est-à-dire parce qu'il espère obtenir un *profit* entrepreneurial[33]. Le profit est donc le gain obtenu à partir

---

courants en ce que ce qu'il crée est quelque chose d'inattendu et de surprenant ». El Greco y Toledo, Obras Completas, Editions Espasa Calpe, Madrid, 1971, p. 421.

[32] Voir l'ouvrage *L. S. E. Essays on Cost*, édité par J. M. Buchanan et G. F. Thirlby, New York University Press, New York 1981. En particulier les p. 14 et 15.

[33] « *Profit, in a broader sense, is the gain derived from action; it is the increase in satisfaction (decrease in uneasiness) brought about; it is the difference between the higher value attached to the result attained and the lower value attached to the sacrifices made for its attainment; it is, in other words, yield minus cost. To make profit is invariably the aim sought by any action* ». Ludwig von Mises, *Human Action*, op. cit., p. 289. Pour Mises, le fait qu'une entreprise ait des pertes indique qu'elle utilise indûment des ressources rares que d'autres lignes de production nécessitent de façon plus urgente. Cette idée semble avoir, enfin, été comprise parfaitement par Jean-Paul II : « *Quand une entreprise procure des profits, cela signifie que les facteurs productifs ont été correctement utilisés et que les nécessités humaines*

de l'action humaine et constitue le *stimulant* qui pousse ou incite à agir. Dans les actions sans coût, la valeur subjective de l'objectif et le profit coïncident ; nous montrerons plus bas que toute action humaine contient toujours une composante entrepreneuriale pure, essentiellement créative, qui n'exige d'encourir aucun coût, et qui est justement ce qui nous a conduits à identifier, pour ainsi dire, les concepts d'action humaine et de fonction d'entreprise. En outre, comme la valeur de l'objectif inclut, donc, le profit ou gain, nous considèrerons souvent, désormais, qu'objectif et profit sont presque synonymes, sans nous attarder chaque fois à faire la nuance entre les deux.

Rationalité et irrationalité. Erreur et perte entrepreneuriale

L'action humaine est, par définition, toujours *rationnelle*[34], en ce sens que l'acteur cherche toujours et sélectionne, au préalable, les moyens qu'il croit les plus adaptés pour atteindre les objectifs qui, d'après lui, en valent la peine. Cela est, sans aucun doute, compatible avec le fait que l'acteur découvre, après coup, qu'il a commis une erreur, c'est-à-dire qu'il a subi des *pertes* entrepreneuriales lorsqu'il a choisi certains objectifs ou moyens, sans voir qu'il en existait d'autres de valeur supérieure pour lui. Mais l'observateur extérieur ne peut jamais qualifier objectivement d'*irrationnelle* une action, étant donné le caractère essentiellement subjectif des objectifs, des coûts et des moyens. C'est pourquoi, l'on peut affirmer, en économie, que l'action humaine est une *donnée irréductible* : un concept de type *axiomatique* qu'on ne peut ni rapprocher d'aucun autre ni expliquer davantage. Le caractère axiomatique du concept d'action humaine est, d'autre part, évident, car le critiquer ou le mettre en doute implique une contradiction logique insoluble, puisque toute critique exige d'*agir*, c'est-à-dire une action humaine pour la réaliser[35].

---

correspondantes ont été dûment satisfaites ». Voir *Centesimus Annus*, Promoción Popular Cristiana, Madrid 1991, chap. IV, nº 35, p. 71.

[34] L'économie n'est donc pas une théorie sur le choix ou la décision (toujours rationnelle à l'origine, par définition), mais une théorie sur les processus sociaux de coordination qui, indépendamment du caractère rationnel de toutes les décisions qu'ils impliquent, seront plus ou moins adaptés selon la perspicacité démontrée par les différents acteurs dans l'exercice de l'action entrepreneuriale. Voir I. M. Kirzner, *The Meaning of the Market Process*, op. cit., pp. 201-208. Il faut souligner que c'est précisément le caractère essentiellement *subjectif* des éléments de l'action humaine (objectifs, moyens et coûts) qui confère à l'économie – de façon, seulement en apparence, paradoxale – une pleine *objectivité*, en ce sens qu'il s'agit d'une science théorique dont les conclusions sont applicables à n'importe quelle action (*praxéologie)*.

[35] Ludwig von Mises, *Human Action*, op. cit., pp. 19-22. Il nous semble que Mises fait une concession inutile et indigne de lui, lorsqu'il affirme que l'action humaine sera une donnée irréductible (*ultimate given*), tant qu'on n'aura pas découvert comment le monde naturel extérieur détermine les pensées humaines. Non seulement nous considérons avec F. A. Hayek qu'il est impossible que l'esprit humain parvienne à s'expliquer lui-même (*The Sensory Order*, The University of Chicago Press, Midway Reprint, Chicago 1976, p. 184 à 191), mais tous les déterministes tombent dans une contradiction logique insoluble, car ils prétendent parvenir à comprendre comment le monde extérieur détermine la pensée qui, étant à son tour

Utilité marginale et préférence temporelle

Enfin, les moyens étant rares par définition, l'acteur tendra à atteindre d'abord les objectifs qui ont, pour lui, le plus de valeur, puis ceux qui sont relativement moins importants. C'est pourquoi l'acteur tendra à évaluer chaque unité de moyen à sa disposition, interchangeable et importante dans le contexte de son action, en fonction de l'objectif le moins important qu'il croira pouvoir atteindre avec n'importe laquelle (*loi de l'utilité marginale*). En outre, comme l'action est entreprise en vue d'un certain objectif et que toute action se déroule dans le temps et a donc une certaine durée, l'acteur tâchera, à égalité de circonstances, d'atteindre son objectif le plus tôt possible. Autrement dit, l'acteur donnera plus de valeur, à égalité de circonstances, aux objectifs les plus proches dans le temps et ne sera disposé à entreprendre des actions plus longues dans le temps que s'il estime pouvoir ainsi atteindre des objectifs d'une valeur supérieure (*loi de la préférence temporelle*)[36].

2. CARACTERISTIQUES DE LA FONCTION ENTREPRENEURIALE

Fonction entrepreneuriale et vigilance

La fonction d'entrepreneur, au sens strict, consiste fondamentalement à découvrir et à apprécier (*prehendo)* les occasions d'atteindre un quelconque objectif ou, si l'on préfère, d'obtenir un gain ou profit qui se présente et à agir de façon à en tirer parti. Kirzner dit que l'exercice de l'action entrepreneuriale implique une *vigilance* (*alertness*) spéciale, c'est-à-dire d'être constamment en *état d'alerte*, ce qui permet de découvrir et de se rendre compte de ce qui se passe dans son entourage[37]. Peut-être Kirzner utilise-t-il le terme anglais « *alertness* » parce que le terme *entrepreneurship* (fonction d'entrepreneur) est d'origine française et n'implique pas, en anglais, l'idée de *prehendo* qu'il a dans les langues romanes continentales. En tout cas, l'adjectif *vigilant* [*perspicaz* en espagnol] convient parfaitement pour la fonction d'entrepreneur, car il s'applique, d'après le *Dictionnaire* de la Real Academia Española, à « *la vue ou regard très perçant et qui porte loin* ». Cette idée s'adapte parfaitement à l'activité de l'entrepreneur qui décide quelles seront ses actions et juge de l'effet qu'elles auront dans le futur. Je crois en tout cas que, même si l'état d'alerte est acceptable comme élément de l'esprit d'entreprise parce qu'il implique l'idée de vigilance, il est

---

déterminée, ne pourrait pas être fiable selon leur propre critère. Voir M. N. Rothbard, *Individualism and the Philosophy of Social Sciences*, Cato Institute, San Francisco 1980, pp. 5-10.

[36] Autrement dit, la loi de l'utilité marginale tout comme celle de la préférence temporelle ne sont pas des lois empiriques ou psychologiques, mais ce sont des implications logiques du concept essentiel d'action humaine. Pour Mises, « *the Law of Marginal Utility is already implied in the category of action* » et « *time preference is a categorical requisite of human action* ». Mises, *Human Action*, op. cit., p. 124 et p. 484.

[37] Israel M. Kirzner, *Competition and Entrepreneurship*, op. cit., p. 65 et p. 69.

moins adapté que l'adjectif « *vigilant* », peut-être parce qu'il implique une attitude nettement plus statique. Il faut, d'autre part, tenir compte de la grande similitude existant entre la vigilance que doit montrer l'historien qui sélectionne et interprète les faits importants du passé et la vigilance que doit montrer un entrepreneur à propos des faits dont il prévoit la réalisation dans le futur. C'est pourquoi Mises affirme que les attitudes de l'historien et de l'entrepreneur sont très semblables, et définit même l'entrepreneur comme celui qui regarde le futur avec des yeux d'historien.[38]

Information, connaissance et esprit d'entreprise

On ne peut pas vraiment saisir la nature de la fonction d'entrepreneur, sans comprendre comment elle modifie ou fait changer l'*information* ou *connaissance* que possède l'acteur. D'un côté, percevoir ou se rendre compte de nouveaux objectifs et moyens suppose une modification de la connaissance de l'acteur, en ce sens qu'il découvre une information nouvelle. De l'autre, cette découverte modifie tout le bagage ou contexte d'information ou connaissance que possède le sujet. Or, on peut poser la question fondamentale suivante : quelles sont les caractéristiques de l'information ou connaissance qui sont importantes pour l'exercice de la fonction d'entrepreneur ? Nous étudierons en détail six caractéristiques fondamentales de ce type de connaissance : 1) c'est une connaissance *subjective* de nature *pratique*, non scientifique ; 2) c'est une connaissance *personnelle* ; 3) elle se trouve *dispersée* dans l'esprit de tous les hommes ; 4) c'est, en grande partie, une connaissance *tacite* et, donc, *non exprimable* ; 5) c'est une connaissance créée *ex nihilo,* précisément par l'exercice de la fonction d'entrepreneur ; et 6) c'est une connaissance *transmissible,* la plupart du temps de façon inconsciente, par l'intermédiaire de processus sociaux très complexes, dont l'étude constitue l'objet de la Science Economique.

Connaissance subjective et pratique, non scientifique

Tout d'abord, la connaissance que nous analysons, la plus importante pour l'exercice de l'action humaine, est avant tout une connaissance *subjective* de nature *pratique,* et non pas scientifique. Connaissance pratique signifie toute celle qu'on ne peut pas représenter formellement, mais que le sujet acquiert par la pratique, c'est-à-dire par l'exercice de l'action humaine dans les contextes correspondants. Il s'agit, comme le dit Hayek, de la connaissance importante relative à toute sorte de *circonstances particulières* et concernant leurs coordonnées subjectives d'espace et de temps[39]. C'est, en

[38] « *Acting man looks, as it were, with the eyes of a historian into the future* », *Human Action,* op. cit., p. 58.

[39] Saint Thomas d'Aquin définit les circonstances particulières comme les « *accidentia individualia humanorum actuum* » (accidents individuels des actes humains) ; et il affirme que, mis à part le temps et le lieu, la plus importante de ces circonstances particulières est celle qui concerne le but que poursuit l'acteur (« *principalissima est omnium*

somme, une connaissance portant sur les évaluations humaines concrètes, tant des objectifs que poursuit l'acteur que de sa connaissance des objectifs qu'il croit envisagés ou poursuivis par d'autres acteurs. C'est aussi une connaissance pratique portant sur les moyens dont l'acteur croit pouvoir

---

circunstantiarum illa quae attingit actuum ex parte finis »). Voir *Suma Teológica*, Partie I-II, Q 7, art. 1 et 2, vol. IV, B. A. C., Madrid 1954, pp. 293-294 et 301. Il faut signaler, d'autre part, que l'on doit la distinction entre les concepts de « *connaissance pratique* » et de « *connaissance scientifique* » à Michael Oakeshott (*Rationalism in Politics*, Methuen, Londres 1962 ; ce livre a été remarquablement réédité de façon plus ample sous le titre *Rationalism in Politics and other Essays*, Liberty Press, Indianapolis 1991, et en particulier les p. 12 et 15 ; son livre *On Human Conduct*, Oxford University Press, Oxford 1975, réédité par Clarendon Paperbacks, Oxford 1991, pp. 23-25, 36, 78-79 et 119-121, est également d'une importance essentielle); cette distinction est parallèle à la distinction hayekienne entre « *connaissance dispersée* » et « *connaissance centralisée* », à celle faite par Michael Polanyi entre « *connaissance tacite* » et « *connaissance exprimable* », et à celle que fait Mises entre la connaissance portant sur les « *évènements uniques* » et celle portant sur le comportement de toute une « *catégorie de phénomènes* ». Le tableau suivant résume les points de vue de ces quatre auteurs sur les différentes sortes fondamentales de connaissance :

Deux types différents de CONNAISSANCE

	TYPE A	TYPE B
Oakeshott	Pratique (traditionnelle)	Scientifique (ou technique)
Hayek	Dispersée	Centralisée
Polanyi	Tacite	Exprimable
Mises	d' « évènements uniques »	de « catégories »

ECONOMIE
(connaissance type B sur connaissances type A)

Les relations entre les deux séries de types de connaissance sont complexes et sont peu étudiées. D'une part, toute connaissance scientifique (type B) a un fondement tacite non exprimable (type A). Et les progrès scientifiques et techniques (type B) se concrétisent tout de suite dans de nouvelles connaissances pratiques (type A) plus fécondes et plus fortes. L'économie, de son côté, serait une connaissance de type B (scientifique) portant sur les processus de création et transmission de la connaissance pratique (type A). On comprend maintenant les craintes d'Hayek : cet auteur considère que le danger principal de l'Economie est de croire qu'un spécialiste de cette science, qui consiste à théoriser sur les connaissances de type A, puisse parvenir à posséder le contenu spécifique des connaissances pratiques de type A. Ou même à ignorer complètement le contenu spécifique de la connaissance pratique, comme l'a justement dénoncé Oakeshott pour qui le rationalisme, dans sa version la plus dangereuse, exagérée et erronée, consisterait dans « *the assertion that what I have called practical knowledge is not knowledge at all, the assertion that, properly speaking, there is no knowledge which is not technical knowledge* » (Michael Oakeshott, *Rationalism in Politics and Other essays,* op. cit. p. 15).

disposer pour atteindre ses objectifs, et en particulier sur toutes les circonstances, personnelles ou pas, que l'acteur considère importantes dans le contexte de chaque action concrète[40].

Connaissance personnelle et dispersée

La connaissance pratique est une connaissance de type personnel et dispersé. Cela signifie que chaque individu-acteur ne possède que quelques « *atomes* » ou « *bits* » de l'information engendrée et transmise globalement au niveau social[41], mais qu'il est, paradoxalement, le seul à posséder ; c'est-à-dire que lui seul connaît et interprète consciemment. Chaque individu qui agit et exerce la fonction d'entrepreneur le fait, donc, d'une manière strictement *personnelle et unique*, puisqu'il tente d'atteindre des objectifs d'après une vision et une connaissance du monde qu'il est seul à posséder dans toute sa richesse et variété de nuances, et qu'on ne retrouve chez personne d'autre. La connaissance dont nous parlons n'est, donc, pas quelque chose de *donné*, à la portée tout le monde dans quelque support matériel de stockage d'information (journaux, revues spécialisées, livres, ordinateurs, etc.). La connaissance importante pour l'action humaine est, au contraire, une connaissance fondamentalement pratique et strictement personnelle, qui se trouve seulement *éparpillée* dans l'esprit de tous et de chacun de ceux qui agissent et forment l'humanité. Le schéma II-1 nous montre de sympathiques *petits bonshommes* qui nous accompagneront tout

[40] Voir, en particulier, les articles séminaux de F. A. Hayek *Economics and Knowledge* (1937) et *The Use of Knowledge in Society* (1945), inclus dans le livre *Individualism and Economic Order*, Henry Regnery, Chicago 1972, et, en particulier, aux pp. 35-56 et 77-91. Ces deux articles sont parmi les plus importants et transcendants pour la Science Economique. Cependant, le premier d'entre eux, surtout, montre qu'il existait encore, au moment où il fut écrit, une certaine confusion dans l'esprit de son auteur à propos du caractère de l'Economie comme science. En effet, si l'économie étudie fondamentalement des processus de transmission d'information, dont le contenu concret dépend des circonstances de chaque moment et de chaque lieu, cela ne signifie pas, comme Hayek semble le suggérer à certains moments, que cette science ait un certain contenu empirique. Au contraire : c'est précisément parce que le scientifique ne peut jamais disposer de l'information pratique dispersée que possèdent les observés que l'économie est une science essentiellement *théorique*, et non pas empirique ; science qui étudie la *forme*, et non le contenu spécifique des processus entrepreneuriaux de création et transmission d'information pratique (et qui seraient objet d'évaluation et de recherche de la part de l'historien ou de l'entrepreneur, selon qu'ils se seraient produits ou pas). Cette même observation critique faite à Hayek, d'un point de vue légèrement différent, apparaît dans le remarquable article d'Israel M. Kirzner, « Hayek, Knowledge and Market Processes », inclus dans *Perception, Opportunity and Profit*, op. cit., pp. 13-33.

[41] Thomas Sowell, *Knowledge and Decisions*, Basic Books, New York 1980, pp. 3-44. Sowell est, à notre avis, très influencé par la conception néo-classique de l'équilibre et ne comprend pas vraiment le rôle de l'action entrepreneuriale. Voir, en ce sens, I. M. Kirzner, « Prices, the Communication of Knowledge and the Discovery Process », dans *The Political Economy of Freedom, Essays in Honor of F. A. Hayek*, Philosophia Verlag, Munich 1984, pp. 202-203.

au long de ce livre, afin de nous aider à illustrer l'analyse qui y est développée[42].

Figure II-1

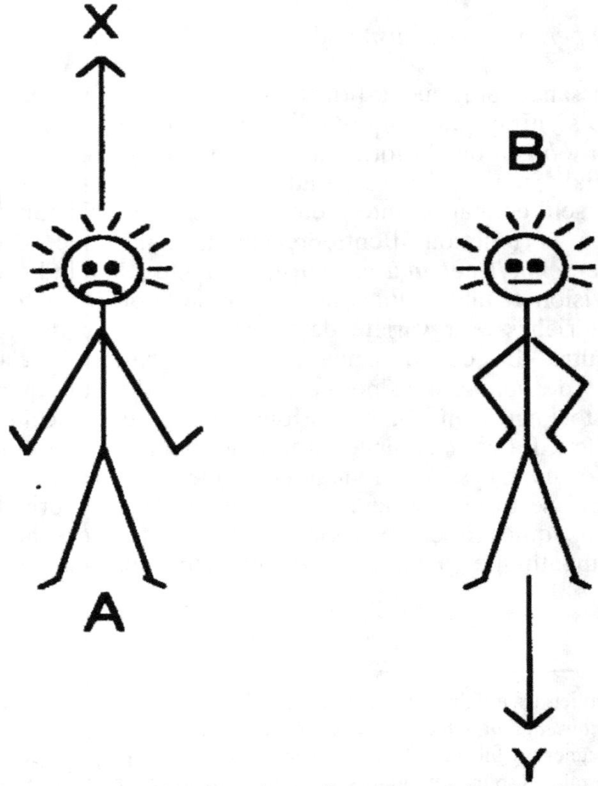

Cette figure veut représenter deux *hommes réels*, de chair et d'os, que nous appelons « A » et « B ». Chacune des personnes que représentent « A »

[42] Adam Smith savait déjà, sans aucun doute, que la connaissance pratique était fondamentalement une connaissance éparpillée ou dispersée, lorsqu'il écrivit : « What is the species of domestick industry which his capital can employ, and of which the produce is likely to be of the greatest value, *every individual, it is evident, can, in his local situation, judge much better than any statesman or lawgiver can do for him* » (les italiques sont de moi). Cependant, non seulement il n'exprima pas l'idée très clairement (chaque individu non seulement connaît « *beaucoup mieux* », mais est le *seul* à connaître pleinement ses circonstances particulières), mais il n'a pas su en tirer toutes ses conséquences à propos de l'impossibilité de charger un organe central de s'occuper de toutes les affaires humaines (car il considère que cela supposerait une « *charge en soins inutile* », mais pas une impossibilité logique). *An Inquiry into the Nature and Causes of the Wealth of Nations*, « The Glasgow Edition », Liberty Classics, Indianapolis 1981, vol. 1, p. 456, par. 10. La représentation graphique des processus de transmission d'information pratique et dispersée est très difficile et nous avons choisi de la réaliser ici avec les sympathiques petits bonshommes du texte. Nous souhaitons que notre analyse de bonshommes ou « *hommes-bâton* » (*stickman analysis*) s'introduise avec force dans la science économique future.

et « B » possède une connaissance propre ou personnelle, c'est-à-dire, que l'autre ne possède pas ; et l'on peut même dire que, du point de vue d'un observateur extérieur – nous – mêmes ici –, il « *existe* » une connaissance, que nous, en tant qu'observateurs, n'avons pas, et qui se trouve dispersée entre « A » et « B », en ce sens que « A » en possède une partie et « B » une autre. Supposons, par exemple, que l'information possédée par « A » est qu'il prétend atteindre un objectif « X » (ce que représente la flèche partant de sa tête et se dirigeant vers « X ») et possède, pour ce faire, une certaine connaissance pratique importante dans le contexte de l'action (cette connaissance ou information pratique est représentée par l'auréole faite de petites raies entourant la tête de « A »). Le cas de « B » est semblable ; seulement l'objectif qu'il poursuit est tout à fait différent : c'est « Y » (ce que représente une flèche située à ses pieds et dirigée vers « Y »). L'information pratique que l'acteur « B » considère importante dans le contexte de son action, visant à atteindre « Y », est également représentée par l'auréole de petites raies entourant sa tête.

L'acteur possède, individuellement, pour de nombreuses actions simples, l'information nécessaire pour atteindre l'objectif qu'il poursuit, sans qu'il ait nullement besoin de prendre contact avec d'autres acteurs. Dans ces cas-là, le fait d'entreprendre ou non l'action est le résultat d'un *calcul économique*, ou jugement évaluatif de la part de l'acteur ; celui-ci soupèse et compare *directement* la valeur subjective de l'objectif poursuivi et le coût ou valeur qu'il donne à ce qu'il sacrifie en poursuivant l'objectif choisi. Cela dit, les actions pour lesquelles l'acteur peut prendre ce genre de décisions sont très peu nombreuses et très simples. La plupart des actions dans lesquelles nous sommes impliqués sont beaucoup plus complexes, elles sont du genre de celles que nous allons expliquer maintenant. Imaginons que, comme dans la figure II-1, « A » désire vivement atteindre l'objectif « X », mais ait besoin, pour cela, d'un moyen « R » dont il ne dispose pas et ne sait ni où ni comment se le procurer. Nous supposerons, en même temps, que « B » est ailleurs, qu'il consacre tous ses efforts à la poursuite d'un objectif très différent (« Y »), et qu'il « *est au courant* » ou dispose d'une grande quantité d'un moyen « R », inutile pour lui, mais qui est justement celui dont « A » a besoin pour atteindre son objectif (« X »). Et même, nous devons souligner que, comme c'est souvent le cas dans la réalité, « X » et « Y » sont *contradictoires*, c'est-à-dire que chaque acteur poursuit des objectifs distincts, avec une intensité différente, et une connaissance relative s'agissant d'eux et des moyens à leur disposition, non coïncidente ou désajustée (cela explique l'expression désolée de nos bonshommes). Nous verrons ailleurs comment l'exercice de la fonction d'entrepreneur permet de résoudre ce type de comportements contradictoires ou incoordonnés.

Connaissance tacite non exprimable

La connaissance pratique est, le plus souvent, une connaissance de type *tacite non exprimable*. Cela signifie que l'acteur sait comment réaliser certaines actions (*know how*), mais ne sait ni quels sont les éléments ou parties de ce qu'il fait, ni s'ils sont vrais ou faux (*know that*)[43]. Ainsi, par exemple, lorsqu'une personne apprend à jouer au golf, elle n'apprend pas un ensemble de règles objectives de type scientifique lui permettant de réaliser les mouvements nécessaires résultant de l'application d'une série de formules de physique mathématique. Le processus d'apprentissage consiste plutôt dans l'acquisition d'une série d'*habitudes pratiques de conduite.* L'on peut citer aussi, comme le fait Polanyi, l'exemple de celui qui apprend à monter en bicyclette et essaie de garder l'équilibre en bougeant le guidon du côté où il se sent tomber; cela crée une force centrifuge qui aide à maintenir la bicyclette droite. Tout cela sans que presque aucun cycliste n'ait conscience des principes physiques sur lesquels se fonde son *adresse*. Au contraire, ce que le cycliste utilise est plutôt son « *sens de l'équilibre* », qui lui indique, d'une façon ou d'une autre, comment se comporter à chaque moment pour ne pas tomber. Polanyi affirme même que la connaissance tacite est en fait *le principe dominant de toute connaissance*[44]. La connaissance même la plus hautement formalisée et scientifique est toujours le résultat d'une intuition ou acte de création, qui ne sont que des manifestations de la connaissance tacite. Sans compter que la nouvelle connaissance formalisée que nous pouvons acquérir grâce aux formules, livres, graphiques, cartes, etc., est surtout importante parce qu'elle aide à réorganiser tout notre contexte d'information, à partir de différents points de vue, plus riches et plus féconds. Cela ouvre de nouvelles possibilités pour l'exercice de l'intuition créative. L'impossibilité d'exprimer la connaissance pratique se manifeste, donc, non seulement de façon « *statique* », en ce sens

---

[43] Cette distinction s'est généralisée à partir du moment où Gilbert Ryle l'énonça en 1949, dans son célèbre article « Knowing How and Knowing That », inclus dans *The Concept of Mind*, Hutchinson's University Library, Londres 1949.

[44] Michael Polanyi, *The Study of Man*, The University of Chicago Press, Chicago 1959, pp. 24-25. Tout économiste devrait lire ce petit livre, véritable bijou de la science sociale. Autres ouvrages importants de Polanyi : *The Logic of Liberty, Personal Knowledge* et *Knowing and Being*, tous publiés par The University of Chicago Press, Chicago 1951, 1958 et 1969, respectivement. On peut consulter, en espagnol, son article « Ciencia, Fe y Sociedad », publié à Santiago du Chili par le Centro de Estudios Públicos, dans sa revue *EstudiosPúblicos*, n° 29, été 1988, p. 271-330. Michael Polanyi (1891-1976) –frère de Karl Polanyi (1886-1964) – fut un homme aux larges horizons et développa son activité scientifique dans le domaine de la chimie, la philosophie, la politique, la sociologie et l'économie. L'exemple de la bicyclette est tiré de la p. 144 de *Knowing and Being.* Polanyi reprend l'idée qu'il existe des limites à la capacité de lier la pensée humaine à certains apports émanant du domaine des mathématiques et, en particulier, à l'œuvre de Kurt Gödel. Voir *Personal Knowledge*, op. cit., p. 259. Hayek affirme, pour sa part, que « Gödel's Theorem is but a special case of a more general principle applying to all conscious and particularly all rational processes, namely the principle that among their determinants there must always be some rules which cannot be stated or even be conscious ». Voir F. A. Hayek « Rules, Perception and Intelligibility », dans *Studies in Philosophy, Politics and Economics*, Simon and Schuster, New York 1969, p. 62. Le théorème de Gödel est développé dans son « Überformal Unentscheidbare Sätze der *Principia Mathematica* und verwandter Systeme I », publié dans *Monatshefte für Mathematik und Physik*, n° 38, 1931, pp. 173-198 (traduction anglaise publiée dans les *Collected Works of Kürt Gödel,* vol I, Oxford University Press, Oxford 1986, pp. 145-196; édition espagnole de Jesús Monterín, Alianza Editorial, Madrid 1989).

que toute affirmation apparemment exprimée ne contient d'information que dans la mesure où elle est interprétée grâce à un ensemble de croyances et de connaissances non exprimables, mais aussi de façon « *dynamique* », car le *processus mental* utilisé pour tout essai d'expression est essentiellement une connaissance tacite et non exprimable[45].

Il faut insister sur le fait que toute connaissance tacite, de par sa propre nature, est difficilement exprimable. Si l'on demande à une jeune fille, qui vient d'acheter une jupe d'une certaine couleur, la raison de son choix ou de son achat, elle nous répondra très probablement qu'elle l'a achetée « *comme ça* » ou « *parce qu'elle lui plaisait* » ; elle ne saura pas nous donner une explication plus détaillée et formalisée de la raison de son choix. Une autre sorte de connaissance non exprimable et qui joue un rôle essentiel dans le développement de la société est celle que forme l'ensemble des *habitudes, traditions, institutions et normes juridiques* qui constituent le droit, rendent possible l'existence de la société et que les hommes apprennent à respecter, sans que nous sachions exprimer le rôle précis que ces normes ou institutions jouent dans les diverses situations et divers processus sociaux où elles interviennent. On peut dire la même chose à propos du *langage* et aussi, par exemple, de la *comptabilité financière et des coûts* qu'utilise l'entrepreneur pour orienter son action. Celle-ci n'est qu'une connaissance ou technique pratique qui, utilisée dans un certain contexte d'économie de marché, sert aux entrepreneurs de guide d'action généralisée et les aide à atteindre leurs objectifs, mais sans que ceux-ci sachent, en général, formuler une théorie scientifique de la comptabilité et, moins encore, expliquer quelle aide elle apporte dans les processus compliqués de coordination qui permettent la vie sociale[46]. L'on peut, donc, conclure que l'exercice de la fonction d'entrepreneur telle que nous l'avons définie (capacité de découvrir et

---

[45] J'ai eu grand plaisir à lire, dans ce même sens, l'excellent livre de Roger Penrose *The Emperor's New Mind. Concerning Computers, Minds and the Laws of Physics*, publié par Oxford University Press, Oxford 1989 (il existe une traduction espagnole de Javier García Sanz, publiée à Madrid par Mondadori España, en 1991, et intitulée *La Nueva Mente del Emperador) ;* il explique en détail, à diverses reprises, la grande importance de la pensée non exprimable ou non traduisible en mots même pour les esprits scientifiques les plus notables (par exemple, pp. 423-425). Le Grand Gregorio Marañon avait déjà exposé cette idée, il y a assez longtemps, en rapportant une conversation privée maintenue avec Bergson peu avant sa mort, au cours de laquelle le penseur français lui avoua : « *Je suis sûr que les grandes découvertes de Cajal n'ont été que des vérifications objectives de faits que son cerveau avait envisagés comme de véritables réalités* ». *Cajal y su Tiempo*, dans *Obras Completas*, Espasa Calpe, Madrid 1971, vol. VII, p. 331. K. Lorenz affirme, pour sa part : « *No important scientific fact has ever been 'proved' that has not previously been simply and immediately seen by intuitive Gestalt perception* ». Voir « The Role of Gestalt Perception in Animal and Human Behaviours », dans *Aspects of Form*, éditions L. L. White, Londres 1951, p. 176.

[46] Don Lavoie, *Rivalry and Central Planning*, Cambridge University Press, Cambridge 1985. Lavoie ajoute que si les coûts pouvaient être établis d'une manière objective, scientifique et universelle, la prise de décisions, dans la vie économique, pourrait se réduire à suivre une série de règles totalement exprimées et spécifiées ; mais comme les coûts sont quelque chose de subjectif et ne peuvent être connus que dans le contexte de chaque action concrète par l'acteur, la pratique de la fonction d'entrepreneur ne peut être ni exprimée en détail ni remplacée par aucun critère objectif de type scientifique (op. cit., pp. 103-104).

d'apprécier des occasions de gain, et adoption d'un comportement conscient pour en tirer profit) consiste dans une connaissance fondamentalement tacite et non exprimable.

Caractère essentiellement créatif de la fonction entrepreneuriale

L'exercice de la fonction d'entrepreneur n'exige aucun moyen. Autrement dit, l'esprit d'entreprise ne suppose aucun coût ; il est, donc, essentiellement créatif[47]. Ce caractère créatif de la fonction entrepreneuriale se matérialise dans le fait qu'elle engendre des profits qui, dans un certain sens, sortent du néant et que nous appellerons *profits entrepreneuriaux purs*. Il n'est donc pas nécessaire, pour obtenir des profits entrepreneuriaux, de disposer d'aucun moyen préalable ; il faut simplement exercer correctement la fonction d'entrepreneur. L'on peut illustrer ce fait à partir de la situation décrite à la figure II-1. Il suffit de *se rendre compte* de la situation de *désajustement ou discoordination* existant entre « A » et « B », pour que surgisse, immédiatement, l'occasion d'un profit entrepreneurial pur[48]. Ainsi, on suppose, à la figure II-2, qu'un tiers, « C », est celui qui exerce la fonction d'entrepreneur, en découvrant l'occasion de profit liée au désajustement ou discoordination représenté à la figure I-1 (on représente par une « ampoule qui s'allume » le fait que « C » s'aperçoive de cette occasion ; naturellement, la fonction d'entrepreneur pourra être exercée, en pratique, par « A », par « B », ou simultanément, avec la même intensité ou pas, bien qu'il soit plus illustratif de considérer dans notre cas qu'elle est réalisée par une tierce personne « C »).

---

[47] Pour St. Thomas d'Aquin, « *creare est aliquid ex nihilo facere* » (créer, c'est faire quelque chose à partir du néant). *Suma Teológica*, Part. I, Q 45, art. 1 et s., B. A. C., vol. II, 1948, p. 740. Nous ne partageons pas la thèse thomiste d'après laquelle seul Dieu est capable de créer, car l'homme crée, lui aussi, constamment chaque fois qu'il exerce la fonction d'entrepreneur. L'expression *ex nihilo* a, pour St. Thomas, un sens excessivement matérialiste, alors que nous estimons qu'elle peut s'employer chaque fois que l'homme perçoit ou prend conscience de quelque chose qu'auparavant il n'avait même pas conçu (*ibidem*, p. 756). Jean Paul II semble aller dans le sens de notre interprétation dans son encyclique *Laborem Exercens* (Ediciones Paulinas, Madrid 1981), lorsqu'il affirme que l'homme « *imite et reflète l'action même du Créateur de l'Univers* » (n° 4 et 25), bien qu'il confonde quelquefois le concept d'action humaine et celui de « *travail* » (voir aussi la note 49).

[48] Toute action humaine possède, de notre point de vue, une composante éminemment créative, sans qu'il soit besoin de distinguer entre la créativité entrepreneuriale dans le domaine économique et la créativité dans d'autres domaines (artistique, social, etc.). C'est ce que fait, à tort, Nozick, qui ne voit pas que l'*essence de la créativité est la même dans tous les domaines*, et que le concept et les caractéristiques de la fonction entrepreneuriale que nous analysons sont applicables à toute action humaine quelle qu'elle soit. Voir Robert Nozick, *The Examined Life*, Simon and Schuster, New York 1989, p. 40.

Figure II-2

Il suffit, en effet, que « C » prenne contact avec « B » et lui offre d'acheter cette ressource, dont il dispose abondamment et ne fait pas cas, pour une certaine quantité – disons 3 unités monétaires –, ce qui satisfera beaucoup « B », puisqu'il n'avait jamais imaginé tirer un tel profit de sa ressource. Plus tard, une fois l'échange réalisé, « C » pourra prendre contact avec « A » et lui vendre cette ressource – dont « A » a un grand besoin pour réaliser son objectif – au prix de 9 unités monétaires (si « C » manque d'argent, il pourra en obtenir, par exemple, en convainquant quelqu'un de lui en prêter temporairement). « C » a donc obtenu, *ex nihilo*, en exerçant la fonction d'entrepreneur, un profit entrepreneurial pur de 6 unités monétaires[49].

---

[49] Le fait que la fonction entrepreneuriale soit nettement créatrice et que les profits entrepreneuriaux purs naissent, donc, à partir du néant peut nous conduire à la *digression théologique suivante* : en admettant l'existence d'*Etre Suprême*, Créateur de toutes choses à partir du néant, si l'on suppose que la fonction entrepreneuriale est une création *ex nihilo* de profits entrepreneuriaux purs, il semble clair que l'homme ressemble à Dieu précisément quand il exerce la fonction entrepreneuriale pure ! Cela signifie que l'homme est, plus qu'un *homo sapiens*, un *homo agens* ou *homo entrepreneur*, qui ressemble plus à Dieu lorsqu'il agit, c'est-à-dire quand il conçoit et découvre de nouveaux objectifs et moyens, que lorsqu'il pense. L'on pourrait même construire toute une théorie du *bonheur*, qui défendrait que ce qui rend l'homme le plus heureux est de ressembler à son Créateur ; autrement dit, la cause du plus grand bonheur de l'homme serait de se rendre compte de ses objectifs et de les atteindre (ce qui implique d'agir et d'exercer la fonction d'entrepreneur). Même si nous commettons souvent de multiples *erreurs entrepreneuriales*, surtout dans le choix des objectifs à poursuivre (heureusement, l'homme n'est pas perdu mais dispose de certains guides, comme la morale et la religion, qui l'aident dans ce domaine). J'espère que ma digression ne paraîtra

Nous tenons à souligner spécialement que cet acte entrepreneurial a entraîné trois effets extraordinairement importants. D'une part, la fonction entrepreneuriale a créé de l'information nouvelle qui n'existait pas auparavant. Deuxièmement, cette information a été transmise dans le marché. Et, troisièmement, les agents économiques ont appris, du fait de cet acte entrepreneurial, à agir en fonction l'un de l'autre. Ces conséquences de l'action entrepreneuriale sont si importantes que nous devons les étudier une à une.

---

pas au Professeur Kirzner, homme de profondes convictions religieuses, l'« *usage sacrilège d'une métaphore théologique* ». Voir Israel M. Kirzner *Discovery, Capitalism, and Distributive Justice*, Basil Blackwell, Oxford 1989, p. 40. Jean Paul II, nous l'avons dit à la note 47, semble aller, dans son encyclique *Laborem Exercens,* dans le sens de notre interprétation, lorsqu'il affirme que l'homme imite et reflète « *l'action même du Créateur de l'Univers* » (n° 4 et 25), qu'il agit comme un véritable « *coopérateur* » de Dieu (n° 25) et participe au plan originel et à l'œuvre du Créateur (n° 25). Cependant, Jean Paul II semble parfois confondre le concept d'« *action humaine* » et celui de « *travail* » en introduisant une dichotomie inexistante entre actions humaines (celles liées au « *travail* » *stricto sensu*, et celles liées au « *capital* »). Le véritable problème social n'est pas celui de l'opposition entre « *travail* » et « *capital* », mais celui de savoir s'il est légitime d'utiliser systématiquement l'agression ou violence institutionnelle contre la capacité créative de l'homme qui agit, et à quelle sorte de normes et de lois toute action doit être soumise. L'auteur de l'encyclique ne se rend, en outre, pas compte que s'il vise l'action humaine en général, il est absurde de parler, comme le fait l'encyclique (n° 19), du droit à recevoir une « *juste rémunération* », car tout acteur a droit, comme nous le verrons, au résultat intégral (profit ou perte) de sa créativité ou action entrepreneuriale ; et si elle parle du travail au sens strict comme facteur de production, toute possibilité créative lui est radicalement et théoriquement ôtée. L'article de Fernando Moreno « El Trabajo según Juan Pablo II » (dans *Cristianismo, Sociedad Libre y Opción por los Pobres*, Editor Eliodoro Matte Larrain, Centro de Estudios Públicos, Chili 1988, p. 395-400) m'a été très utile pour faire ces réflexions. La conception, ou du moins le langage et l'exposé, de Jean-Paul II concernant la capacité entrepreneuriale ou action humaine créative, comme facteur décisif de la vie sociale, s'est nettement améliorée dans son encyclique postérieure, *Centesimus Annus,* où il dit expressément que le facteur décisif est « *l'homme lui-même, c'est-à-dire sa capacité de connaissance, dans ses deux aspects de connaissance scientifique et de connaissance pratique (celle nécessaire pour « deviner et satisfaire les besoins des autres* »). Ces connaissances permettent à l'homme d'« *exprimer sa créativité et de développer ses capacités* », ainsi que de pénétrer dans ce « *réseau de connaissances et intercommunication* » que constituent le marché et la société ». Et Jean Paul II conclut que « le rôle du travail humain [je dirais, plutôt, l'action humaine] discipliné et *créatif* et des capacités d'*initiative* et d'*esprit d'entreprise,* comme partie essentielle du travail lui-même, est de plus en plus évident et décisif » (*Centesimus Annus*, Promoción Popular Cristiana, Madrid 1991, chap. IV,° 31, 32 et 33, pp. 66-67). L'encyclique *Centesimus Annus* montre, sans aucun doute, que la conception de l'économie de la part du Souverain Pontife s'est beaucoup modernisée et a fait un saut qualitatif du point de vue scientifique ; saut qui rend obsolète une grande partie de l'ancienne doctrine sociale de l'Eglise, et prend même le dessus sur d'importants secteurs de la science économique encore ancrés dans le mécanicisme et qui n'ont pas su admettre dans leurs « *modèles* » le caractère éminemment créatif et dynamique de la fonction d'entrepreneur. Voir Michael Novak, *The Catholic Ethic and the Spirit of Capitalism*, Free Press, New York 1993.

Création d'information

Tout acte entrepreneurial implique la création *ex nihilo* d'une information nouvelle. Cette création a lieu dans l'esprit de la personne (dans notre exemple le bonhomme « C ») qui exerce la première la fonction d'entrepreneur. En effet, lorsque « C » s'aperçoit qu'il existe une situation comme celle qui a été décrite, et où sont impliqués « A » et « B », une nouvelle information, qu'il ignorait jusque là, se crée dans son esprit. Mais, en outre, une fois que « C » entreprend l'action et contacte « A » et « B », une nouvelle information se crée également dans l'esprit de « A » et de « B ». Ainsi, « A » se rend compte que la ressource qui lui faisait défaut et dont il avait tant besoin pour atteindre son objectif est disponible ailleurs dans le marché et en plus grande quantité qu'il ne croyait ; il peut, donc, entreprendre sans problème l'action qu'il laissait de côté faute du moyen mentionné. « B », pour sa part, s'aperçoit que la ressource qu'il possédait en abondance et estimait peu, est très recherchée et désirée par d'autres et qu'il peut, donc, la vendre à un bon prix. D'autre part, une partie de l'information pratique nouvelle, née dans l'esprit de « C » et qui se manifeste ensuite dans l'esprit de « A » et de « B », est reflétée de façon très résumée ou condensée dans une série de *prix* ou relations historiques d'échange (c'est-à-dire que « B » a vendu pour 3 et « A » a acheté pour 9).

Transmission d'information

La création entrepreneuriale d'information implique simultanément une *transmission* de celle-ci dans le marché. De fait, transmettre quelque chose à quelqu'un équivaut à faire que cette personne engendre ou crée dans son esprit une partie de l'information que nous créons ou découvrons auparavant. Dans notre exemple, il y a eu non seulement transmission à « B » de l'idée que sa ressource était importante et qu'il devait en tirer profit ; et transmission à « A » de l'idée qu'il pouvait poursuivre l'objectif laissé de côté faute de cette ressource ; mais les prix respectifs, qui sont un système de transmission très puissant, car ils transmettent beaucoup d'information à un coût très bas, communiquent, par vagues successives, à tout le marché ou société, le message qu'il faut garder et économiser la ressource en question, car elle est demandée ; et, en même temps, que tous ceux qui, ignorant l'existence de cette ressource, n'entreprennent pas d'actions peuvent se la procurer et poursuivre leurs plans d'action respectifs. Naturellement, l'information importante est toujours subjective et n'existe pas en dehors des personnes capables de l'interpréter ou de la découvrir ; de sorte que ce sont toujours les hommes qui créent, perçoivent et transmettent l'information. L'idée, erronée, que l'information est quelque chose d'objective est due à ce qu'une partie de l'information subjective créée de manière entrepreneuriale se matérialise « *objectivement* » par des signes (prix, institutions, normes, « *firmes* », etc.) qui peuvent être découverts et interprétés subjectivement par beaucoup dans le contexte de leurs actions particulières, ce qui facilite la création de nouvelles informations subjectives plus riches et plus complexes. Cependant, et malgré les apparences, la transmission d'information sociale est fondamentalement tacite et subjective, c'est-à-dire non expresse, et, en même temps, très résumée (il n'est transmis et capté subjectivement que le minimum indispensable à la coordination du processus social) ; ce qui, d'un autre côté, permet de tirer le meilleur profit de la capacité limitée de l'esprit humain à créer, découvrir et transmettre constamment de l'information nouvelle.

Effet apprentissage : coordination et ajustement

Il faut enfin souligner que les agents « A » et « B » ont appris à agir en fonction l'un de l'autre. Autrement dit, par suite de l'action entrepreneuriale primitivement entreprise par « C », « B » ne gaspille plus la ressource dont il disposait, mais la conserve dans son propre intérêt. De son côté, « A », disposant de cette ressource, peut atteindre son objectif et il entreprend l'action qu'il ne réalisait pas auparavant. L'un et l'autre apprennent, donc, à agir *de façon coordonnée*, c'est-à-dire à modifier et discipliner leur comportement en fonction de l'autre. Ils apprennent, en outre, de la meilleure manière possible : *sans se rendre compte qu'ils apprennent et spontanément* ; ils le font volontairement et dans le contexte d'un plan où chacun poursuit ses objectifs et intérêts particuliers. Tel est le *noyau* du processus, aussi merveilleux que simple et effectif, qui permet la vie en société[50]. L'on observe, enfin, que l'exercice de l'action entrepreneuriale de

[50] Il faut souligner que – comme on le verra à propos de l'arbitrage et de la spéculation – l'homme apprend, grâce à l'esprit d'entreprise, à discipliner son comportement en fonction même des circonstances et des besoins d'êtres humains futurs, pas encore nés (*coordination intertemporelle*). En outre, ce processus ne pourrait pas se reproduire même si les hommes *décidaient*, soit en obéissant aux ordres contraignants d'un dictateur bienveillant, soit par désir philanthropique d'aider l'humanité, de coordonner toutes les situations de discoordination sociale, mais en renonçant à rechercher aucun profit. En effet, en l'absence de profit agissant comme stimulant, l'information pratique nécessaire pour coordonner ces situations n'apparaît pas (cela est indépendant du fait qu'après avoir recherché et obtenu un profit entrepreneurial, l'acteur décide de l'utiliser à des fins caritatives, etc.). Une société dont les membres consacreraient la plupart de leur temps à « *aider volontairement leur prochain* » et à ne pas agir comme des entrepreneurs, serait une société tribale de type précapitaliste, incapable d'entretenir une fraction de la population qui vit aujourd'hui dans le monde. Il est donc théoriquement impossible que les principes de « *solidarité* » et d'altruisme puissent servir comme guides d'action à l'être humain dans un ordre qui, comme l'ordre social, repose sur une série de relations abstraites avec de multiples autres individus que l'on ne pourra jamais connaître et dont n'a que des informations dispersées sous forme de prix, de normes au sens matériel et d'institutions. Les principes de « *solidarité* » et d'altruisme sont, donc, des atavismes tribaux qui ne peuvent s'appliquer que dans les petits groupes primaires et à un très petit nombre de personnes connaissant intimement leurs circonstances personnelles. Bien qu'on ne puisse rien dire à l'encontre de l'activité que réalisent de nombreux individus dans la société pour satisfaire leurs nécessités plus ou moins ataviques ou instinctives de se montrer « *solidaires* » envers leur « *prochain* », l'on peut affirmer catégoriquement que tenter d'organiser la société par la contrainte en invoquant ces principes de « *solidarité* » et d'altruisme non seulement est théoriquement impossible, mais ferait disparaître la civilisation telle que nous la connaissons et éliminerait aussi bien les « *éloignés* » que les « *proches* », en

la part de « C » permet une action coordonnée entre « A » et « B », qui n'existait pas auparavant ; elle permet aussi à ces derniers de faire un *calcul économique* dans le contexte de leurs actions respectives, avec des données ou informations dont ils ne disposaient pas auparavant et grâce auxquelles ils ont de fortes chances d'atteindre leurs objectifs respectifs. Le calcul économique de chaque acteur devient, en somme, possible précisément grâce à l'information créée au cours du processus entrepreneurial. Ou autrement dit : sans l'exercice de la fonction entrepreneuriale, l'information nécessaire pour que tout acteur puisse calculer ou évaluer correctement chaque déroulement alternatif d'action n'est pas créée. C'est-à-dire que *sans fonction entrepreneuriale, le calcul économique n'est pas possible*[51].

Les observations précédentes constituent à la fois les enseignements les plus importants et élémentaires de la science sociale, et nous permettent de conclure que la fonction entrepreneuriale est, sans aucun doute, la fonction sociale par excellence, puisqu'en ajustant et coordonnant le comportement individuel de ses membres, elle permet la vie en société. Sans fonction entrepreneuriale, aucune société n'est concevable[52].

Arbitrage et spéculation

D'un point de vue temporel, l'action entrepreneuriale peut se réaliser de deux façons différentes : de manière synchronique ou diachronique. La première se nomme *arbitrage,* et c'est la fonction entrepreneuriale exercée dans le *présent* (entendu comme présent temporel du point de vue de l'acteur)[53] entre deux lieux ou situations de la société distincte ; la seconde se nomme *spéculation*, et c'est l'action entrepreneuriale exercée entre deux moments différents. L'on pourrait penser que, dans le cas de l'arbitrage, la

---

sorte qu'il resterait bien peu de gens que l'on puisse continuer d'aider. Voir F. A. Hayek, *The Fatal Conceit,* op. cit., p. 13.

[51] Le mot « *calcul* » procède étymologiquement de l'expression latine *calx-calcis*, servant, entre autres choses, à désigner la craie utilisée dans les abaques grecs et romains. On trouvera une définition plus précise du calcul économique à la page 58.

[52] Kirzner dit que la fonction entrepreneuriale permet de découvrir et d'éliminer les *erreurs* qui existent dans la société et y passent inaperçues. Cette conception de l'erreur, cependant, ne me semble pas pleinement satisfaisante, car elle implique un jugement de la part d'un hypothétique être omniscient qui connaîtrait toutes les situations de désajustement existant dans la société. Le concept d'erreur, à notre avis, n'a de sens qu'en termes subjectifs, c'est-à-dire, si l'acteur se rend compte *a posteriori* qu'il n'aurait pas dû poursuivre un certain objectif, ou utiliser certains moyens, car, en agissant, il a encouru des coûts, c'est-à-dire qu'il a renoncé à l'obtention d'objectifs qui ont pour lui plus de valeur que ceux qu'il a atteints (il a subi des *pertes entrepreneuriales*). Il faut en outre tenir compte que l'élimination d'*erreurs* dans le sens objectiviste de Kirzner est ordinairement considérée par les acteurs comme des trouvailles heureuses qui entraînent des gains ou profits entrepreneuriaux importants. Israel M. Kirzner, « Economics and Error », dans *Perception, Opportunity and Profit*, The University of Chicago Press, Chicago 1979, pp. 120-137.

[53] « *The present qua duration is the continuation of the conditions and opportunities given for acting. Every kind of action requires special conditions to which it must be adjusted with regard to the aims sought. The concept of present is therefore different for various fields of actions* ». Ludwig von Mises, *Human Action*, op. cit., p. 101.

fonction entrepreneuriale découvre et transmet une information qui *existe déjà* mais se trouve dispersée, tandis que dans celui de la spéculation il se crée et se transmet de l'information « *nouvelle* ». Cette distinction, cependant, est purement artificielle car découvrir ce qui « *existait* », mais dont on ignorait l'existence, équivaut à *créer*. On ne peut donc pas considérer, du point de vue qualitatif et théorique, qu'il existe de différence entre *arbitrage et spéculation*. Les deux sortes d'action entrepreneuriale font naître la coordination sociale (*intratemporelle* dans le cas de l'arbitrage et *intertemporelle* dans celui de la spéculation) et *créent* des tendances du même ordre orientées à l'ajustement ou coordination.

Droit, monnaie et calcul économique

Dans notre exemple graphique, « C » aurait difficilement pu exercer sa fonction créative d'entrepreneur si quelqu'un d'autre avait pu lui enlever *par la force* le produit de celle-ci ; ou si « A » ou « B », par exemple, l'avaient *trompé* et ne lui avaient pas remis la ressource ou les unités monétaires promises. Tout cela signifie que l'exercice de la fonction d'entrepreneur, et en général de l'action humaine, exige que toutes les personnes impliquées en elle démontrent, de façon constante et répétée, suivre certaines lignes ou règles de conduite, c'est-à-dire *qui s'ajustent au droit*. Ce droit est constitué par une série de normes qui se sont formées et épurées de manière évolutive et coutumière. Elles définissent fondamentalement le droit de propriété (*several property*, dans la terminologie hayekienne la plus récente[54]) et peuvent se réduire aux principes essentiels de respect de la vie, stabilité de la possession obtenue pacifiquement, transfert par consentement et accomplissement des promesses[55]. L'on peut étudier en détail le fondement des normes juridiques qui permettent la vie en société à partir de trois points de vue différents mais complémentaires : l'utilitariste, l'évolutionniste-coutumier et celui de la théorie de la morale sociale des droits de propriété. Une telle analyse, cependant, dépasse de beaucoup le cadre de notre travail ; c'est pourquoi nous signalerons ici seulement que, même si le droit permet l'exercice de l'action humaine, et donc l'apparition et le développement de la société et de la civilisation, il est à son tour un résultat évolutif, n'ayant été dessiné consciemment par personne, de l'exercice même de la fonction entrepreneuriale. Les institutions juridiques, et en général toutes les institutions sociales (langage, monnaie, marché, etc.) naissent ainsi de processus évolutifs au cours desquels un très grand nombre de personnes apportent chacune, tout au long de l'histoire, leur « *grain de sable* »

---

[54] F. A. Hayek, *The Fatal Conceit. The Errors of Socialism*, op. cit., p. 12.

[55] « *We have now run over the three fundamental laws of nature, that of the stability of possession, of its transference by consent, and of the performance of promises* ». « *Tis on the strict observance of those three laws, that the peace and security of human society entirely depend; nor is there any possibility of establishing a good correspondence among men, where these are neglected. Society is absolutely necessary for the well-being of men; and these are as necessary to the support of society* ». David Hume, *A Treatise of Human Nature*, Oxford University Press 1981, Livre III, Partie II, Section VI, p. 526.

d'information pratique et de créativité entrepreneuriale. Cela fait apparaître spontanément, comme le prétend la théorie de Menger, des institutions[56] qui sont, sans aucun doute, le produit de l'*interaction* de beaucoup d'hommes, mais qui *n'ont été ni dessinées ni organisées consciemment par aucun d'eux*[57]. Il en est ainsi parce qu'aucun esprit humain ou groupe organisé d'esprits humains ne possède la capacité intellectuelle nécessaire pour assumer et comprendre le volume énorme d'information pratique intervenue dans la création progressive, la consolidation et le développement ultérieur de ces institutions. On est ainsi face à une réalité paradoxale, à savoir que les institutions les plus importantes et essentielles pour la vie de l'homme en société (linguistiques, économiques, légales et morales) n'ont pas pu être créées délibérément par l'homme lui-même, celui-ci ne disposant pas de la capacité intellectuelle nécessaire. Elles sont nées du processus entrepreneurial d'interactions humaines et se sont étendues à des groupes de plus en plus larges grâce au mécanisme d'apprentissage et d'imitation inconsciente expliqué plus haut. L'apparition et le perfectionnement des institutions permettent, en outre, par l'intermédiaire d'un processus typique de *feedback* ou rétro alimentation, un processus entrepreneurial d'interactions humaines de plus en plus riche et complexe. De même que l'homme n'a pu créer délibérément ses institutions[58], il ne peut pas non plus,

[56] Nous considérons que l'institution est une règle ou modèle répétitif de conduite, indépendamment du domaine – linguistique, économique, juridique, etc. – où elle exerce son activité.

[57] Carl Menger, *Untersuchungen über die Methode der Socialwissenschaften und der Politischen ökonomie inbesondere*, Editorial Duncker Humblot, Leipzig 1883. Le terme utilisé par Menger pour exprimer les « *conséquences non intentionnelles des actions individuelles* » est celui de *Unbeabsichtigte Resultante.* Menger dit, en particulier, que le phénomène social se caractérise par le fait qu'il se présente comme « *die unbeabsichtigte Resultante individueller, d.i. individuellen Interessen verfolgender Bestrebungen der Volksglieder... die unbeabsichtigte soziale Resultante individuell teleologischer Faktoren* » (p. 182). L'on peut également consulter la Préface de Lawrence H. White à l'édition anglaise du livre de Menger *Investigations into the Method of the Social Sciences with Special Reference to Economics*, New York University Press, New York 1985, p. vii-viii et p. 158 (où se trouve la traduction anglaise de la p. 182 de la version originale allemande). Consulter également l'article de F. A. Hayek « The Results of Human Action but not of Human Design », dans *Studies in Philosophy, Politics and Economics*, op. cit., p. 96-105. On affirme parfois qu'Adam Anderson fut le premier à parler explicitement de ce type spontané de phénomènes sociaux ; en effet, on peut lire à la p. 187 de son *An Essay on the History of Civil Society*, T. Caddel in the Strand, Londres 1767, que « Nations stumble upn establishments, which are indeed the result of human action, but not the execution of any human design », et il ajoute la célèbre phrase attribuée par De Retz à Cromwell : « *on ne monte jamais si haut que quand on ne sait pas où l'on va* » ; il existe une traduction espagnole revue et corrigée par Juan Rincón Jurado, publiée par l'Instituto de Estudios Políticos, Madrid 1974 (la citation clé se trouve à la p. 155). Cependant, Ferguson reprend une tradition beaucoup plus ancienne et qui, à travers Montesquieu, Bernard de Mandeville et les scolastiques espagnols du XVI siècle remonte même, comme nous le verrons au début du chapitre IV, à un courant de la pensée classique de Rome et de la Grèce.

[58] Il faut donc repousser le concept de loi de saint Thomas d'Aquin qui, la définissant comme « *rationis ordinatio ad bonum commune, ab eo qui curam communitatis habet promulgata* »

et pour la même raison, comprendre entièrement le rôle global que jouent celles qui existent à chaque moment de l'histoire. Les institutions et l'ordre social qui les crée, sont progressivement plus *abstraits* en ce sens qu'on ne peut ni identifier ni connaître l'infinie variété de connaissances particulières et d'objectifs individuels que possèdent et poursuivent les hommes qui agissent dans leur cadre. Les institutions sont, à leur tour, des signes très puissants, car en tant que règles ou habitudes répétitives de conduite, elles orientent l'action des hommes.

Parmi toutes ces institutions, la plus abstraite et, donc, la plus difficile à comprendre est peut-être celle de la *monnaie*. La monnaie ou moyen d'échange généralement accepté est, en effet, l'une des institutions les plus vitales pour l'existence et le développement de notre civilisation ; et, cependant, bien peu sont capables ne serait-ce que de pressentir comment la monnaie permet une multiplication exponentielle des possibilités d'interaction sociale et de créativité entrepreneuriale, et facilite les calculs économiques de plus en plus complexes qu'exige une société moderne[59] [60].

(*Suma Teológica*, op. cit., tome VI, 1955, p. 42 Partie I-II, Q90, art. 4), considère à tort la loi comme un produit délibéré de la raison humaine. Saint Thomas est, en ce sens, un précurseur du « *faux rationalisme* » que critique Hayek, car il suppose que la raison humaine peut savoir beaucoup plus que ce qu'elle est capable de savoir. Ce rationalisme bâtard et ascientifique atteindra son point culminant à la Révolution Française, avec le triomphe de l'utilitarisme et, dans le domaine juridique, avec le positivisme kelsenien et les thèses de Thiebaut. Voir F. A. Hayek, « Kinds of Rationalism », dans *Studies in Philosophy, Politics and Economics*, op. cit., chap. V, pp. 82-96. Plus récemment, Hayek a critiqué le fait qu'Aristote n'ait jamais entièrement compris, même sans tomber dans les extrêmes socialistes de Platon, ni l'existence d'ordres sociaux de type spontané ni l'idée essentielle d'évolution (voir *The Fatal Conceit. The Errors of Socialism,* op. cit., pp. 45-47) ; cela fit surgir un courant naïvement scientiste qui a hypothéqué et rendu stérile une grande partie de la science sociale développée jusqu'à nos jours.

[59] Menger considère précisément, dans sa théorie sur l'origine de la monnaie, que celle-ci constitue l'un des cas les plus importants et paradigmatiques de sa théorie sur l'apparition, le développement et l'évolution spontanée des institutions sociales. Voir p. 152 et s. de l'édition anglaise des *Untersuchungen* citée à la note 57.

[60] Une autre institution d'intérêt économique est celle que constitue l'entité d'organisation économique malheureusement appelée en espagnol « *empresa* » (entreprise) et qui devrait s'appeler exclusivement, selon le modèle anglo-saxon, « *firme* », pour éviter toute confusion entre le concept d'action humaine ou action entrepreneuriale et celui de firme, laquelle n'est qu'une institution de plus, d'une certaine importance, et qui apparaît dans le marché parce que les acteurs considèrent que leurs intérêts ont souvent besoin d'une certaine organisation. Nous estimons que tout un courant de la pensée économique tend à exagérer l'importance des firmes ou entreprises commerciales comme objet d'étude de l'économie. La firme n'est qu'une des nombreuses institutions résultant de l'interaction humaine et son apparition et son évolution ne peuvent se comprendre qu'à partir de la théorie exposée concernant la fonction entrepreneuriale. Les théoriciens de la firme ou entreprise commerciale non seulement masquent, confondent et ignorent le caractère subjectif de l'action entrepreneuriale, mais tendent à objectiviser et à limiter indûment le champ de l'économie autour de la firme. Voir, par exemple, R. H. Coase, « The Nature of the Firm », *Economica*, n° 4, novembre 1937 (réédité dans le chap. II de *The Firm, the Market and the Law*, The University of Chicago Press, Chicago 1988, pp. 33-35); et A. A. Alchian, « Corporate Management and Property Rights », dans *Economic Policy and the Regulations of Corporate Securities*, American

Nous avons supposé, dans notre schéma élémentaire d'exercice de l'action entrepreneuriale, que la monnaie existait et que, donc, « A », « B » et « C » étaient disposés à faire certains échanges contre certaines unités monétaires. La monnaie est très importante parce que, comme l'a démontré Mises, c'est un dénominateur commun qui permet le *calcul économique* à propos de tous les biens et services objets du commerce ou de l'échange humain. Il faut donc entendre par calcul économique *toute mesure estimative, en unités monétaires, des résultats de différents déroulements d'action.* Ce calcul économique est fait par chaque acteur toutes les fois qu'il exerce la fonction d'entrepreneur ; et il n'est possible que grâce à l'existence de la monnaie et à l'information de type pratique que l'exercice de l'action entrepreneuriale crée, engendre et transmet constamment[61].

Ubiquité de la fonction entrepreneuriale

Tous les hommes qui agissent, exercent, dans une plus ou moins large mesure et avec plus ou moins de succès, la fonction d'entrepreneur. Autrement dit, la fonction entrepreneuriale possède, en tant que « *composant chimiquement pur* », le don de l'*ubiquité.* Ainsi, par exemple, le travailleur l'exerce lorsqu'il s'informe et décide ou non de changer de travail, d'accepter une offre, d'en refuser une autre, etc. S'il voit juste, il obtiendra un travail plus intéressant que celui qu'il aurait obtenu dans d'autres circonstances. S'il se trompe, ses conditions de travail pourront être plus mauvaises. Dans le premier cas, il récoltera des profits entrepreneuriaux, et

---

Enterprise Institute, Washington D. C. 1969, p. 342 et s. On trouve dans Israel M. Kirzner, *Competition and Entrepreneurship*, op. cit., p. 52 et s., une critique détaillée de ce courant de pensée. Voir aussi la citation 192 du chap. IV.

[61] Pour Mises, « *economic calculation is either an estimate of the expected outcome of future action or the establishment of the outcome of past action* », *Human Action : A Treatise on Economics*, op. cit., pp. 210, 198-231. En ce sens, Rothbard ne semble pas comprendre que le calcul économique pose toujours un problème de création et de transmission d'information dispersée et personnelle sans laquelle il ne peut pas se réaliser ; voir ses observations sur la polémique autour du calcul économique, faites dans son ouvrage *Ludwig von Mises : Scholar, Creator and Hero*, Ludwig von Mises Institute, 1988, chap. 5, pp. 35-46. La position de Rothbard semble s'expliquer par le désir presque obsessif de souligner les différences plus que les ressemblances existant entre Mises et Hayek. La position d'Hayek a quelquefois été interprétée, comme le signale Rothbard, de façon trop stricte : comme s'il parlait d'un simple problème issu du caractère dispersé de la connaissance *existante*, et laissait de côté les problèmes que pose l'incertitude et la création future de connaissance et qui furent spécialement soulignés par Mises. Nous croyons, cependant, que les deux points de vue peuvent facilement être mis en relation, car ils sont intimement liés et nous les exposerons de manière articulée dans le prochain chapitre, sous les rubriques respectives : l'argument *statique* et l'argument *dynamique* contre la possibilité du calcul économique socialiste. Voir en particulier Murray N. Rothbard, « The End of Socialism and the Calculation Debate Revisited », *The Review of Austrian Economics*, vol. 5, n° 2, 1991, p. 66. Et aussi Joseph T. Salerno, « Ludwig von Mises as Social Rationalist », *Review of Austrian Economics*, 4, 1990, p. 36-48, et « Why Socialist Economy is Impossible, a Postcript to Mises », *Economic Calculation in the Socialist Commonwealth*, Ludwig von Mises Institute, Auburn, Alabama 1990. Voir aussi la fin de la note 158 du chap. IV.

dans le second, des pertes. Le *capitaliste* exerce, lui aussi, constamment la fonction entrepreneuriale lorsqu'il décide, par exemple, d'engager un gérant plutôt qu'un autre, ou qu'il étudie la possibilité de vendre ou non une de ses entreprises, ou d'entrer dans un secteur déterminé, ou d'adopter une certaine combinaison de revenu fixe et variable dans son portefeuille de valeurs, etc. Enfin, le *consommateur* se conduit, lui aussi, constamment comme un entrepreneur, lorsqu'il s'efforce de choisir le bien de consommation qu'il lui plaît le mieux, qu'il s'informe des nouveautés apparaissant sur le marché, ou décide, au contraire, de ne plus perdre son temps à rechercher de nouvelles occasions, etc. La fonction entrepreneuriale s'exerce, donc, dans une plus ou moins large mesure, et avec plus ou moins de succès, dans la vie de tous les jours, dans toutes les actions ou entreprises concrètes. Elle est exercée par tous ceux qui agissent dans le marché, en quelque qualité que ce soit ; de ce fait, les profits et pertes entrepreneuriaux purs apparaissent, en pratique, presque toujours mêlés à d'autres catégories économiques de recettes (salaires, revenus, etc.). Seule une étude détaillée de type historique nous permettra d'identifier dans chaque cas où se trouve, ou qui a exercé la fonction d'entrepreneur la plus significative, dans le contexte de chaque action ou entreprise concrète.

Le principe essentiel

Cela dit, ce qui importe véritablement du point de vue théorique n'est pas l'identité de celui qui exerce concrètement la fonction d'entrepreneur (bien que ce soit le plus important en pratique), mais le fait qu'en l'absence de restrictions institutionnelles ou légales au libre exercice de celle-ci, chacun puisse exercer de son mieux ses dons entrepreneuriaux en créant de l'information nouvelle et en tirant profit de l'information pratique de type personnel qu'il a chaque fois réussi à obtenir.

Ce n'est pas à l'économiste, mais plutôt au psychologue, d'étudier plus en détail l'origine de la force innée de l'homme qui le pousse à exercer la fonction d'entrepreneur dans tous ses champs d'action. Nous voulons souligner ici simplement le principe essentiel suivant : *l'homme tend à découvrir l'information qui l'intéresse, de sorte que, si la poursuite d'objectifs et d'intérêts est libre, ceux-ci agiront comme stimulant*[62], *et permettront à celui qui exerce la fonction d'entrepreneur motivée par ce stimulant de percevoir et découvrir sans cesse l'information pratique importante pour l'obtention des objectifs poursuivis.* Et en sens contraire, si,

---

[62] Incentivo (stimulant) désigne, selon le *Dictionnaire* de la Real Academia, « *ce qui pousse à désirer ou à faire quelque chose* » ; cela coïncide, donc, avec la définition que nous avons donnée du *profit* ou *gain*. Le profit ou gain subjectif que l'on recherche au moyen d'une action humaine constitue, précisément, le stimulant qui pousse à agir au cours de cette action. En principe, et bien que ce ne soit pas ici l'endroit indiqué pour expliquer davantage l'essence psychique de l'action entrepreneuriale, plus on visualise clairement l'objectif et plus intensément on le poursuit, plus l'affluence d'idées créatives importantes pour l'obtention de cet objectif sera significative, et plus l'acteur distinguera et repoussera facilement le fatras d'information inutile qui pourrait le distraire. Consulter aussi la p. 305 du chap. VII, où l'on nuance les deux sens du terme « *incentivo* » (stimulant), le sens statique et le sens dynamique.

pour une raison quelconque, l'exercice de l'action entrepreneuriale est limité ou supprimé dans un secteur de la vie sociale (par des restrictions contraignantes de type légal ou institutionnel), les hommes n'envisageront même pas la possibilité d'atteindre des objectifs dans ces *domaines interdits ou limités*, de sorte que, *l'objectif n'étant pas possible, il n'agira pas comme stimulant, et on ne percevra ou découvrira aucune information pratique importante pour l'atteindre.* Il y a plus : même les personnes affectées *ne seront pas conscientes,* dans cette hypothèse, du grand nombre et de l'énorme valeur des objectifs qui se perdent à cause de cette situation de restriction institutionnelle[63]. Autrement dit, nous voyons, sur le schéma des bonshommes des figures II-1 et II-2, que, si l'exercice de l'action humaine est libre, l' « *ampoule entrepreneuriale* » peut s'allumer librement en toute circonstance de désajustement ou discoordination sociale, et que se déclenche le processus de création et transmission d'information devant entraîner la coordination du désajustement qui permet la vie en société. Si, au contraire, l'on empêche l'exercice de l'action entrepreneuriale dans un certain secteur, il n'est alors nullement possible que « *l'ampoule entrepreneuriale s'allume* » ; c'est-à-dire qu'il n'est pas possible à l'entrepreneur de découvrir la situation de désajustement existante qui pourra, ainsi, continuer indéfiniment ou même s'aggraver. L'on comprend maintenant la grande sagesse de l'ancien dicton « *loin des yeux, loin du cœur* », et qui est directement applicable au cas qui nous occupe. Paradoxalement, l'homme n'est pas capable de sentir ou d'apprécier ce qu'il perd, lorsqu'il ne peut agir ou exercer librement sa fonction d'entrepreneur[64].

Rappelons, enfin, que tout acteur possède des *atomes* d'information pratique, qu'il tend à découvrir et à utiliser pour atteindre un objectif ; information qui, malgré sa transcendance sociale, n'appartient qu'à lui, c'est-à-dire qu'il est le seul à connaître et à interpréter de façon consciente. L'on sait que nous ne parlons pas de l'information présentée dans les revues spécialisées, livres, journaux, ordinateurs, internet, etc. La seule information ou connaissance importante sur le plan social est celle que possède

[63] Pendant très longtemps, les étudiants des pays de l'Est, et en particulier de l'ancienne Union soviétique, ont perdu des milliers et des milliers d'heures à copier à la main des notes tirées des ouvrages de consultation dans les bibliothèques, sans se rendre compte que l'existence de photocopieuses pourrait réduire ou supprimer complètement ce travail. Ce n'est que lorsqu'ils *découvrirent* que ces machines s'utilisaient massivement en Occident et, notamment, dans le domaine des études et de la recherche, qu'ils commencèrent à en sentir le besoin et en réclamer. Ces cas sont très évidents dans les sociétés soumises à un contrôle comparativement plus strict que dans les pays occidentaux. Nous ne devons, cependant, pas tomber dans l'autosatisfaction ou dans l'erreur de croire que les sociétés occidentales ne connaissent pas de cas semblables : nous ne nous rendons pas compte de tout ce que l'interventionnisme y fait perdre, car il n'existe pas de sociétés systématiquement moins restrictives qui puissent nous servir de modèle comparatif.

[64] Le premier à énoncer le principe essentiel analysé dans ce paragraphe fut Samuel Bailey, qui affirma que toute action requiert « minute knowledge of a thousand particulars *which will be learnt by nobody but him who has an interest in knowing them* ». *A Defense of Joint-Stock Banks and Country Issues*, James Ridgeway, Londres 1840, p. 3. Voir aussi le paragraphe sur « Le socialisme, *opium du peuple* », du chap. III.

quelqu'un, consciemment, à chaque moment de l'histoire, même si c'est, la plupart du temps, de façon tacite. Chaque fois, donc, que l'homme agit et exerce la fonction d'entrepreneur, il le fait d'une manière qui lui est propre, c'est-à-dire *personnelle et unique* ; celle-ci dérive de la tentative d'atteindre des objectifs ou vision du monde qui agissent comme stimulant et qui, avec leurs diverses caractéristiques et circonstances, n'appartiennent qu'à lui seul. *Cela permet à chaque homme d'acquérir des connaissances ou informations qu'il ne découvre qu'en fonction de ses objectifs et circonstances et qui ne sont identiques chez personne d'autre*[65].

D'où l'énorme importance qu'il y a à ne gaspiller la fonction entrepreneuriale de personne. Même les personnes les plus humbles, les moins bien considérées socialement, et les moins formées du point de vue de la connaissance exprimable, possèdent en exclusivité au moins quelques bouts de connaissance ou information qui peuvent avoir une valeur décisive dans le déroulement des évènements historiques[66]. De ce point de vue, le caractère essentiellement humaniste de la conception de l'action entrepreneuriale, qui fait de l'économie la science humaine par excellence, est évident.

Concurrence et fonction entrepreneuriale

La fonction entrepreneuriale a toujours, par nature et par définition, un caractère *concurrentiel*[67]. Cela signifie que, lorsque l'acteur a découvert une certaine occasion de profit et s'efforce de l'exploiter, cette occasion de profit disparaît et ne peut plus être appréciée et exploitée par un autre. De même, si l'occasion de profit n'est que partiellement découverte ou si, étant totalement découverte, l'acteur ne l'exploite que partiellement, une partie de cette occasion pourra être découverte et exploitée par un autre acteur. Le processus social est, donc, nettement concurrentiel, en ce sens que les différents acteurs *rivalisent* entre eux, de manière consciente ou inconsciente, pour apprécier et mettre à profit, avant quiconque, les occasions de gain[68]. C'est comme si la fonction entrepreneuriale au lieu

---

[65] León Felipe dit, dans un de ses moments de plus grande inspiration : « *Personne n'est allé hier, ne va aujourd'hui, et n'ira demain vers Dieu par le même chemin que moi. A chaque homme, le soleil réserve un rayon de lumière nouveau, et Dieu un chemin vierge* ». León Felipe, *Obras Completas*, Editorial Losada, Buenos Aires 1963, « Prologuillo », p. 25.

[66] « *Tout être humain vivant, même le plus humble, crée par le seul fait de vivre* », Gregorio Marañon, *El Greco y Toledo, Obras Completas*, Editorial Espasa Calpe, Madrid 1971, vol. VII, p. 421.

[67] « *Competencia* » (concurrence) procède étymologiquement du latin *cumpetitio* (coïncidence multiple de demandes portant sur une chose à laquelle il faut attribuer un propriétaire) formé par *cum,* avec et *petere*, demander, attaquer, *chercher* ; le *Dictionnaire* de la Real Academia la définit comme la « *rivalité* entre deux ou plusieurs personnes aspirant à l'obtention de la même chose ». La concurrence consiste donc dans un processus dynamique de rivalité et non dans le « *modèle de concurrence parfaite* », où de multiples offreurs font la même chose et vendent tous au même prix, c'est-à-dire où, paradoxalement, personne ne concourt.

[68] Voir Israel M. Kirzner, *Competition and Entrepreneurship*, op. cit., pp. 12-13, et *Discovery and the Capitalist Process*, op. cit., pp. 130-131. Kirzner souligne que la seule condition

d'être représentée, sur notre schéma, par une seule « *ampoule* », l'était par l'apparition simultanée et successive de *multiples* « *ampoules* » ; chacune d'elles représentant les multiples et divers actes entrepreneuriaux de diagnostic et expérimentation des solutions les plus variées et nouvelles aux problèmes de discoordination sociale, qui rivalisent entre eux pour réussir et s'imposer.

Tout acte entrepreneurial découvre, coordonne et élimine des désajustements sociaux ; et son caractère essentiellement concurrentiel fait que ces désajustements, une fois découverts et coordonnés, ne peuvent plus être perçus ni éliminés par aucun autre acteur. L'on pourrait penser à tort que le processus social animé par l'esprit entrepreneurial peut s'arrêter ou disparaître de lui-même, une fois que cet esprit d'entreprise aura découvert et épuisé toutes les possibilités d'ajustement social existantes. *Cependant, le processus entrepreneurial de coordination sociale ne s'arrête et ne s'épuise jamais.* Car l'acte coordinateur élémentaire, expliqué aux figures II-1 et II-2, consiste fondamentalement à créer et à transmettre de l'information nouvelle qui doit forcément modifier la perception générale d'objectifs et de moyens de tous les acteurs impliqués. Cela provoque, à son tour, l'apparition illimitée de nouveaux désajustements qui supposent de nouvelles occasions de gain entrepreneurial, et ainsi de suite, dans un processus dynamique indéfini et qui fait progresser sans cesse la civilisation. Autrement dit, la fonction entrepreneuriale non seulement *rend possible* la vie en société, en ajustant le comportement incoordonné de ses membres, mais elle permet aussi le *développement* de la civilisation, en créant continuellement de nouveaux objectifs et de nouvelles connaissances qui s'étendent par vagues successives au sein de la société entière. En outre – et cela est très important –, *elle permet aussi que ce développement soit aussi adapté et harmonieux que possible dans chaque circonstance historique,* parce que les désajustements qui se créent constamment, au fur et à mesure du développement de la civilisation et de l'apparition d'information nouvelle, tendent à leur tour à être découverts et éliminés par la force entrepreneuriale de l'action humaine[69]. Autrement dit, la fonction entrepreneuriale est la force

---

nécessaire pour garantir le caractère concurrentiel du processus est l'existence de la liberté d'entrée, c'est-à-dire l'absence, dans tous les secteurs sociaux, de restrictions légales ou institutionnelles au libre exercice de la fonction d'entrepreneur.

[69] Le processus entrepreneurial provoque, donc, une espèce de « *Big Bang* » social qui permet la croissance *illimitée* de la connaissance. D'après Frank J. Tipler, Professeur de Mathématiques et Physique à l'Université de Tulane, la limite maximale d'expansion de la connaissance sur la terre est de 10^{64}bits (de sorte qu'on pourrait augmenter 100 milliards de fois les limites physiques de croissance considérées jusqu'ici), et l'on peut démontrer mathématiquement qu'une civilisation humaine avec base spatiale pourrait étendre sa connaissance, sa richesse et sa population *de façon illimitée.* Il conclut : « Much nonsense has been written on the physical limits to economic growth by physicists who are ignorant of economics. A correct analysis of the physical limits to growth is possible only *if one appreciates Hayek's insight that what the economic system produces is not material things, but inmaterial knowledge* ». Voir Frank J. Tipler, *A Liberal Utopia*, dans « A Special Symposium on 'The Fatal Conceit' by F. A. Hayek », *Human Studies Review*, vol. 6, n° 2, hiver 1988-1989, pp. 4-5 (publié en español dans *Cuadernos del Pensamiento Liberal*, n° 12,

qui donne sa cohésion à la société et permet son développement harmonieux, puisque les désajustements inévitables et nécessaires se produisant au cours d'un tel processus de développement tendent, eux aussi, à être coordonnés par elle[70].

Division de la connaissance et ordre « extensif » de coopération sociale

Etant donné la capacité limitée d'assimilation de l'information par l'esprit humain, et le volume croissant de création constante d'information nouvelle par le processus social que déclenche la force entrepreneuriale, il est clair que le développement de la société exige une extension et un approfondissement de la *division de la connaissance.* Cette idée, d'abord énoncée dans une version maladroite et objectiviste sous le nom de *division du travail*[71], signifie, simplement, que le processus de développement suppose, d'un point de vue vertical, une connaissance de plus en plus profonde, spécialisée et détaillée *qui exige, pour son extension horizontale, un nombre d'individus de plus en plus élevé* (un accroissement constant de la population).

Unión Editorial, Madrid 1991, pp. 69-72). Et aussi le remarquable livre de John D. Barrow et Frank J. Tipler, *The Anthropic Cosmological Principle*, Oxford University Press, Oxford 1986, et en particulier les pp. 658-677.

[70] On peut analyser, sur le graphique de la figure II-3, une situation élémentaire comme celle décrite dans le texte. En effet, « A » peut entreprendre son action parce qu'il découvre, grâce à la fonction d'entrepreneur exercée par « C », qu'il existe une quantité suffisante de la ressource « R ». Plus tard, un quatrième sujet, « D », a l'idée, à la vue de l'action entreprise par « A », de poursuivre lui aussi l'objectif « Z » s'il arrive à se procurer la ressource « S » qu'il ne sait où trouver, mais qui est disponible ailleurs sur le marché, entre les mains d'« E ». Il apparaît, donc, à cause de l'information créée dans le premier acte entrepreneurial, un nouveau désajustement entre « D » et « E » ; celui-ci crée une nouvelle occasion de gain qui attend d'être découverte et mise à profit par quelqu'un. Et ainsi de suite.

[71] Sur la « *Loi de la Division du Travail* » et sa généralisation, la « *Loi d'Association* » de Ricardo, consulter les considérations pertinentes de Mises dans *Human Action*, op. cit., pp. 157-165. Egalement, Ludwig von Mises, *Nationalökonomie : Theorie des Handelns und Wirtschaftens*, The International Carl Menger Library, 2° édition, Philosophia Verlag, Munich 1980, pp. 126-133 (Mises utilise ici l'expression « *Vergesellschaftungsgesetz* » pour désigner la « *Loi d'Association* »). Comme le dit Robbins (*Politics and Economics*, Macmillan, Londres 1963, p. 141), c'est à Mises que revient le mérite d'avoir compris que la Loi des Coûts Comparatifs de Ricardo n'était qu'un cas particulier d'une loi beaucoup plus générale, la « *Loi d'Association* » ; celle-ci explique que la coopération entre les plus capables et les moins capables bénéficie aux deux, pourvu que chaque homme découvre, de façon entrepreneuriale, qu'il gagne à se spécialiser dans l'activité pour laquelle il dispose *relativement* d'un plus grand avantage. Mises, cependant, ne parvient pas, même dans ce cas, à abandonner tous les restes objectivistes qui imprègnent, depuis Adam Smith, la Théorie de la Division du Travail. Il faut attendre la p. 709 de son *Human Action* pour qu'il parle, explicitement, de la *division intellectuelle du travail*, que nous avons appelée dans le texte division de la connaissance ou de l'information.

Figure II-3

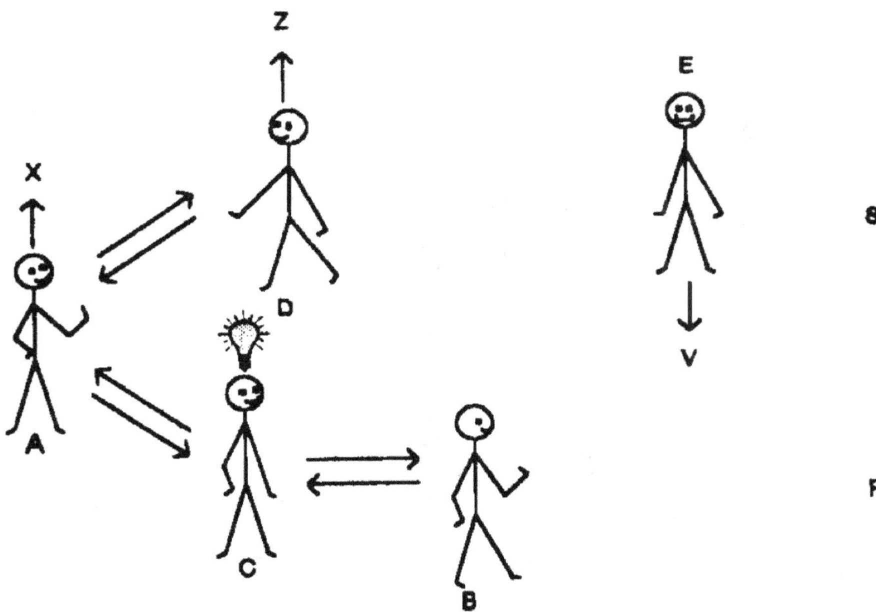

Cet accroissement de la population est, à la fois, conséquence et condition nécessaire du développement de la civilisation, car la capacité de l'esprit humain est très limitée et ne peut pas doubler l'énorme volume d'information pratique qui serait nécessaire si celle-ci crée sans cesse, de façon entrepreneuriale, et si le nombre d'individus n'augmente pas dans la même proportion.

La figure II-4 décrit ce processus d'approfondissement et d'extension de la division de la connaissance pratique et dispersée, dans lequel consiste le développement de la société stimulé par la fonction entrepreneuriale[72].

[72] Il ne faut pas oublier qu'il est presque impossible de représenter graphiquement ne serait-ce que les caractéristiques les plus importantes du processus social mis en marche par l'esprit d'entreprise et qu'Hayek considère comme la structure probablement la plus complexe de l'univers (« *the extended order is probably the most complex structure in the universe* »). *The Fatal Conceit*, op. cit., p. 127. Cet « *ordre extensif de coopération sociale* » que nous décrivons dans ce chapitre est, d'autre part, l'exemple le plus typique d'ordre *spontané*, évolutif, abstrait et non planifié, qu'Hayek appelle *Cosmos* et oppose à l'ordre voulu, constructiviste ou organisé (*taxis*). Voir F. A. Hayek, *Droit, Législation et Liberté*, Presses Universitaires de France (PUF), 2007.

Figure II-4

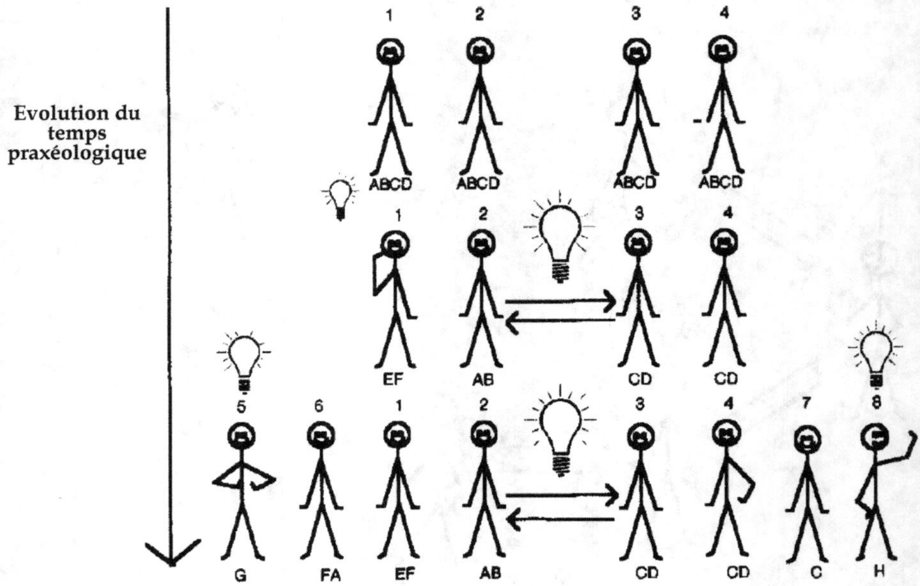

Les numéros de la figure II-4 servent à identifier les différents individus. Les lettres représentent la connaissance pratique de chaque individu orientée vers des objectifs concrets. Les « *ampoules allumées* » entre les flèches du centre de la figure indiquent l'acte entrepreneurial de découverte des avantages de l'échange et de la division *horizontale* de la connaissance : on observe, en effet, sur la deuxième ligne, que chaque individu ne reproduit plus la connaissance ABCD de tous les autres, mais se *spécialise*, le 2 dans AB et le 3 et le 4 dans CD, et qu'ils échangent entre eux le produit de leur action entrepreneuriale. Les ampoules des côtés représentent la création entrepreneuriale d'information nouvelle, qui provoque une augmentation de la division *verticale* de la connaissance. Les idées nouvelles, en effet, apparaissent parce qu'il n'est pas nécessaire de reproduire toute la connaissance dispersée des acteurs en chacun d'eux. Et pour que la connaissance soit de plus en plus profonde et complexe, il faut une augmentation de la population, c'est-à-dire l'apparition de nouveaux individus (numéros 5, 6, 7, 8) qui puissent, à leur tour, créer de l'information nouvelle et apprendre ce qu'ils reçoivent de leurs «*pères* » tout en le diffusant dans la société par l'échange. *Il n'est, en somme, pas possible d'acquérir de plus en plus de connaissances dans des domaines de plus en plus nombreux sans que n'augmente le nombre des hommes.* Ou, autrement dit, la limite principale au développement de la civilisation est une population stagnante, car elle empêche le processus d'approfondissement et de spécialisation de la connaissance pratique nécessaire au développement économique de se poursuivre[73].

Créativité vs. Maximisation

La fonction entrepreneuriale, ou, si l'on préfère, l'action humaine, ne consiste essentiellement pas à assigner des moyens donnés à des objectifs également donnés de façon optimale, mais consiste fondamentalement – nous l'avons vu – à percevoir, apprécier et comprendre quels sont les objectifs et les moyens, c'est-à-dire, à chercher et à découvrir, de manière active et créative, de nouveaux objectifs et moyens. C'est pourquoi il faut être particulièrement critique vis-à-vis de la conception maladroite et étriquée de l'économie, issue de la fameuse définition de cette science par Robbins : science qui étudie l'utilisation de moyens rares, à usages mutuellement exclusifs, pour la satisfaction des nécessités humaines[74]. Cette conception présuppose, donc, une connaissance donnée des objectifs et des moyens, en sorte que le problème économique se réduit à un problème *technique* de simple assignation, maximisation ou optimisation ; l'homme de Robbins est un automate, une caricature humaine qui se borne à *réagir* passivement devant les évènements. Il faut souligner, face à cette conception de Robbins, la position de Mises, d'après laquelle l'homme est, plus qu'un *homo sapiens*, un *homo agens* ou *homo entrepreneur* qui agit. Ce que fait réellement l'homme n'est pas tant d'assigner exclusivement des moyens donnés à des fins données, que de rechercher constamment des objectifs et des moyens, en tirant des leçons du passé et en utilisant son imagination pour découvrir et créer le futur pas à pas[75]. En outre, et comme l'a démontré

---

73 « *We have become civilised by the increase of our numbers just as civilisation made that increase possible : we can be few and savage, or many and civilised. If reduced to its population of ten thousand years ago, mankind could not preserve civilisation. Indeed, even if knowledge already gained were preserved in libraries, men could make little use of it without numbers sufficient to fill the jobs demanded for extensive specialisation and division of labour. All knowledge available in books would not save ten thousand people spared somewhere after an atomic holocaust from having to return to a life of hunters and gatherers* ». F. A. Hayek, *The Fatal Conceit,* op. cit., p. 133. Le processus que nous avons qualifié de surprenant et merveilleux *big bang* social, est donc fondé sur un phénomène très important de *feedback* ou rétro alimentation : son développement permet de maintenir des volumes croissants de population, qui réalimentent, à leur tour, et stimulent encore plus le développement futur ou expansion du *big bang* social, et ainsi de suite. Nous sommes donc arrivés, au bout de milliers d'années, à expliquer et à rationaliser en termes scientifiques le précepte biblique de la Genèse (I, 28) : « *Soyez féconds et multipliez-vous, remplissez la terre et soumettez-la* ».

74 Lionel Robbins, *An Essay on the Nature and Significance of Economic Science*, Macmillan, Londres 1972, p. 16. La reconnaissance de Mises par Robbins, dans la préface de ce livre, montre qu'il a peu et confusément assimilé les enseignements de Mises.

75 C'est pourquoi l'économie est intégrée, chez Mises, dans une science beaucoup plus large et générale, une théorie de l'action humaine ou fonction entrepreneuriale qu'il appelle *praxéologie.* Voir *Human Action*, op. cit., première partie, pp. 11-200. Hayek affirme, pour sa part, que si pour la nouvelle science naissant comme généralisation de l'économie « *a name is needed the term 'praxeological' sciences... now clearly defined and extensively used by L. v.*

Kirzner, même l'action qui paraît simplement maximisatrice ou optimisatrice a toujours une composante entrepreneuriale, car l'acteur impliqué doit, auparavant s'être rendu compte qu'une telle action, si automatique, mécanique et réactive, est la plus indiquée[76]. Autrement dit, la conception de Robbins n'est qu'un cas particulier, relativement peu important, et englobé dans la conception de Mises, beaucoup plus générale, riche et explicative de la réalité sociale.

Conclusion : notre concept de société

Nous pourrions conclure, en somme, en définissant la société[77] comme un *processus* (structure dynamique) de type *spontané*, c'est-à-dire non planifié consciemment ; *très complexe*, car il est constitué par des milliards de personnes présentant une variété infinie d'objets, de goûts, d'appréciations et de connaissances pratiques ; d'*interactions humaines* (fondamentalement, relations d'échange souvent matérialisées dans des *prix* monétaires et se réalisant suivant des normes, des usages ou des règles de conduite ; toutes animées par la *force de la fonction entrepreneuriale,* qui *crée, découvre et transmet* de l'information, *en ajustant et en coordonnant* de manière *concurrentielle* les plans contradictoires des individus; en donnant une impulsion à la division de la connaissance et permettant *la vie* en commun de tous avec un nombre, une complexité et une richesse de nuances et d'éléments de plus en plus importants[78].

Mises would appear to be most appropiate ». The Counter-Revolution of Science, Free Press of Glencoe, New York, 1952, p. 209.

[76] Israel M. Kirzner, *Discovery, Capitalism and Distributive Justice*, op. cit., p. 36 et s. Kirzner critique en outre les tentatives infructueuses d'insertion du concept de fonction entrepreneuriale dans le cadre méthodologique de l'équilibre et du paradigme néoclassique.

[77] Nous considérons que, dans un sens large, les concepts de société et de marché coïncident entre eux, de sorte que la définition que nous donnons, dans le texte, de la société est pleinement applicable au marché. D'autre part, lorsque le *Dictionnaire* de la Real Academia définit le marché comme un « *concours de personnes* », il semble considérer, comme nous, que les termes « *société* » et « *marché* » sont synonymes.

[78] L'objet de la Science Economique serait précisément d'étudier ce processus social tel que nous l'avons décrit. Ainsi, Hayek considère que l'objet essentiel de l'Economie est d'analyser comment nous tirons profit, grâce à l'ordre social spontané, d'un volume énorme d'information pratique, qui n'est disponible nulle part de manière centralisée, mais se trouve dispersée dans l'esprit de millions d'individus. L'objet de l'Economie consiste, selon Hayek, à étudier ce processus dynamique de découverte et de transmission de l'information qui est continuellement stimulé par la fonction entrepreneuriale et tend à coordonner les plans individuels et à permettre la vie en société. C'est là le problème économique essentiel, de sorte qu'Hayek se montre très critique envers l'étude de l'équilibre qui est, à son avis, dépourvue d'intérêt scientifique, car elle suppose que toute l'information *est donnée* et que le problème économique fondamental a été préalablement résolu. Voir Hayek « Economics and Knowledge » et « The Use of Knowledge in Society », dans *Individualism and Economic Order*, op. cit., p. 51 et p. 91.

3. FONCTION ENTREPRENEURIALE ET CONCEPT DE SOCIALISME

L'analyse de la fonction entrepreneuriale réalisée jusqu'ici était nécessaire, car notre définition du socialisme est fondée sur le concept d'esprit ou action d'entreprise. Nous définirons, en effet, le socialisme comme *toute restriction ou agression institutionnelle affectant le libre exercice de l'action humaine ou fonction entrepreneuriale.* Nous consacrerons le prochain chapitre à l'analyse détaillée de cette définition et de toutes ses implications. Il suffit de signaler ici que la restriction ou agression institutionnelle est souvent due au désir *délibéré* d'améliorer le processus de coordination sociale et d'atteindre certains objectifs. Autrement dit, l'agression institutionnelle exercée contre l'action humaine que suppose le socialisme peut, parfois, être liée à la tradition ou à l'histoire, comme c'est le cas dans certaines sociétés précapitalistes ancrées, par exemple, dans le système de castes. Cependant, le socialisme, en tant que phénomène moderne, et indépendamment de son type concret, naît pour essayer d'« *améliorer* » la société, de rendre son développement et son fonctionnement plus efficaces, et d'atteindre des objectifs considérés « *justes* » ; tout cela en ayant recours à la contrainte institutionnelle. C'est pourquoi, l'on peut compléter ainsi la définition du socialisme que l'on vient de proposer : le mot socialisme désignerait *tout système de restriction ou agression institutionnelle affectant le libre exercice de l'action humaine ou fonction entrepreneuriale, que l'on justifie au niveau populaire, politique et scientifique, comme étant un système capable d'améliorer le fonctionnement de la société et d'atteindre certains objectifs considérés bons.* Une étude approfondie du socialisme, tel qu'on vient de le définir, exige une *analyse théorique* du concept et de ses implications qui nous permette d'élucider la question suivante : à savoir si la croyance en la possibilité d'amélioration du système de coordination sociale grâce à la contrainte institutionnelle qu'implique le socialisme constitue ou non une erreur intellectuelle. Il faut, de même, réaliser une *étude interprétative de type empirique ou historique* à propos des différents cas de socialisme identifiables dans la réalité ; interprétation qui peut compléter et enrichir les conclusions tirées de l'étude théorique. Il sera, enfin, nécessaire d'entreprendre une analyse dans le domaine de la *théorie de l'éthique sociale*, afin de savoir s'il est admissible ou pas, du point de vue éthique, de porter atteinte à l'essence la plus intime de l'homme : sa capacité à agir créativement. Comme nous l'avons signalé en introduction, les prochains chapitres traitent *in extenso* de la première de ces questions. Nous remettons à de futures études les analyses nécessaires de type éthique et historique.

CHAPITRE III

LE SOCIALISME

Après avoir analysé le concept de fonction entrepreneuriale, nous commencerons par expliquer, dans ce nouveau chapitre, en quoi consiste le socialisme et comment il empêche l'apparition des tendances coordinatrices nécessaires à la vie en société. Nous étudierons, en particulier, les effets du socialisme sur les stimulants et la création d'information, ainsi que la déviation perverse de la fonction entrepreneuriale qu'il entraîne. Nous verrons aussi dans quel sens le socialisme constitue une erreur intellectuelle, et que sa nature essentielle est une, indépendamment du fait qu'il se soit historiquement matérialisé sous différents aspects, dont nous tâcherons d'isoler les particularités principales. Le chapitre s'achèvera par une analyse critique des autres concepts de socialisme traditionnellement utilisés.

1. DEFINITION DU SOCIALISME

Nous définirons le socialisme comme tout *système d'agression institutionnelle au libre exercice de la fonction entrepreneuriale.* Par *agression* ou *contrainte*, il faut entendre toute violence physique ou menace de violence physique dirigée et exercée contre l'acteur par un autre individu ou groupe d'individus. La personne qui, en l'absence de cette *contrainte,* aurait exercé librement sa fonction d'entrepreneur, se voit obligée, pour éviter des inconvénients majeurs, d'agir d'une façon différente à celle qui aurait été la sienne dans d'autres circonstances ; elle doit donc modifier son comportement afin de l'adapter aux objectifs de celui ou ceux qui la soumettent à cette contrainte[79]. L'on peut considérer l'agression ainsi définie

[79] Le *Dictionnaire* de la Real Academia définit la contrainte (*coacción*) comme la « force ou violence exercée contre une personne afin qu'elle exécute quelque chose ». Elle vient du latin *cogere*, pousser et de *coactionis*, qui fait allusion au recouvrement d'impôts. Sur le concept de contrainte et ses effets sur l'acteur, consulter le livre de F. A. Hayek, *The Constitution of Liberty*, Routledge, Londres, réimpression de 1990 (traduction espagnole de José Vicente Torrente intitulée *Los Fundamentos de la Libertad* en huit éditions par Unión Editorial, Madrid, la première en 1975, la dernière en 2008). Voir en particulier les pp. 20-21 de l'édition anglaise et pp. 45-46 de la deuxième édition espagnole. Pour sa part, Rothbard définit ainsi l'agression : « *Aggression is defined as the initiation of the use or threat of physical violence against the person or property of someone else* ». Voir Murray N. Rothbard, *For a New Liberty*, Macmillan Publishing, New York 1973, p. 8. On distingue trois sortes de contrainte : l'*autistique,* la *binaire* et la *triangulaire*. Est autistique l'agression qui suppose un ordre dirigé strictement à un sujet et modifie le comportement de l'acteur soumis à la contrainte mais sans que cela affecte aucune interaction de celui-ci avec un autre individu ; on

comme l'*action antihumaine* par excellence. Car la contrainte empêche une personne d'exercer librement sa fonction d'entrepreneur. Autrement dit, et suivant la définition donnée au chapitre précédent, elle l'empêche de poursuivre les objectifs qu'elle découvre en utilisant les moyens dont elle croit, d'après son information et ses connaissances, pouvoir disposer pour atteindre ces objectifs. L'agression est, donc, un mal parce qu'elle empêche l'individu de développer son activité la plus caractéristique et qui lui correspond par nature et de la façon la plus intime.

Il y a deux sortes d'agression : l'agression systématique ou institutionnelle, et l'agression asystématique ou non institutionnelle. Cette deuxième catégorie de contrainte, de caractère dispersé, arbitraire et plus difficilement prévisible, affecte l'exercice de l'esprit d'entreprise dans la mesure où l'acteur estime plus ou moins probable la possibilité de subir une violence, dans l'exercice d'une action concrète, de la part d'un tiers ; violence qui pourrait même le priver, par la force, des résultats de sa propre *créativité* entrepreneuriale. L'apparition d'agressions asystématiques est plus ou moins grave, selon les cas ; mais l'agression *institutionnelle* ou *systématique* est beaucoup plus grave pour l'exercice coordonné de l'interaction humaine, car elle constitue, comme nous l'avons vu, le noyau essentiel de la définition du socialisme que nous avons donnée. La contrainte institutionnelle, en effet, se caractérise par le fait qu'elle hautement prévisible, répétitive, méthodique et organisée[80]. Cette agression systéma-

---

appellera agression binaire celle dans laquelle l'organe directeur soumet l'acteur à la contrainte afin d'obtenir quelque chose de lui contre sa volonté : il s'agit du cas où l'organe directeur force, en sa faveur, un échange entre lui-même et l'acteur soumis à la contrainte ; la coaction triangulaire est celle où l'ordre et la contrainte émanant de l'organe directeur visent à forcer un échange entre deux acteurs différents. Cette classification est due à Murray N. Rothbard, *Power and Market. Government and the Economy*, Institute for Humane Studies, Menlo Park, Californie, 2° éd., 1970, p. 9 et p. 10.

[80] Le premier à distinguer (en juin 1850) les concepts de contrainte systématique et asystématique fut F. Bastiat, La loi, « *La Ley* », *Obras Escogidas*, Unión Editorial, Madrid, 2004, pp. 192-193. Nous n'estimons pas, naturellement, que le niveau minimum de contrainte institutionnelle nécessaire pour prévenir et corriger les effets négatifs de l'agression non institutionnelle ou asystématique soit inclus dans le concept d'agression systématique décrit dans le texte. Ce niveau minimum de contrainte institutionnelle est celui dont même l'agresseur non institutionnel souhaite l'existence, hors du cadre de son agression asystématique, pour pouvoir tirer pacifiquement profit de celle-ci. La solution du problème qui se pose dans toute société pour prévenir et corriger les effets de l'agression asystématique ou non institutionnelle exige le développement d'une théorie éthique des droits de propriété, dont le fondement principal consiste à considérer que l'acteur est propriétaire légitime de tout ce qui est lié à sa créativité entrepreneuriale ; celle-ci étant exercée sans agression ni contrainte contre qui que ce soit. Nous considérons comme socialisme toute ampliation du cadre de la contrainte systématique au-delà du minimum nécessaire au maintien des institutions juridiques qui définissent et règlent le droit de propriété. L'Etat est l'organisation de la contrainte systématique ou institutionnelle par antonomase. En ce sens, chaque fois que le minimum de contrainte nécessaire pour prévenir et supprimer l'agression asystématique est dépassé, les concepts d'Etat et de socialisme se trouvent intimement liés. Il n'y a pas lieu ici d'exposer les différents arguments présentés dans le cadre de l'intéressante polémique opposant, dans le domaine de la théorie libérale, les défenseurs d'un système de

tique contre l'esprit d'entreprise a pour conséquence principale d'empêcher, dans une large mesure, et de dévier de façon perverse l'exercice de l'action entrepreneuriale dans tous les domaines de la société où cette agression s'exerce de la façon la plus sensible. Le graphique suivant représente la situation typique résultant de l'exercice systématique de la contrainte.

---

gouvernement strictement limité et les partisans du système anarcho-capitaliste ; cependant, il faut remarquer que ces derniers considèrent utopiste de penser qu'une organisation monopoliste de la contrainte puisse s'autolimiter de façon effective et, de fait, tous les essais historiques de limitation du pouvoir étatique au niveau minimum mentionné ont échoué. C'est pourquoi ces théoriciens proposent un système d'organisations concurrentielles, à participation facultative, pour faire face au problème de la définition et de la défense des droits de propriété, et à celui de la prévention et répression de la délinquence. Sans compter que, si l'Etat strictement limité est financé de force par des impôts, c'est-à-dire grâce à une agression systématique contre la société et sa liberté d'action dans le domaine de la définition et défense du droit de propriété, alors, au sens strict aussi, l'Etat limité pourra s'appeler socialiste. Les défenseurs du gouvernement limité, de leur côté, soutiennent que même les agences privées de défense seraient forcées de passer entre elles des accords de principes et d'organisation, en sorte que la réapparition *de facto* de l'Etat, comme résultat du processus d'évolution sociale, serait inévitable. Sur le contenu de cette intéressante polémique, l'on peut citer, entre autres, les ouvrages suivants : David Friedman, *The Machinery of Freedom*, Open Court, Illinois 1989 ; Murray N. Rothbard, *For a New Liberty*, Macmillan, New York 1973 ; et *The Ethics of Liberty*, Humanities Press, New Jersey 1982, chap. 23 (*L'Éthique de la liberté*, Les Belles Lettres, 2005) ; Robert Nozick, *Anarchy, State and Utopia*, Basic Books, New York 1974. Hayek, pour sa part, ne s'est pas manifesté catégoriquement sur les possibilités futures de développement d'un système anarcho-capitaliste. Il signale, à son encontre, le fait qu'il ne soit apparu jusqu'ici, dans aucun processus d'évolution sociale, aucune société sans Etat. Il indique ensuite que le processus évolutif de développement social ne s'est, en tout cas, pas encore arrêté, et qu'il est donc impossible de savoir si l'Etat devra disparaître dans le futur et se transformer en une triste et obscure relique historique, ou s'il devra, au contraire, subsister comme Etat minimum, au pouvoir strictement limité (on écarte l'existence, à long terme, de l'Etat interventionniste ou du socialisme réel, étant donné l'impossibilité théorique des deux modèles). Voir les pp. 10-20 de l'édition espagnole de *La Fatal Arrogancia. Los Errores del Socialismo,* op. cit. (*La présomption fatale,* PUF, 1993) Jean Paul II (*Centesimus Annus*, op. cit., chap.V, n° 48, pp. 90-91) signale, de son côté, que la première tâche de l'Etat est de garantir la sécurité de la liberté individuelle et de la propriété, de sorte que « *celui qui travaille et produit puisse profiter des fruits de son travail et se sente, ainsi, encouragé à le réaliser de manière efficace et honnête* ». Il ajoute que l'Etat ne doit intervenir que dans les cas d'extrême urgence, de manière temporaire et toujours sur la base du *principe de subsidiarité* par rapport à la société civile. Signalons, enfin, que, dans de nombreuses sociétés, l'agression systématique non seulement est exercée directement par l'Etat mais qu'elle est réalisée, dans de multiples domaines, avec le consentement et la complicité de celui-ci, par des groupes ou associations qui, comme les syndicats, jouissent, en pratique, du « *privilège* » de pouvoir exercer impunément la violence systématique contre les reste de la société.

Figure III-1

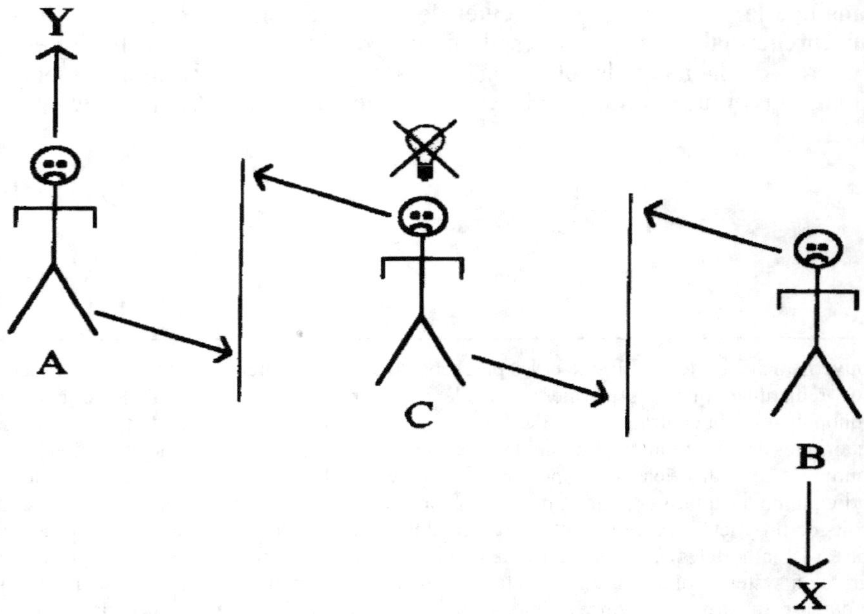

Nous supposons, sur la figure III-1, que la contrainte empêche, de manière systématique et organisée, la libre action de « C » dans ses rapports avec « A » et « B », dans un domaine concret de la vie sociale. C'est ce que représentent les barres verticales qui séparent « C » de « A » et de « B ». La contrainte systématique empêche « C », sous la menace de graves maux, de découvrir l'occasion de profit qu'il aurait s'il pouvait interagir librement avec « B » et avec « A », et de profiter de celle-ci. Cela dit, il est important de bien comprendre que l'agression non seulement empêche de profiter de l'occasion de gain, mais qu'elle *empêche même la découverte de cette occasion*[81]. Comme nous l'expliquions au chapitre précédent, la possibilité d'obtenir des gains et profits encourage à découvrir ces occasions. De sorte que, si un domaine de la vie sociale est restreint par la contrainte systématique, les acteurs tendent à s'adapter à cette situation, la considèrent donnée, et ne créent, ne découvrent ou ne voient même pas les occasions de gains latentes. Notre graphique représente cette situation en barrant d'une croix l'ampoule qui indique l'acte créatif de découverte entrepreneuriale pure.

Naturellement, si l'agression affecte systématiquement un domaine social et y empêche ainsi l'exercice de l'action entrepreneuriale, aucun des autres effets typiques de l'acte entrepreneurial que nous analysions au chapitre précédent ne se produira. En premier lieu, en effet, il n'y aura ni création ni

[81] « Là où l'intérêt individuel est supprimé violemment, il est remplacé par un système onéreux et oppressif de contrôle bureaucratique qui *stérilise toute initiative et créativité* », Jean Paul II, *Centesimus Annus*, 1° mai 1990, op. cit., chap. III, n° 25, 3° paragraphe, p. 55.

transmission d'information nouvelle entre acteurs et, deuxièmement – ce qui est beaucoup plus grave –, l'ajustement nécessaire dans les cas de discoordination sociale ne se réalisera pas. Car le libre profit d'occasions de gain n'étant pas permis, rien ne viendra encourager les acteurs à se rendre compte des situations de désajustement ou discoordination sociale qui se produisent. En somme, il n'y aura ni création d'information, ni transmission de celle-ci entre les agents, et les divers individus n'apprendront pas à discipliner leur comportement en fonction de celui de leurs congénères.

Ainsi, la figure III-1 nous montre que « C », ne pouvant exercer la fonction d'entrepreneur, le système est en état de discoordination continue : « A » ne peut poursuivre l'objectif « Y » faute d'une ressource dont « B » dispose en abondance et gaspille parce qu'il ne sait qu'en faire et ignore l'existence de « A », qui en a un besoin urgent. Selon notre analyse, nous pouvons donc conclure que le principal effet du socialisme, tel que nous l'avons défini, est d'empêcher l'action des forces coordinatrices qui permettent la vie en société. Cela signifie-t-il que les tenants du socialisme prônent une société chaotique ou dépourvue de coordination ? Bien au contraire, ils défendent, le plus souvent, l'idéal socialiste parce qu'ils croient ou supposent, tacitement ou explicitement, que le système de coordination sociale ne sera pas perturbé par l'existence de l'agression institutionnelle et systématique qu'ils préconisent. Ils croient même, qu'il sera beaucoup plus effectif si la contrainte systématique est exercée par un *organe directeur* que l'on suppose doté de jugements et de connaissances (tant pour les objectifs que pour les moyens) bien meilleurs quantitativement et qualitativement que ceux que les acteurs soumis à la contrainte peuvent posséder individuellement. De ce point de vue, nous pouvons maintenant compléter la définition du socialisme donnée au début de cette section et affirmer que le *socialisme est toute contrainte ou agression systématique et institutionnelle restreignant le libre exercice de la fonction entrepreneuriale dans un certain domaine social et qui est exercée par un organe directeur chargé des tâches nécessaires de coordination sociale en ce domaine.* La section suivante analyse dans quelle mesure le socialisme, tel que nous venons de le définir, constitue ou non une erreur intellectuelle.

2. LE SOCIALISME, ERREUR INTELLECTUELLE

Nous avons vu, au chapitre précédent, que la vie sociale était possible parce que les individus apprenaient, spontanément et sans s'en rendre compte, à modifier leur comportement en l'adaptant aux nécessités des autres. Ce processus inconscient d'apprentissage était le résultat naturel de l'exercice de la fonction entrepreneuriale par l'individu. De sorte que chaque personne interagissant avec ses congénères entamait spontanément un processus d'ajustement ou coordination au cours duquel on assistait sans cesse à la création, à la découverte et à la transmission, entre les individus, d'information nouvelle – tacite, pratique et dispersée. Le socialisme consiste essentiellement en une agression institutionnelle contre le libre exercice de l'action humaine ou fonction entrepreneuriale. Et le problème qu'il pose est de savoir si le mécanisme de contrainte permet le processus d'ajustement et de coordination des comportements des individus, les uns en fonction des autres ; processus indispensable au fonctionnement de la vie en société. Et tout cela dans un cadre de découverte constante et de création nouvelle d'information pratique permettant le progrès et le développement de la civilisation. L'idéal que propose le socialisme est, donc, très hardi et ambitieux[82], car il implique de croire non seulement que le mécanisme de coordination sociale pourra être réalisé par l'organe directeur qui exerce, du point de vue institutionnel, la contrainte dans le domaine ou la parcelle sociale en question, mais aussi que ce procédé contraignant pourra améliorer cet ajustement.

La figure III-2 représente schématiquement le concept de socialisme que nous avons défini. Au niveau « *inférieur* » de la figure, se trouvent les individus, dotés de connaissance ou information pratique, et qui tentent d'interagir librement entre eux, même si, dans certains domaines, la contrainte institutionnelle empêche cette interaction. Cette contrainte est représentée par les barres verticales qui séparent les personnages de chaque trio. Au niveau « *supérieur* », apparaît l'*organe directeur* qui exerce la contrainte institutionnelle dans certains domaines de la vie sociale[83]. Les flèches verticales qui partent, en sens inverse, de chaque trio de personnages de droite et de gauche représentent l'existence de plans personnels désajustés, typiques d'une situation de discoordination sociale. Les cas de discoordination ne peuvent être ni découverts ni éliminés de manière entrepreneuriale, à cause des barrières imposées par la contrainte institutionnelle à l'exercice de l'action entrepreneuriale. Les flèches partant de la tête du personnage directeur vers chacun des individus indiqués au niveau le plus bas représentent les *ordres contraignants* émanant de l'agression institutionnelle typique du socialisme, et par lesquels on prétend obliger les individus à agir de manière coordonnée et à poursuivre l'objectif « F », considéré comme « *juste* » par l'*organe directeur*.

L'*ordre* peut être défini comme toute instruction ou disposition spécifique, à portée concrète, qui interdit et ordonne, indépendamment de son apparence juridique formelle, d'effectuer certaines actions dans des

---

[82] Mises avait déjà affirmé que « *the idea of socialism is at once grandiose and simple. We may say, in fact, that it is one of the most ambitious creations of the human spirit, so magnificent, so daring, that it has rightly aroused the greatest admiration. If we wish to save the world from barbarism we have to refute socialism, but we cannot thrust it carelessly aside* ». *Socialism. An Economic and Sociological Analysis*, Liberty Classics, Indianapolis 1981, p. 41.

[83] Jean Paul II utilise cette même terminologie dans son encyclique *Centesimus Annus*, et affirme, en critiquant l'« *Etat-providence* » ou du Bien-être, qu' « *une structure sociale d'ordre supérieur ne doit pas interférer dans la vie interne d'un groupe social d'ordre inférieur, en le privant de ses compétences* » (op. cit., chap. 5, n° 48, 4° paragraphe, pp. 91-92). La contrainte typique de l'ordre supérieur pourrait être exercée, en dernière instance, par une seule personne ou, comme cela est plus courant, par un groupe de personnes qui agira généralement de façon organisée, quoique pas forcément cohérente. Dans les deux cas, l'agression est exercée par un nombre assez réduit de personnes par rapport au total de la population soumise à la contrainte et constituée par les groupes sociaux d'ordre inférieur.

circonstances particulières. L'ordre se caractérise par le fait qu'il ne permet pas à l'individu d'exercer librement sa fonction d'entrepreneur dans le domaine social qu'il vise. Les ordres sont, en outre, des créations délibérées de l'organe directeur qui exerce la contrainte institutionnelle, et l'on prétend forcer, par leur truchement, tous les acteurs à accomplir ou poursuivre, non pas leurs objectifs particuliers, mais les objectifs de celui qui gouverne ou commande[84].

Or *le socialisme est une erreur intellectuelle parce qu'il n'est théoriquement pas possible que l'organe chargé d'exercer l'agression institutionnelle dispose de l'information suffisante pour donner un contenu coordinateur à ses ordres.* Cet argument simple, que nous allons approfondir, peut être développé de deux points de vue distincts mais complémentaires : d'abord du point de vue de l'ensemble des individus constituant la société et étant soumis à la contrainte ; et deuxièmement, du point de vue de l'organisation contraignante qui exerce l'agression de façon systématique. Nous allons analyser, séparément, le problème que pose le socialisme de chacun de ces points de vue.

---

[84] Hayek oppose au concept d'ordre celui de *loi au sens matériel*, que l'on pourrait définir comme la norme abstraite, de portée générale, s'appliquant de la même façon à tous les individus, sans tenir compte d'aucune circonstance particulière. A la différence de ce qu'indique le texte à propos de l'ordre, la *loi* établit un cadre dans lequel chaque acteur peut créer et découvrir des connaissances nouvelles, et en profiter pour atteindre ses objectifs particuliers en coopération avec autrui. Et tout cela indépendamment des objectifs poursuivis, à la seule condition que la loi soit respectée. En outre, *les lois* ne sont pas, comme les ordres, des créations délibérées de l'esprit humain. Elles ont plutôt une origine *coutumière* : ce sont des institutions qui se sont formées au cours d'une très longue période et grâce à la participation de nombreux individus, chacun d'eux ayant apporté sa petite contribution en matière d'expérience et d'information. Cette distinction nette entre loi et ordre passe souvent inaperçue à cause de l'évolution de la législation étatique qui est constituée presque exclusivement d'ordres promulgués sous *forme* de loi. Voir F. A. Hayek, *Los Fundamentos de la Libertad*, op. cit., chap. X, pp. 197-214. Le tableau III-1 de ce chapitre, pp. 111-112 détaille, en résumé, la façon dont le socialisme corrompt la loi et la justice, en les remplaçant par l'imposition arbitraire d'ordres.

Figure III-2

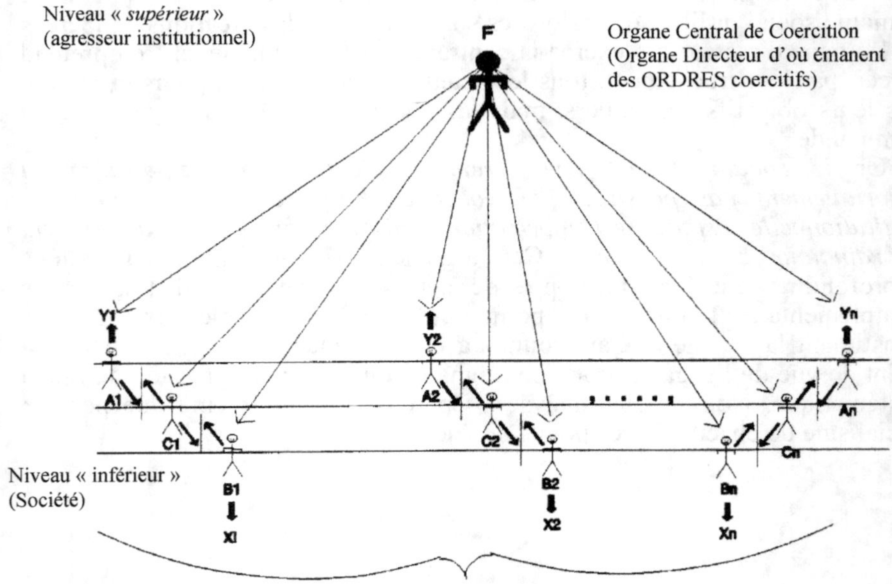

Parcelle concrète de la Société sur laquelle s'exerce la contrainte institutionnelle

3. IMPOSSIBILITE DU SOCIALISME DU POINT DE VUE DE LA SOCIETE

L'argument « statique »

Il faut tout d'abord rappeler, du point de vue des individus qui interagissent entre eux et constituent la société (le niveau « *inférieur* » sur la figure III-2), que chacun d'eux possède, en propre, une information pratique et dispersée, le plus souvent tacite et, donc, non exprimable. Cela *empêche logiquement* de concevoir sa possible transmission à l'organe directeur (le niveau « *supérieur* » sur la figure III-2). Il ne s'agit pas seulement, en effet, du fait que le volume agrégé d'information pratique sentie et utilisée de façon éparpillée par tous les hommes sur le plan individuel soit d'une telle ampleur que son acquisition consciente par l'organe directeur soit inconcevable, mais, surtout, du fait qu'un tel volume se trouve disséminé dans l'esprit de tous les individus sous forme de connaissance tacite non exprimable, en sorte qu'*elle ne peut être ni exprimée formellement ni transmise explicitement à aucun centre directeur.*

Nous avons vu au chapitre précédent que l'information importante pour la vie sociale se créait et se transmettait de façon implicite, décentralisée et dispersée, c'est-à-dire ni consciente ni délibérée, de sorte que les différents agents sociaux *apprennent* à discipliner leur comportement en fonction de leur prochain, mais sans se rendre compte explicitement qu'ils participent à ce processus d'apprentissage et qu'ils adaptent, donc, leur comportement à celui d'autres individus : ils savent seulement qu'ils agissent, c'est-à-dire qu'ils essaient d'atteindre leurs objectifs particuliers en utilisant les moyens qu'ils croient être à leur portée. La connaissance dont nous parlons est, donc, une connaissance que, seuls, possèdent les individus agissant en société et qui, de par sa propre nature, ne peut être transmise explicitement à aucun organe central contraignant. Comme cette connaissance est indispensable à la coordination sociale des divers comportements individuels rendant possible l'existence de la société, il est absurde, étant donné que son caractère non exprimable empêche sa transmission à l'organe directeur, de penser qu'un système socialiste puisse fonctionner[85].

L'argument dynamique

Le socialisme est impossible non seulement parce que l'information que possèdent les acteurs est, de par sa propre nature, explicitement intransmissible, mais aussi parce que, d'un point de vue dynamique, les individus *créent et découvrent* constamment, en exerçant la fonction entrepreneuriale – c'est-à-dire en agissant –, de l'information nouvelle. Et il sera difficile de transmettre à l'organe directeur l'information ou la connaissance qui *n'a pas encore été créée*, mais qui naît du processus social et dans la mesure où celui-ci ne subit pas d'agression.

---

[85] Selon Hayek, lui-même : « This means that the, in some respects always *unique*, combinations of individual knowledge and skills, which the market enables them to use, *will not merely, or even in the instance, be such knowledge of facts as they could list and communicate if some authority ask them to do so.* The knowledge of which I speak consists rather of a capacity to find out particular circumstances, which becomes effective only if possessors of this knowledge are informed by the market which kind of things or services are wanted, and how urgently they are wanted ». Voir « *Competition as a Discovery Procedure* » (1968), inclus dans *New Studies in Philosophy, Politics, Economics and the History of Ideas*, Routledge and Kegan Paul, Londres 1978, p. 182. De même, on peut lire à la p. 51 du chap. II du vol. I, intitulé « Rules and Order », de l'ouvrage de F. A. Hayek, *Law, Legislation and Liberty* (The University of Chicago Press, Chicago 1973 (*Droit, Législation et Liberté*, PUF, 2007); traduction espagnole de Luis Reig Albiol, publiée par Unión Editorial, Madrid, en diverses éditions) que : « This is the gist of the argument against *interference* or *intervention* in the market order. The reason why such isolated *commands* requiring specific actions by members of the spontaneous order can never improve but must disrupt that order is that *they will refer to a part of a system of interdependent actions determined by information and guided by purposes known only to the several acting persons but not the directing authority.* The spontaneous order arises from each element balancing all the various factors operating on it and by *adjusting all its various actions to each other, a balance which will be destroyed* if some of the actions are determined by another agency *on the basis of different knowledge and on the service of different ends* » (les italiques sont de moi).

Figure III-3

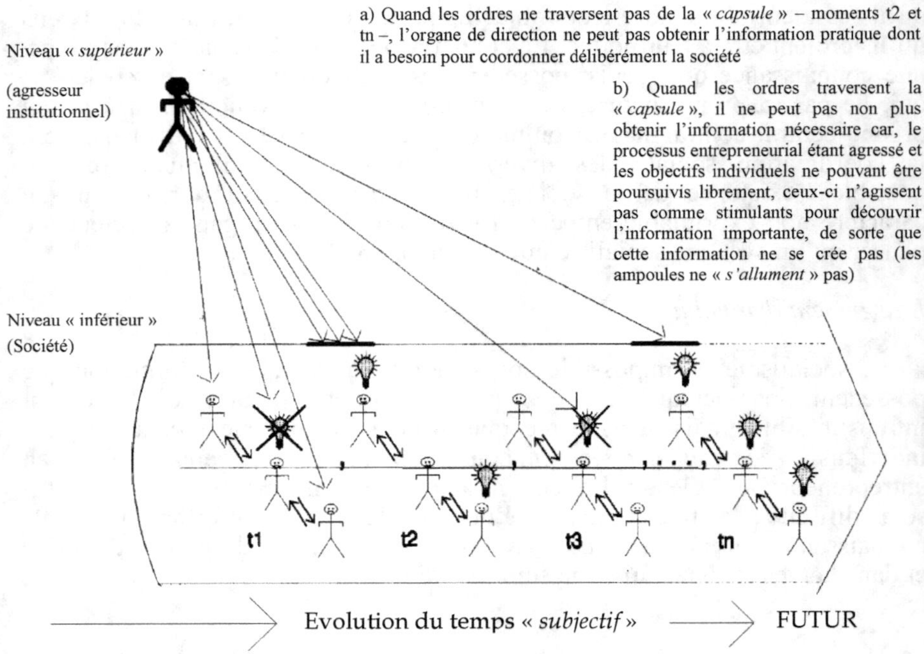

La figure III-3 représente les acteurs qui créent et découvrent de l'information nouvelle au cours du processus social. A mesure que le *temps* – pris dans son sens subjectif ou bergsonien – s'écoule, ceux qui exercent la fonction entrepreneuriale en interaction avec leurs congénères découvrent sans cesse de nouvelles occasions de gain qu'ils tâchent de mettre à profit. L'information possédée par chacun d'eux se modifie, ainsi, constamment. C'est ce que représentent, sur le graphique, les différentes *ampoules* qui s'allument au fur et à mesure que le temps passe. Or, il est évident que l'organe directeur ne pourra pas obtenir l'information nécessaire pour coordonner la société par des ordres ; cela, non seulement parce que c'est une information disséminée, personnelle et non exprimable, mais aussi parce qu'elle se modifie continuellement et sort du néant au fur et à mesure que le temps passe et que la fonction entrepreneuriale s'exerce librement. Et l'on peut difficilement imaginer la possibilité de transmission, à l'organe directeur, d'une information qui lui est indispensable pour réaliser la coordination de la société, mais qui n'a même pas encore été créée par le processus entrepreneurial et ne pourra jamais l'être si ce processus se voit soumis à une contrainte institutionnelle.

Ainsi, par exemple, lorsque la pluie ou tout autre phénomène météorologique s'annonce à l'aube d'une journée, l'agriculteur se rend compte que, par suite de ce changement atmosphérique, il doit modifier son plan de travaux à réaliser dans les champs *ce jour-là ;* et cela, sans qu'il sache exprimer formellement les raisons pour lesquelles il prend cette décision. Il n'est, donc, pas possible de transmettre cette information, résultat de nombreuses années d'expérience et de travaux dans les champs, à un hypothétique organe directeur (par exemple, à un Ministère de l'Agriculture de la capitale) et d'attendre ses instructions. Il en est de même pour tout autre personne exerçant la fonction d'entrepreneur dans un certain contexte, et devant décider si elle investit ou pas dans une entreprise ou secteur, si elle va acheter ou vendre certains titres ou actions, si elle engage certaines personnes pour collaborer avec elle, etc., etc. L'on peut, donc, considérer non seulement que l'information pratique se trouve *encapsulée*, ou non accessible à l'organe supérieur qui exerce l'agression institutionnelle, mais aussi qu'elle se modifie et se crée d'une façon nouvelle au fur et à mesure que les acteurs créent le futur.

Rappelons enfin que, dans la mesure où la coercition socialiste s'exerce d'une manière continue et effective, elle empêche la poursuite libre d'objectifs individuels, en sorte que ceux-ci n'agiront pas comme stimulants et que l'information pratique nécessaire à la coordination de la société ne pourra pas être découverte ou créée de manière entrepreneuriale. L'organe directeur se trouve, donc, face à un dilemme incontournable : il a absolument besoin de l'information que crée le processus social et qu'il ne peut obtenir en aucun cas, car, s'il intervient par voie de contrainte dans ce processus, il détruit sa capacité créatrice d'information, et s'il n'intervient pas, il n'obtient, là aussi, aucune information.

L'on peut donc conclure que, du point de vue du processus social, le socialisme est une erreur intellectuelle, car il est inconcevable que l'organe directeur chargé d'intervenir par voie d'ordres puisse obtenir l'information nécessaire pour coordonner la société. Et cela pour les raisons suivantes : *premièrement*, pour des raisons de volume (l'organe d'intervention ne peut pas assimiler consciemment l'énorme volume d'information pratique disséminée dans l'esprit des individus) ; *deuxièmement*, à cause du caractère essentiellement intransmissible, à l'organe central, de l'information nécessaire (en raison de sa nature tacite non exprimable) ; *troisièmement*, parce que, de surcroît, l'information non encore découverte ou créée par les acteurs, et qui ne résulte que du processus de libre exercice de la fonction entrepreneuriale, ne peut être transmise ; et *quatrièmement*, parce que l'exercice de la contrainte empêche le processus entrepreneurial de découvrir et de créer l'information nécessaire pour coordonner la société.

4. IMPOSSIBILITE DU SOCIALISME DU POINT DE VUE DE L'ORGANE DIRECTEUR

Il faut, en second lieu, faire une série de considérations qui confirment l'idée que le socialisme n'est qu'une erreur intellectuelle. Nous nous plaçons, pour ce faire, du point de vue de ce que nous appelons, sur nos figures, le niveau « *supérieur* », c'est-à-dire du point de vue de la personne ou du groupe de personnes, plus ou moins organisées, qui pratiquent, de façon systématique et institutionnelle, l'agression contre le libre exercice de la fonction entrepreneuriale.

Nous admettrons dans un but dialectique, et comme le fait Mises[86], que l'organe directeur (peu importe qu'il s'agisse d'un dictateur, d'une élite, d'un groupe de scientifiques ou d'intellectuels, d'un département ministériel, d'un ensemble de députés élus démocratiquement par le « *peuple* », ou d'une combinaison, plus ou moins complexe, de tous ou quelques-uns de ces éléments) est doté de la capacité technique et intellectuelle, de l'expérience et la connaissance maximales, ainsi que des meilleures intentions *humainement* concevables (nous verrons, cependant, que ces hypothèses ne sont pas réelles et pourquoi). Mais on ne peut pas admettre que l'organe directeur soit doté de capacités surhumaines et, en particulier qu'il soit *omniscient*, c'est-à-dire capable d'assimiler, de connaître et d'interpréter simultanément toute l'information disséminée et personnelle répartie dans l'esprit de tous les individus qui agissent au sein de la société et créent continuellement cette information *ex novo*[87]. Dans la réalité, l'organe directeur, parfois appelé organe de planification ou d'intervention centrale ou partielle, ignore la plus grande partie ou n'a qu'une très vague idée de la connaissance disponible de façon éparpillée dans l'esprit de tous les acteurs qui peuvent être soumis à ses ordres. La possibilité que le planificateur parvienne à savoir quoi, comment et où chercher les éléments d'information dispersés, créés dans le cadre du processus social et dont il a tant besoin pour contrôler et coordonner celui-ci, est, donc, faible ou nulle.

D'autre part, l'organe coercitif devra forcément se composer d'individus de chair et d'os, avec toutes leurs vertus et tous leurs défauts ; ceux-ci *auront, comme n'importe quels autres acteurs, des objectifs personnels qui agiront comme stimulants et les mèneront à découvrir l'information intéressant leurs intérêts particuliers.* Il est donc très probable que ces

---

[86] Ludwig von Mises, *Human Action*, op. cit., p. 696.

[87] Quel est le prix juste ou mathématique des choses ? se demandaient les scolastiques espagnols des XVI et XVII siècles. Ils concluaient que le *juste prix* dépend de tant de *circonstances particulières* que Dieu seul peut les connaître, en sorte que, pour les hommes, le juste prix est celui qui découle spontanément du processus social : le prix de marché. Jean Paul II se prononce dans le même sens dans son encyclique *Centesimus Annus* (op. cit., chap. IV, nº 32, p. 66) : le juste prix est celui « *établi de commun accord après une négociation libre* ». Peut-être se cache-t-il, à l'origine ou dans le fondement même du socialisme, le désir atavique de l'homme d'être comme Dieu ou, plutôt, de *croire qu'il est Dieu* et qu'il peut, donc, disposer d'une connaissance ou information beaucoup plus vaste que celle qui est humainement possible. Ainsi le jésuite et cardinal Juan de Lugo (1583-1660) écrivit que « *pretium justum mathematicum, licet soli Deo notum* » (*Disputationes de Iustitia et Iure*, Lyon 1643, vol. II, D. 26, S. 4, N. 40). De son côté, Juan de Salas, jésuite lui aussi et professeur de philosophie et de théologie dans plusieurs universités espagnoles et de Rome, affirma, dans le même sens que Lugo, à propos de la possibilité de connaître le juste prix, que « *quas exacte comprehendere et ponderare Dei est, non hominum* » (*Commentarii in Secundam Secundae D. Thomas de Contractibus*, Lyon 1617, Tr. de Empt. et Vend., IV, nº 6, p. 9). F. A. Hayek a compilé d'autres citations intéressantes de scolastiques espagnols de cette époque dans son *Law, Legislation and Liberty*, op. cit., vol. II, pp. 178-179. L'article de Murray N. Rothbard « New Light on the Prehistory of the Austrian School » (*The Foundations of Modern Austrian Economics*, Sheed and Ward, Kansas City 1976, pp. 52-74) fournit un magnifique résumé des importantes contributions en science économique réalisées par les scolastiques espagnols des XVI et XVII siècles.

hommes formant l'organe directeur vont créer, s'ils exercent correctement leur intuition entrepreneuriale et du point de vue de leurs objectifs ou intérêts, l'information et l'expérience nécessaires pour se maintenir indéfiniment au pouvoir et justifier et rationaliser leurs actes face à eux-mêmes et face aux tiers, pour exercer la contrainte d'une manière de plus en plus sophistiquée et effective, présenter leur agression à la société comme quelque chose d'inévitable et d'attrayant, etc., etc. : c'est-à-dire qu'à l'encontre de l'hypothèse « *bien intentionnée* » exposée au début du paragraphe précédent, ce seront là les stimulants les plus habituels et ils prévaudront sur d'autres et, en particulier, sur l'intérêt pour la découverte de l'information pratique concrète et importante existant, à chaque moment et de façon disséminée, dans la société et nécessaire pour permettre son fonctionnement coordonné par voie d'ordres. Cette motivation particulière fera, en outre, que *l'organe directeur ne se rende même pas compte du degré d'ignorance inévitable dans laquelle il se trouve,* et qu'il sombre progressivement dans un processus d'éloignement des réalités sociales qu'il prétend précisément contrôler.

D'un autre côté, l'organe directeur se trouvera dans l'incapacité d'effectuer aucun *calcul économique*[88], en ce sens qu'indépendamment de la nature de ses objectifs (et l'on peut supposer là encore qu'ils soient plus « *humains* » et « *moralement élevés* »), il ne pourra pas savoir si les coûts qu'il encourt en poursuivant ces objectifs ont, pour l'organe directeur lui-même, une valeur supérieure à celle qu'il attribue subjectivement aux objectifs poursuivis. Le coût n'est autre que la valeur subjective attribuée par l'acteur à ce à quoi il renonce en poursuivant un certain objectif. Il est évident que l'organe directeur ne peut obtenir la connaissance ou information nécessaires pour apprécier le coût véritable qu'il encourt selon ses propres échelles de valeur, car l'information concernant les circonstances spécifiques de temps et de lieu et nécessaire pour évaluer les coûts se trouve disséminée dans l'esprit de tous les individus ou acteurs qui constituent le processus social et sont soumis à la contrainte exercée par l'organe directeur (démocratiquement élu ou pas) chargé de pratiquer l'agression systématique sur le corps social.

---

[88] L'impossibilité d'effectuer des calculs économiques sans utiliser l'information ou connaissance pratique dispersée qui ne se crée que dans le marché libre fut la contribution originale et géniale apportée par Mises en 1920, dans son article « Die Wirtschaftsrechnung im sozialistischen Gemeinwesen », publié dans l'*Archiv für Sozialwissenschaft und Sozialpolitik*, vol 47, pp. 86-121. La version anglaise de cet article est incluse, sous le titre « Economic Calculation in the Socialist Commonwealth », dans l'ouvrage édité par Hayek *Collectivist Economic Planning*, Augustus M. Kelley, Clifton 1975, pp. 87-130.L'idée clé de Mises se trouve à la p. 102 : « the distribution among a number of individuals of administrative control over economic goods in a community of men who take part in the labour of producing them, and who are economically interested in them, *entails a kind of intellectual division of labour*, which would not be possible without some system of calculating production and without economy » (les italiques sont de moi). Nous consacrerons le prochain chapitre à l'étude détaillée de toutes les implications de l'argument de Mises, ainsi qu'à l'analyse du départ du débat qu'il provoqua.

En ce sens, si l'on définit le concept de *prudence* comme la qualité de l'action qui s'exerce après qu'on a pris connaissance et tenu compte de son coût grâce au calcul économique correspondant, l'on pourra conclure que l'organe directeur, ne pouvant *voir* et apprécier les coûts qu'il encourt, tendra toujours, indépendamment de sa composition, de son système d'élection et de ses jugements de valeur, à agir de façon *imprudente*. On est donc en présence du *paradoxe* insoluble suivant : plus l'organe directeur s'obstine à planifier ou contrôler une certaine parcelle de la vie sociale, moins il peut atteindre ses objectifs, car il ne peut pas obtenir l'information nécessaire à l'organisation coordonnée de la société. Cela crée, en outre, de nouveaux désajustements et de nouvelles distorsions, précisément dans la mesure où la contrainte est exercée de façon plus effective et où la capacité entrepreneuriale des individus se trouve, ainsi, plus limitée[89]. Il faut, donc, affirmer en conclusion que c'est une grave erreur de croire que l'organe directeur peut effectuer des calculs économiques comme le fait l'entrepreneur individuel. Au contraire, plus on s'élève dans l'organisation socialiste, plus l'information pratique de première main indispensable au calcul économique se perd. Le calcul économique devient même totalement impossible dans la mesure où l'organe de coercition institutionnelle entrave davantage la liberté d'action.

5. POURQUOI LE DEVELOPPEMENT DES ORDINATEURS EMPECHE ENCORE DAVANTAGE LE FONCTIONNEMENT DU SOCIALISME

On a souvent entendu l'argument suivant, émis par des gens ne comprenant pas bien la nature particulière de la connaissance importante en matière sociale : l'extraordianaire progrès informatique et des ordinateurs pourrait permettre, en théorie et en pratique, le fonctionnement du système socialiste. Cependant, un argument théorique simple permettra de démontrer que le développement des systèmes informatiques et de la capacité des ordinateurs *ne pourra jamais* résoudre le problème d'ignorance incontournable qui affecte l'essence du socialisme.

L'argument se fonde sur la supposition suivante : le fruit de tout développement technologique dans le domaine de l'informatique sera disponible tant pour l'organe directeur que pour les divers acteurs intervenant dans le processus social. S'il en est ainsi, la capacité de création et de découverte d'information nouvelle – pratique, dispersée et tacite – sera énormément accrue grâce aux nouveaux instruments informatiques disponibles pour les acteurs dans tous les contextes où ils exercent leur

---

[89] « *The paradox of planning is that it cannot plan, because of the absence of economic calculation. What is called a planned economy is no economy at all. It is just a system of groping about in the dark. There is no question of a rational choice of means for the best possible attainment of the ultimate ends sought. What is called conscious planning is precisely the elimination of conscious purposive action* ». Ludwig von Mises, *Human Action*, op. cit., pp. 700-701. Sur le « *paradoxe de la planification* » et le concept de prudence, voir la section 6 de ce chapitre.

fonction d'entrepreneurs. L'énorme quantité et qualité nouvelle d'information créée de manière entrepreneuriale à l'aide des nouveaux instruments informatiques sera de plus en plus profonde et détaillée ; et cela, dans des proportions encore inimaginables aujourd'hui. Et, naturellement, il sera encore impossible à l'organe directeur d'acquérir cette information dispersée, *même s'il disposait des ordinateurs les plus modernes, les plus révolutionnaires et présentant la plus grande capacité.*

Autrement dit, la connaissance engendrée dans le processus social, importante d'un point de vue entrepreneurial, restera toujours une connaissance tacite et dispersée, et donc intransmissible à tout centre directeur ; et le développement futur des systèmes informatiques et des ordinateurs *accentuera encore davantage le degré de complexité du problème* pour l'organe directeur, car la connaissance pratique engendrée à l'aide de tels systèmes deviendra progressivement plus complexe, plus volumineuse et plus riche[90]. Ainsi, le développement de l'informatique, des ordinateurs et d'internet non seulement ne facilite pas mais rend encore plus difficile le problème du socialisme, dans la mesure où il permet la création entrepreneuriale d'un volume beaucoup plus important d'information pratique, qui présente un degré de complexité et de détail de plus en plus riche et profond et, en tout cas, toujours supérieur à celui que l'organe directeur peut exprimer informatiquement. La figure III-4 offre une représentation graphique de cet argument.

Il faut souligner, d'autre part, que les machines et les programmes informatiques élaborés par l'homme ne parviendront jamais à agir ou à exercer la fonction entrepreneuriale, c'est-à-dire à créer *ex nihilo* de l'information pratique nouvelle en découvrant de nouvelles occasions de gain, passées jusque là inaperçues, et en en tirant profit[91].

---

[90] Autrement dit, il existera toujours un décalage ou saut qualitatif entre le degré de complexité que l'organe directeur pourra affronter avec ses équipements informatiques et celui créé de manière décentralisée et spontanée par les acteurs sociaux disposant d'équipements similaires (au moins de la même génération) et qui sera toujours beaucoup plus grand. Michael Polanyi a peut-être expliqué mieux que quiconque cet argument, lorsqu'il affirme : « *our whole articulate equipment turns out to be merely a tool box, a supremely effective instrument for deploying our inarticulate faculties. And we need not hesitate then to conclude that the tacit personal coefficient of knowledge predominates also in the domain of explicit knowledge and represents therefore at all levels man's ultimate faculty for acquiring and holding knowledge... Maps, graphs, books, formulae, etc. offer wonderful opportunities for reorganizing our knowledge from ever new points of view. And this reorganization is itself, as a rule, a tacit performance* ». Voir *The Study of Man*, op. cit., pp. 24-25. Voir aussi l'argument de Rothbard que nous commentons à la note 338 du chap. VI.

[91] En outre, Hayek estime qu'il est logiquement contradictoire de penser que l'esprit humain parviendra un jour à s'expliquer lui-même, et encore plus de croire qu'il pourra se reproduire quant à son fonctionnement de création d'information nouvelle. L'argument d'Hayek -avancé à la note 35 du chap. II- est qu'un ordre constitué par un certain système conceptuel de catégories peut exposer ou expliquer des ordres plus simples que lui (composés d'un système de catégories plus simple) ; il est, par contre, inconcevable qu'il parvienne à s'expliquer ou à s'auto-reproduire et à exposer des ordres plus complexes, parce qu'il est inconcevable logiquement qu'un système de catégories s'expose lui-même ou explique une structure ou système conceptuel de catégories plus complexe. Voir F. A. Hayek, *The Sensory Order*, op.

L' « *information* » stockée dans les ordinateurs n'est qu'une information « *connue* », c'est-à-dire assimilée ou interprétée consciemment par des esprits humains, capable de se transformer en information pratique importante du point de vue social. L' « *information stockée* » dans le disque d'un ordinateur, ou dans tout autre support informatique, est identique à l' « *information* » incorporée dans les livres, graphiques, cartes, journaux ou revues spécialisées, qui constituent un simple instrument à utiliser par l'acteur dans le cadre d'actions concrètes et importantes pour la réalisation de ses objectifs. Autrement dit, l' *« information stockée » n'est pas une information* au sens que nous lui donnons de connaissance pratique importante, interprétée, connue et utilisée par l'acteur dans le contexte d'une action concrète.

Figure III-4

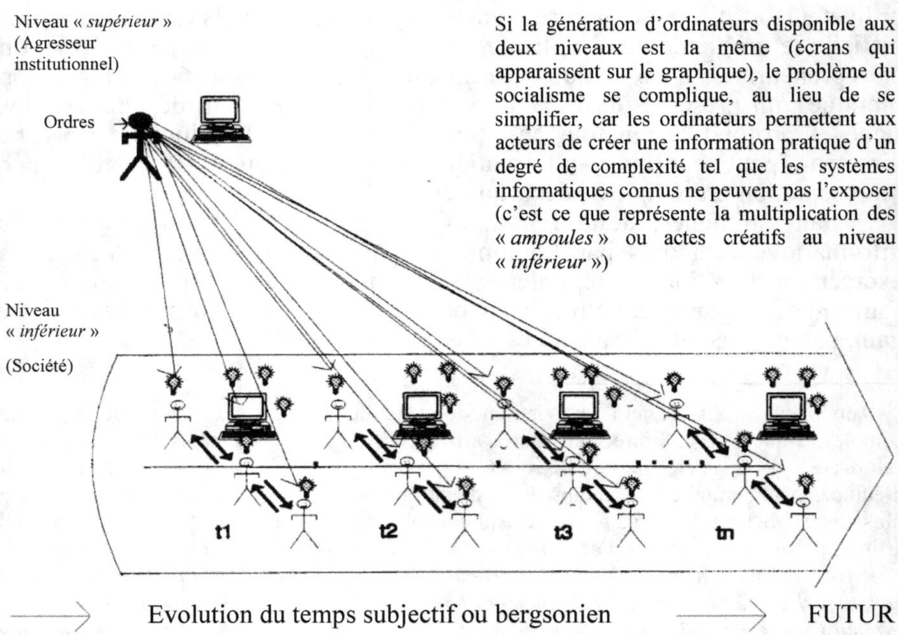

Il est, en outre, évident que l'information pratique qui n'existe pas encore, parce qu'elle n'a pas encore été découverte ou créée de façon entrepreneuriale, ne peut pas être traitée informatiquement. Les systèmes

---

cit., pp. 185-188. Voir aussi les arguments développés, à l'encontre des futures possibilités de développement de l'intelligence artificielle, par Roger Penrose dans son livre cité à la note 45 du chapitre précédent. Signalons, pour finir, que même si le projet du paradigme de l'tréussissait dans le futur (ce que je considère impossible pour les raisons indiquées), cela n'équivaudrait qu'à la création supplémentaire de nouvelles intelligences « *humaines* », qui devraient s'insérer dans le processus social tout en le compliquant et en l'éloignant encore davantage de l'idéal socialiste (je dois cet argument à mon bon ami Luis Reig Albiol).

informatiques ne sont, donc, d'aucune aide pour la coordination, par ordres, du processus d'ajustement social ; celui-ci ne s'amorce et n'avance que grâce au caractère essentiellement créatif de l'action humaine. Les ordinateurs ne peuvent traiter que l'information déjà créée et qui a pu s'exprimer ; ils sont, sans aucun doute, un instrument très utile et puissant au service de l'acteur, mais ils ne sont pas capables de créer, de découvrir ou de voir de nouvelles occasions de gain, c'est-à-dire d'agir en entrepreneurs. Les ordinateurs sont des instruments au service de l'acteur, mais ils n'agissent pas et n'agiront jamais. Autrement dit, l'information que peuvent traiter les ordinateurs doit être une information *exprimée, formalisée et objective.* L'information importante sur le plan social est, cependant, une information fondamentalement non exprimable et toujours *subjective*. C'est pourquoi les ordinateurs non seulement sont incapables de créer de l'information nouvelle, mais sont aussi essentiellement incapables de traiter l'information déjà créée si, comme cela arrive dans les processus sociaux, celle-ci est essentiellement de nature non exprimable. En admettant, dans l'exemple de la figure II-2 du chapitre II, que « A » et « B » soient capables d'exprimer, en détail et de manière formalisée, quelles ressources leur manquent pour atteindre leurs objectifs, et qu'ils puissent transmettre cette information à une gigantesque et très moderne base de données, l'acte par lequel un esprit humain (celui de « C ») se rend compte que la ressource de l'un pourrait être utilisée pour les objectifs de l'autre est un acte entrepreneurial de pure créativité, essentiellement subjectif et non assimilable aux moules objectifs et formalisés qui sont le propre d'une machine. Pour que l'ordinateur puisse orienter l'action correctement, il faut non seulement que l'information lui ait été transmise expressément, mais qu'on l'ait préalablement *programmé,* c'est-à-dire qu'on lui ait indiqué, en détail et formellement, la règle ou norme d'action en fonction de laquelle chaque fois qu'une personne disposera, par exemple, d'une assez grande quantité d'une ressource « R », celle-ci sera utilisée par la personne qui poursuit les objectifs « X ». Or l'existence formalisée de cette norme présuppose que l'on a *déjà* découvert la ligne d'action correcte du point de vue entrepreneurial, et relative à l'utilisation des ressources « R » en vue de l'obtention des objectifs « X » ; il est donc évident que *les systèmes informatiques ne peuvent appliquer que des connaissances déjà découvertes à des situations données*, mais jamais créer de l'information nouvelle concernant des situations non encore découvertes et où la création *ex novo* de la connaissance subjective, tacite et dispersée, typique du processus social, est prépondérante.

Par conséquent, penser que les ordinateurs peuvent rendre possible le socialisme est aussi absurde que de croire que, dans une société bien moins avancée, la découverte de l'imprimerie et d'autres procédés plus élémentaires de recueil et de traitement de l'information exprimée permettrait de disposer de la connaissance pratique et subjective importante sur le plan social. Le résultat de la découverte des livres et de l'imprimerie fut justement le contraire : il a rendu la société plus riche et plus difficile à contrôler. On ne pourrait concevoir une moindre gravité du problème du socialisme, quoique jamais sa totale résolution, que si l'organe directeur pouvait appliquer les ordinateurs les plus modernes à une société où la création continue d'information pratique nouvelle serait réduite à sa plus simple expression. Cela ne pourrait se faire qu'avec un système très rigide qui empêcherait au maximum l'exercice de la fonction d'entrepreneur et interdirait aux individus de disposer de tous ordinateurs, machines, instruments de calcul, livres, etc. Ce n'est que dans cette seule société hypothétique de *brutes réduites en esclavage* que le problème du calcul économique socialiste pourrait paraître un peu moins compliqué. Toutefois, même dans ces circonstances extrêmes, le problème ne pourrait pas être résolu théoriquement, car l'homme possède, même dans les conditions les plus adverses, une capacité entrepreneuriale créative innée[92] qu'il est impossible de contrôler.

Les considérations précédentes expliquent, enfin, ceci : il ne faut pas s'étonner que les spécialistes de l'information et les programmateurs de logiciels les mieux préparés soient les plus sceptiques sur l'évaluation des possibilités d'application de l'informatique au contrôle et à l'organisation des processus sociaux. En effet, non seulement ils considèrent évident le principe d'après lequel, en cas d'incorporation à la machine d'une information non exacte, les résultats multiplient les erreurs (« *garbage in, garbage out* »), mais leur expérience quotidienne leur montre que, plus les programmes qu'ils prétendent développer sont étendus et compliqués, plus il leur est difficile de les débarrasser de vices logiques et de les faire fonctionner. Croire que l'on puisse programmer un processus social assez complexe pour comprendre les capacités créatives les plus essentielles de l'individu est, donc, absolument déplacé. En outre, au lieu que l'informatique vienne à l'aide de l'interventionniste, comme maints « *ingénieurs sociaux* » l'ont rêvé et prétendu, les derniers progrès de l'informatique sont dus précisément à la réception des intuitions et connaissances développées par les économistes théoriques des processus sociaux spontanés, en général, et par Hayek, en particulier, dont les idées sont aujourd'hui considérées comme très importantes en pratique pour renforcer et faciliter la conception et le développement de nouveaux systèmes et programmes informatiques[93].

---

[92] L'argument donné dans le texte montre l'absurdité de l'idée, propre à de nombreux « *intellectuels* » ignorants du fonctionnement de la société, qu'il est « *évident* » que, plus celle-ci devient complexe, plus l'intervention exogène et contraignante de type institutionnel est nécessaire. Cette idée est née de Benito Mussolini, pour qui : « *Nous avons été les premiers à affirmer que, plus la civilisation devient complexe, plus il faut restreindre la liberté de l'individu* » (citation faite par Hayek dans *Camino de Servidumbre (Road to Serfdom)*, Alianza Editorial, Madrid 1976, p. 72). Cependant, et comme nous l'avons démontré, la réalité logico-théorique est justement le contraire : plus la richesse de la société et le développement de la civilisation s'accroissent, plus le socialisme devient difficile. Moins la société est avancée ou plus elle est en retard, et plus l'organe directeur dispose de moyens de traitement d'information, moins le problème du socialisme semble compliqué (quoique, du point de vue logique et théorique, il soit impossible s'il s'exerce sur des individus dotés d'une capacité créative innée).

[93] Il faut faire ici mention d'un groupe de « *scientifiques des ordinateurs* » qui ont introduit les apports de l'Ecole autrichienne d'Economie dans la communauté des théoriciens de l'informatique, et même développé tout un nouveau Programme de Recherche Scientifique

6. AUTRES CONSEQUENCES THEORIQUES DU SOCIALISME

Nous avons démontré que le socialisme constituait une erreur intellectuelle issue de la *prétention* ou *arrogance fatale*[94] consistant à croire que l'homme est suffisamment intelligent pour organiser la vie en société. Nous nous proposons, dans cette section, d'analyser de façon brève et systématique les conséquences qui se produisent inexorablement lorsque l'homme, ignorant l'impossibilité logique que suppose le socialisme, s'obstine à établir un système institutionnel de contrainte retreignant, dans une plus ou moins large mesure, le libre exercice de l'action humaine.

Discoordination et désordre social

a) Nous avons vu qu'en entravant, dans une plus ou moins large mesure, l'exercice de la fonction entrepreneuriale, on empêchait celle-ci de découvrir les situations de désajustement existant dans la société. En empêchant, par la contrainte, les acteurs de tirer profit des occasions de gain qu'engendre tout désajustement, l'acteur ne voit même pas ces occasions et ne se rend donc pas compte de leur existence, celles-ci passant inaperçues. Et même si un acteur soumis à la contrainte voyait par hasard une occasion de gain, cela serait sans intérêt, car la contrainte institutionnelle l'empêcherait d'agir de façon à en tirer profit.

D'autre part, il n'est pas non plus concevable que l'organe directeur chargé d'exercer la contrainte institutionnelle soit capable de coordonner, par ses ordres, le comportement social. Il devrait, pour ce faire, disposer d'une information qu'il ne peut pas acquérir, puisqu'elle est disséminée dans l'esprit de tous les acteurs qui forment la société et leur appartient en exclusivité.

---

appelé « Agoric System » (du terme grec utilisé pour décrire « le marché ») ; celui-ci repose sur l'idée que la théorie des processus de marché est essentielle au progrès dans le domaine de l'informatique. L'on doit citer, en particulier, Mark S. Miller et K. Eric Drexler, de l'Université de Stanford (Voir son « Markets and Computation : Agoric Open Systems », publié dans *The Ecology of Computation,* éd. B. A. Huberman, North Holland, Amsterdam 1988) ; et l'article résumé de ce programme « High-tech Hayekians : Some Possible Research Topics in the Economics of Computation » de Don Lavoie, Howard Baetjer et William Tulloh, *Market Process*, vol. 8, printemps 1990, pp. 120-146 et toute la bibliographie qui y est citée.

[94] C'est précisément le titre du dernier ouvrage d'Hayek, *The Fatal Conceit. The errors of Socialism, The collected Works of F. A. Hayek*, édités par W. W. Bartley III, The University of Chicago Press, Chicago 1989 (*La présomption fatale,* PUF, 1993). Traduction espagnole de Luis Reig Albiol, préfacée par Jesús Huerta de Soto et publiée par Unión Editorial en 1990 sous le titre *La Fatal Arrogancia. Los Errores del Socialismo.* Hayek, dans un entretien récemment accordé à Madrid à Carlos Rodríguez Braun, a manifesté que l'essence de son livre était de démontrer qu' « il est prétentieux et arrogant de croire que l'on possède les connaissances suffisantes pour ordonner la vie en société, vie qui est en réalité le résultat d'un processus qui utilise la connaissance dispersée de millions de personnes différentes. Penser que nous pouvons planifier ce processus est complètement absurde ». Voir la *Revista de Occidente*, n° 58, mars 1986, pp. 124-135.

Ainsi, la première conséquence, dont la théorie nous indique qu'elle suivra toute tentative d'établissement d'un système socialiste, sera l'apparition d'une *discoordination* ou *désajustement* généralisé sur le plan social : de multiples agents agiront systématiquement de façon contradictoire, sans discipliner leur comportement en fonction de ce que font les autres, et sans voir qu'ils commettent des erreurs généralisées du type systématique. Ainsi, un grand nombre d'actions humaines seront frustrées, et ne pourront pas se réaliser à cause des désajustements existants. Cette *frustration de plans* ou discoordination généralisée affecte l'essence même de la vie sociale et se manifestera aussi bien de manière *intratemporelle* qu'*intertemporelle.* C'est-à-dire en ce qui concerne aussi bien les actions présentes que la coordination vitale et indispensable qui doit exister dans tout processus social entre les actions présentes et les actions futures.

Pour Hayek, l'« *ordre* » est tout processus social dans lequel une multitude d'éléments de diverses sortes sont liés entre eux de telle sorte que la connaissance d'une partie de l'ensemble permet de formuler, à propos de l'ensemble, des prévisions qui sont justes[95]. Selon cette définition, le rôle du socialisme comme facteur de *désordre* social est évident : dans la mesure où il entrave et même empêche l'ajustement nécessaire entre les comportements incoordonnés à l'échelle individuelle, il devient très difficile ou impossible aux individus d'agir en fonction de prévisions sur le comportement de leurs congénères qui ne soient pas frustrées, les désajustements sociaux demeurant cachés et n'étant pas éliminés lorsque le libre exercice de la fonction entrepreneuriale est entravé. Le désir volontariste d' « *ordonner* » la société au moyen d' « *ordres* » contraignants est essentiellement un facteur de désordre ; et, précisément, plus l'ordre social – dans son sens hayékien – sera complexe, plus l'idéal socialiste deviendra impossible, car un volume beaucoup plus important de décisions et d'activités devra être confié à des personnes et dépendra de circonstances complètement inconnues de ceux qui s'obstinent à « *régir* » la société.

b) Paradoxalement, la discoordination généralisée en matière sociale est très souvent utilisée comme *prétexte* pour justifier des doses postérieures de socialisme, c'est-à-dire d'agression institutionnelle dans de nouveaux domaines de la vie en société ou d'un niveau de profondeur et de contrôle encore plus important. Il en est souvent ainsi parce que, même si l'organe directeur n'est pas capable de voir en détail les actions contradictoires et incoordonnées dues, en particulier, à son intervention, il lui apparaît, tôt ou tard que le processus social en général ne fonctionne pas. Cette circonstance est considérée par l'organe directeur, à partir de sa capacité très réduite d'appréciation, comme un résultat logique du « *manque de collaboration* » des individus ne voulant pas obéir correctement à ses ordres ; lesquels deviennent ainsi de plus en plus étendus, détaillés et contraignants. Cet accroissement du degré de socialisme produira, dans le processus social, une discoordination encore plus importante, qui servira à justifier de nouvelles

---

95 F.A. Hayek, *Rules and Order*, vol. I de *Law, Legislation and Liberty*, op. cit., chap. II, pp. 35-54 et José Ortega y Gasset, *Mirabeau o el Político, Obras Completas,* Revista de Occidente, Madrid 1947, vol. 3, p. 603.

« *doses* » de socialisme, et ainsi de suite. Cela explique l'irrésistible tendance du socialisme vers le *totalitarisme* ; celui-ci étant entendu comme le régime qui tend à « *exercer une forte intervention dans tous les domaines de la vie* »[96]. Dans d'autres occasions, ce processus totalitaire de croissance progressive de la coercition est accompagné d'*embardées* ou changements subits de politique, par la modification radicale du contenu des ordres ou de leur domaine d'application ou des deux, et dans le vain espoir que l' « *expérimentation* » asystématique de nouveaux types et degrés d'interventionnisme permettra de résoudre les insolubles problèmes qui se posent[97].

c) Les mesures d'intervention contraignantes dans lesquelles le socialisme se matérialise produisent des effets sociaux qui sont habituellement *à l'opposé* de ceux que l'organe directeur lui-même recherchait. Comme cet organe prétend atteindre ses objectifs au moyen d'ordres contraignants qui agissent directement dans les domaines sociaux liés à ces objectifs, ces ordres empêchent, paradoxalement, et de façon particulièrement efficace, l'exercice de l'action humaine dans ces domaines. Autrement dit, la force entrepreneuriale, indispensable à la coordination de ce domaine social pour atteindre les objectifs poursuivis, se trouve paralysée justement là où elle est le plus nécessaire. En somme, au lieu que le processus d'ajustement nécessaire se produise, il s'inhibe, et, au lieu qu'on atteigne les objectifs poursuivis, le résultat du processus social s'en éloigne. De leur côté, plus les ordres s'imposent de manière effective, plus ils dénaturent l'exercice entrepreneurial, car non seulement ils ne contiennent pas l'information pratique nécessaire, mais, en plus, ils démotivent sa création et ne peuvent être utilisés comme guide de coordination par les agents économiques. Cet effet autodestructif du socialisme, appelé aussi *« Paradoxe de l'interventionnisme ou de la planification »,* est connu depuis longtemps, quoiqu'il n'ait pu être formulé que récemment selon les termes précis de la théorie de la fonction entrepreneuriale[98].

---

[96] *Dictionnaire* de la real Academia Española de la Lengua, 2° acception.

[97] Sur ce sujet, même le très perspicace Michael Polanyi est tombé dans l'erreur très courante qui consiste à croire que ce type d'expérimentation planificatrice, incapable de produire des effets pratiques, serait ainsi relativement anodine et peu dangereuse ; c'est là ignorer le profond dommage que supposent, pour la coordination sociale, les tentatives de réalisation des programmes utopiques d'ingénierie sociale. Voir son *The Logic of Liberty*, op. cit., p.111. Les responsables des organes de coercition ne s'expliquent pas pourquoi l'ingénierie sociale, malgré tous ses efforts, ne fonctionne pas ou fonctionne de plus en plus mal ; ils finissent par tomber dans l'hypocrisie ou le désespoir et attribuent les échecs au châtiment divin – ce que fit le Comte Duc d'Olivares, comme nous le verrons à la note 127 – ou bien au « *manque de collaboration ou mauvaise volonté de la société civile* » (Felipe González Márquez dans son allocution prononcée à l'Université Carlos III de Madrid à l'occasion de l'anniversaire de la Constitution, le 6 décembre 1991).

[98] Eugen von Böhm-Bawerk a peut-être été le premier à montrer cet effet autodestructif de la contrainte institutionnelle dans son article « Macht oder ökonomisches Gesetz ? », publié dans le *Zeitschrift für Volkswirtschaft, Sozialpolitik und Verwaltung*, Vienne, vol. XXIII, décembre 1914, pp. 205-271. Traduit en anglais par J. R. Mez, en 1931, il a été publié sous le titre « Control or Economic Law ? » dans *Shorter Classics of Eugen von Böhm-Bawerk*, vol. I,

d) Quoique l'effet *inhibiteur* du socialisme en matière de création d'information pratique se manifeste dans tous les domaines sociaux, c'est peut-être en économie qu'il est le plus visible. Ainsi, par exemple et en premier lieu, le *manque de qualité* des biens et services produits est une des manifestations les plus typiques de la discoordination socialiste, et elle est due précisément à l'absence de stimulants en matière de création d'information et de découverte des véritables désirs – en ce qui concerne les standards de qualité – tant de la part des acteurs constituant le processus social que de celle des membres de l'organe directeur.

Deuxièmement, les décisions d'investissement deviennent, dans le socialisme, purement arbitraires, faute de l'information nécessaire pour permettre, à leur sujet, un minimum d'estimations de type économique, tant d'un point de vue quantitatif que qualitatif. Et l'on n'arrive jamais à connaître le coût d'opportunité de chaque investissement (impossible à évaluer dans un contexte socialiste), même si l'on impose à toute la société le taux de préférence temporelle de l'organe directeur. D'autre part, le manque d'information de l'organe directeur ne permettra pas non plus de calculer des quotités de dépréciation un tant soit peu fiables pour l'équipement capital. Le socialisme crée et alimente, donc, un *mauvais investissement* généralisé des ressources et facteurs productifs qui, en outre, acquiert souvent un caractère cyclique plus ou moins irrégulier, dû aux changements subits de politique, typiques de ce système et que l'on a commentés à la fin du paragraphe b).

Troisièmement, le socialisme provoque, de façon généralisée et à tous les niveaux sociaux, un grave problème de *pénurie*. La raison fondamentale de ce phénomène réside dans le fait que la contrainte institutionnelle empêche radicalement l'énorme force du génie entrepreneurial humain de se consacrer systématiquement à la découverte des états de pénurie et à la recherche de façons nouvelles et efficaces de les supprimer. D'autre part, l'impossibilité de calculer les coûts, d'un point de vue économique, conduit à la dilapidation d'une grande partie des ressources productives en investissements insensés, ce qui aggrave encore davantage le problème de la

---

Libertarian Press, South-Holland, Illinois 1962, pp. 139-199. On peut lire, en particulier, à la p. 192 de la version anglaise, que « ... *any situation brought about by means of 'power' may again bring into play motives of self interest, tending to oppose its continuance* ». Plus tard, Ludwig von Mises suivit cette même ligne de recherche dans son *Kritik des Interventionismus : Untersuchungen zur Wirtschaftspolitik und Wirtschaftsideologie der Gegenwart*, publié par Gustav Fischer, Iéna 1929, et traduit en anglais sous le titre *A Critique of Interventionism*, publié par Arlington House Publishers, New York 1977 (traduction espagnole de Unión Editorial, Madrid 2001). Mises conclut que « *all varieties of interference with the market phenomena not only fail to achieve the ends aimed at by their authors and supporters, but bring about a state of affairs which -from the point of view of their authors' and advocates'valuations- is less desirable than the previous state of affairs which they were designed to alter* ». Plus tard, c'est le travail suivant de M. N. Rothbard qui s'impose : *Power and Market. Government and the Economy*, Institute for Humane Studies, Menlo Park, Californie 1970. Mais c'est Israel M. Kirzner qui a, à notre avis, traité le plus brillamment ce sujet dans son magnifique article « The Perils of Regulation : A Market Process Approach », inclus dans son œuvre *Discovery and the Capitalist Process*, op. cit., p. 119 et 149.

pénurie[99]. De plus, il se produit, en même temps que la pénurie, un excès inutile de certaines ressources, dû non seulement aux erreurs de production commises, mais aussi au fait que les agents économiques accaparent et gardent tous les biens et ressources qu'ils peuvent, car la pénurie systématique rend l'approvisionnement en biens, services et facteurs de production incertain et irrégulier.

Enfin, les erreurs en matière d'assignation de ressources se font particulièrement graves dans le domaine de la main-d'œuvre ; celle-ci tend systématiquement à être mal employée, ce qui engendre un niveau élevé de *chômage*, plus ou moins dissimulé selon le type de socialisme dont il s'agit : c'est l'un des résultats les plus typiques de la contrainte institutionnelle exercée sur le libre exercice de la fonction entrepreneuriale dans les processus sociaux liés au monde du travail.

Information erronée et comportements infondés

Le socialisme non seulement se caractérise par le fait qu'il inhibe la création d'information, mais aussi par le fait qu'il déclenche des processus qui attirent et engendrent systématiquement *de l'information erronée ou équivoque, et provoquent des comportements infondés.*

a) Rien ne garantit que l'*organe directeur* qui exerce systématiquement la contrainte soit capable de voir les occasions concrètes de gain qui naissent au sein du processus social. Comme cet organe ne dispose pas de l'information pratique des personnes soumises à la contrainte, on ne peut pas imaginer qu'il soit capable de découvrir, sauf dans des cas très isolés ou par hasard, les désajustements sociaux existants. Et même si un membre de l'organe directeur découvre par hasard l'existence d'un désajustement, il est très probable que cette « *trouvaille* » sera cachée par l'inertie même de l'organisation coercitive qui, sauf dans de rares occasions, n'aura aucun intérêt à dévoiler des problèmes impopulaires et dont la solution exige toujours des changements et des mesures « *gênantes* ». D'autre part, l'organe directeur ne sera même pas conscient de la grave situation d'ignorance

---

[99] Pour qualifier cette caractéristique du socialisme, à savoir que la prise de décisions, à tous les niveaux, n'est pas convenablement restreinte pour des raisons de coût, János Kornai a employé l'expression « *soft budget constraint* » ; bien qu'elle ait connu un certain succès, nous estimons qu'elle est excessivement influencée par les manifestations les plus évidentes du problème fondamental dans les organisations industrielles (impossibilité de créer l'information qu'exige le calcul de coûts en l'absence de fonction entrepreneuriale libre), en sorte que beaucoup d'auteurs négligent celui-ci ou n'y prêtent pas un intérêt suffisant et adéquat. Voir János Kornai, *Economics of Shortage*, North Holland, Amsterdam 1980. Toutefois, Kornai a su, plus récemment, exprimer sa théorie en termes de fonction entrepreneuriale, démontrant ainsi qu'il avait enfin pleinement compris l'essence de l'argument autrichien concernant la planification. Voir son « The Hungarian Reform Process : Visions, Hopes and Reality », *Journal of Economic Literature*, vol. XXIV, décembre 1986, réédité dans *Visions and Reality : Market and State*, Harvester, Londres 1990, pp. 156-157. Sur ce même sujet, voir le travaux de Jan Winiecki, et en particulier *The Distorted World of Soviet-Type Economies*, Routledge, Londres 1988 et 1991, et *Economic Prospects East and West : A View from the East*, CRCE, Londres 1987.

incorrigible dans laquelle elle se trouve. C'est pourquoi l'information créée par les ordres sera une information remplie d'erreurs, de confusions, et essentiellement *infondée.* Car l'organe directeur, dans son processus de prise de décisions, ne pourra pas tenir compte du coût ou valeur véritable des options auxquelles il renonce lorsqu'il décide de suivre une certaine ligne d'action, ne pouvant obtenir l'information pratique et dispersée les concernant[100].

b) Le fait que l'organe directeur soit inexorablement séparé du processus social par un nuage d'ignorance indestructible, ne lui permettant de distinguer que les aspects les plus grossiers et apparents, fait qu'il se concentre toujours sur l'obtention de ses objectifs de façon *extensive* et *volontariste. Volontariste* dans la mesure où l'on prétend que les objectifs poursuivis sont atteints par la simple volonté contraignante matérialisée dans les ordres. *Extensive* dans la mesure où l'obtention de ces objectifs se mesure et s'évalue simplement sur la base des paramètres les plus facilement définissables, exprimables et transmissibles : ceux de type statistique ou quantitatif et qui ignorent, ou ne retiennent pas suffisamment, toutes les nuances qualitatives et subjectives qui constituent précisément le contenu le plus précieux et caractéristique de l'information pratique disséminée dans l'esprit des individus.

La prolifération, l'utilisation excessive et la prépondérance des *statistiques* est, donc, une autre caractéristique du socialisme. Et il ne faut pas s'étonner que le mot « *statistique* » dérive étymologiquement du terme utilisé pour désigner l'organisation de la coercition institutionnelle par antonomase.

c) L'effet combiné de la création systématique d'une information erronée, qui mène, de façon générale, à des comportements infondés, uni au caractère volontariste et extensif de la poursuite d'objectifs par l'organe directeur qui exerce la coercition a, entre autres, de tragiques conséquences sur l'*environnement naturel.* L'environnement naturel se détériorera, en règle générale, justement dans les zones géographiques où le socialisme aura le plus d'influence (où l'exercice de la fonction entrepreneuriale jouira de

---

[100] Nous considérons qu'une action est « *fondée* » (en espagnol « *responsable* ») quand l'acteur qui l'entreprend tient compte du coût que lui-même et les autres personnes en relation avec lui encourent par suite de cette action. Le coût est la valeur subjective que l'acteur donne à ce à quoi il renonce en agissant, et il ne peut être évalué correctement que si l'on dispose de l'information subjective, tacite et pratique nécessaire, concernant aussi bien ses circonstances personnelles que les circonstances des autres sujets avec qui l'on interagit. Si, le libre exercice de la fonction entrepreneuriale n'étant pas permis (coercition systématique) ou les droits de propriété n'étant pas définis ou défendus correctement (coercition asystématique), cette information pratique ne peut ni se créer ni se transmettre, l'acteur *ne peut pas se rendre compte* des coûts et son action tendra donc à être infondée. Sur le concept d'action fondée, l'on peut consulter l'article de Garret Hardin, « An Operational Analysis of Responsibility », dans *Managing the Commons*, édité par Garret Hardin et John Baden, W. H. Freeman, San Francisco 1977, p. 67. Ce comportement infondé typique du socialisme fait s'étendre le phénomène de destruction des biens communaux (qu'Harding a qualifié de « *tragédie* »), dans un régime socialiste, à tous les domaines sociaux qu'il touche (M. Rotschild, *Bionomics*, Henry Holt, New York 1990, chap. II).

moins de liberté), et cette détérioration sera d'autant plus grande que l'intervention coercitive sera plus étendue et plus profonde[101].

Effet de corruption

Le socialisme a pour effet de corrompre ou dévier de façon *perverse* la force de la fonction entrepreneuriale dans laquelle se concrétise toute action humaine. Le *Dictionnaire* de la Real Academia nous dit que corrompre signifie « *abîmer, dépraver, endommager, pourrir, pervertir, gâter ou vicier* » ; et il mentionne spécifiquement que cet effet destructeur affecte surtout les institutions sociales, entendues comme habitudes répétitives de conduite. Or, la corruption est l'une des conséquences les plus typiques et essentielles du socialisme, dans la mesure où il tend systématiquement à pervertir le processus de création et de transmission de l'information créée au sein de la société.

a) Premièrement, les individus soumis à la contrainte ou administrés découvrent rapidement qu'ils ont plus de possibilités d'atteindre leurs objectifs, si, au lieu d'essayer de découvrir et de coordonner les désajustements sociaux en profitant des occasions de gain qu'ils engendrent, ils consacrent leur temps, leur activité et leur talent à agir sur les mécanismes de prise de décisions de l'organe directeur. De sorte qu'une énorme quantité de génie humain – d'autant plus importante que le socialisme est intense – sera constamment consacrée à imaginer des façons nouvelles et plus effectives d'influencer l'organe directeur, dans l'espoir, réel ou imaginaire, d'obtenir des avantages de type personnel. Par conséquent, le socialisme non seulement empêche chaque membre de la société d'apprendre à discipliner son comportement en fonction de celui des autres, mais pousse fortement les différents individus et groupes à essayer d'obtenir le pouvoir ou la capacité d'influencer l'organe directeur, afin d'utiliser ses ordres contraignants pour imposer aux autres, par la force, des avantages ou des privilèges de type personnel. Ainsi, le processus social coordinateur spontané se corrompt ; il est remplacé par un *processus de lutte pour le pouvoir*, dans lequel le conflit et la violence systématiques entre les divers individus et groupes sociaux qui essaient d'exercer une influence ou de prendre le pouvoir devient la caractéristique dominante de la vie en société. Les individus perdent, donc, à cause du socialisme, l'habitude de se comporter conformément à la morale (de suivre des principes ou règles répétitives d'action) ; ils modifient

[101] Le mysticisme révérenciel en matière de statistiques s'annonce déjà chez Lénine : « *bring statistics to the masses, make it popular, so that the active population learn by themselves to understand and realise how much and what kind of work must be done* ». Traduit de la p. 33 de *Die nächsten Aufgaben der Sowjetmacht*, Berlin 1918, par F. A. Hayek, *Collectivist Economic Planning*, Augustus M. Kelley, Clifton, 1975, p. 128. Sur l'excès de production de statistiques qu'a provoqué l'interventionnisme, et sur le grave dommage social, le coût et l'inefficacité qu'elles engendrent, consulter l'article de Stephen Gillespie « *Are economic statistics overproduced ?* », *Public Choice*, vol. 67, n° 3, décembre 1990, pp. 227-242. Sur le socialisme et l'environnement, voir Anderson T. L. et Leal D. R., *Ecología de mercado*, Unión Editorial, Madrid 1993 (*Free Market Enviromentalism*, Pacific Research Institute, San Francisco, 1991).

progressivement leur personnalité et leur façon d'agir, qui devient de plus en plus amorale (moins respectueuse de principes) et *agressive*[102].

b) Deuxièmement, une autre manifestation de l'effet corrupteur du socialisme apparaît lorsque les groupes ou personnes qui n'ont pas obtenu le pouvoir se voient obligés de consacrer une part très importante de leur talent ou activité entrepreneuriale à essayer de dévier ou d'éviter, dans leur contexte particulier, les effets les plus nuisibles ou draconiens des ordres contraignants. Et cela, contre la concession de privilèges, d'avantages, ou la remise de certains biens et services aux individus chargés de contrôler, de surveiller et d'accomplir de tels ordres. Cette activité corruptrice est de type *défensif*, car elle agit comme une véritable « *soupape de sûreté* » : elle permet une certaine réduction du dommage social causé par le socialisme, et peut faciliter le maintien de liens sociaux un tant soit peu coordinateurs, même dans les cas d'agression socialiste les plus aigus. De toutes façons, la corruption ou déviation perverse de la fonction entrepreneuriale que nous commentons aura, comme le remarque Kirzner[103], un caractère toujours *superflu* et *redondant*.

---

[102] Hans-Hermann Hope a exprimé peut-être mieux que personne l'effet corrupteur du socialisme, lorsqu'il affirme que « The redistribution of chances for income acquisition must result in more people using aggression to gain personal satisfaction and/or more people becoming more aggressive, i.e., *shifting increasingly from non aggressive to aggressive roles, and slowly changing their personality as a consequence of this*; and this change in the character structure, in the moral composition of society, in turn leads to another reduction in the level of investment in human capital ». Voir *A Theory of Socialism and Capitalism*, Kluwer Academic Publishers, Londres 1989, pp. 16-17.Voir aussi mon analyse exposée dans « El Fracaso del Estado Social », *ABC,* 8 avril 1991, pp. 102-103. Une autre manifestation de l'effet corrupteur du socialisme est l'accroissement généralisé de la « *demande sociale* » d'ordres et de régulations contraignantes provenant de l'Etat ; il s'agit d'un effet combiné des causes suivantes : 1) le désir de chaque groupe d'intérêt d'obtenir des privilèges aux dépens du reste de la société ; 2) l'illusion impossible et naïve qu'un surplus de réglementation pourra réduire l'insécurité juridique générale et prédominante par suite de la croissante pagaille législative ; et 3) la dégradation des habitudes de responsabilité individuelle que renforcent, subjectivement et inconsciemment, l'acceptation du paternalisme étatique et les sentiments de dépendance vis-à-vis de l'autorité.

[103] Voir Israel M. Kirzner, « The Perils of Regulation : A Market Process Approach », dans *Discovery and the Capitalist Process*, op. cit., p. 144 et 145. Le besoin de pouvoir influencer l'organe de coercition en paraissant, au moins, respecter ses ordres, uni au degré élevé d'arbitraire de cet organe, fait que les relations de *copinage* soient considérées vitales dans un régime socialiste. De fait, nous pourrons considérer qu'un système est d'autant plus interventionniste que les relations de copinage sont plus nécessaires, importantes et concernent plus de domaines sociaux (justement les plus contrôlés), au détriment des interactions typiques existant dans le monde libre et qui, de par leur caractère plus abstrait et impersonnel, relèguent les questions d'amitié à un second plan, toujours subordonné à l'objectif essentiel : atteindre ses propres fins en servant le mieux possible les intérêts des autres, qui se manifestent dans le cadre du marché. En outre, le copinage avec celui qui détient le pouvoir et la *servilité* qui le caractérise engendrent souvent un curieux « *Syndrome de Stockholm* » : l'individu soumis à la contrainte nourrit de surprenants sentiments de « *compréhension* » et de camaraderie envers celui qui exerce sur lui la contrainte institutionnelle et l'empêche de développer librement son être créatif.

c) Enfin, troisièmement, on observe de la part de l'organe directeur, c'est-à-dire de l'ensemble des personnes plus ou moins organisées qui exercent systématiquement la contrainte, les mêmes tendances à exercer de façon perverse leur capacité entrepreneuriale, c'est-à-dire leur propre talent humain. L'objectif essentiel de leur activité sera d'essayer de *se maintenir au pouvoir*, tout en justifiant, face aux autres acteurs, leur pratique de la coercition. Selon le type concret de socialisme dont il s'agit (totalitaire, démocratique, conservateur, scientiste, etc.), les détails et les particularités de l'activité corruptrice du pouvoir varieront. Ce qu'il faut souligner ici, c'est que l'activité entrepreneuriale perverse de celui qui contrôle l'organe directeur tendra, de façon *créative,* à engendrer et à favoriser des situations dans lesquelles ce pouvoir pourra augmenter, s'étendre ou être justifié.[104] Ainsi, par exemple, on stimulera, d'en haut, l'apparition de groupes d'intérêt privilégiés qui soutiendront le pouvoir, en échange des gains et privilèges que celui-ci pourra leur procurer. Tout système socialiste tendra, également, à abuser de la *propagande* de type politique : il essaiera toujours de présenter une version idyllique des effets produits par les ordres de l'organe directeur sur le processus social, en insistant spécialement sur les conséquences sociales négatives qui se manifesteraient faute de cette intervention. Le leurre systématique de la société, la distorsion des faits, la fabrication artificielle de fausses crises pour convaincre le public que le pouvoir doit se maintenir et se renforcer, etc., sont les caractéristiques de l'effet pervers et

---

[104] Voir « Competition and Political Entrepreneurship : Austrian Insights into Public Choice Theory », par Thomas J. Di Lorenzo, dans *The Review of Austrian Economics*, édité par Muray N. Rothbard et Walter Block, vol. 2, Lexington 1988, pp. 59-71. Nous considérons que les contributions de l'Ecole du Choix Public liées à son analyse du fonctionnement des bureaucraties et des organes politiques chargés d'exercer la contrainte institutionnelle sont très importantes; cependant, nous estimons, comme Di Lorenzo, que l'analyse de cette Ecole a été jusqu'ici très incomplète parce qu'elle est encore trop ancrée dans la méthodologie de l'économie néoclassique : elle est excessivement statique, utilise les instruments formels propres à l'analyse économique de l'équilibre, et n'est pas suffisamment ouverte à l'analyse dynamique fondée sur la théorie de la fonction entrepreneuriale. L'introduction de la conception entrepreneuriale mène à conclure que l'activité coercitive institutionnelle est encore beaucoup plus perverse que ce que L'Ecole du Choix Public a traditionnellement démontré : celle-ci n'a généralement pas tenu compte de la capacité de l'organe directeur de *créer*, de façon entrepreneuriale, de nouvelles actions et stratégies perverses et corruptrices, plus efficaces. Les apports les plus importants de l'Ecole du Choix Public dans ce domaine sont résumés dans William Mitchel, *The Anatomy of Government Failures*, Internacional Institute of Economic Research, Los Angeles 1979; J. L. Migué et G. Bélanger, « Toward a General Theory of Managerial Discretion », *Public Choice*, n° 17, 1974, pp. 27-43; William Niskanen, *Bureaucracy and Representative Government*, Adine-Atherton Press, Chicago 1971; Gordon Tullock, *The Politics of Bureaucracy,* Public Affaire Press, Washington D.C. 1965; et l'ouvrage pionnier de Ludwig von Mises, *Bureaucracy*, Arlington House, New Rochelle, New York 1969 (il existe une très bonne traduction espagnole de Dalmacio Negro Pavón, *Burocracia*, Unión Editorial, Madrid 1974). J'ai résumé en espagnol les arguments principaux de toute cette littérature dans mon article « Derechos de propiedad y gestión privada de los recursos de la naturaleza », *Cuadernos del Pensamiento Liberal*, n° 2, Unión Editorial, Madrid mars 1986, pp. 13-30, reproduit dans mes *Estudios de Economía Política*, Unión Editorial, Madrid 1994, pp. 229-249.

corrupteur exercé par le socialisme sur ses propres organes ou centres de pouvoir[105].

Ces caractéristiques seront, en outre, communes aussi bien pour les principaux organes de décision de l'agression institutionnelle que pour les organismes intermédiaires de type *bureaucratique* qu'il faut utiliser pour l'établissement et le suivi des ordres contraignants. Ces organisations bureaucratiques secondaires tendront toujours à se surdimensionner, à chercher l'appui de groupes d'intérêt concrets, et à créer le besoin artificiel de leur existence, en exagérant les résultats « *bénéfiques* » de leur intervention et en cachant ses effets pervers.

Enfin, le socialisme montre son caractère *mégalomane*. Non seulement les organisations bureaucratiques tendent à se surdimensionner indéfiniment, mais elles essaient instinctivement de refléter leurs macrostructures dans le corps social sur lequel elles agissent. Cela, en forçant, par toutes sortes de prétextes fictifs, la formation d'unités, d'organisations et d'entreprises de plus en plus grandes, car, d'une part, elles considèrent intuitivement que cela facilite leur activité de contrôle du respect des ordres contraignants émanant du pouvoir et, d'autre part, elles ont une fausse sensation de sécurité face à l'effort entrepreneurial authentique, qui est toujours, à l'origine, le résultat d'un microprocessus éminemment personnaliste et créatif[106].

Economie occulte ou « irrégulière »

Le socialisme engendre une autre conséquence typique : la création d'une réaction sociale inexorable qui fait que les divers acteurs désobéissent systématiquement aux ordres contraignants qui émanent de l'organe directeur, et entreprennent une série d'actions et interactions en marge du

---

[105] Comme le socialisme engendre corruption et immoralité, ce seront toujours les plus corrompus, les plus immoraux et dépourvus de scrupules, c'est-à-dire les plus habitués à violer la loi, à pratiquer la violence et à tromper le mieux, qui tendront à prendre le pouvoir ; principe que l'histoire a maintes fois confirmé et illustré dans les contextes les plus variés et qu'Hayek a expliqué en détail en 1944 au chap. X (« Why the worst get on the top ») de son *The Road to Serfdom*, The University of Chicago Press, Chicago, édition de 1972, pp. 134-152. Traduction espagnole de José Vergara, *Camino de Servidumbre*, Alianza Editorial, n° 676 des livres de poche, Madrid 1978. Nous considérons plus adapté le titre *El Camino hacia la Servidumbre*, proposé par Valentín Andrés Alvarez dans la recension du livre d'Hayek qu'il publia en 1975 (« El Camino hacia la Servidumbre del Profesor Hayek », *Moneda y Crédito*, n° 13, juin 1945, reproduit comme chap. 2 de *Libertad Económica y Responsabilidad Social*, édition commemorative du centenaire de la naissance de Valentín Andrés Alvarez, Centro de Publicaciones del Ministerio de Trabajo y Seguridad Social, Madrid 1991, pp. 69-86) et qui faillit lui coûter sa chaire de Madrid, à cause de l'intolérance politique de l'Espagne d'alors.

[106] François Revel, *El estado megalómano*, Planeta, Madrid 1981. Pour Camilo José Cela, Prix Nobel de Littérature 1989, « *l'Etat divorce de la nature et passe par-dessus les pays, les sangs et les langues. Le dragon de Léviathan a ouvert sa gueule pour dévorer l'homme… Parmi les mille engrenages de l'Etat, pullulent les vers, ses serviteurs, grouillent les larves qui ont malheureusement appris à savoir qu'elles doivent conserver le corps parasité* ». *El Dragón de Leviatán*, leçon magistrale prononcée à l'UNESCO en juillet 1990, dans « Los Intelectuales y el Poder », *ABC* 10 juillet 1990, p. IV et V, Madrid.

schéma régulier que les ordres veulent établir. Il se forme ainsi tout un processus social derrière celui que l'organe directeur considère comme « *régulier* » ; cela montre à quel point la coercition institutionnelle est, à la longue, condamnée à l'échec parce que contraire à l'essence la plus intime de l'action humaine. C'est pourquoi, souvent, l'organe directeur est obligé d'exercer son pouvoir en tolérant ou en consentant implicitement l'existence et le développement de processus sociaux « *irréguliers* » qui subsistent en parallèle avec les structures rigides qui émanent de lui. L'apparition d'une société ou *économie occulte*, souterraine ou « *irrégulière* » est, donc, une caractéristique inséparable du socialisme, et elle se manifeste toujours, dans la mesure et dans les domaines où il exerce la coercition. Les caractéristiques fondamentales de la corruption et de l'économie souterraine sont les mêmes aussi bien dans les pays de socialisme réel que dans les pays d'économie mixte, à la seule différence que, dans ceux-ci, la corruption et l'économie souterraine apparaissent et se développent précisément dans les parcelles de la vie sociale où l'Etat exerce son intervention[107].

Retard social (économique, technologique, culturel)

a) Il est évident que le socialisme suppose une agression à la créativité humaine et, donc, au développement de la société et au progrès de la civilisation. Dans la mesure, en effet, où l'on empêche le libre exercice de l'action humaine par des ordres contraignants, les acteurs ne peuvent ni créer ni découvrir d'information nouvelle, ce qui freine le progrès de la civilisation. Autrement dit, le socialisme suppose l'établissement systématique de barrières à la libre interaction humaine qui congèlent le développement social. Cet effet affecte tous les domaines de l'évolution sociale, et pas seulement les domaines strictement économiques. Ainsi, l'une des caractéristiques les plus typiques du système socialiste est la *lenteur à innover* et à introduire les découvertes technologiques, de sorte les systèmes socialistes sont toujours à la remorque de leurs concurrents du point de vue du développement et de l'application pratique des technologies nouvelles[108]. Et cela, bien que les socialistes prétendent comme toujours, de façon extensive et volontariste, forcer le développement technologique de la société par des ordres, en créant des instituts ou conseils prétentieux, consacrés à la recherche scientifique et à la planification du développement

---

[107] Les travaux de Joaquín Trigo Portela et Carmen Vázquez Arango, *La Economía Irregular* (Generalitat de Catalunya, Barcelona 1983) et *Barreras a la Creación de Empresas y Economía Irregular* (Insituto de Estudios Económicos, Madrid 1988), offrent un excellent résumé de l'état théorique de la question de l'économie irrégulière et de la littérature la plus intéressante. Le livre *El Otro Sendero. La Revolución Informal*, d'Hernando de Soto, Editorial Diana, Mexico 1987, est remarquable pour sa capacité illustrative de l'application de l'argument théorique développé dans le texte au cas spécifique du Pérou.

[108] V. A. Naishul a signalé également que le système socialiste ne tolérait ni les changements ni les innovations, étant donné les profonds désajustements en chaîne que ceux-ci engendrent dans la rigide organisation économique. Voir son *The Supreme and Last Stage of Socialism*, CRCE, Londres 1991, chap. V, « The Birthmarks of Developed Socialism », pp. 26-29, et en particulier la p. 28, « Hostility to Change ».

futur de nouvelles technologies. La création même de ces organismes bureaucratiques pour le développement de l'innovation est, cependant, la preuve la plus claire et évidente du blocage du système en matière de progrès scientifique et technique. Car *il est impossible de planifier l'évolution future d'une connaissance qui n'a pas encore été créée, et n'apparaît que dans un contexte de liberté entrepreneuriale qui ne peut être simulé par des ordres.*

b) Les considérations précédentes sont également applicables aux autres domaines où se produisent spontanément un développement et une évolution sociale constants. Nous pensons, en particulier, aux domaines culturel, artistique, linguistique et, en général, à tous ceux qui sont liés à l'évolution et au développement spontané des habitudes et des coutumes sociales. *La culture* n'est que le résultat spontané d'un processus social dans lequel de multiples acteurs interagissent et apportent, chacun, leur « *grain de sable* » en expérience, originalité et capacité de vision. Si ce processus est systématiquement entravé par le pouvoir, il se sclérose et se corrompt, à supposer qu'il ne s'arrête pas complètement (l'organe directeur prétendra à nouveau se présenter comme le « *champion* » de l'élan culturel, en créant toutes sortes d'organes, de ministères, de conseils ou de commissions chargées de stimuler, par des ordres, le « *développement* » de la culture)[109].

c) Quant à l'évolution et au développement de nouvelles habitudes sociales, celles-ci sont décisives dans la mesure où elles permettent aux individus d'apprendre quel doit être leur comportement par rapport aux circonstances nouvelles, aux produits, aux services, etc., qui apparaissent au cours du processus de développement social. Rien n'est plus tragique que d'observer une société congelée par l'agression institutionnelle exercée sur l'interaction entre ses membres, et qui gêne et empêche le processus d'apprentissage nécessaire pour faire face aux nouveaux défis et occasions apparaissant constamment[110].

---

109 Jacques Garello est l'auteur d'une analyse remarquable des effets nocifs du socialisme sur la culture, avec une allusion spéciale au cas français ; elle est incluse dans son article *Cultural Protectionism*, Mont Pèlerin Society Regional Meeting, Paris 1984.

110 L'un des exemples qui illustrent le mieux l'argument que nous avons donné dans le texte est celui des effets nocifs que produit sur l'apprentissage social, en matière de comportement lié aux drogues, l'agression systématiquement exercée par le pouvoir sur sa production, distribution et consommation. Il existe, en effet, de nombreuses drogues pour lesquelles l'agression n'a pas été aussi importante historiquement. La société a pu ainsi créer, au cours de son processus d'ajustement stimulé par la fonction entrepreneuriale, un volume important d'information et d'expériences qui a permis aux individus d'acquérir un comportement correct vis-à-vis de ces substances. C'est, par exemple, ce qui s'est produit dans de nombreuses sociétés pour le vin et le tabac. Un processus semblable n'est cependant pas possible pour des substances découvertes plus récemment et qui ont été soumises, dès le début, à un système de contrainte institutionnelle très rigoureux ; ce système, qui a totalement échoué, a empêché les individus d'apprendre quels devaient être leurs comportements à l'égard de ces substances. Voir Guy Sorman, *Esperando a los bárbaros,* Seix Barral, Barcelone 1993, pp. 327-337.

Prostitution des concepts traditionnels de loi et de justice

Perversion morale qu'engendre le socialisme

a) Nous avons vu, au chapitre précédent, que le processus social, mû par la force de la fonction entrepreneuriale, pouvait se réaliser grâce à un ensemble de normes coutumières qui le rendait possible et, à leur tour, émanaient de lui. Ces habitudes de conduite formaient le droit privé des contrats et le droit pénal, et n'avaient été délibérément conçus par personne. C'étaient des institutions évolutives naissant à partir de l'information pratique insérée en elles par un très grand nombre d'acteurs et au cours d'une très longue période. Le droit, de ce point de vue, apparaît formé d'une série de *normes* ou *lois* au sens matériel, *générales* (applicables à tous de la même façon) et *abstraites* (n'établissant qu'un large cadre d'action individuelle, sans prévoir aucun résultat concret du processus social).

Le socialisme, fondé sur l'agression institutionnalisée et systématique contre l'action humaine par voie d'*ordres contraignants*, implique la disparition du concept traditionnel de loi que nous venons d'expliquer et sa substitution par un « *droit* » bâtard, formé d'un conglomérat d'ordres, de règlements et de prescriptions administratives qui spécifient le contenu concret du comportement de chaque individu. De sorte que, dans la mesure où le socialisme s'étend et se développe, les lois, au sens traditionnel du terme, cessent de servir de normes de référence pour le comportement individuel. Leur rôle est rempli par les ordres contraignants qui émanent de l'organe directeur (élu démocratiquement ou pas). La loi perd ainsi progressivement son domaine d'application pratique et se trouve réduite aux domaines, réguliers ou irréguliers, non directement affectés par le régime socialiste.

D'autre part, et comme important effet secondaire, les acteurs, perdant la référence que constitue la loi au sens matériel, modifient leur personnalité et perdent les habitudes ou coutumes d'adaptation aux normes générales de caractère abstrait. Ainsi, peu à peu, ils assimilent de plus en plus mal et respectent de moins en moins les normes traditionnelles de conduite. Il y a plus : le mépris de l'ordre est souvent une exigence imposée par la nécessité de survivre et, dans d'autres cas, une manifestation du succès de la fonction entrepreneuriale corrompue ou perverse qu'engendre toujours le socialisme. Ainsi, l'ensemble de la société ressent davantage le non-respect de la norme comme une manifestation louable de l'ingéniosité humaine, à rechercher et à encourager, que comme la violation d'un système de normes qui nuit à la vie en société. Le socialisme incite, donc, à violer la loi, la vide de son contenu et la corrompt, en la discréditant socialement et en faisant ainsi perdre aux individus tout sentiment de respect à son égard.

b) La prostitution du concept de loi est inexorablement liée à la prostitution parallèle du concept d'application de la *justice*. La justice, au sens traditionnel, consiste dans l'application, identique pour tous, des normes de conduite abstraites de type matériel, qui forment le droit privé et le droit pénal. Ce n'est donc pas par hasard que la justice a été représentée les yeux bandés, puisqu'elle doit être, avant tout, *aveugle*, c'est-à-dire qu'elle ne doit ; se laisser influencer, au moment d'appliquer le droit, « *ni par les dons du riche ni par les pleurs du pauvre* »[111]. Le socialisme, en corrompant systématiquement le concept traditionnel de droit, modifie aussi cette conception traditionnelle de la justice. Dans le système socialiste, en effet, la « *justice* » consiste avant tout dans l'évaluation arbitraire réalisée par l'organe directeur à partir de l'impression plus ou moins émotive que produit sur lui le « *résultat final* » et concret du processus social qu'il croit percevoir et qu'il essaie vaillamment d'*organiser* d'en haut par des ordres contraignants. Ce ne sont, donc, plus des comportements humains que l'on juge, mais leur « *résultat* » perçu dans un contexte bâtard de « *justice* », que l'on qualifie de *sociale* afin de la rendre plus attrayante à ceux qui la subissent[112]. Du point de vue contraire de la justice traditionnelle, ***rien n'est***

---

[111] « *Etant juge, ne commets d'injustice ni pour favoriser le pauvre ni par respect du riche : tu jugeras ton prochain selon la justice* », *Lévitique*, chap. 19, verset 15 ; « *je vous rendrai méprisables... parce que vous tenez compte des personnes au moment d'appliquer la loi* », *Malachie* 2, 9, *Biblia de Jerusalén*, Desclée de Brouwer, Bilbao 1971, p. 164 et 1642.

[112] Le terme « *social* » vide de sens et modifie totalement celui de tout mot auquel il est appliqué (justice, Etat de droit, démocratie, etc.). D'autres termes sont également utilisés pour masquer la réalité avec des connotations attrayantes : par exemple, les qualificatifs « *populaire* » et « *organique* » souvent adjoints au mot « *démocratie* ». Les américains appellent « *mots-fouines* » (*weasel words*) tous ces qualificatifs utilisés pour tromper sur le sens des mots, et permettant de continuer à employer des mots extrêmement attrayants (comme justice et démocratie) dans un sens opposé à celui qu'ils avaient réellement. L'expression « *mot-fouine* » vient du célèbre vers de Shakespeare qui évoque la capacité de cet animal à vider un oeuf sans endommager sa coquille (« *I can suck melancholy out of a song, as a weasel sucks eggs* », *As you like it*, Acte II, Scène V, 11, dans *The Riverside Shakespeare*, Houghton Mifflin, Boston 1974, p. 379). Sur ce sujet, consulter le chap. 7 du livre d'Hayek *The Fatal Conceit.* Un autre terme dont le sens a été corrompu est celui de *solidarité* ; on l'utilise aujourd'hui comme alibi justificatif de la violence étatique : elle est considérée légitime si elle est, soi-disant, destinée à « *venir en aide* » aux opprimés. Cependant, le sens traditionnel du terme solidarité est très différent et fait allusion aux interactions humaines qui apparaissent au cours du processus social spontané mû par l'action entrepreneuriale. Le terme solidarité, en effet, vient du latin *solidare* (souder, unir) et signifie, selon le *Dictionnaire* de la Real Academia espagnole « *l'adhésion circonstancielle à l'entreprise d'autres personnes* ». Le marché tel que nous l'avons défini est, donc, le mécanisme ou système par excellence de solidarité entre les hommes. Et, en ce sens, rien n'est plus anti-solidaire que de vouloir imposer, d'en haut et par la force, des principes de « *solidarité* » aussi myopes que partiaux. Sans compter que le problème d'ignorance invincible de l'organe de contrôle affecte aussi inévitablement ceux qui ne conçoivent la « *solidarité* » qu'en termes d'aide aux nécessiteux, puisqu'elle sera inefficiente et superflue si elle est exercée par l'Etat et non par les particuliers désireux d'aider volontairement leur prochain. Il est réconfortant de voir que Jean Paul II non seulement parle, dans son encyclique *Centesimus Annus,* du marché comme d'une « chaîne de *solidarité* qui s'étend progressivement » (op. cit., chap. IV, n° 43, 3° paragraphe, p. 83), mais encore affirme que « *celui qui côtoie de près les besoins ou les nécessiteux connaît mieux que quiconque ces besoins et peut les satisfaire de la manière la plus adéquate* » ; ainsi, il critique l'Etat protecteur ou « *solidaire* » qui, « *en intervenant directement et en minimisant la responsabilité de la société, provoque la perte d'énergies humaines et l'augmentation exagérée des organismes publics, dominés par des logiques bureaucratiques plus que par le*

plus injuste que le concept de « justice » sociale, car elle se fonde sur une vision, impression ou évaluation des résultats » des processus sociaux, indépendamment de ce qu'a été le comportement individuel de chaque acteur du point de vue des normes du droit traditionnel[113]. La fonction du juge dans le droit traditionnel est de nature purement intellectuelle ; il ne doit se laisser influencer ni par ses émotions ni par son appréciation personnelle du résultat de la sentence sur chaque partie. Si, comme c'est le cas dans le socialisme, on empêche l'application objective du droit et on permet la prise de décisions juridiques en fonction d'impressions plus ou moins subjectives et émotives, toute sécurité juridique disparaît et les acteurs commencent rapidement à estimer que toute prétention peut bénéficier de protection judiciaire, pourvu que l'on sache impressionner favorablement le juge. Cela incite très fortement à engager des procès et, étant donné la situation chaotique créée par le foisonnement d'ordres contraignants de plus en plus imparfaits et contradictoires, les juges se trouvent surchargés à tel point que leur travail devient insupportable et inefficient. Et ainsi de suite, dans un processus de décomposition progressive qui ne s'achève qu'avec la disparition virtuelle de la justice, au sens traditionnel, et des juges ; ceux-ci deviennent des bureaucrates supplémentaires au service du pouvoir, chargés de contrôler l'exécution des ordres contraignants qui émanent de lui. Un tableau systématique présente, aux pages 100-102, les différences les plus marquantes entre le processus spontané fondé sur la fonction entrepreneuriale et la libre interaction humaine et le système d'organisation fondé sur l'ordre et la coercition institutionnelle (socialisme), concernant l'influence opposée qu'ils exercent sur les concepts et l'application du droit et de la justice.

c) La perte des habitudes d'adaptation du comportement individuel à des normes générales qui se sont traditionnellement formées, et dont l'intime fonction sociale n'est totalement comprise par personne, est une autre des caractéristiques les plus typiques du socialisme. La morale s'affaiblit à tous les niveaux ou, même, disparaît ; elle est remplacée par un reflet du mysticisme organisationnel de l'organe de direction de la société, qui essaie de se reproduire aussi sur le plan du comportement individuel de chaque acteur. Selon ce critère, le volontarisme socialiste doit prévaloir aussi sur le plan individuel, pour atteindre les objectifs recherchés. Ceux-ci étant poursuivis en vertu de caprices ou « *ordres* » personnels alimentés par les désirs et les instincts et énoncés *ad hoc* par le sujet dans chaque cas particulier plus que par l'exercice de l'interaction humaine soumise à des normes générales de caractère moral et légal.

On peut ainsi, par exemple, citer, parmi les défenseurs de cette perversion morale issue du socialisme, Lord Keynes ; il fut l'un des plus célèbres

---

souci de servir les usagers, et un accroissement énorme des frais » (op. cit., chap. V, n° 48, 5°, p. 92).

[113] Le meilleur ouvrage critique du concept bâtard de justice sociale est d'Hayek. Voir *The Mirage of Social Justice*, vol. II de *Law, Legislation and Liberty*, op. cit. (traduction espagnole de Luis Reig Albiol, *El Espejismo de la Justicia Social*, vol. II de *Derecho, Legislación y Libertad*, op. cit.).

promoteurs de la coercition systématique et de l'interventionnisme en matière monétaire et fiscale. En ce sens, il expliquait ainsi sa position « *morale* » : « Nous repoussions catégoriquement toute obligation de respecter des normes générales. Nous proclamions le droit de juger chaque cas selon ses propres mérites et nous nous croyions en possession de la sagesse, de l'expérience et de l'autocontrôle suffisants pour le faire correctement. C'était une partie essentielle du credo que nous défendions avec violence et agressivité ; attitude qui, pour les autres, constituait notre caractéristique la plus visible et inquiétante. *Nous répudiions totalement la morale établie*, et toute convention dérivée du savoir traditionnel. *Nous étions, donc, au sens le plus strict du terme, contre la morale.* Nous ne reconnaissions l'existence d'aucune obligation morale ni d'aucune sanction intime susceptible de nous servir de guide. Nous revendiquions devant le ciel le droit d'être les seuls juges de notre propre cause » ; et il ajoutait : « *En ce qui me concerne, il est trop tard pour adopter une autre attitude. Je continue et continuerai d'être contraire aux points de vue moraux* »[114].

Le socialisme apparaît ainsi, simultanément, comme un produit naturel du rationalisme faux et exagéré du « Siècle des Lumières » et comme un résultat des instincts et des passions humaines les plus bas et ataviques. En effet, en croyant naïvement que la capacité de l'esprit humain est illimitée, les rationalistes se rebellent, comme Keynes, Rousseau et tant d'autres, contre les institutions, les habitudes et les comportements qui permettent l'existence de l'ordre social ; ceux-ci, par définition, ne peuvent pas être totalement rationalisés et sont qualifiés, à la légère, de « *traditions sociales répressives et inhibitrices* ». Le résultat paradoxal de cette « *déification* » de la raison humaine n'est autre que l'élimination des principes moraux, des normes et règles de conduite qui ont permis l'évolution de la civilisation. L'homme, ainsi privé de guides et de références aussi importants, est immanquablement livré à ses passions les plus ataviques et primitives[115].

---

[114] Traduction espagnole (traduite en français) par Luis Reig Albiol de la citation des p. 25 et 26 du vol. I de l'ouvrage de F. A. Hayek *Law, Legislation and Liberty*, extraite du livre de John Maynard Keynes, *Two Memoirs*, Londres 1949, pp. 97-98. La citation textuelle anglaise est la suivante : « *We entirely repudiated a personal liability on us to obey general rules. We claimed the right to judge every individual case on its merits, and the wisdom, experience, and selfcontrol to do so successfully. This was a very important part of our faith, violently and aggressively held, and for the outer world it was our most obvious and dangerous characteristic. We repudiated entirely customary morals, conventions and traditional wisdom. We were, that is to say, in the strict sense of the term, immoralists. We recognized no moral obligations, no inner sanction, to conform or obey. Before heaven we claimed to be our own judge in our own case... So far as I am concerned, it is too late to change. I remain, and always will remain, an immoralist* ». Voir aussi l'ouvrage de Robert Skidelsky *John Maynard Keynes : Hopes Betrayed, 1883-1920*, Macmillan, Londres 1983, pp. 142-143.

[115] Voir F. A. Hayek, *The Fatal Conceit*, op. cit., chap.1.

TABLEAU III-1

PROCESSUS SOCIAL SPONTANE *Fondé sur la fonction entrepreneuriale* *(interaction sociale non agressée)*	*SOCIALISME* *(Agression institutionnelle et systématique contre la fonction entrepreneuriale et l'action humaine)*
1) La coordination sociale se produit spontanément, grâce à la fonction entrepreneuriale qui découvre et élimine sans cesse les désajustements sociaux, qui se concrétisent en occasions de gain (Ordre spontané)	1) On tente d'imposer d'en haut la coordination sociale de façon délibérée et contraignante par des *ordres, des prescriptions et des règlements contraignants* qui émanent du pouvoir (ordre hiérarchique -de *hieros,* sacré et *archein,* commander- et organisé).
2) Le protagoniste du processus est l'*homme*, qui agit et exerce la fonction entrepreneuriale créative.	2) Le protagoniste du processus est le *gouvernant* (démocratique ou non) et le *fonctionnaire* (celui qui agit en s'en remettant aux ordres et règlements administratifs émanant du pouvoir).
3) Les liens d'interaction sociale sont de type *contractuel*, et les parties impliquées échangent des biens et services conformément à des normes juridiques de type matériel (Loi).	3) Les liens d'interaction sociale sont de *type hégémonique* : les uns commandent et les autres obéissent. S'il s'agit d'une « *démocratie sociale* », les « *majorités* » soumettent les « *minorités* ».
4) Prépondérance du *concept traditionnel de loi au sens matériel, entendue comme norme abstraite à contenu général,* qui s'applique à tous de la même manière sans tenir compte d'aucune circonstance particulière.	4) Prépondérance de l'*ordre* ou *règlement* qui, indépendamment de son apparence de loi formelle, est un ordre spécifique à contenu concret, qui ordonne de faire certaines choses dans des circonstances particulières et qui ne s'applique pas également à tous.
5) Les lois et institutions qui permettent le processus social n'ont pas été créées délibérément ; elles ont une origine *évolutive et coutumière*, et contiennent un énorme volume d'expérience et d'information pratique accumulée au cours des générations.	5) Les ordres et règlements sont des émanations délibérées du *pouvoir organisé*, très imparfaites et erronées, étant donné l'état d'ignorance inévitable du pouvoir en ce qui concerne la société.
6) Le processus spontané permet la *paix sociale*, car chaque acteur profite, dans le cadre de la loi, de sa connaissance pratique et *poursuit ses objectifs particuliers* en coopérant pacifiquement avec les autres et en disciplinant spontanément son comportement en fonction des autres individus qui poursuivent des objectifs différents.	6) Exige qu'un objectif ou ensemble d'objectifs *prédomine* et s'impose à tous par le biais du système de prescriptions. Cela crée des violences et des conflits sociaux irrésolubles et interminables qui empêchent la paix sociale.
7) La *Liberté* est entendue comme l'absence de coercition ou agression (tant institutionnelle qu'asystématique).	7) La « *liberté* » est entendue comme le pouvoir d'atteindre les objectifs concrets souhaités à chaque moment (par un simple acte de volonté, un ordre ou un caprice).
8) Prépondérance du sens traditionnel de *justice*, qui suppose l'application identique de la loi matérielle à tous, indépendamment des résultats concrets se produisant dans le processus social. La seule égalité recherchée est *l'égalité devant la loi*, appliquée par une justice aveugle face aux différences particulières des individus.	8) Prépondérance du sens bâtard de « *justice dans les résultats* » ou « *justice sociale* », entendue comme *égalité des résultats* du processus social, indépendamment de ce qu'a été le comportement (correct ou non du point de vue du Droit traditionnel) des individus impliqués.

9) Prépondérance des relations de type *abstrait, économique et commercial.* Les concepts bâtards de loyauté, « *solidarité* » et ordre hiérarchique ne sont pas retenus. Chaque acteur discipline son comportement à partir des normes de droit matériel et fait partie d'un *ordre social universel* ; il n'y a pour lui ni « *amis* » ni « *ennemis* », ni proches ni moins proches, mais de multiples individus, inconnus pour la plupart, avec qui il interagit de façon satisfaisante et de plus en plus large et complexe (sens correct du terme *solidarité).*	9) Le *politique* est prédominant dans la vie sociale et les liens fondamentaux sont de type « *tribal* » : a) *loyauté* envers le groupe et son chef ; b) respect de l'*ordre hiérarchique* ; c) aide prêtée au « *prochain* » connu (« *solidarité* ») et oubli et, même, mépris des « *autres* » individus plus ou moins inconnus, membres d'autres « *tribus* », dont on se méfie et que l'on considère comme des « *ennemis* » (sens bâtard et myope du terme « *solidarité* »).

Le socialisme, « opium du peuple »

Le dernier effet systématique du socialisme est de rendre très difficile à la société la découverte des conséquences négatives qu'il entraîne. Le socialisme empêche, de par sa propre nature, l'apparition de l'information nécessaire pour en faire la critique ou le supprimer. Les acteurs, empêchés par la force d'exercer leur action créative, *ne sont même pas conscients de ce que le contexte institutionnel contraignant où ils vivent leur interdit de créer.*

Comme le dit le proverbe, « *loin des yeux, loin du cœur* » [116]. Il se crée ainsi un faux mirage : les divers acteurs identifient l'organe contraignant et l'existence des biens et services considérés essentiels pour la vie et qui semblent fournis par lui. On ne conçoit même pas que le résultat imparfait des ordres contraignants pourrait être obtenu d'une façon beaucoup plus créative, riche et effective grâce à la libre action humaine. Ainsi, l'autosatisfaction, le cynisme et la résignation se généralisent. Seule l'existence de l'économie souterraine et la connaissance de la situation d'autres régimes comparativement moins socialistes peuvent déclencher les mécanismes de désobéissance civile nécessaires pour démonter, de façon évolutive ou révolutionnaire, le système institutionnel et organisé de coercition dirigée contre l'individu. Le socialisme produit, en outre, comme toute drogue, « *dépendance* » et « *rigidité* », car il tend à justifier l'accroissement des doses de coercition et rend très douloureux et difficile, pour les individus dépendants de lui, un retour aux habitudes et comportements réglés de type entrepreneurial, non fondés sur la contrainte[117].

---

[116] Miguel de Cervantes (*El Quijote*, op. cit., chap. 67) utilise la versión « *yeux qui ne voient pas, coeur qui ne souffre pas* » (Ojos que no ven, corazón que no quiebra) ; est également admissible la formule « *Yeux qui ne voient pas, cœur qui ne pleure pas* » (Ojos que no ven, corazón que no llora) (voir les pp. 327-328 du *Dictionario de Refranes*, de Juana G. Campos et Ana Barella, Annexe XXX au *Boletín de la Real Academia Española*, Madrid 1975).

[117] La situation, de ce point de vue, est encore plus grave dans la social-démocratie que dans le contexte du « *socialisme réel* », car les autres exemples et situations qui pourraient dessiller les yeux de la société sont pratiquement inexistants, et les possibilités de cacher les effets négatifs du socialisme démocratique en utilisant la démagogie et les rationalisations *ad hoc* sont presque infinies. C'est pourquoi, une fois le « *paradis* » du socialisme réel disparu, le véritable « *opium du peuple* » se trouve aujourd'hui dans la social-démocratie. Voir en ce sens les pp. 26-27 de mon Prologue à l'édition espagnole du vol. I de *Obras Completas de F. A. Hayek (La Fatal Arrogancia. Los Errores del Socialismo, op. cit.).*

Conclusion : caractère essentiellement antisocial du socialisme

Si l'on se rappelle notre définition du concept de société énoncé au chapitre précédent, l'on voit, maintenant, en quel sens rien n'est plus antisocial que le socialisme. Notre analyse théorique, en effet, a montré que, dans le *domaine moral,* le socialisme corrompait les principes qui constituent les règles de conduite indispensables au maintien du tissu social, en incitant à la violation de la loi, dont le concept se trouve perverti, et en détruisant le sens traditionnel de la justice. Dans le *domaine politique*, le socialisme tend inévitablement au totalitarisme, car la contrainte systématique a tendance à se glisser dans tous les secteurs sociaux, et à détruire la liberté et la responsabilité individuelles. Sur le *plan matériel*, le socialisme empêche et entrave, dans une large mesure, la production de biens et services et constitue, donc, un obstacle au développement économique. En *matière culturelle,* le socialisme entrave la créativité, en empêchant le développement et l'apprentissage de nouvelles règles de comportement et en gênant la découverte et l'introduction des innovations. Dans le *domaine scientifique*, le socialisme n'est qu'une erreur intellectuelle liée à la croyance que la capacité de l'esprit humain est très supérieure à ce qu'elle est, et qu'il est donc possible d'obtenir l'information nécessaire pour améliorer la société par voie de contrainte[118]. Le socialisme constitue, en somme, l'activité antihumaine et antisociale par excellence, car il se fonde sur une contrainte systématique qui affecte l'essence la plus intime de l'homme : sa capacité à créer et à agir librement.

7. DIFFERENTS TYPES OU CATEGORIES DE SOCIALISME

Après avoir énoncé la définition théorique du socialisme, expliqué pourquoi il constitue une erreur intellectuelle, et étudié les conséquences théoriques qu'il entraîne, nous analyserons, dans cette section, les exemples historiques de socialisme les plus remarquables. Nous prétendons ainsi, dans un premier temps, relier notre analyse théorique à la réalité, et l'utiliser pour interpréter les caractéristiques particulières les plus importantes de chaque type de socialisme. Tous les exemples que nous mentionnerons ont en commun le fait de concerner des systèmes socialistes, c'est-à-dire fondés systématiquement sur l'agression institutionnelle contre le libre exercice de la fonction entrepreneuriale. Comme nous le verrons, les différences entre les uns et les autres se situent non seulement sur le plan des objectifs généraux poursuivis, mais aussi et surtout sur celui du degré d'extension et de profondeur de l'agression institutionnelle.

---

[118] F. A. Hayek : « *On the moral side, socialism cannot but destroy the basis of all morals, personal freedom and responsibility. On the political side, it leads sooner or later to totalitarian government. On the material side it will greatly impede the production of wealth, if it does not actually cause impoverishment* ». Voir son « Socialism and Science », dans *New Studies in Philosophy, Politics, Economics and the History of Ideas*, Routledge, Londres 1978, p. 304.

Socialisme réel ou des économies de type soviétique

Ce système se caractérise par la grande extension et profondeur de l'agression institutionnalisée exercée sur l'action humaine et, en particulier, par le fait que cette agression tente toujours d'empêcher le libre exercice de la fonction entrepreneuriale en ce qui concerne les biens économiques d'ordre supérieur ou facteurs matériels de production. Sont facteurs matériels de production (biens d'investissement et ressources naturelles) tous les biens économiques qui ne satisfont pas directement des besoins humains, mais requièrent l'intervention d'autres facteurs de production, en particulier le travail humain, pour déboucher, à l'issue d'un processus productif d'une certaine durée, sur les biens et services de consommation. Du point de vue de la théorie de l'action humaine, les facteurs matériels de production ou biens économiques d'ordre supérieur sont *toutes les étapes intermédiaires subjectivement considérées comme telles par l'acteur, dans lesquelles se concrétise un processus d'action avant d'aboutir à son objectif final.* Nous comprenons donc, maintenant, l'effet terrible qu'aura l'agression institutionnalisée si elle atteint le domaine des facteurs de production, car elle affectera, plus ou moins et de manière consubstantielle, toutes les actions humaines. C'est pourquoi l'on a longtemps considéré ce type de socialisme comme le plus pur ou le socialisme par antonomase. On l'appelle aussi *socialisme réel* et, pour beaucoup de théoriciens et de penseurs non familiarisés avec la théorie dynamique de la fonction entrepreneuriale, c'est, en fait, le seul type de socialisme qui existe. Quant aux *motifs,* le socialisme réel prétend, généralement de façon passionnée, non seulement « *libérer l'humanité de ses chaînes* », mais réaliser une *égalité des résultats*, considérée comme l'idéal de la « *justice* » par antonomase. Il est particulièrement intéressant de faire une étude détaillée des caractéristiques principales et de l'évolution de ce premier type de socialisme, qui se trouve actuellement en franche décadence.

Socialisme démocratique ou social-démocratie

C'est actuellement le type le plus populaire de socialisme. Il naît historiquement comme une séparation *tactique* du socialisme réel. Il diffère de celui-ci en ce qu'il prétend atteindre ses objectifs en utilisant les mécanismes démocratiques traditionnels qui se sont formés dans les pays occidentaux. Plus tard, et par suite de l'évolution de la social-démocratie dans des pays comme l'Allemagne Occidentale[119] et d'autres, le socialisme démocratique abandonna peu à peu son objectif de « *socialisation* » des moyens ou facteurs de production, et insista sur l'idée d'exercice de l'agression systématique et institutionnalisée surtout en matière fiscale, afin d'égaliser les « *chances sociales* » et les résultats du processus social.

[119] Sur l'apparition et le développement de la social-démocratie en Allemagne Occidentale, voir les considérations judicieuses d'Hans-Hermann Hoppe dans A *Theory of Socialism and Capitalism*, op. cit., chap. 4 et en particulier les pp. 61-64.

Il faut souligner qu'à l'encontre de l'impression que le socialisme social-démocrate prétend créer chez le public, la différence entre le socialisme réel et le socialisme démocratique n'est pas une différence de catégorie, mais seulement de degré. En effet, l'extension et la profondeur de l'agression institutionnelle dans la social-démocratie sont très grandes. Cela est vrai aussi bien à propos du nombre de domaines et de processus sociaux concernés, qu'à propos du degré de contrainte effective exercée sur l'action de millions d'individus : ceux-ci sont systématiquement dépouillés, par voie fiscale, d'une part importante des résultats de leur propre créativité entrepreneuriale, et également forcés, par des ordres et règlements, à intervenir dans de multiples actions qu'ils n'entreprendraient pas volontairement, ou envisageraient de manière différente.

Les motifs que poursuit le socialisme démocratique sont habituellement « *nobles* » en apparence. Il s'agit, entre autres choses, de favoriser la « *redistribution* » du revenu et de la richesse et de parvenir à un « *meilleur fonctionnement* » de la société. Ce système tend, en outre, à créer l'illusion suivante : son idéal prioritaire étant précisément l'idéal « *démocratique* », l'agression institutionnelle ne constitue aucun problème, car elle est exercée, en dernière instance, par des « *représentants* » démocratiquement élus par la société. Ainsi, il n'apparaît pas que les conséquences théoriques du socialisme se manifestent inexorablement, indépendamment du fait que l'organe directeur soit constitué ou non par des représentants du peuple élus démocratiquement. Car *l'existence ou non d'élections démocratiques n'affecte en rien le problème fondamental d'ignorance incontournable face auquel se trouve tout organe directeur chargé d'exercer la coercition systématique.* L'agression, issue ou non d'une chambre démocratique, suppose toujours une entrave plus ou moins sérieuse à l'interaction humaine fondée sur la fonction entrepreneuriale créative, en sorte qu'elle empêche la coordination sociale et que se manifestent toutes les autres conséquences théoriques propres au socialisme que nous avons analysées.

Le problème fondamental que pose la vie en société ne consiste donc pas dans le fait que celle-ci soit « *démocratiquement* » organisée ou non, mais, au contraire, dans le degré d'extension et de profondeur de la contrainte systématique exercée à l'égard de la libre interaction humaine. Hayek précise, en ce sens, que, si l' « *idéal démocratique* » implique de mettre un pouvoir illimité d'agression institutionnelle à la disposition des organes de représentation populaire, il ne peut pas se considérer démocrate dans ce sens-là. Il se déclare favorable à un système où prédominent la limitation du pouvoir étatique et la méfiance vis-à-vis de son agression institutionnelle caractéristique, et reposant sur une série d'organes auto-compensateurs intégrés par des représentants élus démocratiquement, système politique qu'il propose d'appeler « *démarchie* »[120].

---

[120] F. A. Hayek, *The Political Order of a Free People*, vol. III de *Law, Legislation and Liberty*, op. cit., pp. 38-40. Hayek affirme explicitement à la p. 39 : « though I firmly relieve that government ought to be conducted according to principles approved by a majority of the people, and must be so run if we are to preserve peace and freedom, *I must frankly admit that if democracy is taken to mean government by the unrestricted will of the majority I am Not a*

Enfin, le socialisme démocratique connaît, dans toute son extension, l'effet de « *mirage* » décrit à la section précédente : ce système s'étant plus ou moins généralisé dans tous les pays non soumis au socialisme réel, il n'y a pas de système social qui puisse montrer, par comparaison, les conséquences négatives de l'agression institutionnelle social-démocrate et qui alimente, comme c'est le cas pour le socialisme réel, les courants nécessaires, révolutionnaires ou pas, favorables à son démantèlement et à sa réforme. Malgré cela, les conséquences négatives de l'Etat agresseur social-démocrate se font connaître du public, dans la pratique et grâce aussi aux derniers progrès de la théorie[121] (de fait, malgré de nombreuses tentatives, la social-démocratie n'a pas pu conserver une étanchéité parfaite face à l'échec du socialisme réel). Ainsi, un nombre croissant de sociétés manifestent certaines tendances, plus ou moins consolidées, visant à diminuer le domaine et la profondeur de la coercition systématique consubstantielle à la démocratie.

Socialisme conservateur ou « de droite »

L'on peut définir le socialisme conservateur ou « *de droite* » comme celui qui utilise l'agression institutionnelle pour maintenir le *statu quo* social et les situations de privilège atteintes par certaines personnes ou groupes de personnes. L'objectif essentiel du socialisme « *de droite* » est, donc, de maintenir les choses en l'état et d'empêcher que le libre exercice de la fonction entrepreneuriale et de l'action humaine créative puissent déranger le schéma d'organisation sociale préétabli. Pour atteindre cet objectif, le socialisme « *de droite* » utilise l'agression systématique et institutionnalisée à tous les niveaux nécessaires. En ce sens, il n'y a d'autre différence entre le socialisme conservateur et le socialisme démocratique que les motifs qui les inspirent et les différents groupes sociaux qu'ils prétendent privilégier.

Le socialisme conservateur ou « *de droite* » se caractérise aussi par son *paternalisme* marqué, c'est-à-dire par ses efforts pour congeler le comportement des individus en leur assignant, en tant que consommateurs ou producteurs, les rôles que l'organe de contrôle conservateur considère

---

democrat, and even regard such government as pernicious and in the long run unworkable » (les italiques sont de moi). Hayek justifie ensuite son rejet du terme « *démocratie* », parce que la racine grecque *kratos* vient du verbe *kratein* et contient l'idée de « *force brute* » ou « *main de fer* », incompatible avec l'exercice du gouvernement démocratique soumis à la loi, prise dans son sens matériel et applicable à tous de la même façon (« *isonomie* »).

[121] Nous pensons, en particulier, aux principales contributions de l'Ecole du Choix Public et à la Théorie de l'Interventionnisme développée par l'Ecole autrichienne. Il faut, à ce propos, reproduire ici les commentaires et la bibliographie cités à la note 104 de ce chapitre. Mon article « Derechos de Propiedad y Gestión Privada de los Recursos de la Naturaleza » (dans *Cuadernos del Pensamiento Liberal*, n° 2, mars 1986, Unión Editorial, Madrid pp. 13-30, reproduit dans mes *Lecturas de Economía Política*, vol. III, Unión Editorial, Madrid 1987, pp. 25-43) offre un résumé détaillé des motifs pour lesquels la gestion publique et bureaucratique est condamnée à l'échec bien que son fondement soit « *démocratique* ».

adéquats. Ce type de socialisme prétend généralement aussi imposer, par des ordres, certains comportements considérés moraux ou religieux[122].

En étroite liaison avec le socialisme conservateur ou « *de droite* » se trouve le *socialisme militaire*. Mises le définit comme le socialisme dans lequel toutes les institutions sont pensées pour faire la guerre, et l'échelle de valeurs déterminant le *statut* social et le revenu des individus est fondé exclusivement ou de préférence sur la situation de chacun par rapport à l'armée[123]. L'on peut également considérer comme des catégories de socialisme conservateur le *socialisme corporatif* et le *socialisme agraire*, qui prétendent respectivement organiser la société à partir d'une structure hiérarchique de maîtres, de gérants, de contremaîtres, d'officiers et d'ouvriers ou de répartir la terre par la force entre certains groupes sociaux[124].

Il faut, enfin, noter que le conservatisme est une philosophie contraire à toute innovation et à toute créativité, ancrée dans le passé, et se méfiant de tout ce que peuvent créer les processus de marché ; c'est une philosophie essentiellement opportuniste et dépourvue de principes généraux, en sorte qu'elle tend à recommander que l'exercice de la contrainte institutionnelle soit confié au critère *ad hoc* de gouvernants « *sages et bons* ». Le conservatisme est, en somme, une doctrine obscurantiste qui, en général, ignore complètement le fonctionnement des processus sociaux animés par l'esprit d'entreprise et, en particulier, le problème d'ignorance incontournable face auquel se trouve tout gouvernant[125].

---

[122] Hans-Hermann Hoppe est le théoricien qui a le mieux expliqué le socialisme conservateur ou de droite. Voir *A Theory of Socialism and Capitalism*, op. cit., chap. V.

[123] Ludwig von Mises, *Socialism. An Economic and Sociological Analysis*, Liberty Press, Indianapolis 1981, p. 220 (traduction anglaise de J. Kahane de l'ouvrage *Die Gemeinwirtschaft. Untersuchungen über den Sozialismus*, publié par Gustav Fischer à Iéna en 1922). Traduction espagnole de Luis Montes de Oca, intitulée *Socialismo. Análisis Económico y Sociológico*, 3° édition, Western Books Foundation, New York 1989. Mises manifeste, cependant, que le socialisme militaire ne peut pas concurrencer, sur son propre terrain de lutte, les sociétés dans lesquelles l'activité entrepreneuriale créative peut être exercée ; et il rappelle que le grand empire militaire communiste des Incas fut facilement détruit par une poignée d'espagnols (pp. 222-223).

[124] Sur le socialisme corporatif et le socialisme agraire, voir Mises, *Socialism*, op. cit., pp. 229-232 et pp. 236-237.

[125] F. A. Hayek, « Porque no soy conservador », *post-scriptum* ajouté aux *Fundamentos de la Libertad*, op. cit., pp. 417-430 (traduction de « Why I am not conservative », *The Constitution of Liberty*, op. cit., pp. 397-411).

Ingénierie sociale ou socialisme scientiste[126]

Le socialisme scientiste est celui que préconisent les scientifiques et les intellectuels. Disposant d'une information ou de connaissances « *supérieures* » à celle du reste de la société, ils se croient en droit de conseiller et de diriger l'utilisation systématique de la contrainte sur le plan social. Le socialisme scientiste est particulièrement dangereux parce qu'il légitime les autres types de socialisme d'un point de vue intellectuel. En particulier, il va souvent de pair avec le socialisme démocratique et le despotisme illustré, propre au socialisme « *de droite* ». Il est issu de la tradition intellectuelle du *rationalisme cartésien* ou *constructiviste*, d'après laquelle la raison de l'intellectuel peut tout et, en particulier, a créé ou inventé délibérément toutes les institutions sociales, en sorte qu'elle peut les modifier et les planifier à sa fantaisie. Ce « *rationalisme* » ne reconnaît donc pas de limites aux possibilités de la raison humaine et, obsédé par les progrès impressionnants des sciences naturelles, de la technique et du génie civil, prétend utiliser les mêmes méthodes dans le domaine social et construire une *ingénierie sociale* capable d'organiser la société de manière plus « *juste* » et plus « *efficiente* ».

L'erreur principale de l'intellectuel socialiste ou ingénieur social scientiste est de supposer que l'information pratique dispersée, que les acteurs créent et transmettent constamment dans le cadre du processus social, peut être observée, traitée, stockée et analysée de manière centralisée

---

[126] La Real Academia espagnole ne reconnaît pas l'existence du terme « *cientismo* » (scientisme) que nous utilisons. Le terme le plus voisin, dans son dictionnaire, est celui de « *cientificismo* » (scientisme), défini dans sa 5° acception comme la « tendance à donner une valeur excessive aux notions scientifiques ou soi-disant scientifiques ». Gregorio Marañon, qui utilisa parfois le terme « *cientismo* » semble s'incliner finalement pour le terme « *cientificismo* »; il considère le *cientificismo* comme une « caricature de la science » et le définit comme « *l'étalage excessif d'une science qu'on ne possède pas* » ; il conclut que « le problème vient de ce que le scientiste attribue une catégorie dogmatique, excessive et sans critique à tout son vaste savoir, *et abuse de sa position et de son crédit pour faire prendre, à ses disciples et auditeurs, les vessies pour des lanternes* » (les italiques sont de moi). Voir « La plaga del Cientifismo », chap. XXXII de *Cajal : Su tiempo y el Nuestro*, vol. VII de ses *Obras Completas*, Espasa Calpe, Madrid 1971, pp. 360-361. Nous considérons, toutefois, que le terme *cientismo* est plus exact que celui de *cientificismo*, car il fait plutôt allusion à un abus de la science en soi qu'à une façon abusive de *faire* de la science (« *scientifique* » [científico] vient du latin : *scientia*, science et *facere*, faire). De son côté, le terme *scientism* est utilisé en anglais pour désigner l'application indue, en matière de sciences sociales, des méthodes propres aux sciences naturelles, à la physique, à la technique et au génie civil (« *A thesis that the methods of the natural sciences shoud be used in all areas of investigation including philosophy, the humanities, and the social sciences* », voir le *Webster's Third New International Dictionnary of the English Language Unabridged*, vol. III, p. 2033, G.&G. Merrimam, Chicago 1981). Enfin, Manuel Seco considère, dans son célèbre *Diccionario de Dudas y Dificultades de la Lengua Española* (Espasa Calpe, 9° éd., Madrid 1990, p. 96) que l'on peut très bien employer les termes *ciencismo et ciencista* que nous considérons, cependant, inférieurs à *cientismo* et *cientista* (scientiste), puisque ces derniers sont construits à partir du latin *scientia* (et non à partir du mot espagnol *ciencia)* qui est également à la racine des expressions française et anglaise correspondantes.

par les scientifiques. Autrement dit, le scientiste croit pouvoir et devoir se situer au niveau supérieur de l'organe directeur socialiste, en raison de sa meilleure connaissance et de sa situation de supériorité intellectuelle par rapport au reste de la société ; tout cela lui donnant le droit de coordonner la société en se fondant sur des ordres et des règlements de nature coercitive[127].

Le rationalisme cartésien n'est qu'un *faux rationalisme* dans la mesure où il ne reconnaît pas les limites de la raison humaine[128]. Il commet une faute intellectuelle particulièrement grave parce qu'elle émane d'hommes qui bénéficient soi-disant d'une plus grande formation intellectuelle et devraient donc être plus humbles lorsqu'ils évaluent leurs possibilités ; cette faute consiste à supposer que les normes et institutions sociales qui permettent le

---

127 Cette habituelle arrogance de l'intellectuel socialiste est parfaitement illustrée par la légende selon laquelle Alphonse X Le Sage « *fut si insolent et arrogant en raison de l'importante connaissance qu'il eut des sciences humaines et en raison des secrets de la nature qu'il connut, qu'il en vint à dire, au mépris de la providence et de la suprême sagesse du Créateur de l'Univers, que, s'il avait fait partie de son conseil à l'heure de la création générale du monde et de ce qu'il contient et s'était trouvé avec lui, certaines choses auraient été mieux faites et d'autres ne se seraient pas faites ou auraient été corrigées* ». D'après la légende, ce blasphème du Roi fut puni par une terrible tempête avec foudre, tonnerre et vent qui incendia l'Alcazar de Ségovie, où se trouvaient le Roi et sa cour, in cendie qui fit plusieurs morts et blessés ; le Roi en réchappa miraculeusement et se repentit aussitôt de son orgueil effréné. Ce gros orage d'été qui incendia l'Alcazar de Ségovie et faillit coûter la vie au Roi eut lieu le 26 août 1258 ; c'est, donc, un fait historique rigoureusement constaté. Voir, à ce sujet, le remarquble ouvrage biographique *Alphonse X El Sabio*, d'Antonio Ballesteros Beretta (Editions « El Abir », Barcelona 1984, pp. 209-211), qui fait une critique de toutes les versions de cette légende et de leur relation avec les faits qui la concernent et ont pu être vérifiés. Quoique la légende semble être apocryphe, il n'est pas douteux que le caractère scientiste d'Alphonse « Le Sage » se soit manifesté au moins à l'occasion des rigoureuses dispositions de contrôle et de fixation des prix qu'il établit sans succès pour empêcher leur augmentation naturelle et inévitable qu'il avait lui-même provoquée en dévaluant systématiquement la monnaie ; à l'occasion aussi de sa tentative, également infructueuse, de substitution du droit successoral traditionnel de Castille par celui, considéré plus « *scientifique* », de Las Partidas ; tout cela l'opposa à son fils et futur roi, Sanche, et entraîna une guerre civile qui gâcha les dernières années de sa vie. Un autre personnage historique illustre parfaitement l'échec du constructivisme scientiste dans le domaine social : c'est le Comte-Duc d'Olivarès, favori du roi Philippe IV et responsable, pendant une grande partie de son règne, du destin de l'Empire espagnol. La bonne foi, la capacité de travail et les efforts du Comte-Duc furent aussi démesurés qu'inutiles. Le principal défaut du Comte-Duc, en effet, fut que « *de par son tempérament, il désirait tout organiser* », et ne pouvait pas résister à l'ambition de dominer tous les aspects de la vie sociale. Il en vint même à exprimer, durant la dernière étape de son gouvernement, son « profond découragement parce que tout remède expérimenté *produisait justement l'effet contraire à celui que l'on recherchait* » ; il n'a, cependant, jamais compris que ce résultat n'était que la conséquence naturelle et inexorable de la tentative de contrôle et d'organisation, par la force, de toute la Société. Ainsi, il n'attribua jamais à sa gestion la situation calamiteuse dans laquelle il laissa l'Espagne ; il l'attribua à la colère de Dieu due à la dépravation morale de l'époque. Voir la remarquable étude de J. H. Elliot, *El Conde-Duque de Olivares*, Ed. Crítica, Barcelona 1990, en particulier les p. 296 et 388.

128 F. A. Hayek, « Kinds of rationalism », dans *Studies in Philosophy, Politics and Economics*, Simon and Schuster, New York 1967, pp. 82-95.

processus d'interaction humaine sont un résultat délibérément recherché, créé et dessiné par l'homme. Ils ne comprennent pas que ces institutions et ces normes puissent être le résultat d'un processus évolutif auquel ont participé, au cours des temps, des millions et des millions d'individus, chacun d'eux apportant son petit lot d'information et d'expérience pratique engendrée au cours du processus social. C'est précisément pourquoi ces institutions ne peuvent pas être le résultat d'une création délibérée de l'esprit humain, qui *n'est pas capable d'assumer toute l'information ou connaissance pratique que contiennent ces institutions.*

Hayek a parlé des nombreuses erreurs dans lesquelles tombe tout scientifique socialiste et qu'il synthétise en quatre types : 1) l'idée qu'il n'est pas raisonnable de poursuivre une action ne pouvant être justifiée scientifiquement ou prouvée par l'observation empirique ; 2) l'idée qu'il n'est pas raisonnable de poursuivre une action que l'on ne comprend pas (en raison de son caractère traditionnel ou coutumier) ; 3) l'idée qu'il n'est pas raisonnable de poursuivre une action si son but n'a pas été spécifiquement explicité *a priori* (des intellectuels de l'envergure d'Einstein ou de Russell et Keynes lui-même seraient tombés dans cette grave erreur) ; et 4) l'idée, intimement liée aux précédentes, qu'il n'est pas raisonnable d'entreprendre une action si ses effets n'ont pas été entièrement prévus, ne sont pas considérés comme bénéfiques d'un point de vue utilitariste et ne sont pas pleinement observables une fois l'action entreprise[129]. Ce sont là les quatre erreurs fondamentales que commet l'intellectuel socialiste. Elles dérivent toutes de l'erreur essentielle qui consiste à considérer que l'information pratique créée et utilisée par les observés peut être apprise, analysée et améliorée de façon « *scientifique* » par l'observateur intellectuel.

D'autre part, chaque fois que l'ingénieur social croit découvrir une contradiction ou un désajustement dans le processus social, et justifie ou conseille « *scientifiquement* » l'établissement d'un certain ordre impliquant une contrainte ou une agression institutionnalisée visant à résoudre ce désajustement, il commet, en outre, quatre autres sortes d'erreurs, à savoir : 1) ne pas voir que son « *observation* » du problème social découvert est probablement erronée, parce qu'il n'a pas pu assimiler toute l'information pratique importante ; 2) ignorer que, si un tel désajustement existe, les processus spontanés de type entrepreneurial tendant à l'éliminer se sont très probablement déclenchés, et vont agir avec une rapidité et une efficacité bien supérieures à celles de l'ordre contraignant proposé ; 3) et que si le conseil du scientifique est prépondérant et si l'on procède à l' « *arrangement* » social par voie de contrainte, il est très probable que cette manifestation

---

[129] F. A. Hayek, *The Fatal Conceit. The Errors of Socialism*, op. cit., pp. 61-62. L'utilitarisme se fonde sur la même erreur intellectuelle que le socialisme, car il suppose que le scientifique utilitariste disposera, pour les profits et les coûts, de l'information nécessaire lui permettant de prendre des décisions « *objectives* ». Cependant, comme cette information n'est pas disponible de manière centralisée, l'utilitarisme est impossible en tant que philosophie socio-politique. Ainsi, il ne reste plus qu'à agir dans le cadre de la loi et des principes réglés du comportement (morale). En outre, et bien que cela semble paradoxal, rien n'est plus utile et pratique, étant donné l'ignorance inévitable de l'individu, que d'agir sur la base de principes et de renoncer à tout utilitarisme naïf et myope.

typique du socialisme arrête, empêche ou rende impossible le processus entrepreneurial nécessaire de découverte et d'élimination du désajustement : l'ordre concrétisant l'ingénierie sociale aggravera le problème, au lieu de le résoudre, et empêchera son élimination ; et 4) l'intellectuel socialiste ignore spécifiquement que son activité va entraîner la modification du cadre de l'exercice de l'action humaine et de la fonction entrepreneuriale : il rendra celles-ci superflues et perverses et les orientera, comme on l'a vu, vers des secteurs dans lesquels il n'aurait normalement pas à intervenir (corruption, achat de faveurs auprès du gouvernement, économie souterraine, etc.)[130]. Il faut, enfin, ajouter que l'ingénierie sociale est fondée sur une conception méthodologique erronée de la science de l'économie et de la société ; celle-ci se base sur l'étude exclusive des états finaux d'équilibre, et sur la présomption arrogante d'après laquelle toute l'information nécessaire est donnée et se trouve à la disposition du scientifique ; hypothèses et caractéristiques qui ont imprégné et rendu inutile la plus grande partie de l'analyse économique développée de nos jours[131].

Autres types de socialisme (chrétien solidaire, syndicaliste, etc.)

Le socialisme chrétien ou « *solidaire* » apparaît par suite d'un jugement négatif porté, d'un point de vue moral, sur certains résultats du processus social : on justifie alors l'usage institutionnel et systématique de la contrainte pour modifier ces situations d' « *injustice* ». Il n'existe, en ce sens, aucune différence entre le socialisme chrétien fondé sur la « *sainte coercition* » et les autres types de socialisme analysés plus haut ; et si nous citons celui-ci à part, c'est en raison des divers motifs d'ordre plus ou moins religieux qui le justifient. Une autre caractéristique typique du socialisme chrétien réside dans le fait qu'il est fondé sur une méconnaissance totale du fonctionnement des processus sociaux que meut la force de l'esprit d'entreprise. Les jugements moraux sont dominés par une vague idée de « *solidarité* » envers le *prochain*, sans comprendre que le processus social d'interaction humaine permet le développement de la civilisation non seulement pour les « *prochains* » mais aussi pour les éloignés et les inconnus ; et cela, de façon spontanée et grâce à un processus auquel les uns et les autres prennent part en poursuivant leurs objectifs particuliers alors même qu'ils ne se connaissent pas. Enfin, le socialisme chrétien ne considère pas la coercition moralement négative si elle vise à atteindre des objectifs *moralement*

---

[130] Je dois ces quatre considérations critiques sur les recommandations pseudo-scientifiques favorables à l'exercice de la contrainte par l'ingénieur social à Israël M. Kirzner, « The Perils of Regulation : A Market Process Approach », dans *Discovery and the Capitalist Process*, op. cit., pp. 136-145.

[131] Norman P. Barry, *The Invisible Hand in Economics and Politics. A Study in the Two Conflicting Explanations of Society : End-States and Processes*, Institute of Economic Affairs, Londres 1988. Nous verrons dans les prochains chapitres que les théoriciens scientistes fidèles à l'équilibre n'ont pas été capables de comprendre l'argument de Mises sur l'impossibilité du calcul économique dans les économies socialistes. Nous étudierons aussi, comme l'un des sous-produits les plus importants de cette polémique, les inconsistances méthodologiques de l'analyse économique moderne fondée sur l'équilibre.

supérieurs. Cependant, la coercition systématique, même « *sainte* », n'en est pas moins une contrainte antihumaine ; ce n'est, donc, que du socialisme avec toutes les conséquences analytiques qui lui sont propres et que nous avons énumérées[132].

De son côté, le socialisme syndicaliste prétend exercer la contrainte de façon systématique et institutionnelle, afin de créer une société dans laquelle les travailleurs soient les propriétaires *directs* des moyens de production. Ce socialisme, parfois appelé *autogestionnaire*, ne laisse pas d'être du socialisme dans la mesure où il a recours à l'usage généralisé et systématique de la contrainte et reproduit, donc, toutes les caractéristiques et conséquences du socialisme analysées dans ce chapitre. Le socialisme syndicaliste donne, en outre, naissance à des formes particulières de discoordination n'apparaissant pas dans d'autres types de socialisme ; en particulier s'il ne se borne pas à une simple redistribution de la richesse, mais prétend se maintenir comme un système économique et social durable. Ces particularités typiques ont été analysées théoriquement, et les conclusions de la théorie ont été parfaitement illustrées par les quelques cas historiques dans lesquels, comme en Yougoslavie, le socialisme syndicaliste a prétendu être effectivement mis en pratique[133].

8. CRITIQUE DES AUTRES CONCEPTS DE SOCIALISME

Leur concept traditionnel et le processus de formation du nouveau concept

On a traditionnellement défini le socialisme comme le système d'organisation sociale fondé sur la propriété étatique des moyens de production[134]. Cette définition, qui coïncide, dans la pratique, avec la définition de « *socialisme réel* » donnée plus haut, a longtemps été la plus généralisée pour des raisons historiques et politiques et c'est celle que Mises

---

[132] Sur le socialisme chrétien, voir le livre *Religion, Economics and Social Thoughts*, édité par Walter Block et Irwing Hexham, publié par le Fraser Institute, Vancouver, Canada 1989. Et les pp. 223-226 du livre de Mises *Socialism*, op. cit.

[133] Sur le socialisme syndicaliste, en general, et sa tentative d'application dans le cas yougoslave, en particulier, consulter Svetozar Pejovich, « The Case of Self-Management in yugoslavia », dans *Socialism: Institucional, Philosophical and Economic Issues,* Kluwer Academic Publishers, Dordrecht 1987, pp. 239-249, et la bibliographie qui y est citée. Et aussi E. Furubotn et S. Pejovich, « Property Rights, Economic Decentralization, and the Evolution of the Yugoslavian Firm », *Journal of Law and Economics*, n° 16, 1973, pp. 275-302. Une version « *hayekienne* » du socialisme autogestionnaire a prétendu élaborer Theodore A. Burczak dans *Socialism after Hayek*, University of Michigan Press, Ann Arbor 2006. Voir le Symposium critique sur la thèse de Burczak et la litterature cité dans *The Review of Austrian Economics*, vol. 22 n°3, sept. 2009, pp. 281-300.

[134] En effet, le *Dictionnaire* de la Real Academia espagnole définit littéralement le socialisme comme le « *système d'organisation sociale et économique fondé sur la propriété et l'administration collective et étatique des moyens de production* ».

utilisa originairement dans son traité critique du socialisme en 1922[135]. Plus tard, lui-même et son école l'ont prise comme point de référence au cours de la polémique sur l'impossibilité du calcul économique socialiste que nous étudierons en détail dans les prochains chapitres.

Cependant, cette définition traditionnelle du socialisme s'est montrée, dès l'origine, très peu satisfaisante. Elle présentait, d'une part, un caractère statique évident, puisqu'elle était énoncée en fonction de l'existence ou pas d'une certaine institution juridique (le droit de propriété) à propos d'une catégorie économique spécifique (les moyens de production). De sorte que l'utilisation de cette définition du socialisme exigeait, au préalable, d'expliquer ce que l'on entendait par droit de propriété et quelles implications avait ce concept dans le domaine de l'économie. La polémique sur l'impossibilité du socialisme montra, en outre, que les scientifiques impliqués dans ce débat avaient d'importantes difficultés de communication entre eux, précisément à cause de la signification et du contenu différent de leur concept de droit de propriété. Enfin, la définition traditionnelle semblait exclure de son domaine l'interventionnisme et la réglementation économique qui, bien que sans exiger une étatification complète des moyens de production, venait à produire des effets de discoordination qualitativement très semblables. C'est pourquoi il paraissait opportun de chercher et de trouver une définition du socialisme qui irait à la racine même de son essence, serait aussi libre que possible de concepts prêtant à équivoque et, qui présenterait, comme les processus sociaux auxquels elle devait s'appliquer, un caractère clairement dynamique.

D'autre part, l'une des conséquences les plus importantes de la polémique sur l'impossibilité du calcul économique socialiste fut le développement et l'affinement, par les économistes de l'Ecole autrichienne (Mises, Hayek, et surtout Kirzner) d'une théorie de la fonction entrepreneuriale dans laquelle celle-ci apparaissait comme la force principale et créatrice de tous les processus sociaux. Comprendre que la capacité entrepreneuriale innée de l'individu, se manifestant par sa propre action créative, était précisément ce qui permettait la vie en société par la découverte des désajustements sociaux, la création et la transmission de l'information nécessaire pour que chaque acteur apprenne à discipliner son comportement en fonction de ses congénères, indiqua définitivement le sens dans lequel devait s'élaborer un concept de socialisme véritablement scientifique.

L'étape suivante la plus importante dans le processus de formation d'une définition adéquate du socialisme fut franchie par Hans-Herman Hoppe en 1989[136]. Hoppe a montré que la caractéristique essentielle du socialisme

[135] Pour Mises, « *the essence of socialism is this: all means of production are in the exclusive control of the organized community. This and this alone is socialism. All other definitions are misleading* ». Ludwig von Mises, *Socialism*, op. cit, p. 211. Nous croyons, pour les raisons mentionnées dans le texte, que Mises eut tort de formuler une affirmation aussi catégorique.

[136] Hans-Hermann Hoppe, *A Theory of Socialism and Capitalism*, op. cit., p. 2. Hoppe affirme que « *socialism, by no means an invention of XIX's century Marxism but much older, must be*

consistait dans le fait qu'il se fonde sur une agression ou interférence institutionnelle contre le droit de propriété. Sa définition est plus dynamique et, donc, beaucoup plus opérante que la définition traditionnelle. Il n'est plus question ici de l'existence ou non de droits de propriété, mais de savoir si la contrainte ou violence physique contre le droit de propriété est exercée institutionnellement, c'est-à-dire de façon répétitive et organisée. Nous considérons que la définition de Hoppe représente un grand progrès ; cependant, elle ne nous paraît pas encore absolument satisfaisante : d'une part, elle exige de définir d'abord ce que l'on entend par droit de propriété et, d'autre part, elle ne mentionne nullement l'exercice de la fonction entrepreneuriale comme protagoniste de tous les processus sociaux.

En combinant l'intuition de Hoppe, à savoir que tout socialisme implique l'utilisation systématique de la contrainte, et les dernières contributions de la théorie de la fonction entrepreneuriale dues au Professeur Kirzner, nous en venons à conclure que la meilleure définition du socialisme est celle qui est proposée et utilisée dans ce chapitre : on entend par socialisme *tout système organisé d'agression institutionnelle contre la fonction entrepreneuriale et l'action humaine.* Cette définition présente, premièrement, l'avantage d'être facilement compréhensible, sans besoin d'une explication détaillée du concept de droit de propriété et de son contenu. Tout le monde comprend que l'action humaine peut être ou non agressive et que, tant qu'elle ne l'est pas, ou ne consiste qu'à se défendre d'agressions extérieures de type arbitraire ou asystématique, cette action est la manifestation la plus intime et caractéristique de l'homme et, donc, quelque chose de parfaitement légitime que l'on doit respecter.

Autrement dit, nous considérons que notre définition du socialisme est la plus adaptée parce qu'elle est établie du point de vue de l'action humaine et, donc, de l'essence la plus intime de l'homme. Le socialisme, en outre, est conçu comme une agression institutionnalisée contre les forces qui permettent, précisément, la vie en société. Dans ce sens, l'affirmation selon laquelle *rien n'est plus antisocial que le système socialiste* n'est paradoxale qu'en apparence. Montrer cette réalité est l'une des plus grandes vertus de la définition du socialisme que nous proposons. Le processus d'interaction sociale libre d'agressions exige le respect de toute une série de normes règles et habitudes de comportement. L'ensemble de celles-ci constitue le droit au sens matériel, c'est-à-dire le cadre dans lequel les actions humaines peuvent se réaliser pacifiquement. Mais le droit n'est pas préalable à l'exercice de l'action humaine ; ce n'est qu'un résultat évolutif et coutumier du processus social d'interaction. C'est pourquoi, selon notre définition, *le socialisme n'est pas un système d'agression institutionnelle contre une conséquence évolutive de la fonction entrepreneuriale (le droit de propriété), mais un système d'agression contre l'action humaine ou fonction entrepreneuriale elle-même.* Notre définition du socialisme permet de mettre en relation directe la théorie de la société avec une théorie sur le droit, sur son apparition, son développement et son évolution. Elle est, en plus,

---

conceptualized as an institutionalized interference with or aggression against private property and private property claims ».

parfaitement compatible avec le fait de nous demander, sur le plan théorique, quels droits de propriété naissent du processus social non coercitif, quels sont les droits de propriété justes, et dans quelle mesure le socialisme est ou non éthiquement admissible.

Socialisme et interventionnisme

La définition du socialisme que nous avons proposée présente un autre avantage : celui d'englober le système socialiste fondé sur l'interventionnisme. On peut, en effet, considérer l'interventionnisme comme une manifestation typique du socialisme ou, comme c'est le plus courant, comme un système intermédiaire entre le « *socialisme réel* » et le processus social libre[137]. Mais il est évident, dans les deux cas, que, comme toute mesure interventionniste consiste en une agression institutionnelle exercée par voie de contrainte dans un domaine social déterminé, l'interventionnisme, indépendamment de son degré, de sa catégorie ou de sa motivation, répond à notre définition du socialisme et produira, donc, inexorablement tous les effets de discoordination analysés dans ce chapitre.

L'assimilation des termes socialisme et interventionnisme, loin de représenter une ampliation injustifiée des sens habituels de ces termes, est une exigence analytique de la théorie des processus sociaux fondés sur la fonction entrepreneuriale. En effet, bien que les premiers théoriciens de l'Ecole autrichienne intéressés par l'interventionnisme l'aient, tout d'abord, considéré comme une catégorie conceptuelle distincte du socialisme, les frontières entre les deux concepts se sont estompées au fur et à mesure que la polémique sur l'impossibilité du calcul économique progressait. Et ainsi jusqu'à l'époque actuelle, où les théoriciens de la fonction entrepreneuriale considèrent évidente l'absence de toute différence qualitative entre socialisme et interventionnisme[138], quoiqu'on puisse admettre que les deux

---

[137] C'est le sens retenu dans la deuxième acception du terme « *interventionnisme* » dans le *Dictionnaire* de la Real Academia espagnole : « *Système intermédiaire entre l'individualisme et le collectivisme qui confie à l'action de l'Etat la mission de diriger, dans la vie du pays, l'initiative privée et d'y suppléer* ». Toutefois, le dictionnaire contredit cette acception fondée sur le caractère « *intermédiaire* » de l'interventionnisme et adopte une position extrêmement proche de celle que nous avons exposée dans le texte quand il fait allusion au « *socialisme* » comme à la « *la réglementation par l'Etat des activités économiques et sociales, et la distribution des biens* » ; définition très proche, dans le fond, de celle donnée par ce même dictionnaire pour l'interventionnisme, et qui nous mène à penser qu'il considère, les deux termes – socialisme et interventionnisme – comme pratiquement synonymes.

[138] Ainsi, par exemple, Don Lavoie a récemment conclu, à propos de l'« *interventionnisme* », « *it can be shown to be self-defeating and irrational on much the same grounds on which Mises pronounced complete central planning impossible*... piecemeal government interference into the price system must be seen as similarly obstructive of this same necessary discovery procedure, and therefore as distortive of the knowledge which it generates. Thus the calculation argument may be used to explain many of the less-than-total failures resulting from government *tinkering* with the price system, in fundamentally the same way that it explains the utter economic ruin inevitably resulting from the attempted *abolition* of the price system ». Voir « *Introduction* », *The Journal of Libertarian Studies*, vol. V, n° 1, hiver 1981, p. 5. De son côté, Kirzner a souvent parlé du *parallélisme* existant entre le « *socialisme* » et

termes soient parfois utilisés, dans le langage courant, pour désigner les différents degrés auxquels peut se manifester une même réalité.

La définition proposée du socialisme permet, en outre, à la science de démasquer les tentatives, fréquentes aujourd'hui dans de nombreux domaines politiques, sociaux et culturels, d'immunisation de l'interventionnisme contre les effets naturels et inévitables que doit produire sur lui l'effondrement économique, social et politique de ce qui n'est que son antécédent et inspirateur intellectuel le plus proche : « *le socialisme réel* ». Socialisme réel et interventionnisme sont, tout au plus, deux manifestations, d'intensité différente, d'une même réalité coercitive et institutionnelle, et partagent intégralement la même erreur intellectuelle essentielle et les mêmes conséquences sociales pernicieuses[139].

Inanité des concepts « idylliques » de socialisme

Il est vain et futile de définir le socialisme en se fondant sur des évaluations de type subjectif. Ce type de définitions, qui ont dominé dès le début, n'ont jamais complètement disparu ; elles ont récemment acquis un nouvel élan comme sous-produit du démantèlement du « *socialisme réel* » et du désir tenace de nombreux « *intellectuels* » de sauver au moins un concept idyllique de socialisme qui puisse conserver un certain attrait populaire. Il n'est donc pas étonnant de retrouver des définitions qui identifient le socialisme avec l' « *harmonie sociale* », l' « union harmonieuse de l'homme et de la nature »[140], ou la « *simple maximisation du bien-être social* »[141].

l'« *interventionnisme* ». Voir son « Interventionism and Socialism : A Parallel », dans « The Perils of Regulation : A Market-Process Approach », chap. 6 de *Discovery and the Capitalist Process*, op. cit., p. 121 et s. Nous devons critiquer l'idée, parfois même émise par Mises, que le calcul économique est possible dans le système interventionniste, car ce calcul est impossible précisément dans les domaines contrôlés et, si l'on peut, en général, faire des calculs, c'est parce que le système n'étend pas son intervention à toute la société (et au même degré que le socialisme).

[139] Notre définition du socialisme n'est pas, d'autre part, aussi large que celle que propose Alchian : « *Government is socialism, by definition* ». Il conclut qu'il faut au moins un minimum de socialisme pour maintenir une économie de marché. D'abord, parce que, comme nous l'avons montré (voir note 80 précédente), l'on ne peut pas considérer comme inclus dans le concept de socialisme le minimum indispensable de contrainte institutionnelle nécessaire pour prévenir et corriger les poussées isolées de contrainte asystématique. Et, deuxièmement, par ce qu'il n'est pas certain que ce minimum doive être forcément fourni par une organisation monopoliste de type étatique. Armen Alchian et William R. Allen, *University Economics. Elements of Inquiry*, Wadsworth Publishing, Belmont, Californie, 3° éd., 1971, pp. 627-628.

[140] Voir une allusion à ces définitions « *idylliques* » dans l'article d'Alec Nove « *Socialism* », dans le vol. 4 de *The New Palgrave. A Dictionary of Economics*, Macmillan Press, Londres 1987, p. 398. Nove conclut par une définition traditionnelle du socialisme : « *a society may be seen to be a socialist one if the major part of the means of production of goods and services are not in private hands, but are in some sense socially owned and operated, by state, socialized or cooperative enterprises* ». Nove révèle, incidemment, à la p. 407 de cet article, qu'il ne comprend ou ne connaît pas la théorie dynamique de la fonction entrepreneuriale,

Toutes ces définitions sont vides de contenu et ne permettent pas de préciser si leur auteur prétend justifier ou non l'exercice systématique de la contrainte institutionnelle contre la libre interaction humaine. Il faudra donc montrer, dans chaque cas, s'il s'agit d'un simple et grossier opportunisme, du désir délibéré de masquer par un maquillage trompeur l'agression institutionnelle ou, simplement, de cas de confusionnisme intellectuel et de manque de clarté dans les idées.

Pourra-t-on réhabiliter un jour le terme « socialisme » ?

Il est très douteux et hautement improbable, quoique non impossible, que le sens du terme « *socialisme* » fondé sur une aussi crasse erreur intellectuelle et issu d'une telle arrogance scientiste puisse expérimenter, dans le futur, un changement qui permette de réhabiliter le terme et de le redéfinir sur la base d'une analyse théorique des processus sociaux libre d'erreurs scientifiques. Il ne pourrait en être ainsi que sur la base d'une redéfinition du socialisme utilisant le concept de société comme ordre et processus spontanés mus par la capacité entrepreneuriale innée de l'homme que nous avons exposé et expliqué au chapitre précédent. Ainsi le caractère essentiellement antisocial que présente le concept actuel de socialisme disparaîtrait et le mot socialisme désignerait alors tout système non contraignant et respectueux des processus de libre interaction humaine : il se transformerait, de la sorte, en un synonyme de termes qui, comme le « *libéralisme économique* » ou l' « *économie de marché* », indiquent actuellement plutôt le respect des processus sociaux spontanés que la contrainte systématique exercée par l'Etat sur ceux-ci[142]. Toutefois, le désenchantement et la déception qu'entraîne la poursuite intense et continue de l'idéal socialiste de même que la nature essentiellement arrogante de l'homme dans tous les domaines, et spécialement en matière scientifique, empêchent presque de concevoir, dans la pratique, la possibilité de cette évolution sémantique positive.

---

lorsqu'il met dans le même sac Mises et l'« *Utopie de Chicago* » et critique le capitalisme pour être très loin des modèles de « *concurrence parfaite* » des manuels.

[141] C'est la définition proposée par Oskar Lange en 1942, alors qu'il traversait sa période la plus « *libérale* » et ne s'était pas encore engagé dans le stalinisme le plus dur de ses dernières années. Il affirma, en effet, lors de la Conférence qu'il prononça au Club Socialiste de l'Université de Chicago, le 8 mai 1942, que : « *By a socialist society, I mean a society in which economic activities, particularly production, is carried on in such a way as to maximise the welfare of the population* ». Il ajoutait que, dans sa definition, « the accent is rather on the purpose than on the means ». Voir les Conférences d'Oskar Lange sur « The Economic Operation of a Socialist Society : I and II », éditées par Tadeusz Kowalik dans son « Oskar Lange's Lectures on the Economic Operation of a Socialist Society », reproduites dans *Contributions to Political Economy*, n° 6, 1987, pp. 3-4.

[142] Ce serait un cas de réhabilitation d'un terme qui acquerrait un sens scientifiquement cohérent et précisément le contraire du processus de corruption sémantique que subit aujourd'hui tout concept auquel est adjoint le qualificatif « *social* », ainsi que nous l'avons expliqué à la précédente note 34.

CHAPITRE IV

LUDWIG VON MISES ET LE DEPART DU DEBAT SUR LE CALCUL ECONOMIQUE

Ce chapitre et les suivants se proposent d'analyser en détail le débat sur l'impossibilité du calcul économique dans les économies socialistes. Le niveau scientifique des personnalités impliquées dans ce débat, son niveau théorique et l'influence qu'il a exercée sur le développement postérieur de notre science en font l'un des plus lourds de conséquences dans l'histoire de la pensée économique. Nous décrirons les apports les plus importants de chaque auteur, ainsi que les étapes et aspects les plus significatifs de la polémique. Nous réaliserons également une analyse critique de la version la plus généralisée et, à notre avis, erronée de son contenu et de son évolution, et tâcherons de donner différentes explications des raisons pour lesquelles celle-ci prédominait encore assez récemment. Ce premier chapitre commence par une analyse des antécédents historiques du débat et une étude approfondie de l'apport essentiel de Ludwig von Mises qui le fit naître.

1. ANTECEDENTS

Seule l'apparition d'une compréhension adéquate du fonctionnement de la société et du marché en tant qu'ordre spontané résultant de l'interaction constante de millions d'individus pouvait montrer, dans l'histoire de la pensée économique, que le socialisme était une erreur intellectuelle et qu'il était, donc, impossible théoriquement et pratiquement. Bien que la tradition de la pensée ou conception concernant la société, que nous avons exposée dans les deux chapitres précédents, puisse remonter à plus de deux mille ans[143], elle s'est formée très difficilement au cours des siècles et s'est constamment confrontée à ce *rationalisme constructiviste* qui justifie la contrainte et la violence systématiques et vers lequel l'intellect humain s'incline de façon intuitive et inévitable. Depuis l'ancien *kosmos* des grecs, entendu comme ordre naturel ou spontané créé indépendamment de la volonté délibéré des hommes, et la plus vieille tradition juridique romaine[144],

[143] L'article de F. A. Hayek, « Dr. Bernard Mandeville », inclus dans ses *New Studies in Philosophy, Politics, Economics and the History of Ideas*, op. cit., pp. 249-266, offre une synthèse remarquable de l'évolution de l'histoire de la pensée concernant la conception d'une société entendue comme ordre spontané.

[144] Les deux chapitres précédents ont montré l'intime relation existant entre notre conception de la société et le droit, pris dans son sens matériel d'ensemble de normes abstraites s'appliquant de façon générale et uniforme à tous les individus. Seul le cadre créé par le droit,

puis les apports plus récents de Mandeville, Hume, Adam Smith et Menger, jusqu'à Mises, Hayek et les autres penseurs libéraux contemporains, le chemin est hérissé de difficultés et souvent complètement submergé par la « *marée noire* » du *scientisme.*

L'idée fondamentale qui constitue l'essence de notre critique du socialisme est qu'aucune personne ou groupe de personnes ne peut disposer de l'information ou connaissance nécessaire pour organiser la société, de façon coordonnée, par des ordres contraignants. Cette idée naît comme corollaire naturel de la conception de la société entendue comme ordre spontané. Il n'est donc pas étonnant que, bien qu'énoncée très récemment de manière élaborée, elle ait cependant été défendue de manière embryonnaire bien plus tôt. Nous savons ainsi, par exemple, grâce à Cicéron, que le système juridique romain était, pour Caton, bien supérieur aux autres parce qu'il « se fondait sur le génie de beaucoup d'hommes et non pas sur celui d'un seul ; il ne fut pas institué en une seule génération, mais au cours de plusieurs siècles et de nombreuses générations. *Parce qu'il n'y a jamais eu aucun homme assez intelligent pour tout prévoir ; et même si nous pouvions concentrer tous les cerveaux dans la tête d'un même homme, il serait impossible à ce dernier de tenir compte de tout en même temps, sans avoir accumulé l'expérience issue de la pratique exercée au cours d'une longue période de l'histoire* »[145].

---

ainsi entendu, permet l'exercice de la fonction entrepreneuriale et de l'action humaine et, avec lui, la création et la transmission constantes d'information dispersée qui caractérisent le développement de la civilisation. Ce n'est donc pas par pure coïncidence que les auteurs classiques du droit romain ont fait partie de la tradition philosophique dont nous parlons.

[145] « *Nostra autem res publica non unius esset ingenio, sed multorum, nec una hominis vita, sed aliquod constitutum saeculis et aetatibus, nam neque ullum ingenium tantum extitisse dicebat, ut, quem res nulla fugeret, quisquam aliquando fuisset, neque cuncta ingenia conlata in unum tantum posse uno tempore providere, ut omnia complecterentur sine rerum usu ac vetustate* ». Marcus Tullius Cicero, *De Re Publica*, Gredos, Madrid 1974, pp. 86-87. Je considère, cependant, plus adaptée la traduction du paragraphe cité réalisée par Bruno Leoni et qui est celle que nous reproduisons approximativement dans le texte. Voir Bruno Leoni, *La Libertad y la Ley*, Unión Editorial, Madrid 1974, p. 116. C'est la traduction espagnole du livre *Freedom and the Law*, Liberty Fund, Indianápolis, 3° édition augmentée, 1991 (1° éd. 1961, 2° éd. 1972). Le livre de Leoni est exceptionnel à tout point de vue, car il montre le parallélisme existant, d'une part, entre le marché et le droit coutumier ou *Common Law* et, d'autre part, entre la législation positive et le socialisme ; Leoni fut, en outre, le premier juriste à voir que l'argument de Mises sur l'impossibilité du calcul économique dans le socialisme n'était qu'un cas particulier du « principe plus général, selon lequel aucun législateur ne pourrait établir par lui-même, sans une collaboration continuelle de toutes les personnes intéressées, les normes qui règlent la conduite de chacun dans cette chaîne de relations qui nous lient les uns aux autres. Aucun sondage d'opinion publique, aucun référendum ou consultation ne mettent les législateurs en mesure de déterminer ces normes, et *aucun de ces procédés ne pourrait fournir aux directeurs d'une économie planifiée la possibilité de découvrir l'offre et la demande des biens et services.* De plus, on ne doit pas confondre la conduite véritable avec l'expression d'opinions comme celles qui émanent d'une élection ou d'un sondage d'opinion, de même qu'on ne doit pas confondre l'expression verbale des désirs avec la véritable demande du marché ». Bruno Leoni, *La Libertad y la Ley*, op. cit., p. 28 (les italiques sont de moi). Sur l'œuvre de Bruno Leoni, fondateur de la revue

Plusieurs siècles après, Montesquieu et Turgot approfondissent la même idée, et montrent, de façon encore plus intéressante pour le problème qui nous occupe, qu'il est *contradictoire* de penser que l'Etat puisse être conscient à la fois des grands projets et des petits détails nécessaires pour les mener à bien[146]. Un siècle plus tard, en 1854, Gossen répète presque littéralement la même idée ; mais il a le mérite de le faire, le premier, à l'occasion d'une critique expresse contre le système communiste. Il aboutit à la conclusion que l'autorité centrale projetée par le communisme, afin d'assigner par la contrainte les différents types de travail et leur rémunération, se rendrait vite compte qu'elle a assumé une tâche excédant de beaucoup les capacités de n'importe quel être humain[147]. Vingt ans plus

---

prestigieuse *Il Politico* en 1950, consulter l'*Omaggio a Bruno Leoni*, édité par Pasquale Scaramozzino, Ed. A. Giuffrè, Milan 1969, et l'article « Bruno Leoni in Retrospect », de Peter H. Aranson, *Harvard Journal of Law and Public Policy*, été 1988. Leoni fut, comme Polanyi, un homme aux multiples facettes qui développa une activité intense dans des domaines variés : université, barreau, entreprise, architecture, musique et linguistique. Il mourut tragiquement, assassiné par l'un de ses locataires à qui il réclamait le paiement de son loyer, la nuit du 21 novembre 1967, à l'âge de 54 ans.

[146] Montesquieu écrit, en effet, dans *L'esprit des lois* (1748) : « C'est dans ces idées que Cicéron disait si bien : « *Je n'aime point qu'un même peuple soit en même temps le dominateur et le facteur de l'univers* ». En effect, il faudrait supposer que chaque particulier dans cet Etat *et tout l'Etat même eussent toujours la tête pleine de grands projets et cette même tête remplie de petits ; ce qui est contradictoire* ». *Œuvres Complètes. Avec des notes de Dupin, Crevier, Voltaire, Mably, Servant, La Harpe, etc.*, Chez Firmin Didot Frères, Paris 1843 (p. 350, *De L'Esprit des Lois*, Partie IV, Livre XX, chapitre VI). Toutefois, Bastiat signale que Montesquieu tomba quelquefois dans les filets de l'ingénierie sociale, comme lorsqu'il loua leurs effets prétendument bénéfiques sur les anciens, F. Bastiat, « La Ley », op. cit., pp. 209-211. A. R. J. Turgot, « Eloge de Gournay » (1759) *Œuvres*, Guillaumin, Paris 1844, vol. I, p. 275 et 288.

[147] Hermann Heinrich Gossen, *Entwicklung der Gesetze des Menschlichen Verkehrs und der daraus Fliessenden Regeln für Menschliches Handeln*, Editions Friedrich Vieweg und Sohn, Braunschweig 1854, p. 231 : « Darum würde denn die von Kommunisten projectierte Zentralbehörde zur Verteilung der verschiedenen Arbeiten sehr bald die Erfahrung machen, dass sie sich eine Aufgabe gestellt habe, deren Lösung die Kräfte einzelner Menschen weit übersteigt ». Il existe une excellente traduction anglaise de l'ouvrage de Gossen faite par Rudolph C. Bliss et publiée par The M. I. T. Press à Cambridge, Massachusetts 1983 : *The Laws of Human Relations and The Rules of Human Action Derived Therefrom.* La citation allemande reproduite ci-dessus se trouve à la p. 255 de la version anglaise ; elle est ainsi rédigée : « Consequently, the central authority – projected by the communists – for the purpose of allocating the different types of labor and their rewards would soon find that *it has set itself a task that far exceeds the power of any individual* » (les italiques sont de moi). La troisième édition allemande du livre de Gossen (Berlin, R. L. Praga 1927) contient une longue *Introduction* (« Einleitung ») d'Hayek qui soutient que Gossen fut plus un précurseur de l'école mathématique de Walras et Jevons que de l'Ecole autrichienne proprement dite. Cette Introduction a été récemment traduite en anglais par Ralph Raico et publiée dans *The Trend of Economic Thinking. Essays on Political Economists and Economic History,* vol. III de *The Collected Works of F. A. Hayek*, Routledge, Londres 1991, pp. 352-371. Il faut interpréter dans le même sens le contenu de la lettre de Carl Menger à Léon Walras, datée du 27 janvier 1887, et dans laquelle Menger ne trouve que quelques points de coïncidence avec Gossen, mais pas sur les questions essentielles (« nur in einigen Punkten, nicht aber in den

tard, l'économiste allemand Albert Schäffle, professeur d'Economie Politique à Vienne et prédécesseur immédiat de Menger, montra qu'il serait inconcevable qu'un organisme de planification centrale puisse assigner efficacement, de façon quantitative et qualitative, les ressources de la société, sans imiter le système de détermination de valeurs des processus de marché[148]. Et à la fin du siècle, Walter Bagehot[149] observa judicieusement que les hommes sauvages primitifs étaient incapables d'effectuer les calculs estimatifs de profits et de coûts même les plus simples, et il en conclut que, dans toute société industrielle, la comptabilité en unités monétaires était indispensable pour évaluer les coûts de production.

L'apport suivant qu'il convient de mentionner est celui de Vilfredo Pareto. Le jugement à porter sur l'influence exercée par Pareto dans le débat concernant le calcul économique socialiste est ambivalent. D'une part, cette influence fut négative dans la mesure où elle se concentra sur l'analyse mathématique de l'*équilibre économique*, qui admet par hypothèse que toute l'information nécessaire pour le réaliser est disponible. Cela engendre l'idée, développée par la suite par Barone et répétée inlassablement par une multitude d'économistes, que le problème du calcul économique dans les économies socialistes pourrait être résolu mathématiquement, de façon identique à celle dont il s'était posé et avait été résolu par les économistes mathématiciens de l'équilibre, dans le cas d'une économie de marché. Il faut, cependant, souligner que ni Pareto ni Barone ne sont vraiment coupables de l'interprétation erronée qui vient d'être commentée : l'un et l'autre signalèrent explicitement l'impossibilité de résoudre le système d'équations correspondant sans l'information fournie par le marché. En particulier, Pareto affirma même, en 1897, que la solution du système descriptif de l'équilibre « *dépasse pratiquement la puissance de l'analyse algébrique, ...dans ces cas, les rôles seraient changés : et ce ne seraient plus les mathématiques qui viendraient en aide à l'économie politique, mais*

---

entscheidenden Fragen zwischen uns Übereinstimmung, bez Ähnlichkeit der Auffassung »). Voir William Jaffé, *Correspondence of Léon Walras and Related Papers,* North-Holland, Amsterdam 1965, vol. 2, p. 176, lettre n° 765.

[148] *Die Quintessenz des Sozialismus*, 18° éd., Editions F. A. Perthes, Gotha 1919, pp. 51-52 (la 1° éd. est de 1874). De fait, Menger obtint sa chaire grâce à la vacance inopinée de celle-ci, survenue lorsque Schäffle fut nommé ministre du commerce en février 1871. Sur l'influence indubitable qu'exerça le secteur le moins historiciste de l'Ecole d'Economie Politique allemande antérieure à Menger sur certains apports essentiels de cet auteur, consulter l'intéressant article d'Eric W. Streissler, « The influence of German Economics on the work of Menger and Marshall », publié dans *Carl Menger and his Legacy in Economics*, édité par Bruce J. Cadwell, Annual Supplement to volume 22 of *History of Political Economy*, Duke University Press, Durham 1990, p. 31-68. Edward Stanley Robertson a fait une critique détaillée du livre de Schäffle sur le socialisme, dans son article « The Impracticability of Socialism », inclus dans *A Plea for Liberty. An Argument against socialism and socialistic legislation, consisting of an Introduction by Herbert Spencer and Essays by Various Writers*, Thomas Mackay (éd.), publié en 1891 et réédité en 1981 par Liberty Classics, Indianapolis, pp. 35-79.

[149] Walter Bagehot, *Economic Studies*, Longmans Green, Londres 1898, pp. 54-58. (Il existe une réimpression publiée par Kelley, Clifton, New Jersey 1973).

l'économie politique qui viendrait en aide aux mathématiques. En d'autres termes, si on pouvait vraiment connaître toutes ces équations, le seul moyen accessible aux forces humaines pour les résoudre, ce serait d'observer la solution pratique que donne le marché »[150]. Pareto nie explicitement la possibilité de pouvoir disposer de l'information nécessaire, même pour énoncer le système d'équations qui permettrait de décrire l'équilibre et il pose, en même temps, un problème subsidiaire : celui de l'impossibilité algébrique de résoudre, dans la pratique, le système d'équations qui le décrit formellement.

Dans son célèbre article de 1908 sur l'application du paradigme ébauché par Pareto à l'Etat collectiviste, Enrico Barone montre que, même si l'on pouvait résoudre par l'algèbre le système d'équations mentionné (ce qui est possible théoriquement), il serait en tout cas *inconcevable* (et donc, alors, *théoriquement impossible*) d'obtenir l'information nécessaire pour déterminer les coefficients techniques que requiert la formulation du système d'équations correspondant[151].

---

[150] Nous reproduisons intégralement, en raison de son importante, le paragraphe 117 du chap. III du *Manuel d'Economie Politique* de Pareto, réédité par la Librairie Droz, à Genève, en 1966, pp. 233-234 : « Les conditions que nous avons énumérées pour l'équilibre économique nous donnent une notion générale de cet équilibre. Pour savoir ce qu'étaient certains phénomènes, nous avons dû étudier leur manifestation ; pour savoir ce que c'était que l'équilibre économique, nous avons dû rechercher comment il était déterminé. *Remarquons, d'ailleurs, que cette détermination n'a nullement pour but d'arriver à un calcul numérique des prix.* Faisons l'hypothèse la plus favorable à un tel calcul ; supposons que nous ayons triomphé de toutes les difficultés pour arriver à connaître les données du problème, et que nous connaissions les ophélimites de toutes les marchandises pour chaque individu, toutes les circonstances de la production des marchandises, etc. *C'est déjà une hypothèse absurde, et pourtant elle ne nous donne pas encore la possibilité pratique de résoudre ce problème.* Nous avons vu que dans le cas de 100 individus et d 700 marchandises il y aurait 70.699 conditions (en réalité un grand nombre de circonstances, que nous avons jusqu'ici négligées, augmenteraient encore ce nombre) ; nous aurons donc à résoudre un système de 70.699 équations. Cela dépasse pratiquement la puissance de l'analyse algébrique, et cela la dépasserait encore davantage si l'on prenait en considération le nombre fabuleux d'équations que donnerait une population de quarante millions d'individus, et quelques milliers de marchandises. Dans ce cas, les rôles seraient changés : et ce ne seraient plus les mathématiques qui viendraient en aide à l'économie politique, mais l'économie politique qui viendrait en aide aux mathématiques. *En d'autres termes, si on pouvait vraiment connaître toutes ces équations, le seul moyen accessible aux forces humaines pour les résoudre, ce serait d'observer la solution pratique que donne le marché* (les italiques sont de moi) ».

[151] Enrico Barone, « Il Ministro della Produzione nello Stato Colletivista », *Giornale degli Economista*, sept.-oct. 1908, traduit en anglais par Hayek sous le titre « The Ministry of Production in the Collectivist State », dans *Collectivist Economic Planning*, éd.par F. A. Hayek, Augustus M. Kelley, Clifton 1975, Appendice A, pp. 245-290. Barone dit, en particulier que : « It is not impossible to solve en paper the equations of the equilibrium. It will be a tremendous – a gigantic – work : but it is not an *impossibility...* But it is frankly *inconceivable* that the economic determination of the technical coefficients can be made *a priori...* This economic variability of the technical coefficients is certainly neglected by the collectivists... It is on this account that the equations of the equilibrium with the maximum collective welfare are not soluble a priori, on paper » (pp. 287-288). Il est presque inconcevable qu'après ces affirmations claires de Barone de nombreux économistes, souvent

Malgré ces avertissements clairs (mais isolés), nous avons dit que nous considérions les contributions de Pareto et Barone *ambivalentes.* En effet, ces deux auteurs non seulement parlent de la difficulté pratique de résoudre le système d'équations correspondant, mais font aussi mention de l'impossibilité technique absolue d'obtenir l'information nécessaire pour décrire l'équilibre. Cependant, en ébauchant, en matière économique, un nouveau paradigme scientifique fondé sur l'utilisation de la méthode mathématique pour décrire, au moins en termes formels, le modèle d'équilibre, ils sont obligés de supposer qu'au moins dans ces mêmes termes formels, l'information nécessaire est disponible. Ainsi, malgré les réserves que Barone et Pareto formulent *en passant*, un bon nombre d'économistes qui ont poursuivi le paradigme ébauché par eux ne comprennent pas que l'analyse mathématique de l'équilibre n'a, tout au plus, qu'une valeur herméneutique ou interprétative, mais ne contribue en rien à la solution théorique du problème qui se pose à tout organe directeur qui prétende obtenir l'information pratique nécessaire pour planifier et coordonner la société par la contrainte.

Le premier article traitant, de façon systématique, du problème économique insoluble qui se poserait à une société collectiviste est du hollandais Nicolas G. Pierson[152]. Cet article est particulièrement méritoire, surtout parce qu'il fut écrit en 1902. Pierson montre que le problème de la valeur en général et, en particulier, le problème, pour toute action humaine, de la nécessité d'évaluer objectifs et moyens, est consubstantiel à la nature humaine, et existera donc toujours ; il ne peut pas être annulé par l'établissement d'un système socialiste. Pierson parle aussi de la grande difficulté de calcul et d'évaluation là où les prix n'existent pas. Il critique les projets maladroits d'établissement pratique du communisme énoncés jusque là et, en particulier le calcul économique en heures de travail. Cependant, et malgré tous ces apports importants, Pierson n'a eu que des intuitions brillantes. Il ne fut pas capable de saisir le noyau du problème que

distingués, comme Schumpeter, aient affirmé que Barone avait résolu le problème de l'impossibilité théorique du socialisme posé par Mises. Ces affirmations montrent, premièrement, que ces économistes ne comprirent pas la nature du problème posé par Mises ; deuxièmement, qu'ils ne lurent attentivement ni Barone ni Pareto ; et troisièmement, que l'hypothèse de pleine information utilisée pour décrire formellement l'équilibre est un *mirage* capable de leurrer même les esprits les plus brillants. Barone (1859-1924) eut, pour sa part, une vie intense et curieuse, pleine de vicissitudes, qu'il consacra à l'économie mathématique mais aussi au journalisme et à la rédaction de scénarios cinématographiques (en utilisant fondamentalement ses amples connaissances de l'histoire militaire acquises en tant que Colonel Chef du service historique du Haut Etat Major). Il participa ainsi activement au développement de l'industrie cinématographique italienne. Sur Barone, consulter l'article de Del Vecchio, « L'opera scientifica di Enrico Barone », *Giornale degli Economista*, novembre 1925; et l'article « Barone » de F. Caffè, *The New Palgrave : A Dictionary of Economics*, op. cit., vol. I, pp. 195-196.

152 Nicolaas G. Pierson, « Het Waardeproblem in een socialistische Maatschappij », publié dans le journal hollandais *De Economist*, vol. I, 1902, pp. 423-56. Sa traduction anglaise est de G. Gardiner, « The problem of Value in the Socialist Community », et inclus comme chap. II de *Collectivist Economic Planning,* op. cit., pp. 41-85. Pierson (1839-1909), très influencé par l'Ecole autrichienne, fut Gouverneur de la Banque Centrale, Ministre des Finances et Premier Ministre de Hollande.

pose le caractère dispersé de l'information pratique engendrée constamment et transmise dans le marché. Il faudra attendre l'apport transcendant du professeur Mises qui, le premier, l'énonça clairement[153].

Peu avant Mises, Wieser a l'intuition du problème économique fondamental, lorsqu'il affirme, en 1914, que l'action dispersée de millions d'individus est, en économie, beaucoup plus efficace que l'organisation réalisée, d'en haut, par un centre de pouvoir unique, car celui-ci « *ne pourrait jamais arriver à connaître les innombrables possibilités économiques existantes* »[154].

Enfin, le sociologue allemand Max Weber traite expressément, dans son important ouvrage *Economie et Société* – publié en 1922, après sa mort et au bout d'une longue période d'élaboration –, des problèmes économiques qui se poseraient si l'on tentait de mettre le socialisme en pratique. Weber souligne, en particulier, que les calculs en nature proposés par certains socialistes ne pourraient pas fournir de solution rationnelle au problème posé. Et il fait remarquer, en particulier, que la conservation et l'emploi rationnel du capital ne peuvent pas être assurés dans une société fondée sur l'échange libre et l'usage de la monnaie. Ainsi, la perte et la destruction généralisées des ressources économiques qu'entraînerait un système socialiste et, donc, sans calcul économique rationnel, empêcheraient même le maintien des niveaux de population atteints à son époque dans les zones les plus peuplées[155]. Il n'y a aucune raison de ne pas croire Weber quand il affirme, en note, qu'il n'a pris connaissance de l'article transcendant de Mises que lorsque son livre était déjà sous presse.

---

[153] Cependant, Mises affirme généreusement que Pierson « clearly and completely recognized the problem in 1902 » (*Socialism*, op. cit., p. 117). Chose curieuse, Mises dit, au même endroit, et à propos de Barone : « Barone did not penetrate to the core of the problem ».

[154] Voir la note 204 du prochain chapitre.

[155] Max Weber, *Economy and Society*, University of California Press, Berkeley 1978, chap. II, points 12, 13 et 14, p. 100 et s. Weber conclut, en particulier, que : « *Where a planned economy is radically carried out, it must further accept the inevitable reduction in formal, calculatory rationality which would result from the elimination of money and capital accounting. This fundamental, and in the last analysis, unavoidable element of irrationality is one of the important sources of all 'social' problems, and above all of the problems of socialism* » (p. 111). Weber cite même l'article de Mises (p. 107), et indique qu'il n'en avait pris connaissance qu'une fois son livre écrit et prêt à être imprimé. C'est pourquoi l'on peut considérer que les apports des deux auteurs furent conçus par chacun d'eux indépendamment de l'autre. C'est, en outre, à Weber que revient le mérite indiscutable d'avoir montré, le premier, que le socialisme empêchait la croissance et le développement de la population. Pour Weber, en effet, « the possibility must be considered that *the maintenance of a certain density of population within a given area is possible only on the basis of accurate calculation.* Insofar as this is true, a limit to the possible degree of socialization would be set by the necessity of maintaining a system of effective prices », *The Theory of Social and Economic Organization*, publié par The Press of Glencourt, New York 1964, pp. 184-185. Car, selon notre analyse du chapitre III, l'extension et l'approfondissement de la division de la connaissance devient impossible dans un régime socialiste, la libre création et transmission d'information pratique nouvelle n'étant pas permise. Cela implique la nécessité de doubler un énorme volume d'information qui, étant donné les limites de l'esprit humain, oblige à maintenir une économie de simple subsistance avec un volume de population réduit.

L'on peut enfin signaler, en liaison étroite avec les travaux de Weber et de Mises, l'apport de Boris Brutzkus. Ce professeur russe présente, au début des années vingt et à la suite de ses recherches sur les problèmes pratiques dus à l'établissement du communisme en Russie soviétique, des conclusions très semblables à celles de Mises et de Weber. Il affirme explicitement que le calcul économique est une impossibilité théorique dans les sociétés de planification centrale, où les prix de marché n'existent pas[156].

Ce sont là les apports les plus importants qui constituent la *préhistoire* du débat sur l'impossibilité du calcul économique dans les économies socialistes. Ils présentent tous un caractère commun, à savoir qu'ils n'abordent en général que de façon imparfaite et intuitive l'essence du problème posé par le socialisme. Problème qui consiste, nous l'avons vu, dans l'impossibilité théorique, pour l'organe de planification centrale, de disposer de l'information pratique nécessaire pour organiser la société. Aucun de ces apports ne fut, en outre, capable de tirer de leur léthargie les théoriciens socialistes qui se limitaient, en général, et dans la tradition marxiste la plus pure, à critiquer le système capitaliste, mais sans donner aucun éclaircissement sur le problème fondamental de savoir comment le socialisme devrait fonctionner en pratique. Seul Kautsky, stimulé par l'article de Pierson, osa essayer d'indiquer, tout en violant l'accord tacite existant à ce propos entre les marxistes, comment devrait se présenter la future organisation socialiste. Il ne réussit, ce faisant, qu'à montrer son incompréhension absolue du problème économique fondamental signalé par Pierson[157]. Ensuite, il faudrait attendre l'apport fondamental de Mises pour trouver des analyses relativement intéressantes, émanant de l'optique socialiste. La seule exception est celle du Dr. Otto Neurath[158]. Il publia, en

---

[156] Les apports de Brutzkus furent initialement publiés en russe, dans la revue *Economist*, en 1920 et 1921. Ils furent ensuite traduits en allemand, en 1928, sous le titre *Die Lehren des Marxismus im Lichte der russischen Revolution* (Edit. H. Sack, Berlin 1928) ; et finalement traduits en anglais et inclus dans l'ouvrage de l'auteur *Economic Planning in Soviet Russia*, publié par Routledge, Londres 1935 (il existe une réédition publiée en 1982 par Hyperion Press, Westport, Connecticut). Les apports de Brutzkus ont récemment fait l'objet d'appréciations très positives, surtout pour avoir su combiner convenablement les aspects historiques et théoriques du problème et éviter la dissociation entre théorie et pratique qui domina le débat après lui. Voir le livre de Peter J. Boettke, *The Political Economy of Soviet Socialism (The Formative Years 1918-1928)*, Kluwer Academic Publishers, Dordrecht, Hollande 1990, pp. 30-35 et pp. 41-42.

[157] Il s'agit de la conférence prononcée par Kautsky à Delft le 24 avril 1902, dont le texte anglais parut en 1907 sous le titre *The Social Revolution and on the Morrow of the Revolution*, éditions Twenty Century Press, Londres. L'ouvrage de G. Sulzer, *Die Zukunft des Sozialismus*, publié à Dresde en 1899, présentait déjà des similitudes avec la position de Kautsky.

[158] Otto Neurath, *Durch die Kriegswirtschaft zur Naturalwirtschaft*, D. D. W. Callwey, Munich 1919. (Il existe un traduction anglaise, « Through War Economy to Economy in Kind », dans *Empiricism and Sociology*, Editions D. Reidel, Dordrecht, Hollande 1973.) Il faut rappeler qu'Otto Neurath fut quelque temps directeur de la *Zentralwirtschaftsamt* de Bavière, agence chargée des plans de socialisation pendant la Räterepublik ou bureau soviétique du régime révolutionnaire bavarois qui prit brièvement le pouvoir à Munich au printemps 1919. Après l'échec de la révolution, lors du procès de Neurath, Max Weber témoigna en sa faveur. Neurath mourut plus tard, en 1945. Otto Bauer exprima dans son ouvrage *Der Weg zum Sozialismus* (« Le chemin vers

1919, un livre expliquant que les expériences de la I° Guerre Mondiale avaient « *démontré* » que la planification centrale pourrait parfaitement se

---

le socialisme »), publié à Vienne par Ignaz Brand en 1919, une idée semblable. Bauer défend dans cet ouvrage, comme le faisait Neurath, la possibilité du calcul économique en nature, c'est-à-dire sans utiliser d'unités monétaires. L'économiste espagnol Juan Martínez-Alier a réévalué les apports de Neurath, dans son *Ecological Economics*, Basil Blackwell, Oxford, 2° édition 1990, pp. 212-218. Il est intéressant de signaler qu'aussi bien Neurath que Bauer avaient assisté assez régulièrement au séminaire de Böhm-Bawerk dont Mises fut l'un des fidèles les plus assidus jusqu'en 1913. Alors que les interventions de Neurath se caractérisèrent davantage par leur fanatisme marxiste que par leur subtilité intellectuelle, Otto Bauer, marxiste lui aussi, dut finalement admettre que la théorie marxiste de la valeur était indéfendable et que la « réponse » d'Hilferding à Böhm-Bawerk ne fit que montrer l'incapacité du premier à comprendre jusqu'à la nature même du problème. A partir de cette date, Mises décida d'écrire une analyse critique du socialisme, dont les idées essentielles furent le fruit de ses réflexions et observations réalisées, lors de la I° Guerre Mondiale, pendant son service militaire comme capitaine d'artillerie, d'abord sur le front oriental (Carpathes) et, après avoir contracté la fièvre typhoïde, dans le Département d'Economie du Ministre de la Défense Autrichien, à partir de 1917. Voir à ce propos l'intéressante autobiographie intellectuelle de Mises, intitulée *Notes and Recollections*, commentée et traduite de l'allemand par Hans F. Senholz, Libertarian Press, South Holland, Illinois 1978, p. 11, 40-41, 65-66, 110-111. Les idées de Mises sur le socialisme étaient, en tout cas, le corollaire logique de la remarquable intégration théorique déjà effectuée par Mises en 1912 (*Theorie des Geldes und der Umlaufsmittel*, Duncker & Humblot, Munich et Leipzig 1912 ; il existe trois traductions espagnoles, une d'Antonio Riaño, publiée à Madrid par les Edit. Aguilar en 1936 et intitulée *Teoría del Dinero y del Crédito* ; une autre de José María Clarmunda Bes, publiée sous le même titre par les Edit. Zeus, Barcelone 1960 ; et une troisième de Juan Marcos de la Fuente, Unión Editorial, Madrid 1997. La meilleure édition anglaise est celle publiée par Liberty Press, Indianapolis, en 1981, et intitulée *The Theory of Money and Credit*, traduite de l'allemand par H. E. Batson, et préfacée par Rothbard) entre le monde subjectif des évaluations individuelles (ordinal) et le monde externe des estimations de prix de marché fixés en unités monétaires (cardinal). Le *pont* entre ces deux mondes est possible chaque fois qu'a lieu une action d'échange interpersonnel : motivée par les différentes évaluations subjectives des parties, elle se concrétise dans un prix monétaire de marché, ou relation historique d'échange en unités monétaires ; celle-ci a une existence réelle quantitative déterminée, et peut être utilisée ensuite par l'entrepreneur comme information précieuse pour évaluer l'évolution future des évènements et prendre des décisions (calcul économique). Il est donc évident que si l'on empêche par la force la liberté d'action humaine, les échanges volontaires interpersonnels ne se feront pas ; ainsi, le *pont* qu'ils supposent entre le monde subjectif des évaluations directes (ordinal) et le monde externe des prix (cardinal) sera détruit et le calcul économique sera totalement impossible. Je dois cette importante idée sur l'évolution et la cohérence de la pensée de Mises à Murray N. Rothbard, « The End of Socialism and the Calculation Debate Revisited », *The Review of Austrian Economics*, vol. 5, n° 3, 1991, pp. 64-65. Je crois, cependant, que Rothbard, désireux de marquer les différences existant entre Hayek et Mises, ne s'aperçoit pas que la coupure de la connexion découverte par Mises entre le monde des évaluations subjectives intérieures et le monde extérieur des prix pose avant tout un problème de manque de création et de transmission de la connaissance ou information (existante et future) ; création et transmission qui sont nécessaires pour permettre le calcul économique. L'on peut, ainsi, considérer que les apports de Mises et d'Hayek, avec leurs évidentes et inévitables différences d'emphase et de nuance, font indissociablement partie du même argument fondamental contre le calcul économique socialiste : celui de Mises étant plus orienté vers les problèmes de type *dynamique*, alors qu'Hayek a peut-être donné parfois l'impression de se concentrer davantage sur la problématique liée au caractère dispersé de la connaissance *existante*. Voir aussi, à ce sujet, la note 61 du chapitre II.

réaliser *in natura.* Ce fut précisément le livre de Neurath qui entraîna la réponse fulgurante de Mises, exposée dans une conférence qu'il prononça en 1919 et qui constitua le fond de son article transcendant publié au printemps suivant, en 1920[159].

2. L'APPORT ESSENTIEL DE LUDWIG VON MISES

Les participants au débat sur le calcul économique socialiste conviennent tous, au moins, d'une chose : celui-ci commença officiellement avec le célèbre article de Mises, paru en 1920, « Die Wirtschaftsrechnung im Sozialistischen Gemeinwesen », c'est-à-dire « Le Calcul Economique dans la Communauté Socialiste »[160]. Cet article reproduit le contenu de la conférence prononcée par Mises l'année précédente (1919) devant la Nationalökonomische Gesellschaft (Société Economique) et dans laquelle il contestait la thèse du livre d'Otto Neurath paru la même année. Il est difficile d'exagérer l'effet que produisit l'article de Mises chez ses collègues économistes et chez les théoriciens du socialisme. Sa logique froide et

---

[159] Il faut noter deux analyses remarquables de la « *préhistoire* » du débat sur le calcul économique : celle d'Hayek, « Nature and History of the Problem », dans *Collectivist Economic Planning*, op. cit., pp. 1-40 ; et celle de David Ramsey Steele, « Posing the problem : the Impossibility of Economic Calculation under Socialism », publié dans le *Journal of Libertarian Studies*, vol. V, nº 1, hiver 1981, pp. 8-22. Hormis les travaux cités qui constituent cette « *préhistoire* », on estimait toujours jusqu'à Mises, et comme le signale Rothbard (« The End of Socialism and the Calculation Debate Revisited », op. cit., p. 51), que le problème du socialisme était plus de nature politique et lié aux « *stimulants* » que de nature économique. Parmi ces travaux critiquant naïvement le socialisme, il faut citer le brillant ouvrage de William Hurrell Mallock, *A Critical Examination of Socialism*, primitivement publié en 1908 et réédité en 1990 par Transaction Publishers, New Brunswick.

[160] Publié dans l'*Archiv für Sozialwissenschaft und Sozialpolitik*, vol. 47, avril 1920, pp. 86-121, cet article fut ensuite traduit en anglais par S. Adler sous le titre « Economic Calculation in the Socialist Commonwealth » et inclus comme chap. III dans *Collectivist Economist Planning* (1933), op. cit., pp. 87-130. Mises reproduisit, presque littéralement, le contenu de cet article dans l'ouvrage qu'il publia en 1922 et qui critique systématiquement tous les aspects du socialisme : *Die Gemeinwirtschaft. Untersuchungen über den Sozialismus*, Gustav Fischer, Iéna 1922, traduit en anglais par J. Kahane en 1936 et publié sous le titre *Socialism: An Economic and Sociological Analysis* plusieurs fois et à plusieurs endroits ; la meilleure édition étant celle de Liberty Classics, Indianapolis 1981 (pp. 95-197). La version anglaise de l'article séminal de Mises vient d'être magnifiquement rééditée, avec une double introduction de Yuri N. Maltsev (de l'Académie des Sciences de l'ancienne URSS) et de Jacek Kochanowicz (Professeur d'Economie de l'Université de Varsovie), et un *post-scriptum* de Joseph T. Salerno intitulé « Why a Socialist Economy is Impossible » (The Ludwig von Mises Institute, Auburn University, Auburn, Alabama 1990). Bien que l'article de Mises n'ait pas été traduit en espagnol, il existe une traduction acceptable de *Die Gemeinwirtschaft,* due à Luis Montes de Oca, publiée sous le titre *Socialismo. Análisis Económico y Sociológico,* en 1961, à Mexico, par les Editions Hermes; en 1968, à Buenos Aires, par l'Instituto Nacional de Publicaciones de Buenos Aires; réimprimée, pour la troisième fois, par la Western Books Foundation (WBF), New York 1989 ; et, pour la quatrième fois (corrigée), par Unión Editorial, Madrid 2003. Ce même ouvrage fut traduit en français et publié avec une préface de François Perroux en 1952 (Librairie de Médicis, Paris).

stricte, la clarté de son exposé et son esprit provocateur empêchaient que ses arguments ne passent inaperçus, comme cela avait été le cas pour ses prédécesseurs. Ainsi, Otto Leichter souligne que c'est à Mises que revient l'honneur d'avoir, pour la première fois, attiré énergiquement l'attention des théoriciens socialistes sur la nécessité de résoudre le problème du calcul économique[161]. Et l'économiste socialiste Oskar Lange, dont nous reparlerons plus bas, écrivit, sur un ton ironique, que les services prêtés par Mises à la théorie du socialisme étaient tels qu'on devrait lui dédier une statue et l'installer à une place d'honneur dans le salon le plus grand de l'organe de planification centrale de tout pays socialiste[162]. Il ne serait peut-être pas étonnant, après tout, et étant donné les récents évènements survenus dans les pays de l'Est, que les affirmations ironiques de Lange se retournent contre lui à la façon d'un boomerang, et que l'on voie ériger sur de nombreuses places des capitales des anciennes nations communistes des statues du jeune Mises, venant remplacer celles, obsolètes et démolies, des anciens leaders marxistes[163].

Caractère et contenu fondamental de l'apport de Mises

L'apport essentiel de Mises est circonscrit, pour la première fois, dans le cadre de l'analyse théorique des processus de création et transmission d'information pratique qui constituent la société et que nous avons analysés en détail aux chapitres II et III. Mises utilise encore les termes de façon assez maladroite, et il parle moins d'information pratique dispersée que d'un certain type de *division intellectuelle dans le travail* ; celle-ci constitue, d'après lui, l'essence du marché, et fournit et engendre l'information permettant le calcul économique qu'exige toute décision entrepreneuriale.

---

161 « *To Ludwig von Mises really belongs the merit of having so energetically drawn the attention of socialists to this question. However, little it was the intention of Mises to contribute by this criticism to the positive development of socialist theory and praxis, yet honour must be given where honour is due* », *Die Wirtschaftsrechnung in der Sozialistischen Gesellschaft*, Verlag der Wiener Volfsbuchhandlung, Vienne 1923, p. 74. La traduction anglaise de cette citation est tirée de la p. 5 du livre *Economic Calculation in the Socialist Society*, de Trygve J. B. Hoff, publié par Liberty Press, Indianapolis, en 1981.

162 « *A statue of Professor Mises ought to occupy an honourable place in the great hall of the Ministry of Socialization or of the Central Planning Board of a socialist state... both as an expression of recognition for the great service rendered by him and as a memento of the prime importance of sound economic accounting* ». Oskar Lange, « On the Economic Theory of Socialism », dans *Review of Economic Studies*, octobre 1936, p. 53. (Traduction espagnole d'Antonio Bosch et Alfredo Pastor, publiée par Editorial Ariel, Barcelone 1973). L'article de Lange vient d'être partiellement réédité dans l'ouvrage *Friedrich A. Hayek. Critical Assesments*, éd. par J. C. Wood et R. N. Woods, Routledge, Lenders 1991, chap. 17, pp. 180-201.

163 La statue de Mises a, au moins, été déjà placée dans la bibliothèque du Département de Théorie Economique de l'Université de Varsovie où Oskar Lange faisait cours, et tout près de ce qui fut son bureau. L'installation du buste de Mises se fit lors d'une cérémonie brève et émotive en septembre 1990 ; elle fut possible grâce à George Koetter (voir *Free Market*, vol. 9, n°2, février 1991, p. 8, et aussi *The Journal of Economic Perspectives*, vol. 5, n° 3, été 1991, pp. 214-215).

Mises affirme, en particulier, que « *the distribution among a number of individuals of administrative control over economic goods in a community of men who take part in the labour of producing them, and who are economically interested in them, entails a kind of intellectual division of labour, which would not be possible without some system of calculating production and without economy* »[164]. Deux ans plus tard, en 1922, Mises répète, dans son traité systématique sur le socialisme, la même idée, de façon encore plus explicite : « *In societies based on the division of labour the distribution of property rights effects a kind of mental division of labour, without which neither economy nor systematic production would be possible* »[165]. Cinq ans plus tard, en 1927, Mises conclut explicitement, dans son ouvrage *Liberalismus*, que son analyse se fonde sur l'impossibilité de la création, dans le socialisme, d'information pratique sous forme de prix de marché ; information nécessaire pour permettre la division intellectuelle de la connaissance qu'exige une société moderne et qui n'apparaît que grâce à la capacité créative de l'action humaine ou fonction entrepreneuriale. « The *decisive objection* that economics raises against the possibility of a socialist society is that it must forgo the *intellectual division of labour* that consists in the cooperation of all entrepreneurs, land owners and workers as producers and consumers in the formation of *market prices* »[166].

---

[164] Ludwig von Mises, « Economic Calculation in the Socialist Commonwealth », dans *Collectivist Economic Planning*, op. cit., p. 102. L'on peut traduire ainsi : « *La distribution du contrôle administratif sur les biens économiques entre les individus de la société qui participent à leur production requiert une espèce de division intellectuelle du travail qui n'est pas possible sans un système de calcul et sans un marché* ».

[165] Ludwig von Mises, *Socialism*, op. cit., p. 101. C'est-à-dire : « *Dans les sociétés fondées sur la division du travail, la distribution des droits de propriété entraîne une espèce de division intellectuelle ou mentale du travail, sans laquelle aucune production et aucune économie ne seraient possibles* ». Nous considérons que la traduction (retraduite ici en français) de Luis Montes de Oca (*Socialismo*, op. cit., p. 109), sans être erronée, n'est pas très heureuse : « *La répartition, entre de nombreux individus, de la faculté de disposer des biens économiques dans la société qui se fonde sur la division du travail réalise une espèce de division du travail intellectuel, sans laquelle le calcul de la production et de l'économie serait impossible* ».

[166] Ludwig von Mises, *Liberalism*, Cobden Press, San Francisco 1985. La traduction est la suivante : « *L'objection définitive soulevée par l'économie contre le socialisme est la suivante : celui-ci exige de renoncer à la division intellectuelle du travail qui découle de la coopération entre tous les entrepreneurs, propriétaires terriens et travailleurs, en tant que producteurs et consommateurs, et qui se concrétise dans la formation de prix de marché* ». L'édition originale de cet ouvrage parut en 1927 sous le titre *Liberalismus*, publiée par Gustav Fischer à Iéna. Il existe une traduction espagnole de Joaquín Reig Albiol, publiée par Unión Editorial, Madrid, en deux éditions (1977 et 1982). La citation que nous venons de traduire apparaît, respectivement, aux p. 98 et 100-101 de ces deux éditions, dans les termes suivants : « *Voici pourquoi l'ordre socialiste n'est pas viable ; il doit, en effet, renoncer à cette division intellectuelle du travail qui permet, grâce à la coopération d'entrepreneurs, capitalistes et travailleurs, en leur qualité de producteurs et de consommateurs, l'apparition de prix pour les biens objets de commerce. Sans ce mécanisme, c'est-à-dire sans calcul, la rationalité économique s'évapore et disparaît* ».

Un autre apport fundamental de Mises a été de découvrir que l'information créée constamment par le marché dérivait de l'exercice de la capacité entrepreneuriale, en fonction des circonstances particulières de temps et de lieu qui ne sont appréciées que par chaque individu dans le contexte où il agit. La connaissance entrepreneuriale pratique naît, donc, dans le marché en fonction de la position caractéristique qu'occupe chaque acteur dans le processus de production. De sorte que si l'on empêche le libre exercice de l'action entrepreneuriale et si l'on essaie d'organiser d'en haut et de force, toute la société, les entrepreneurs, ne pouvant agir librement, cesseront de l'être et ne se rendront même pas compte de l'information qu'ils ne perçoivent ni ne créent. Et cela, indépendamment du prestige de leurs études ou de leurs qualifications professionnelles générales[167]. Mises nous dit, en effet, que « the entrepreneur's commercial attitude and activity arises from his *position* in the economic process and is lost with its disappearance. When a successful businessman is appointed the manager of a public enterprise, he may still bring with him certain experiences from his previous occupation, and be able to turn them to good account in a routine fashion for some time. Still, with his entry into communal activity he ceases to be a merchant and becomes as much a bureaucrat as any other placeman in the public employ. It is not a knowledge of bookkeeping, of business organization, or of the style of commercial correspondence, or even a

---

[167] On trouve déjà cette idée essentielle de Mises chez Carl Menger ; c'est ce qu'a montré le contenu du cahier de notes que le Prince héritier Rodolphe rédigea à partir de 1876 pratiquement sous la dictée de Menger, qui était devenu son tuteur et maître officiel. On lit, en effet, aux pp. 50-51 du 6° feuillet de ces notes : « A government cannot possibly know the interest of all citizens. In order to help them it would have to take account of the diverse activities of everybody... However carefully designed and well intentioned institutions may be, they never will suit everybody. *Only the individual himself knows exactly his interests and the means to promote them...* Even the most devoted civil servant is but a *blind tool* within a big machine who treats all problems in a stereotyped manner with regulations and instructions. He can cope neither with the requirements of contemporary progress nor with the diversity of practical life. Therefore it seems impossible that all economic activities be treated in a stereotyped way, following the same rule with utter disregard for individual interests » (Archiduc Rodolphe, Prince héritier d'Autriche, *Politische Oekonomie,* Hefte, janvier- août 1876, manuscrit de la main du Prince, déposé à l'*Österreichisches Staatsarchiv*. Ces notes, découvertes par l'historienne Brigitte Hamann ont été traduites en anglais par Monika Streissler et David F. Good. Nous avons utilisé cette traduction telle qu'elle est citée par Erich W. Streissler, *Carl Menger on economic policy : The Lectures to Crown Prince Rudolf,* inclus dans *Carl Menger and his Legacy in Economics*, édité par Bruce J. Caldwell, Anual Supplement to volume 22, *History of Plolitical Economy*, Duke University Press, Durham 1990, p. 107-130 et, en particulier, les p. 120-121). Il est intéressant de signaler que, d'après Mises, la mort tragique de l'archiduc Rodolphe s'est due au fait que Carl Menger, conscient de l'effet pernicieux qu'aurait, sur l'Empire Austro-hongrois, la diffusion du courant intellectuel venimeux hostile au libéralisme, « *had transmitted this pessimism to his young student and friend, Archduke Rudolf, successor to the Austro-Hungarian throne. The Archduke committed suicide because he despaired about the future of his empire and the fate of European civilization, not because of a woman (he took a young girl along in death who, too, wished to die, but he did not commit suicide on her account)* ». Voir *Notes and Recollections*, op. cit., p. 34.

dispensation from a commercial high-school which makes the merchant, *but his characteristic position in the production process* which allows for the identification of the firm's and his own interests »[168]. Cette même idée est développée et élargie par Mises dans son traité sur le socialisme, où il conclut que « *an entrepreneur deprived of his characteristic role in economic life ceases to be a business man. However much experience and routine he may bring to his new task he will still be an official in it* »[169].

Dans la mesure, donc, où le socialisme empêche par la force le libre exercice de l'action entrepreneuriale dans le domaine essentiel des facteurs de production (biens d'investissement et ressources naturelles), il ne permet ni l'apparition ni la transformation de l'information pratique nécessaire pour que l'organe de planification centrale puisse les assigner correctement. Cette information n'apparaissant pas, on ne peut pas en tenir compte dans le calcul estimatif nécessaire dans toute décision économique rationnelle. De sorte que l'organe central de contrôle ne sera même pas sûr, au moment de prendre ses décisions et d'agir, de savoir s'il renonce à l'obtention d'objectifs qui, de son point de vue, sont les plus importants. Les décisions économiques dans le socialisme sont, donc, arbitraires et se réalisent dans la plus parfaite obscurité.

Il est important ici de souligner que l'argument de Mises est un argument théorique sur l'*erreur intellectuelle* qu'implique toute idée socialiste ; car il n'est pas possible d'organiser la société au moyen d'ordres contraignants,

---

[168] Ludwig von Mises, « Economic Calculation in the Socialist Commonwealth », dans *Collectivist Economic Planning*, op. cit., pp. 120-121. On peut traduire ainsi la citation : « *L'action et attitude commerciale de l'entrepreneur naît de sa position dans le processus économique et se perd quand cette position disparaît. Lorsqu'un bon entrepreneur est nommé gérant d'une entreprise publique, il peut peut-être appliquer quelqu'une de ses expériences à son nouveau travail routinier. Cependant, il cesse inévitablement d'être un entrepreneur et se transforme en un bureaucrate quelconque. Car, ce qui fait un entrepreneur, ce n'est pas la connaissance de la comptabilité, de l'organisation entrepreneuriale, de la correspondance commerciale, ni même un diplôme d'école des sciences de l'entreprise, mais uniquement le fait d'occuper une position caractéristique dans le processus productif ; celle-ci est seule capable de lui permettre d'identifier les intérêts personnels et ceux de son entreprise qu'il doit rechercher* ». Voir aussi l'intéressant article de W. Keizer, « The Property Rights Basis of von Mises' Critique of Socialism », manuscrit en cours de publication présenté à la First European Conference on Austrian Economics, Université de Maastrich, 9-10 avril 1992.

[169] Ludwig von Mises, *Socialism*, op. cit., p. 191. Luis Montes de Oca a ainsi traduit la citation (ici retraduite en français) : « *L'entrepreneur privé de la position caractéristique qu'il occupait dans la vie économique cesse d'être un homme d'affaires. L'expérience et la pratique que l'initiative particulière apporte à son nouvel emploi ont beau être grandes, il ne sera jamais qu'un haut fonctionnaire* ». Voir la p. 216 de *Socialismo*, op. cit. La dichotomie de Salerno est donc absurde (« Ludwig von Mises as Social Rationalist », op. cit, p. 45 et 55) ; d'après celle-ci, le problème du socialisme était, pour Mises, un problème concernant le calcul économique et non la connaissance dispersée, car l'un et l'autre sont indissolublement unis. Mises non seulement insista, nous l'avons vu, sur l'importance de la « *position caractéristique* » de l'entrepreneur pour l'obtention d'information, mais conçut toujours l'économie comme une science dont l'objet n'était pas des choses mais l'information ou connaissance entendues comme réalités spirituelles (« Economics is not about things and tangibe objects, it is about men, their *meanings* and actions », *Human Action*, op. cit., p. 92).

étant donné l'impossibilité pour l'organe de contrôle d'obtenir l'information nécessaire pour ce faire. L'argument de Mises est un *argument théorique* sur l'impossibilité pratique du socialisme[170]. Ou, si l'on préfère, l'argument théorique *par antonomase*, car la théorie n'est qu'une analyse abstraite, formelle et qualitative de la réalité, mais qui ne doit jamais perdre contact avec elle et doit être, au contraire, aussi importante que possible pour les cas et processus qui se présentent dans la vie réelle. Il est, cependant, tout à fait incorrect de penser que l'analyse de Mises envisage l'impossibilité du socialisme du point de vue du modèle formel d'équilibre ou « *logique pure du choix* », comme de nombreux et prestigieux auteurs, incapables de distinguer « *théorie* » et analyse de l'équilibre, l'ont affirmé à tort. Mises lui-même, en effet, prit soin, dès 1920, de nier expressément que son analyse fût applicable au modèle d'équilibre. Ce modèle présuppose dans son énoncé que toute l'information nécessaire doit être disponible, en sorte que le problème économique fondamental posé par le socialisme est considéré, par définition, résolu *ab initio* et passe donc inaperçu pour le théoricien de l'équilibre. Le problème réside, au contraire, dans le fait que l'organe de contrôle manque, lorsqu'il émet un ordre favorable ou défavorable à un projet économique, de l'information nécessaire pour savoir s'il a agi correctement ou pas, en sorte qu'il ne peut effectuer aucun calcul ou estimation économique. Si l'on suppose que l'organe de contrôle dispose de toute l'information nécessaire et qu'il n'y a pas de variations, il est évident qu'aucun problème économique ne se pose, puisque l'on considère dès le début que ce problème n'existe pas. Ainsi, Mises nous dit : « *the static state can dispense with economic calculation.* For here the same events in economic life are ever recurring; and *if we assume* that the first disposition of *the static socialist economy* follows on the basis of the final state of the competitive economy, *we might at all events conceive of a socialist production system which is rationally controlled from an economic point of view.* But this is only conceptually possible. For the moment, we leave aside the fact that *a static state is impossible in real life*, as our economic data are for ever changing, so that the static nature of economic activity is only a theoretical assumption corresponding to no real state of affairs »[171].

---

[170] « *The Dichotomy between 'theoretical' and 'practical' is a false one. In economics, all arguments are theoretical. And since economics discusses the real world, these theoretical arguments are by their nature practical ones as well* ». Murray N. Rothbard, *Man, Economy, and State. A Treatise on Economic Principles*, vol. II, Nash Publishing, Los Angeles 1970, p. 549. Rien n'est plus pratique, en effet, qu'une bonne théorie et l'argument de Mises tout comme celui des mathématiciens qui l'ont critiqué sont théoriques. Seulement, l'argument de Mises est un argument théorique mais important pour la pratique réelle du fonctionnement de l'économie de marché et du socialisme ; tandis que l'argument des économistes mathématiciens est un argument théorique *sans importance*, dans la mesure où il concerne un modèle d'équilibre dans lequel on suppose, par définition, que le problème économique est résolu : on considère, en effet, que toute l'information nécessaire est donnée et se trouve à la disposition de l'organe de contrôle.

[171] Ludwig von Mises, « Economic Calculationin the Socialist Commonwealth », dans *Collectivist Economic Panning*, op. cit, p. 109. On peut traduire ainsi la citation : « *L'économie en état d'équilibre peut se passer de calcul économique, étant donné que dans*

L'argument de Mises est, donc, un argument théorique sur l'impossibilité logique du socialisme, mais qui considère une théorie et une logique concernant l'action humaine et les processus sociaux, dynamiques et spontanés de type réel qu'elle entraîne, et non une « *logique* » ou une « *théorie* » construites sur l'action mécanique exercée dans un contexte d'équilibre parfait par des êtres « *omniscients* », aussi inhumains qu'éloignés de la réalité. Ou, comme Mises l'expliqua encore deux ans plus tard dans son livre sur le socialisme : « Under stationary conditions there no longer exists a problem for economic calculation to solve. The essential function of economic calculation has *by hypothesis* already been performed. There is no need for an apparatus of calculation. To use a popular but not altogether satisfactory terminology we can say that the problem of economic calculation is of economic dynamics : it is no problem of economic statics »[172]. Cette affirmation de Mises s'adapte parfaitement à la tradition la plus caractéristique de l'Ecole autrichienne, telle qu'elle avait été instaurée par Menger, développée ensuite par Böhm-Bawerk et stimulée, à la troisième génération, par Mises. Pour Mises, en effet, « *what distinguishes the Austrian School and will lend it immortal fame is precisely the fact that it created a theory of economic action and not of economic equilibrium or non action* »[173]. Il n'est donc pas étonnant qu'aucun calcul économique n'étant nécessaire en situation d'équilibre, seuls aient su découvrir le théorème de l'impossibilité du calcul économique socialiste les membres d'une Ecole qui, comme l'autrichienne, ont axé leur programme de recherche scientifique sur l'analyse théorique des processus dynamiques de type réel se produisant dans le marché, et non sur le développement de modèles d'équilibre mécanicistes plus ou moins partiels ou généraux.

---

de telles circonstances les évènements économiques se répètent de façon récurrente ; et si l'on suppose que le point de départ d'une économie socialiste de caractère statique coïncide avec l'état final d'une économie concurrentielle, on pourrait concevoir un système socialiste de production rationnellement contrôlé du point de vue économique. Cependant, cette possibilité n'a qu'un intérêt conceptuel, car l'état d'équilibre est impossible dans la vie réelle où l'information économique change constamment ; de sorte que le modèle statique n'est qu'une hypothèse théorique sans aucun lien avec les circonstances de la vie réelle ».

172 Ludwig von Mises, *Socialism*, op. cit., pp. 120-121. Montes de Oca traduit ainsi ce passage (retraduit ici en français) : « *Il n'existe plus dans la société stationnaire de problème à résoudre qui requière le calcul économique, parce que celui qui devrait être résolu l'a déjà été. Si l'on veut employer des expressions courantes, parfois un peu erronées, on pourrait dire : le calcul économique est un problème de l'économie dynamique et non de l'économie statique* » *Socialismo*, op. cit., pp. 132-133. L'affirmation de Salerno, d'après laquelle le problème du calcul économique chez Mises est un simple problème de maximisation robbinsienne où les objectifs et les moyens sont donnés, est donc dépourvue de sens (Joseph T. Salerno, « Ludwig von Mises as Social rationalist », op. cit., p. 46). D'un point de vue dynamique, ni les objectifs ni les moyens ne sont donnés ; il faut les créer et les découvrir à tout moment. Calculer implique de regarder vers le futur et, donc, de créer de l'information nouvelle.

173 « *Ce qui distingue l'Ecole autrichienne et lui donnera une immortelle célébrité, c'est précisément le fait d'avoir développé une théorie de l'action économique et non pas de la 'non action' ou 'équilibre économique'* ». Voir l'autobiographie intellectuelle de Mises, *Notes and Recollections*, op. cit., p. 36.

Il est donc démontré que le noyau essentiel de la théorie sur l'impossibilité du socialisme expliquée aux chapitres II et III de ce livre est déjà explicitement énoncé dans l'article écrit par Mises en 1920 et que nous commentons ici. Le travail de Mises impressionna fortement son jeune disciple F. A. Hayek qui abandonna le socialisme « *bienveillant* » de sa première jeunesse et s'efforça, depuis lors, d'épurer et d'élargir les apports de son maître[174]. On ne peut donc pas accepter la thèse, essentiellement erronée, d'après laquelle il existe deux arguments différents contre la possibilité du calcul économique dans les économies socialistes. Le premier de ces arguments serait simplement *algébrique* ou *computationnel* ; il aurait été exposé initialement par Mises : le calcul économique ne serait pas possible là où il n'y aurait pas de prix permettant la comptabilité de pertes et de gains. L'autre argument, de nature *épistémologique,* aurait été développé fondamentalement par Hayek : le socialisme ne pourrait pas fonctionner à cause de l'impossibilité, pour l'organe de planification centrale, de disposer de l'information pratique importante et nécessaire pour organiser la société[175]. Pour Mises, au contraire, les deux arguments, le computationnel et l'épistémologique, ne sont que les deux faces inséparables de la même monnaie : d'une part, on ne peut effectuer aucun calcul économique ni les estimations correspondantes, si l'on ne peut pas disposer de l'information nécessaire pour les réaliser sous forme de *prix de marché*. D'autre part, cette information *se crée* constamment par suite du libre exercice de la fonction entrepreneuriale qui constate continuellement les relations d'échange ou prix de marché qui ont existé dans le passé, essaie de découvrir quels seront les prix de marché de demain et agit en conséquence, entraînant ainsi la formation effective des prix futurs. Mises écrit en 1922 : « *It is the speculative capitalist who create the data to which he has to adjust his business and which therefore gives direction to his trading operations* »[176].

Les considérations précédentes ne doivent pas empêcher de reconnaître que le travail pionnier de Mises de 1920 était encore loin des apports raffinés et épurés qu'Hayek et Mises lui-même devaient réaliser durant les décennies suivantes. Ces apports devaient s'achever par le développement de l'analyse de la fonction entrepreneuriale et des processus de création d'information qui en sont le résultat et que nous avons exposés aux chapitres II et III. D'autre part, il ne faut pas oublier que l'apport initial de Mises était très influencé par le climat marxiste préexistant qu'il prétendait contester et qui

---

[174] « *My thinking was inspired largely by Ludwig von Mises' conception of the problem of ordering a planned economy... But it took me a long time to develop what is basically a simple idea* », dans F. A. Hayek « The Moral Imperative of the Market », publié dans *The Unfinished Agenda. Essays on the political economy of government policy in honour of Arthur Seldon*, Institute of Economic Affairs, Londres 1986, p. 143.

[175] Divers auteurs ont cru à tort que l'argument computationnel n'impliquait pas l'argument épistémologique et vice versa. Ainsi, par exemple, Chadran Kukathas, *Hayek and Modern Liberalism,* Clarendon Press, Oxford 1989, p. 57 ; Murray N. Rothbard, *Ludwig von Mises : Scholar, Creator and Hero*, Ludwig von Mises Institute, 1988, p. 38, et les travaux de J. T. Salerno déjà cités.

[176] Ludwig von Mises, *Socialism*, p. 121 : « Ce sont les entrepreneurs qui *créent l'information* à laquelle chacun adapte son activité et qui oriente, donc, ses opérations commerciales ».

le conduisit à souligner spécialement, dans son analyse, la nécessité de l'usage de la monnaie et de l'existence de prix pour permettre le calcul économique. Afin, donc, de situer l'article de Mises de 1920 dans son contexte, nous consacrerons la prochaine section à l'étude de l'ambiance marxiste dominant dans les milieux universitaire et intellectuel que Mises fréquenta durant les années immédiatement antérieures à 1920 et avec lesquels il se familiarisa dans le cadre du Séminaire que tint Böhm-Bawerk jusqu'à l'avènement de la Première Guerre Mondiale.

3. FONCTIONNEMENT DU SOCIALISME SELON MARX

Mises a, sans aucun doute, élaboré fondamentalement son travail pionnier en pensant à la conception marxiste du socialisme qui prévalait en Europe au début des années vingt. C'est pourquoi il faut préciser, en premier lieu, quelles étaient les idées répandues à cette époque sur cet important sujet.

La première question est de savoir si Karl Marx avait ou non une idée claire de la façon dont le système socialiste qu'il préconisait devrait fonctionner en pratique. Ce point est important pour deux raisons : d'abord, parce que Mises accusa souvent Marx et ses adeptes d'essayer de s'immuniser contre toute analyse critique contre le système socialiste en soutenant simplement que cette analyse serait utopique et sans importance, car le socialisme serait une conséquence inexorable de l'évolution du capitalisme ; ensuite, parce que Marx lui-même considéra que, dans son schéma théorique, la réflexion minutieuse et détaillée sur les aspects concrets du socialisme du futur n'était pas « *scientifique* ». Malgré cela, et même si la position marxiste a été utilisée de façon abusive et systématique pour éviter la discussion théorique sur les possibilités réelles de fonctionnement du socialisme, nous considérons que, dans l'analyse critique du capitalisme qui constitue le noyau de l'apport marxiste, on distingue clairement, même si elle est implicite et embryonnaire, une analyse de la manière dont le socialisme devrait, d'après Marx, fonctionner en pratique[177]. A notre avis, Marx était tellement influencé et obsédé par le modèle de réajustement et d'équilibre ricardien que toute sa théorie tente de justifier un équilibre *normatif*, en ce sens qu'il faut, d'après Marx, forcer d'en haut une « *coordination* », imposée par le prolétariat et qui mette fin aux caractéristiques typiques du capitalisme. Il faut souligner, à propos de l'analyse positive et détaillée des réalités économiques du système capitaliste, quelque chose de paradoxal : Marx se concentre fondamentalement sur l'étude des déséquilibres et désajustements se produisant dans le marché, en sorte que la théorie marxiste est avant tout une théorie du déséquilibre qui, curieusement, coïncide parfois avec l'analyse

[177] Nous sommes, donc, fondamentalement d'accord avec Don Lavoie, dont le chapitre sur le socialisme marxiste est, à notre avis, l'un des plus brillants de son ouvrage *Rivalry and Central Planning*, op. cit., chap. II, pp. 28-47. Voir aussi le livre de Nicolas Scott Arnold, *Marx's Radical Critique of Capitalist Society. A Reconstruction and Critical Evaluation*, Oxford University Press, Oxford, 1990.

des processus de marché développée par les économistes de l'Ecole autrichienne en général et par Mises et Hayek en particulier.

Ainsi, chose curieuse, Marx a compris d'une certaine manière comment le marché, en tant qu'ordre spontané et impersonnel, agissait comme un processus créateur et de transmission d'information permettant une certaine coordination au sein de la société. On peut lire, en effet, dans les *Grundrisse* : « It has been said and may be said that this is precisely the beauty and the greatness of it, this *spontaneous* interconnection, this material and *mental* metabolism which is independent of the knowing and willing of individuals, and which presupposes their reciprocal independence and indifference. And certainly, this objective connection is preferable to the lack of any connection, or to a merely local connection resting on blood ties, or on primeval, natural or master-servant relations »[178] (les italiques sont de moi). Marx reconnaît, en outre, explicitement le rôle des *institutions* dans l'acquisition et la transmission d'information pratique dans le marché et leur importance pour la connaissance des agents économiques : « Together with the development of this alienation, and on the same basis, efforts are made to overcome it : *institutions* emerge whereby each individual can acquire *information* about the activity of all others and attempt to adjust his own accordingly... Although the total supply and demand are independent of the actions of each individual, everyone attempts to *inform* himself about them, and this *knowledge* then reacts back in practice on the total supply and demand »[179].

Or, si Marx condamne le marché c'est, précisément, parce qu'il le compare avec un système économique « *idéal* » dans lequel les individus sont capables de subordonner toutes leurs relations sociales à un contrôle commun centralisé et contraignant ; ce contrôle est supposé permettre que tout le processus résulte d'une organisation consciente et délibéré et ne soit pas, comme c'est le cas dans le marché, un processus impersonnel ni planifié ni contrôlé consciemment par personne et, donc, « *aliénant* ». Ce contrôle organisé de toute la société doit, en outre, se faire à l'aide d'une élaboration détaillée et *a priori* d'un plan, qui permette d'organiser toute la société, de la même manière qu'un architecte dessine en détail les plans de son édifice avant de le construire : « *What distinguishes the worst architect from the best*

---

[178] Kart Marx, *Grundrisse : Foundations of the Critique of Political Economy,* Random House, New York 1973, p. 161 : « Comme cela a été dit, l'on peut affirmer que la beauté et la grandeur du marché résident précisément dans son interconnexion *spontanée*, dans ce métabolisme matériel et *mental* qui est indépendant de la connaissance et de la volonté des individus et qui présuppose leur indépendance et indifférence réciproques. Et cette connexion objective est certes préférable à l'absence de toute connexion, ou à des connexions purement locales fondées sur les liens du sang, ou sur des relations de type primitif, naturel ou de servitude ».

[179] *Ibidem*, p. 161 : « Parallèlement au développement de l'aliénation, des efforts se réalisent pour la surmonter : des *institutions* naissent où chaque individu acquiert des *informations* sur l'activité des autres et tente d'adapter la sienne convenablement... Bien que l'offre et la demande totales soient indépendantes de l'action de chaque individu, chacun tâche de *s'informer* de celles-ci, de sorte que cette *connaissance* influe, en pratique, sur le total de l'offre et de la demande ».

of bees is this, that the architect raises his structure in imagination before he erects it in reality »[180]. C'est donc à travers ce contraste exclusif entre l' « *anarchie* » de la production propre à l'ordre spontané du marché et la « *parfaite organisation* » dérivant soi-disant de la planification centrale que Marx critique le capitalisme et défend le système socialiste qui, d'après lui, le remplacera inexorablement.

On devine facilement que l'*erreur essentielle* de Marx consiste à confondre les concepts d'information pratique et d'information scientifique, d'une part, et, d'autre part, à penser que l'information pratique a un caractère objectif et peut être « *assimilée* » par l'organe central de planification. Marx ignore le caractère subjectif, privé, dispersé, tacite et non exprimable de l'information pratique, exposé au chapitre II de ce livre. Il ne voit pas que, d'un point de vue logique, non seulement la coordination centralisée des désajustements sociaux est impossible, mais que le développement et la création constante d'information nouvelle résulte exclusivement du processus entrepreneurial capitaliste, incompatible avec la contrainte et la centralisation. Autrement dit, l'apparition de technologies nouvelles, de produits, de méthodes de distribution et, en général, la création d'information entrepreneuriale nouvelle n'est logiquement possible que grâce au processus spontané de marché que Marx a tant critiqué et qui est stimulé par la force de l'esprit d'entreprise. En ce sens, il y a là un paradoxe, à savoir que, *de son propre point de vue, le socialisme marxiste est un socialisme utopique*, car une conception adéquate de la nature logique de l'information créée et utilisée dans le marché nous mène inexorablement à la conclusion suivante : il lui est impossible de conduire, par ses propres forces d'évolution et de développement technique et économique, à un ordre social fondé sur l'organisation centralisée et contraignante de toute l'information pratique.

C'est là l'erreur fondamentale de Marx, à tel point que toutes ses autres erreurs en matière économique et sociale ne sont que des résultats particuliers de cette erreur radicale de départ. Ainsi, par exemple, sa théorie de la valeur travail n'est que la conséquence naturelle de l'idée que

---

[180] Karl Marx, *Capital: A Critique of Political Economy*, vol. I, « The Process of Capitalist Production », International Publishers, New York 1967, p. 178 : « *ce qui distingue le pire des architectes de la meilleure des abeilles, c'est que l'architecte conçoit la structure de son édifice dans son imagination avant de l'ériger dans la réalité* » (il existe une traduction espagnole de Wenceslao Roces, publiée à Mexico par le F. C. E. en 1946. Et une autre de Christian Fazio, imprimée dans l'ancienne Union soviétique par les éditions Progreso, Moscou 1990, et qui traduit ainsi cette citation [retraduite ici en français], à la p. 171 – vol. I, section 3, chap. V – : « *ce qui distingue dès le début le plus mauvais maître d'œuvre de la meilleure des abeilles, c'est qu'avant de construire un gâteau de cire, il le fait dans sa tête* »). Ailleurs, Marx défend de manière encore plus explicite la planification centrale comme unique moyen d'organisation de l'activité économique : « *The united cooperative societies are to regulate national production upon a common plan, thus taking it under their own control and putting an end to the constant anarchy and periodical convulsions which are the fatality of capitalist production* », p. 213 de « The Civil War in France: Address of the General Council », dans *The First International and After: Political Writings*, édité par D. Fernbach, Random House, New York, vol. III, pp. 187-268.

l'information ou connaissance est quelque chose d'objectif et d'indubitablement discernable du point de vue d'un observateur extérieur. Nous savons, au contraire, que la valeur n'est qu'une idée ou information de type subjectif, dispersé et non exprimable, c'est-à-dire une appréciation ou projection de l'esprit humain concernant les choses ou moyens économiques ; elle est psychologiquement d'autant plus intense que l'acteur croit subjectivement que ces moyens seront plus utiles pour atteindre ses objectifs.

Cette conception erronée de la théorie de la valeur invalide également toute la théorie marxiste de la plus-value ou exploitation. Non seulement l'analyse de Marx ignore volontairement les moyens économiques qui, n'étant pas des marchandises, ne comprennent pas de travail dans leur processus d'élaboration, mais l'analyse marxiste, comme Böhm-Bawerk l'a magistralement montré[181], ignore totalement la catégorie de la préférence

---

[181] En résumé, les principaux arguments contre la théorie objective de la valeur travail et de son corollaire principal, la théorie marxiste de l'exploitation, sont les suivants : *Premièrement,* il n'est pas vrai que tous les biens économiques soient des produits du travail. Il ya, d'un côté, *les biens de la nature*, qui, étant rares et utiles pour atteindre des objectifs humains, constituent des biens économiques, bien qu'ils ne comprennent aucun travail. D'autre part, il est évident que deux biens, même comprenant une même quantité de travail, peuvent avoir une valeur très différente si le *temps* que suppose leur production est différent. *Deuxièmement,* la valeur des biens est quelque chose de *subjectif,* car – nous l'avons vu au chapitre II – la valeur n'est qu'une appréciation effectuée par l'homme lorsqu'il projette sur les moyens l'importance qu'il croit qu'ils ont pour atteindre un objectif déterminé. C'est pourquoi des biens comprenant une grande quantité de travail peuvent avoir une valeur très réduite et même ne rien valoir, si l'acteur se rend compte ensuite qu'ils ne servent pas pour atteindre un objectif quelconque. *Troisièmement,* les théoriciens de la valeur travail tombent dans une contradiction insoluble et dans un *raisonnement circulaire,* puisque si le travail détermine la valeur des biens économiques et celui-ci est, à son tour, déterminé – quant à son évaluation – par la valeur des biens économiques nécessaires pour le reproduire et maintenir la capacité productive du travailleur, on finit par tomber dans un raisonnement circulaire sans jamais expliquer ce qui détermine, en dernière instance, la valeur. Et enfin, *quatrièmement,* il est évident que les défenseurs de la théorie de l'exploitation ignorent la loi de la *préférence temporelle* et, donc, la catégorie logique suivante : toutes circonstances égales, les biens présents ont toujours une valeur supérieure à celle des biens futurs. Par suite de cette erreur, ils prétendent que l'on paye le travailleur plus que ce qu'il produit réellement, lorsqu'ils défendent qu'on lui donne, quand il travaille, la valeur intégrale d'un bien qui ne sera produit qu'au bout d'une période plus ou moins longue. Toutes ces considérations critiques relatives à la théorie de la valeur sont analysées en détail dans l'ouvrage classique d'Eugen von Böhm-Bawerk « The Exploitation Theory », dans *Capital and Interest,* Libertarian Press, South Holland, Illinois 1959, vol. I, chap. 12, pp. 241-321 (Il existe une traduction espagnole préfacée par Joaquín Reig Albiol, *La Teoría de la Explotación*, Unión Editorial, Madrid 1976) Cet ouvrage de Böhm-Bawerk est la traduction anglaise du premier volume de son *Kapital and Kapitalzins,* qui fut publié en quatre éditions (1884, 1900, 1914, 1921) avec le sous-titre « Geschichte und Kritik der Kapitalzins-Theorien ». Böhm-Bawerk écrivit en plus un article consacré à montrer les inconsistances et contradictions de Marx lorsqu'il essaya de résoudre, dans le vol. III du *Capital*, les erreurs et contradictions de sa théorie de l'exploitation telle qu'elle avait été développée initialement dans le vol I de ce même ouvrage. Cet article s'intitule « Zum Abschluss des Marxschen Systems », publié aux pp. 85-205 de *Staatswissentschaftliche Arbeiten-Festgaben für Karl Knies zur Fünfundsiebzigsten*

temporelle et le fait que toute action humaine, en général, et tout processus productif, en particulier, prennent du temps. Marx préconise ainsi de payer au travailleur non pas la valeur de ce qu'il produit, mais nettement plus que ce qu'il produit, car il exige qu'on lui verse la valeur intégrale de sa contribution au processus productif, mais évaluée non pas au moment où chaque contribution se produit mais au moment postérieur où le processus productif total a été achevé. Et cela, sans parler du fait que l'analyse de la plus-value de Marx mène inéluctablement à un raisonnement circulaire qui n'explique rien. La soi-disant valeur objective du travail est, en effet, déterminée par référence à une valeur de coût de reproduction de celui-ci représentée par les biens qui sont nécessaires pour le maintenir ; valeur qui serait déterminée, à son tour, par le travail compris dans ces biens et ainsi de suite, selon un raisonnement circulaire vicieux qui n'est capable de rien expliquer.

Marx considérait que l'Etat socialiste idéal aurait à organiser la société comme une « *immense usine* », entièrement planifiée d'en haut de manière « *rationnelle* » Ce serait la seule façon d'éviter les grandes inefficiences et répétitions propres au système capitaliste et, surtout, cela permettrait d'abolir, en général, toutes les relations de marché et, en particulier, d'éliminer la circulation de la monnaie en tant que moyen d'échange. Marx nous dit explicitement que « in the case of socialized production *the money capital is eliminated.* Society distributes labour-power and means of production to the different branches of production. The producers may, for all it matters receive paper vouchers entitling them to withdraw from the social supplies of consumer goods a quantity corresponding to their labour-time. *These vouchers are not money. They do not circulate* »[182]. Et il dit ailleurs, à propos de ces coupons qu'ils sont « ... no more money than a

Wiederkehr, Haering, Berlin 1896. J'ai utilisé une traduction anglaise intitulée « The Unresolved Contradiction in the Marxian Economic System », chap. IV de *Shorter Classics of Eugen von Böhm-Bawerk*, vol. I, Libertarian Press, South Holland, Illinois 1962, p. 201-302 (il existe une traduction espagnole intitulée « Una Contradiction no resuelta en el Sistema Económico Marxista », *Libertas* n° 12, mai 1990, pp. 165-296, Buenos Aires). Du côté marxiste, seul Rudolph Hilferding (1877-1941) essaya, sans succès, de contester les arguments de Böhm-Bawerk, dans son « Böhm-Bawerk's Marx Kritik », publié en 1904 dans le vol. I des *Marxstudien*, I. Brand, Vienne. Böhm-Bawerk conclut, à propos de cet article d'Hilferding, que « *nothing in it has caused me to change my opinion in any respect* » ; voir *Capital and Interest*, op. cit., vol. I, p. 472. Otto Bauer, théoricien socialiste qui assistait, comme Hilferding et Mises, au Séminaire de Böhm-Bawerk, dit à Mises qu'Hilferding n'était même pas arrivé à comprendre l'essence de la critique de Böhm-Bawerk à Marx. Voir Mises, *Notes and Recollections*, op. cit., p. 40.

[182] « Dans le cas de la production socialisée, la monnaie est éliminée. De cette façon, le travail et les ressources sont distribués entre les différentes branches de la production. Les producteurs peuvent, à tous les effets, recevoir des bons de papier qui leur donnent le droit de retirer de l'offre sociale de biens de consommation une quantité de ceux-ci qui corresponde au temps de travail réalisé : ces reçus ne sont pas de la monnaie. Ils ne circulent pas ». Karl Marx, *Capital : A Critique of Political Economy*, vol. II, « The Process of Circulation of Capital », International Publishers, New York 1967, p. 358.

ticket for the theatre »[183]. Toute cette conception de Marx a ensuite été adoptée par ses disciples et a été popularisée par Friedrich Engels dans son *Anti-Dühring* : « la société n'a qu'à calculer combien d'heures de travail ont été mises dans une machine à vapeur, dans un hectolitre de céréales de la dernière récolte ou dans cent mètres carrés de tissu d'une certaine qualité... *La société n'assignera pas de valeurs aux produits* ; elle n'exprimera pas le fait très simple que la production de cent mètres carrés de tissu exige, par exemple, mille heures de travail de la façon stupide et erronée employée aujourd'hui... La société aura, sans aucun doute, besoin de savoir combien de travail il lui faut pour produire n'importe quel objet d'usage courant ; elle devra organiser le plan de la production en fonction des instruments de production, à la tête desquels se trouve la force du travail. En dernière analyse, ce seront les effets utiles des divers objets –comparés d'abord entre eux et ensuite à la quantité de travail nécessaire pour les fabriquer – qui détermineront le plan de la production. *Le problème se résoudra facilement sans qu'intervienne en rien la fameuse 'valeur' »*[184]. C'est donc dans le cadre de ces apports de Marx[185] et de ses disciples immédiats qu'il faut entendre l'article emphatique de Mises, paru en 1920, sur la nécessité de l'existence de la monnaie et des prix monétaires pour permettre le calcul économique. La section suivante sera consacrée, entre autres choses, à son commentaire.

---

[183] « Ce n'est pas plus de la monnaie qu'un billet pour le théatre ». Karl Marx, *Capital : A Critique of Political Economy*, vol. I, « The Process of Capitalist Production », op. cit., p. 94.

[184] Friedrich Engels, *Anti-Dühring* o « *La Revolución de la Ciencia* » *de Eugenio Dühring. Introduction al Estudio del Socialismo*, Editorial Claridad, Buenos Aires, 3° édition, 1970, pp. 320-321.

[185] Marx a considéré, en outre, que les versions interventionniste et syndicaliste du socialisme étaient « *utopiques* ». L'interventionnisme, parce qu'il cherchait à maintenir la forme anarchique de production typique du marché en la corrigeant par des ordres isolés émanant du gouvernement et visant à atteindre les objectifs socialistes. Sur ce point, Marx accepta pleinement les arguments contraires à l'interventionnisme de l'Ecole Classique d'Economie et considéra que la législation sociale et du travail ne pourrait jamais atteindre son but, de même qu'il est impossible d'altérer l'existence de la loi de la pesanteur. Les salaires ne peuvent, donc, être augmentés de façon substantielle par des décrets officiels même si l'Etat ou le gouvernement le désiraient sincèrement. Les syndicalistes, pour leur part, seraient utopiques dans la mesure où ils n'ont jamais su expliquer comment les diverses industries et entreprises indépendantes contrôlées par les travailleurs pourraient coordonner leurs activités d'une manière rationnelle du point de vue de l'ensemble de la société. Ce que Marx n'a pas vu c'est que – comme nous l'avons démontré dans le texte – le socialisme qu'il développait lui-même était également *utopique*, car l'apparition de l'information nécessaire pour permettre le développement économique, technologique et social est incompatible avec la planification centrale et contraignante.

4. CONSIDERATIONS SUPPLEMENTAIRES SUR L'APPORT DE MISES

Réfutation misesienne de Marx

La démonstration, fournie par Mises, du fait que le socialisme implique une impossibilité logique n'est, donc, pas seulement un argument théorique concernant les possibilités de développement futur du socialisme, mais suppose – et cela est très important – une *attaque pertinente portée au cœur même de l'analyse de Karl Marx*. Mises, en effet, coïncide pleinement avec Marx lorsqu'il considère que ni la monnaie ni aucun moyen d'échange ne seraient nécessaires en situation d'équilibre, et à supposer que toute l'information soit objective et disponible pour l'organe central de contrôle. Ainsi, Mises affirme expressément : « *Money is necessarily a dynamic factor ; there is no room left for money in a static system* »[186]. Cela dit, l'argument essentiel de Mises – nous l'avons vu – ne vise pas un modèle d'équilibre aussi hypothétique qu'impossible, dans lequel il n'y a pas de changements et où tous les désajustements sociaux ont disparu par suite de la coordination contraignante exercée par un organe central de planification possédant toute l'information importante. Pour Mises, au contraire, il n'y aurait, dans ces circonstances dont l'existence pratique est impossible, aucun problème de calcul économique. L'apport *essentiel* de Mises consiste justement à avoir démontré qu'il est théoriquement impossible qu'un organe

---

[186] « La monnaie est nécessairement un facteur dynamique; il n'y a pas de place pour la monnaie dans un système statique ». Ludwig von Mises, *Human Action*, op. cit., p. 249. Mises considère également, en accord avec Marx, que la prétendue « *monnaie* » utilisée en situation d'équilibre n'aurait nullement cette nature. Il n'affirme pas, comme Marx, que ce serait simplement un coupon ayant la même fonction qu'un billet de théatre, mais plutôt que « it is merely a *numéraire*, an ethereal and undetermined unit of accounting of that vague and indefinable character which the fancy of some economists and the errors of many laymen mistakenly have attributed to money ». Il ajoute ailleurs (*Human Action*, p. 417) que « *it is impossible to assign any function to indirect exchange, media of exchange and money within an imaginary construction the characteristic mark of which is unchangeability and rigidity of conditions. Where there is no uncertainty concerning the future there is no need for any cash holding. As money must necessarily be kept by people in their cash holdings, there cannot be any money. The use of media of exchange and the keeping of cash holdings are conditioned by the changeability of economic data. Money in itself is an element of change ; its existence is incompatible with the idea of a regular flow of events in an evenly rotating economy* ». D'autre part, la meilleure analyse que je connaisse des differences entre le concept de monnaie dans un système d'économie de marché et un système socialiste se trouve dans Trygve J. B. Hoff, *Economic Calculation in the Socialist Society*, Liberty Press, Indianapolis 1981, chap. VI, « Money in the formation of prices of consumer goods in a socialist society with each choice of goods and occupation », et en particulier pp. 101-115. Hoff montre très clairement que même si on utilise le terme « *monnaie* » dans les économies de marché et dans les socialistes, il s'agit en réalité de choses totalement différentes ; non seulement parce que les prix ne remplissent, dans les régimes socialistes, qu'une mission purement paramétrique (rétrospective ou d'ajustement et non prospective dans le sens d'incorporation ou de création d'information), mais parce qu'on ne peut acquérir, dans les systèmes socialistes, que des biens de consommation et le seul magasin disponible est celui de l'Etat.

central de planification puisse, dans le monde réel, coordonner la société au moyen de la coercition. En ce sens, l'apport de Mises non seulement montre l'impossibilité logique du socialisme, mais constitue l'argument définitif contre Marx.

Il est évident que seul quelqu'un possédant, comme Mises, une connaissance aussi subtile et profonde du fonctionnement des processus de marché dans la vie réelle pourrait se rendre compte que le calcul économique et la coordination sociale sont impossibles hors du marché. Il faut, cependant, faire une remarque importante : les concepts de *prix de marché* et de *concurrence* utilisés par Mises, et dont l'absence rend justement impossible le calcul économique hors du marché, n'ont rien à voir avec les concepts de « *prix* » et de « *concurrence* » utilisés par les théoriciens néoclassiques de l'équilibre. Pour Mises, le *prix* est toute relation historique d'échange qui apparaît nécessairement dans le processus concurrentiel mû par la force de la fonction entrepreneuriale, et non pas un simple concept *paramétrique* indiquant les termes dans lesquels chaque possibilité doit s'offrir en fonction des autres. Le terme *concurrence* – cela est encore plus important – possède, pour Mises, une signification qui est virtuellement le contraire de celle utilisée par le courant néoclassique. Alors que le « *modèle de concurrence parfaite* » fait allusion à un certain état d'équilibre où tous les participants se limitent passivement à vendre le même produit à un prix donné, le mot *concurrence* désigne, pour Mises, un processus dynamique de rivalité entre entrepreneurs qui, plus que vendre à des prix donnés, prennent constamment des décisions et entreprennent de nouvelles actions et des échanges qui créent de l'information nouvelle se matérialisant sans cesse dans de *nouveaux produits de marché*.

Nous aurons l'occasion d'étudier plus en détail, dans le chapitre consacré à Oskar Lange, les différences existant entre les concepts de prix et de concurrence utilisés par Mises et par les économistes néoclassiques. Ce qu'il faut souligner ici, c'est que Mises visa fondamentalement, dans son article original de 1920, la vision de la planification central implicite dans Marx et que nous avons commentée. Comme Marx niait spécifiquement la nécessité de l'utilisation de prix monétaires, il est naturel que Mises ait insisté sur la nécessité de prix et de monnaie pour permettre le calcul économique. Plus tard seulement, les socialistes participant au débat reconnaîtront finalement la nécessité de l'existence de la monnaie et des prix, quoique dans un sens purement paramétrique, pour permettre le calcul économique. C'est alors qu'Hayek développera, jusqu'à ses ultimes conséquences, l'argument initialement exposé par Mises et selon lequel le calcul économique exige de véritables *prix de marché*, et pas seulement des prix paramétriques, en sorte que ni l'exercice de l'action entrepreneuriale ni l'ajustement et la coordination qu'exige la société ne sont possibles sans l'existence de marchés vraiment concurrentiels et de la propriété privée des facteurs de production. Il faut rappeler, cependant, que tous les éléments fondamentaux de cet argument essentiel – perfectionné par Hayek et par Mises lui-même – sur le rôle de l'information ou connaissance pratique dispersée dans le marché sont déjà développés, de façon embryonnaire, dans l'apport initial réalisé par Mises en 1920.

Calcul monétaire des pertes et gains

Mises distingue, à la section II de son article de 1920 intitulée « La nature du calcul économique », trois jugements estimatifs de valeur différente que peut effectuer tout acteur ou entrepreneur qui agit. Il leur donne respectivement le nom d'évaluations primaires, évaluations de consommation et évaluations de production. Les évaluations primaires et celles de consommation sont effectuées *directement* par l'acteur, c'est-à-dire grâce à un calcul *in natura* qui exige seulement de comparer dans l'échelle de valeurs subjective de chaque acteur, la place qu'occupent les divers objectifs et les moyens de consommation nécessaires pour les atteindre. Les évaluations de production sont, au contraire, beaucoup plus difficiles, en particulier dans une structure productive qui, comme la moderne, présente un réseau très complexe d'étapes productives différentes, interconnectées les unes avec les autres de façon très compliquée et ayant chacune des durées très différentes. Ici, comme le dit Mises, « *the mind of one man alone is too weak to grasp the importance of any single one among the countlessly many goods of higher order* »[187]. Les decisions concernant les facteurs de production sont, en effet, si compliquées qu'elles exigent des jugements estimatifs ne pouvant être effectués que si on leur incorpore l'information venant des prix *monétaires* qui résultent du processus de marché. C'est la seule façon d'éliminer, grâce à la fonction entrepreneuriale, les désajustements de la structure productive et d'établir ainsi la tendance à la coordination qui rend possible la vie en société.

Le noyau de ce processus est précisément constitué par les jugements estimatifs de *pertes et* de *gains* que les entrepreneurs effectuent constamment lorsqu'ils agissent dans le marché des facteurs de production. En effet, chaque fois qu'ils trouvent une occasion de gain, ils en profitent en achetant des facteurs de production à un prix de marché ou coût monétaire dont ils croient qu'il sera inférieur au prix de vente obtenu par le bien de consommation une fois produit. Les pertes, au contraire, indiquent qu'il y a eu erreur au moment d'agir et qu'on a consacré peu de ressources à la production de certains services et biens de consommation alors qu'il était plus urgent ou important d'en produire d'autres (ceux qui engendrent des gains et non des pertes). Naturellement, les entrepreneurs qui achètent et vendent des facteurs de production et entreprennent des processus productifs n' « *agissent* » pas simplement en s'adaptant à des « *prix* » chimériques de type paramétrique. Ils créent activement, de façon continue, de véritables *prix de marché* auxquels ils incorporent inconsciemment l'information qu'ils engendrent et découvrent sans cesse. Sans monnaie, sans propriété privée et sans liberté d'exercice de la fonction entrepreneuriale, cette information ne peut être ni créée, ni découverte, ni transmise constamment ; et les prix de marché, élément ou matière première essentielle du calcul économique qui permet la coordination de la vie en société, ne peuvent pas se former.

---

[187] « *L'esprit humain est trop limité pour apprécier l'importance de l'un des innombrables et multiples facteurs de production* ». Ludwig von Mises, « Economic Calculation in the Socialist Commonwealth », dans *Collectivist Economic Planning*, op. cit., p. 102.

Suffisance pratique du calcul économique

Le calcul économique tel qu'il s'effectue dans une économie réelle de marché présente, aux yeux de Mises, trois avantages. Il permet, premièrement, de tenir compte des évaluations des agents économiques intervenant dans le processus social ; deuxièmement, il oriente l'action, en ce sens qu'il indique quel genre de processus productifs doivent ou non être entrepris, ce qui est possible grâce aux indicateurs ou « *signes* » que représentent pour les entrepreneurs les estimations de pertes et de gains qu'ils effectuent constamment ; et, troisièmement, il permet de réduire de nombreuses évaluations concernant l'action au dénominateur commun des unités monétaires.

Mises admet et prend soin d'indiquer que ni le calcul économique ni la fonction de la monnaie ne sont parfaits dans une économie de marché. Car la monnaie, en tant que moyen d'échange, modifie constamment, et de façon imprévisible, sa capacité acquisitive. Quant au calcul économique, il existe d'abord divers biens et services qui ne font l'objet ni d'achats ni de ventes dans le marché ; fondamentalement parce qu'il s'agit de *res extra commercium* qui ne permettent, donc, pas d'estimations en prix monétaires (de fait, tout l'argument de Mises est fondé sur l'analyse des conséquences qu'aurait la conversion de tous les biens d'investissement en *res extra commercium*). En outre, l'apparente exactitude de la comptabilité (financière et des coûts) est trompeuse, car ses expressions numériques renferment et cachent le fait qu'elles sont toutes fondées sur des jugements subjectifs, de nature strictement entrepreneuriale, concernant l'évolution des évènements futurs. Mises illustre cette idée par l'exemple du calcul des taux d'amortissement qui impliquent toujours, comme expression comptable de la dépréciation, un jugement estimatif de type entrepreneurial sur ce que sera, demain, le prix de marché du renouvellement du bien de production usé physiquement ou technologiquement.

Mais, malgré toutes ses insuffisances et imperfections, le calcul économique est le seul guide qui permette de découvrir les désajustements apparaissant dans la société ; il oriente l'action des hommes qui cherchent à les découvrir et à les coordonner, ce qui rend possible la vie en société. Etant donné les caractéristiques de l'information ou de la connaissance pratique et dispersée, que nous avons analysées au chapitre II, il n'existe aucun substitut pour le calcul économique de marché ; même s'il se fonde sur des estimations subjectives et sur l'information fournie par des prix de marché qui ne sont jamais des prix d'équilibre, il permet au moins *aux entrepreneurs d'écarter de leur considération d'innombrables possibilités, options et courants d'action* qui, bien que technologiquement possibles, ne seraient pas corrects économiquement. Autrement dit, grâce au calcul économique les possibilités considérées par les entrepreneurs se limitent à un nombre réduit d'options apparaissant *a priori* comme potentiellement satisfaisantes, ce qui simplifie grandement le processus de prise de décisions par l'acteur. Mises conclut, ainsi, en affirmant que : « *admittedly, monetary calculation has its inconveniences and serious defects, but we have certainly nothing better to puts in its place, and for the practical purposes of life monetary calculation as it exists under a sound monetary system always suffices »*[188].

Le calcul, problème de caractère essentiellement économique (et non technique)

L'établissement d'un régime socialiste suppose, pour Mises, l'élimination de l'économie rationnelle, car il empêche l'existence de prix et de monnaie véritables, comme ceux d'une économie réelle de marché. Dans la conception marxiste initiale que nous avons étudiée et qui préconise l'abolition des prix et de la monnaie, il est évident que le calcul économique disparaîtrait totalement. C'est à la critique de cette proposition que Mises consacre une grande partie de son article. Les choses changent peu si, comme nous le verrons, les socialistes permettent, dans une seconde ligne de défense, l'existence de « *prix* » de type paramétrique, fixés par l'autorité de contrôle, et d'« *unités monétaires* » qui sont plutôt de simples unités de compte, car on ramène le problème à l'impossibilité de la création et transmission d'information pratique nouvelle là où l'exercice de la fonction entrepreneuriale n'est pas libre. L'exercice systématique de la contrainte institutionnelle empêche l'apparition et la transmission de l'information, en sorte qu'elle ne pourra en aucun cas se concentrer dans l' « *esprit* » de l'organe directeur et qu'il ne pourra pas l'utiliser.

Le problème que pose le socialisme n'est donc pas un problème technique ou technologique, dans lequel les objectifs et les moyens sont supposés donnés ainsi que le reste de l'information nécessaire pour résoudre un simple problème de maximisation. Le problème que pose le socialisme est, au contraire, strictement *économique : il apparaît lorsque les objectifs et les moyens sont nombreux, concourent entre eux, que la connaissance les concernant est dispersée dans l'esprit d'individus innombrables et constamment créée ex novo et qu'on ne peut donc même pas connaître toutes les possibilités et options existantes ni l'intensité relative avec laquelle on désire poursuivre chacune d'elles*[189]. L'ingénieur suppose toujours, pour

[188] Ludwig von Mises, « Economic Calculation in the Socialist Commonwealth », dans *Collectivist Economic Planning*, op. cit., p. 109 : « *Il faut admettre que le calcul monétaire a ses inconvénients et de sérieux défauts, mais nous n'avons vraiment rien pour le remplacer, et le calcul effectué dans un système monétaire non contrôlé est, en pratique, toujours suffisant* ».

[189] Notre conception de l' « *économique* » ne coïncide donc pas avec la conception plus généralisée d'origine robbinsienne et utilisée par les théoriciens de l'équilibre, selon laquelle le « *problème économique* » consiste dans l'assignation de ressources rares mais connues à des fins qui sont, elles aussi, données. A notre avis, cette conception de l'« *économie* » est pauvre, sans grand intérêt scientifique et réduit notre science à un simple amalgame, étroit et myope, de techniques maximisatrices. D'autre part, il n'est pas étonnant que des légions de pseudo-économistes, simples techniciens de la maximisation, soient incapables d'apprécier, avec les instruments rudimentaires de leur technique, les raisons théoriques qui rendent le socialisme impossible. Le développement de notre science restera entravé tant que ses spécialistes ne sauront pas distinguer nettement les différences radicales existant entre science et technique en matière économique et tant qu'ils se réfugieront, sous prétexte d'études scientifiques, dans le domaine beaucoup plus accessible et sûr, malgré les apparences, d'une

résoudre un problème de maximisation, qu'il existe diverses options sur le marché, des prix d'équilibre, tous connus. Mais le problème économique est très différent et consiste précisément à découvrir les divers objectifs et moyens possibles, ainsi que les prix de marché futurs. Autrement dit, *à obtenir l'information nécessaire pour poser et résoudre le problème technique*. Le calcul économique est un jugement estimatif qui est possible grâce à l'information que le processus entrepreneurial crée constamment. Et si on entrave celui-ci par la force, l'information n'apparaît pas et le calcul économique devient impossible.

Concentration entrepreneuriale et calcul économique

On peut également appliquer l'argument de Mises pour analyser la limite théorique de la croissance de « *toute organisation entrepreneuriale* » existant dans une économie de marché. On peut, en effet, considérer que l'entreprise, dans son sens de « *firme* », n'est qu'un « *îlot d'organisation* » ou de « *planification* » *volontaire* à l'intérieur du marché ; elle surgit spontanément dans la mesure où ses promoteurs découvrent, de manière entrepreneuriale, que, dans certaines circonstances, tel système est plus adapté pour atteindre leurs propres objectifs. Toute firme suppose un minimum d'organisation et de planification. Des ressources économiques, humaines et matérielles déterminées sont organisées, par son intermédiaire, selon le plan et les ordres émanant de la direction. Or, du point de vue de l'argument original de Mises, la possibilité d'organiser efficacement une entreprise est inexorablement limitée par sa dimension : il y aura toujours une dimension critique à partir de laquelle le volume et le genre d'information nécessaires à l'organe directeur pour diriger efficacement son entreprise sera si grand et compliqué qu'il dépassera de beaucoup ses capacités d'interprétation et de compréhension, de sorte que toute croissance supplémentaire tendra à être inefficiente et superflue.

En matière de calcul économique, on peut exprimer cet argument en affirmant que l'*intégration verticale* aura, dans toute firme, une limite maximum. Celle-ci découlera du fait qu'après l'incorporation de toutes les étapes au processus productif de l'entreprise, les échanges concernant l'une

---

technique qui est scientifiquement sans importance, car son développement n'est possible qu'en présupposant que les problèmes économiques vraiment intéressants, créer et découvrir l'information nécessaire, ont été résolus préalablement. Il faut enfin ajouter que, comme la solution du problème économique ne peut se réaliser que de manière spontanée et décentralisée grâce au libre exercice de l'interaction humaine ou fonction entrepreneuriale, l'économie devient, pour nous, une science générale de l'action humaine et de ses implications (praxéologie), dont la matière première ne consiste pas dans des choses objectives (biens, services, etc.), mais dans des entités subjectives de intellectuel (idées, évaluations, information). La conception autrichienne de l'économie comme science non strictement maximisatrice (en termes statiques et mathématiques) est due à Menger. En ce sens, A. M. Endres fait même allusion au « *principe mengerien de la non maximisation* ». Voir son « Menger, Wieser, Böhm-Bawerk, and the Analysis of Economic Behaviour », dans *History of Political Economy*, vol. 23, n° 2, été 1991, pp. 279-299 et en particulier la note n°5, en pied de p. 281.

d'entre elles disparaîtront du marché et que les prix de marché de certains biens d'investissement n'apparaîtront pas. C'est à ce moment-là que les transferts verticaux à l'intérieur de chaque firme ne pourront pas se faire à l'aide du calcul économique, de sorte qu'il y aura une tendance aux erreurs et aux inefficiences de type systématique ; celles-ci montreront tôt ou tard à l'entrepreneur que, s'il ne veut pas mettre en danger la capacité concurrentielle de son entreprise, il vaut mieux la décentraliser et ne pas l'intégrer autant verticalement[190]. Autrement dit, il ne se produira jamais, dans un marché libre, de complète intégration verticale concernant les étapes de n'importe quel processus productif, car cela empêcherait d'effectuer le calcul économique nécessaire. Il existe donc dans le marché une loi économique qui fixe une limite maximum à la dimension relative de chaque entreprise[191].

On peut même affirmer que plus la division de la connaissance est ample, profonde et détaillée et, donc, plus les processus sociaux et économiques sont complexes, plus il sera difficile à une entreprise de s'intégrer verticalement et d'accroître sa dimension, parce que le volume et le degré de complexité de l'information que ses organes de gestion devront interpréter et utiliser seront plus grands. L'une des conséquences les plus caractéristiques de la « *révolution technologique* », et qui n'est que le processus d'expansion et d'approfondissement de la division de la connaissance propre aux économies de marché modernes, a été d'inverser, toutes circonstances égales, la tendance à la croissance des « *économies d'échelle* ». Il est de plus

---

[190] Comme l'affirme Rothbard à juste titre, « if there were no market for a product, and all of its exchanges were internal, there would be no way for a firm or for anyone else to determine a price for the good. A firm can estimate an implicit price when an external market exists; but when a market is absent, the good can have no price, whether implicit or explicit. *Any figure could be only an arbitrary symbol.* Not being able to calculate a price a firm could not rationally allocate factors and resources from one stage to another ». *Man, Economy, and State. A Treatise on Economic Principles*, Nash Publishing, Los Angeles 1970, vol. II, pp. 547-548.

[191] Cet argument fut déjà défendu en 1934 par Fritz Machlup : « whenever a firm (or concern) supplies the output of one of its departments as an input to another of its departments instead of selling it in a competitive market at a price established by supply and demand, the problem of artificial transfer prices or of jumbled cost-and-reserve figures arises. There may still be calculations, but not according to the economic principle of what Mises termed 'economic calculations' ». « Closing Remarks », dans *The Economics of Ludwig von Mises. Toward a Critical Reappraisal*, édité par Laurence S. Moss, Sheed and Ward, Kansas City 1976, et la bibliographie cite à la p. 116. F. A. Hayek, pour sa part, aboutit à une solution semblable dans un autre contexte, lorsqu'il affirma : « To make a monopolist charge the price that would rule under competition, or a price that is equal to the necessary cost, is impossible, because *the competitive or necessary cost cannot be known unless there is competition.* This does not mean that the manager of the monopolized industry under socialism will go on against his instructions, to make monopoly profits. But it does mean that since there is no way of testing the economic advantages of one method of production as compared with another, the place of monopoly profits will be taken by uneconomic waste ». Voir « Socialist Calculation II: The State of the Debate (1935) », chap. VIII d'*Individualism and economic Order*, Gateway Editions, Chicago 1972, p. 170. Inclus dans *Socialismo y Guerra*, vol. 10, *Obras Completas de F. A. Hayek*, Unión Editorial, Madrid, 1998.

en plus clair qu'il vaut souvent mieux investir séparément dans différentes entreprises, plutôt que de le faire par l'intermédiaire de holdings ou conglomérats ; et de nombreuses grosses entreprises découvrent qu'elles ne peuvent concurrencer les petites qu'en essayant de stimuler et de favoriser l'apparition d'initiatives internes de type entrepreneurial (*intrapreneurship*)[192]. Car même la capacité d'un petit ordinateur personnel a rendu obsolètes d'innombrables « *organisations volontaires de*

---

[192] Cette argumentation est complétée par l'analyse de Ronald H. Coase sur la nature de la « *firme* » (entendue comme « *organisation* » interne de type volontaire) et les déterminants de sa dimension et de son développement, à côté de l'utilisation du système de remplacement représenté par des interrelations externes et que Coase qualifie erronément de relations fondées sur l'utilisation du marché et du système de prix. D'après Coase, « it is easy to see when the State takes over the directions of an industry that, in planning it, it is doing something which was previously done by the price mechanism, What is usually not realized is that any businessman, in organizing the relations among his departments, is also doing something which could be organized through the price mechanism… In a competitive system, there is an 'optimum amount of planning'!... The important difference between these two cases is that economic planning is imposed on industry, while firms arise *voluntarily* because they represent a more efficient method of organizing production ». « The Nature of the Firm », *The Firm, the Market and the Law*, The University of Chicago Press, Chicago 1988, note n°14 en pied de p. 37, et aussi *The Nature of the Firm, Origins, Evolution and Development*, éd. par Oliver E. Williamson et Sidney G. Winter, Oxford University Press, Oxford 1991, pp. 30-31. La thèse de Mises serait, donc, complémentaire de celle de Coase, en ce sens que l'organisation entrepreneuriale non seulement aurait des profits décroissants et des coûts croissants, mais supposerait un coût prohibitif dès que le marché commencerait à disparaître pour certains facteurs de production. Il existe, donc, dans les processus de marché, une garantie interne face à la possibilité de leur élimination par l'intégration verticale volontaire ; garantie constituée par la nécessité vitale pour tout entrepreneur d'orienter son action en fonction du calcul économique. Il faut souligner que, même si l'article de Coase est remarquable sur certains points, nous considérons qu'il n'a pas su franchir la frontière théorique que suppose la reconnaissance explicite de la fonction entrepreneuriale. Toute la théorie de Coase insiste obsessionnellement sur l'existence de « *coûts de transaction* », dont le concept présuppose l'existence de l'information nécessaire pour identifier et calculer de tels coûts. Cependant, le problème économique n'est pas, fondamentalement, un problème de coûts de transaction, mais un problème *entrepreneurial*, c'est-à-dire de découverte et de création de l'information nécessaire, tant en ce qui concerne de nouveaux objectifs, qu'en ce qui concerne de nouveaux moyens permettant de les atteindre. La théorie de Coase reste donc une théorie statique ou d'équilibre, qui présuppose un contexte donné d'objectifs et de moyens ; elle ignore qu'avant le problème des « *coûts de transaction* » il y a un problème beaucoup plus important : celui de voir ou ne pas voir quels sont les lignes d'action les plus appropriées. Autrement dit, les « *coûts de transaction* » peuvent ne pas exister s'ils ne sont pas découverts, et ceux qui sont jugés tels peuvent cesser de l'être à tout moment ou être radicalement modifiés si des innovations ou des découvertes entrepreneuriales viennent à se produire. Il ne s'agit donc pas du fait que l'information soit donnée, mais de manière dispersée ou disséminée, son obtention pouvant être très « *coûteuse* », mais du fait que l'information n'est pas donnée, et que si la fonction entrepreneuriale est correctement exercée, l'on peut créer ou découvrir constamment de l'information pratique nouvelle *sans nul coût* : dans les processus sociaux dynamiques, le problème économique ne vient pas des « *coûts de transaction* » mais de l'inefficience-X ou, si l'on préfère, de l'erreur entrepreneuriale, et il ne se résout que grâce à l'exercice créatif et libre de la fonction entrepreneuriale.

planification », souvent de grande taille, qui étaient considérées jusqu'ici caractéristiques du marché et même indispensables.

Cet argument démontre aussi que la théorie de Marx, d'après laquelle il existe, dans le système capitaliste, une tendance inexorable à la concentration des entreprises, est erronée : la concentration d'entreprises ne tendra pas à aller au-delà du point à partir duquel les exigences de connaissance ou d'information pour l'organe de gestion sont telles qu'elles dépassent sa propre capacité de compréhension. Si une firme accroît continuellement sa dimension, elle se trouvera, à un moment donné, dans une situation de plus en plus difficile : elle devra prendre ses décisions de plus en plus « *à tâtons* », c'est-à-dire sans pouvoir disposer de l'information nécessaire pour découvrir et évaluer les différentes possibilités de productions ou lignes d'action qui pourraient être soumises à son contrôle. Manquant de l'aide de l'information que fournissent les prix de marché et la fonction entrepreneuriale exercée par les concurrents, son comportement sera de plus en plus arbitraire et inutile. La planification centrale ne peut donc pas être considérée comme le résultat inexorable de la future évolution du capitalisme : l'évolution même du marché fixe une limite à la possibilité de centralisation de chaque entreprise établie, précisément, par la capacité d'assimilation d'information par ses organes de gestion et par le développement de plus en plus profond, complexe et décentralisé de la division sociale de la connaissance[193].

5. PREMIERES PROPOSITIONS SOCIALISTES DE SOLUTION AU PROBLEME DU CALCUL ECONOMIQUE

Calcul économique en nature

L'idée qu'une économie socialiste pourrait s'organiser sans utiliser de monnaie remonte, nous l'avons vu, à Karl Marx. En effet, dans ce *nirvana* ou modèle d'équilibre, dont Marx pense qu'il peut et doit être imposé de force par l'organe directeur, il n'est pas nécessaire d'utiliser de monnaie, car on suppose que toute l'information est donnée et qu'il n'y a aucun changement. Il suffit que les mêmes biens et services soient produits à chaque période, et qu'ils soient distribués de la même manière aux mêmes individus. Cette idée passe de Marx à Engels, et de là à une série de théoriciens qui considèrent, de manière plus ou moins explicite, que le calcul économique ne devrait poser aucun problème, même en l'absence de monnaie[194].

---

[193] Ainsi se referme le cercle de la réfutation théorique de Marx. C'est Böhm-Bawerk qui, le premier, fit l'analyse critique de la théorie marxiste de la plus-value ou exploitation et de la théorie objective de la valeur travail, et montra l'inanité de l'analyse critique marxiste dirigée contre le capitalisme. Le cercle se referme avec l'apport de Mises, qui constitue un projectile destructeur et définitif contre Marx en montrant que le système socialiste de remplacement est théoriquement impossible car il ne permet pas le calcul économique. Argument dont découle aussi la fausseté de la théorie marxiste sur le processus de concentration capitaliste.

[194] Il faut citer, parmi les auteurs ayant cru à la possibilité du calcul économique dans une économie sans monnaie, Karl Ballod, N. Bucharin, Otto Neurath, Carl Landauer et A. B.

Indépendamment de l'indisponibilité, pour l'organe central de coercition, de l'information nécessaire, le problème des propositions de réalisation du calcul économique en nature est simplement le suivant : *il est impossible d'effectuer aucun calcul, addition ou soustraction, portant sur des quantités hétérogènes*. Si, en effet, l'organe directeur décide de fournir, par exemple, 40 porcs, 5 tonnes de farine, 1 tonne de beurre et 200 œufs contre une machine déterminée, comment peut-il savoir qu'il ne fournit pas, du point de vue de ses propres évaluations, plus qu'il ne devrait ? Ou, autrement dit, l'organe de contrôle pourrait-il atteindre des objectifs de plus grande valeur s'il employait ces ressources à d'autres activités ? On peut soutenir qu'au début, les théoriciens socialistes n'étaient pas capables de saisir le problème insoluble que représente, pour le socialisme, le caractère subjectif, dispersé et non exprimable de l'information, mais il est impardonnable qu'ils aient commis l'erreur grossière de croire qu'ils pourraient effectuer des calculs rationnels sans utiliser aucune unité monétaire comme dénominateur commun.

D'autre part, le problème posé par le calcul en nature non seulement affecte les décisions concernant la production, mais également celles concernant la distribution des biens et services de consommation. Car de

---

Tschayanoff. Leur idée, en général, est que l'Etat devrait définir les besoins de chaque citoyen en fonction de critères « objectifs » fournis par les techniciens (biologistes, agronomes, etc.). Le département ou institut de statistiques correspondant devrait alors planifier la quantité de biens de consommation (bottes, pantalons, chemises, etc.) devant être produits pendant un an. Ces biens de consommation seraient ensuite distribués de façon identique entre les citoyens. Les principaux ouvrages des auteurs socialistes qui ont défendu le calcul en nature sont, hormis celui d'Otto Neurath déjà cité *Durch die Kriegswirtschaft zur Naturalwirtschaft* et son *Wirtschaftsplan und Naturalrechnung : von der sozialistischen Lebensordnung und von Kommenden Menschen*, Laub, Berlin 1925, les suivantes : Alexander Tschayanoff, « Zur Frage einer Theorie der Nichtkapitalistischen Wirtschaftssysteme », publié dans l'*Archiv für Sozialwissenschaft und Sozialpolitik*, 1923, n° 51, pp. 577-613; N. I. Bukharin et E. Preobrazhensky, *The ABC of Communism : A Popular Explanation of the Program of the Communist Party of Russia*, University of Michigan Press, Ann Arbor 1966 ; Karl Ballod, *Der Zukunftsstaat : Wirtschaftstechnisches Ideal und Volkswirtschaftliche Wirklichkeit*, quatrième édition publiée à Berlin, Laub, 1927; et Carl Landauer, *Planwirtschaft und Verkehrswirtschaft*, Dunker & Humblot, Munich 1931. On peut trouver une description détaillée des propositions de ces auteurs dans Tryge J. B. Hoff, *Economic Calculation in the Socialist Society*, op. cit., pp. 50-80. Sur l'économiste Karl Ballod et son influence sur les origines de la planification en Union soviétique, consulter les p. 12 et 13 de l'ouvrage *Les Economies Socialistes*, par François Seurot, Presses Universitaires de France, Paris 1983. L'ouvrage de Ballod fut publié en russe en 6 éditions entre 1903 et 1906 et ses principes furent suivis par Krjijanovskij lorsque Lénine le chargea d'élaborer le Plan d'Electrification (Plan Goelro) en 1920. Sur Karl Ballod (1864-1933), qui prit le pseudonyme d'*Atlanticus* en s'inspirant de l'ouvrage *Nova Atlantis* (1927) de Francis Bacon, consulter Juan Martínez-Alier *Ecological Economics*, op.cit., pp. 199-205. Les conclusions de Martínez-Alier ne tiennent compte, cependant, ni de l'essence de l'action entrepreneuriale expliquée aux chap. II et III, ni de la façon dont les ressources naturelles sont particulièrement endommagées là où la fonction entrepreneuriale ne peut agir sans entraves institutionnelles, parce que l'information nécessaire à la prise de décisions appropriées ne se crée pas. Voir en ce sens mon travail « Derechos de Propiedad y Gestión Privada de los Recursos de la Naturaleza », dans *Cuadernos del Pensamiento Liberal*, op. cit.

nombreux biens et services de consommation ne peuvent pas être divisés également entre tous les individus, en sorte qu'il est absurde de penser à un système de distribution n'utilisant pas d'unités monétaires[195]. L'on peut, donc, conclure en appliquant aux théoriciens socialistes qui ont admis le calcul en nature le commentaire ironique de Mises sur Landauer : « *Landauer cannot understand that – and why – one is not permitted to add and substract figures of different denominations. Such a case is of course beyond help* »[196].

Malgré les considérations précédentes, il ne faut pas se laisser dominer par la fausse impression que la raison essentielle de l'impossibilité du calcul économique en nature réside dans le fait qu'on ne peut pas effectuer d'additions, de soustractions et, en général, d'opérations avec des quantités hétérogènes. Le noyau de l'argument essentiel sur l'impossibilité du calcul économique sans l'aide de prix de marché et de monnaie est celui que l'on a décrit au chapitre III. Il est fondé sur le caractère subjectif, dispersé et non exprimable de la connaissance pratique. Il ne s'agit donc pas du fait que, même si la connaissance humaine ne présentait pas ces caractéristiques, il serait impossible d'effectuer un calcul économique en nature parce qu'on ne peut pas faire d'opérations avec des quantités hétérogènes. Il s'agit plutôt du contraire : même si un être hypothétique pouvait faire de tels calculs en nature, il lui serait encore impossible d'obtenir toute l'information nécessaire. L'argument de l'information est, donc l'argument essentiel, et celui de la difficulté du calcul en nature est un argument très puissant, mais secondaire.

Calcul économique en heures de travail

L'adoption par Marx de la théorie objective de la valeur travail explique que différents théoriciens socialistes aient considéré naturel de résoudre le problème qui nous occupe à l'aide du calcul en heures de travail. Bien que cette « *solution* » semble nous mener directement à la polémique opposant la théorie objective à la théorie subjective de la valeur, l'analyse concernant la possibilité du calcul économique en heures de travail est, en principe, indépendante de la position que l'on adopte sur la question de savoir quelle théorie de la valeur est la bonne (l'objective ou la subjective).

---

[195] Le théoricien socialiste Kart Kautsky lui-même ridiculisa les idées de Neurath sur le calcul en nature et conclut que « *it is obvious that bookkeeping in natura would soon lead to inextricable chaos* ». Cité par T. J. B. Hoff, *Economic Calculation in the Socialist Society*, op. cit, p. 79. Hoff démontre, en outre, qu'aucune des propositions de distribution en nature de biens et services de consommation présentées par les différents théoriciens socialistes n'est possible (il en considère 8 versions différentes divisées en deux grands groupes). Voir les pp. 54-70 de l'ouvrage cité. L'économiste russe Boris Brutzkus considère, lui aussi, absurdes les propositions de Bukharin et Tschayanoff concernant la possibilité d'effectuer des calculs économiques en nature (*Economic Planning in Soviet Russia*, op. cit, p. XVII).

[196] Ludwig von Mises, *Socialism*, op. cit., note en pied de p. 119 : « *Landauer ne peut pas comprendre pourquoi il est impossible d'additionner et de soustraire des quantités hétérogènes. Ainsi, il est impossible de continuer à essayer de l'aider* ».

La solution proposée par les théoriciens mentionnés consiste en ce que l'organe directeur suive la piste du nombre d'heures effectuées par chaque travailleur. L'organe directeur remettra, ensuite, à chacun d'eux un certain nombre de coupons, qui correspondra au nombre d'heures effectuées ; on pourra l'utiliser pour obtenir, en échange, une certaine quantité des biens et services de consommation produits. La distribution du produit social se fera à l'aide d'un registre statistique du nombre d'heures de travail requises pour la production de chaque bien et service, et en assignant aux travailleurs disposés à remettre, en échange, les coupons correspondants et représentant les heures de travail effectuées par chacun d'eux. Chaque heure de travail donnerait, ainsi, droit à l'obtention de l'équivalent en biens et services produits pendant sa durée.

Il est évident que ces coupons ne sont pas de la monnaie, et qu'il n'y a pas de prix de marché pour les biens et services ; c'est-à-dire de relations d'échange volontairement établies par les acheteurs et les vendeurs, puisque la proportion dans laquelle les biens et services sont échangés contre les coupons est parfaitement préétablie en fonction du nombre d'heures de travail qu'exige la production de chaque bien[197].

Le calcul économique en heures de travail pose, d'après Mises, deux problèmes spécifiques insolubles. En premier lieu, même dans le cadre de la théorie objective de la valeur travail, on ne peut pas appliquer le critère proposé d'un calcul utilisant ces heures à tous les processus productifs qui emploient des *ressources de la nature* non reproductibles. Autrement dit, comme on n'utilise pas de travail avec ces ressources, on ne peut considérer aucun nombre d'heures de travail pour effectuer le calcul économique

[197] Le procédé du calcul économique en heures de travail décrit dans le texte est déjà énoncé dans ses grandes lignes par Marx, dans sa *Critica del Programa de Gotha* (publié dans l'ancienne Union soviétique sous le même titre, Editions Progreso, Moscou 1977, en particulier pp. 16-17), lorsqu'il écrit : « La Société lui remet un bon indiquant qu'il a vendu telle ou telle quantité de travail (après avoir déduit le travail qu'il a effectué pour le fond commun), et avec ce bon il retire des dépôts sociaux de moyens de consommation la part équivalente à la quantité de travail qu'il a fournie. Il reçoit de la société, sous une autre forme, la même quotité de travail que celle qu'il lui a donnée ». C'est Otto Leichter qui a défendu avec le plus de conviction la possibilité du calcul économique en heures de travail : *Die Sprengung des Kapitalismus : Die Wirtschaftsrechnung in der Sozialistischen Gesellschaft*, Editions Verlag der Wiener Vollsbuchhandlung, Vienne 1923. Le livre de Leichter inclut, paradoxalement, une critique très sévère contre les propositions du calcul en nature. Les idées de Leichter ont été épurées et développées par Walter Schiff dans son *Die Planwirtschaft und ihre ökonomische Hauptprobleme,* Berlin 1932. Mises répondit à la solution de Leichter dans son article « Neue Beiträge zum Problem der Sozialistischen Wirtschaftsrechnung », publié dans *Archiv für Sozialwissenschaft und Sozialpolitik*, n°51, 1924, pp. 488-500. Un article anglais, de William Keizer, commente le contenu de ce travail de Mises : « Two Forgotten Articles by Ludwig von Mises on the Rationality of Socialist Economic Calculation », dans *The Review of Austrian Economics*, vol. I, Lexington Books, Massachusetts 1987, pp. 109-122. Dans ce travail, le deuxième article de Mises commenté est celui de « Neue Schriften zum Problem der Sozialistischen Wirtschaftsrechnung », publié dans la même revue (vol. 60, 1928, pp. 187-190) et où Mises commente les apports de J. Marschak, Otto Neurath et Boris Brutzkus.

nécessaire qu'exigerait la prise de décisions non arbitraire concernant ces ressources.

Mais il y a aussi un second argument spécifique contre le calcul économique en heures de travail. L'heure de travail n'est pas une quantité uniforme et homogène. En effet, il n'existe pas un « *facteur travail* », mais il y a d'innombrables types, catégories et classes de travail. En l'absence du dénominateur commun que sont les prix monétaires établis dans le marché pour chaque type de travail, ils ne peuvent être ni additionnés ni soustraits, en raison de leur caractère essentiellement hétérogène. Il ne s'agit pas seulement du fait que l'efficience varie beaucoup selon les travailleurs, et même, pour chaque travailleur, selon que le moment, les circonstances et les conditions de la réalisation de son travail sont plus ou moins favorables. Il s'agit aussi du fait que les catégories de services que fournit le facteur travail sont tellement variées et changent tellement qu'elles constituent, de fait, des types de services absolument hétérogènes. Ceux-ci posent un problème identique à celui mentionné dans la section précédente au sujet du calcul économique en nature, et qui se fondait sur l'impossibilité d'utiliser, dans les calculs, des quantités hétérogènes.

La doctrine marxiste traditionnelle a voulu faire face à ce problème en essayant d'assimiler les différentes catégories de travail à celle de « *travail simple socialement nécessaire* ». Mais une telle assimilation des heures des différents types de travail aux heures du travail le plus simple n'est possible que s'il existe un processus de marché dans lequel les unes et les autres sont échangées à un prix déterminé par les différents agents économiques. En l'absence de ce processus de marché, tout jugement comparatif sur les différents types de travail sera arbitraire, et cela impliquera forcément la disparition du calcul économique rationnel. Le problème est, donc, le suivant : il n'est pas possible de réduire les différents types de travail à un dénominateur commun sans un processus de marché préalable. Car le problème que pose la réduction d'heures hétérogènes de travail à une unité commune n'est qu'un cas particulier du problème plus général que pose le calcul en nature et qui consiste dans l'impossibilité de réduire des facteurs hétérogènes de production à une unité commune.

Calcul économique en unités d'utilité

Enfin, divers auteurs socialistes, se fondant sur les arguments de Mises, comprirent l'impossibilité d'effectuer le calcul en heures de facteur travail et ont considéré que l'on pourrait résoudre le problème en utilisant comme unités de calcul les *« unités de l'utilité »*[198]. Cependant, cette proposition est

[198] Stanislav Strumilin (1877-1974) manifesta, dans les articles qu'il publia dans l'*Economitscheskaja Shishni,* nº 237, 284 et 290 (23 octobre, 17 décembre et 24 décembre 1920, respectivement), qu'il ne considérait pas possible le calcul économique en heures de travail, si ce concept n'était pas complété par l'utilisation d'unités d'utilité. On trouve, dans l'article de M. C. Kaser sur Strumilin (publié dans *The New Palgrave. A Dictionary of Economics,* op. cit., vol. IV, p. 534), une explication détaillée de son système de calcul économique, abandonné par Lénine lorsqu'il réintroduisit le marché et la monnaie durant

peut-être encore plus absurde que celle du calcul en heures de travail. L'utilité est un concept strictement subjectif ; elle résulte de l'appréciation, par chaque individu, de chacune des unités de moyen dont il dispose dans le contexte de chaque action concrète dans laquelle il se trouve impliqué. On ne peut pas mesurer l'utilité ; on ne peut que *comparer* celle qui découle de différents courants d'action au moment de la prise d'une décision. On ne peut pas non plus observer l'utilité chez les différents individus (cela exigerait de s'introduire dans l'esprit des personnes et de se fondre avec leurs personnalités, leurs jugements et leurs expériences). L'utilité ne peut, donc, être ni observée, ni sentie ni mesurée par aucun organe de coercition.

L'acteur ne peut, d'ailleurs, même pas « *mesurer* » son utilité au moment de prendre une décision. Il effectue seulement des comparaisons entre l'utilité que, lui offriront, d'après lui, les diverses options possibles. Les prix de marché, d'autre part, n'expriment pas des équivalences et ne mesurent pas des utilités[199]. Ce sont simplement des relations historiques d'échange. Celles-ci montrent seulement que des évaluations subjectives différentes se sont produites et en sens contraire, entre les parties intervenues dans les échanges, et ont rendu ceux-ci possibles.

On est obligé de conclure que le problème posé par la tentative d'utilisation de l'utilité comme unité pour le calcul économique est insoluble. Non seulement parce que l'utilité ne peut pas être observée, mais parce qu'il n'existe pas d'unité ou de dénominateur commun d'utilité intersubjective pouvant être mesuré et utilisé dans la pratique du calcul économique. Le concept d'utilité est tellement subjectif et élusif que l'argument contre la possibilité d'effectuer un calcul économique sur la base d'unités d'utilité nous ramène directement à l'argument fondamental : il nous ramène à l'impossibilité, pour l'organe central de coercition, d'obtenir l'information pratique nécessaire, qui est disséminée dans l'esprit de tous les agents économiques et se concrétise à chaque instant dans une série interminable et continuellement changeante d'appréciations personnelles ou jugements estimatifs d'utilité sur objectifs et moyens[200].

---

l'étape de la N. E. P. Boris Brutzkus critiqua, dans son ouvrage, la possibilité d'effectuer le calcul économqiue en unités d'utilité. Karl Kautsky, de son côté, affirma avec véhémence l'impossibilité du calcul économique en heures de travail ; il considéra indispensable, pour le rendre possible, de partir des prix historiques de marché existant avant l'établissement de l'économie socialiste (peut-être comme moyen indirect de recueillir les relations d'utilité). Voir son ouvrage *Die Proletarische Revolution und ihr Programm*, Editions Dietz Nachfolger, Berlin 1922. La proposition de Kautsky fut refutée dans l'article de Mises publié dans l'*Archiv* en 1924 et cité à la note précédente.

[199] « Todo necio confunde valor y precio » (Tout sot, confond valeur et prix), Antonio Machado, « Proverbios y Cantares » LXVIII, *Poesías Completas*, edición Crítica de Oreste Macro, Espasa Calpe, Madrid, vol. I, p. 640 et p. 820.

[200] Günther K. Chaloupek a publié une brillante étude sur les divers auteurs qui essayèrent, en langue allemande, de répondre au défi de Mises et que nous avons presque tous cités dans les notes précédentes : « The Austrian Debate on Economic Calculation in a Socialist Economy », *History of Political Economy*, vol. 22, n° 4, hiver 1990, pp. 659-675 ; voir, en particulier, toute la bibliographie qui y est citée. La polémique en langue allemande sur le calcul économique, moins connue que celle qui eut lieu plus tard dans le monde anglo-saxon,

est complétée par les ouvrages qui ont nettement appuyé la position de Mises et que Chaloupek ne cite pas. Voir Max Weber, « Wirtschaft und Gesellschaft », dans *Grundriss der Sozialökonomie*, vol. III, Tübingen 1922, pp. 45-59; Adolf Weber, *Allgemeine Volkswirtschaftslehre*, 4° éd. Munich et Leipzig 1932, vol. II, p. 369; C. A. Verrijn Stuart, « Winstbejag versus behoeftenbevrediging », *Overdruk Economist*, vol. 76, n° 1, p. 18 et s.; et Pohle-Halm, *Kapitalismus und Sozialismus*, 4° éd., Berlin 1931, p. 237 et s.

CHAPITRE V

DEVIATION INDUE DU DEBAT VERS LA STATIQUE : LES ARGUMENTS DE SIMILITUDE FORMELLE ET LA « SOLUTION MATHEMATIQUE »

Ce chapitre se propose d'expliquer comment, après le défi initial de Mises, les socialistes participant au débat s'efforcent tout de suite d'essayer de résoudre le problème que le socialisme poserait d'un point de vue strictement statique. Ces efforts étaient totalement inutiles. C'est pourquoi nous qualifions d'« *indue* » cette déviation des théoriciens socialistes vers la statique, Mises lui-même ayant déjà signalé que le socialisme ne posait, sur le plan statique, aucun problème de calcul économique. Nous essayerons d'expliquer la raison d'une si grave erreur de compréhension, de la part des socialistes, du problème qui se posait. Nous analyserons, en particulier, l'effet pernicieux produit sur le débat par le paradigme de l'analyse économique du marché en équilibre et les arguments avancés pour montrer la similitude formelle existant, sur le plan strictement statique, entre le marché et le modèle socialiste. Nous étudierons ensuite la « *solution mathématique* » proposée, avec diverses variantes, par les théoriciens socialistes, et analyserons, pour finir, la réponse donnée par Mises, Hayek et Robbins à cet ensemble de propositions de « *solution* ».

1. LES ARGUMENTS DE SIMILITUDE FORMELLE

Nous avons vu au chapitre précédent que la tradition socialiste la plus ancienne avait naïvement soutenu que le socialisme pourrait se passer des catégories économiques de la valeur et de l'intérêt découvertes et analysées pour les économies capitalistes par les théoriciens de l'Ecole Classique. Face à cette position, différents économistes s'empressèrent de démontrer que, même dans un régime socialiste idéal où toute l'information serait disponible et où il n'y aurait pas de variations (modèle d'équilibre), les catégories fondamentales de la valeur et de l'intérêt devraient exister et se maintenir. Cet argument, initialement énoncé en termes logico-verbaux et, plus tard, en termes mathématiques hautement formalisés, naquit du désir d'impressionner les théoriciens socialistes ayant cru naïvement que leurs modèles pouvaient se passer de la catégorie de la valeur. Cependant, pour démontrer que, même en situation d'équilibre, le système idéal communiste exigeait de maintenir les catégories fondamentales de la valeur et de l'intérêt, on accepta de reconnaître théoriquement, dès le départ, que le problème économique fondamental (obtenir l'information nécessaire) était résolu. Cela entraîna la déviation indue du débat vers un domaine, celui de la statique, où il n'avait pas de sens ; ce fut la cause d'une grande confusion, non seulement parmi les participants au débat, mais aussi parmi ceux qui, plus tard, analysèrent et évaluèrent son contenu et ses conclusions principales. En supposant, en effet, dans les modèles d'équilibre formalisés mathématiquement ou pas, que toute l'information était disponible et qu'elle ne subirait pas de modifications, il était presque inévitable de poser le problème du calcul économique socialiste comme s'il s'agissait d'un problème purement algébrique ou *computationnel* consistant simplement à trouver un procédé pratique qui permette la solution mathématique des systèmes d'équations correspondants. Ainsi, *l'argument de similitude formelle, originairement conçu contre les théoriciens socialistes, fut ensuite utilisé par ceux-ci pour éluder le problème économique fondamental que posait le socialisme* (à savoir : comment l'organe de planification centrale peut-il obtenir l'information importante et pratique nécessaire, qui se trouve exclusivement disséminée dans l'esprit de millions d'agents économiques). L'on croit ainsi erronément que le problème consiste seulement dans la difficulté pratique que présente la résolution de systèmes d'équations nombreux et complexes, mais sans comprendre que le socialisme pose *en lui-même* aucun autre problème d'impossibilité théorique. Ce phénomène montre, donc, parfaitement que le grand danger de l'application de la méthode mathématique en économie est de cacher, même aux esprits les plus brillants, les problèmes économiques véritablement importants[201].

Les arguments de similitude formelle d'Eugen von Böhm-Bawerk et Friedrich von Wieser

L'année 1889 a sans doute été la plus importante en ce qui concerne les arguments de similitude formelle. Cette année-là, en effet, paraît le livre de Friedrich von Wieser *Der natürliche Wert* (Valeur naturelle), dont l'un des objectifs essentiels était de démontrer que, même dans une communauté ou état dont l'organisation économique obéirait aux principes communistes, les biens économiques ne cesseraient pas d'avoir une valeur. Les lois élémentaires de la valeur sont donc, pour Wieser, indépendantes du contexte institutionnel et social considéré et devraient donc être prises en compte dans tout système socialiste. L'analyse de Wieser est nettement une analyse

---

[201] Bien que l'utilisation de la méthode mathématique soit considérée dévastatrice par Mises, dans n'importe quelle branche de la science économique, le problème du calcul économique fut peut-être ce qui lui révéla le plus clairement que la méthode mathématique ignorait tout simplement les processus de marché et occultait le problème théorique fondamental du socialisme, à savoir : celui de la coordination de la société dans l'hypothèse où le libre exercice de la fonction entrepreneuriale est entravé. Tout cela explique qu'il ait affirmé, avec courage et fermeté, que « the mathematical method must be rejected not only on account of its barrenness. It is an entirely vicious method, starting from false assumptions and leading to fallacious inferences. Its syllogisms are not only sterile; *they divert the mind from the study of the real problems and distort the relations between the various phenomena* ». Ludwig von Mises, *Human Action*, op. cit., p. 350.

d'équilibre qui montre que la logique du choix qui lui est propre doit être identique dans un système de marché et dans un système socialiste. C'est en cela, précisément[202], que consiste l'argument de similitude formelle entre ces deux systèmes. Cette même année 1889, Eugen von Böhm-Bawerk développa, dans le second volume de son important ouvrage *Capital et Intérêt,* un argument très semblable à celui de Wieser mais concernant le

---

[202] Friedrich von Wieser, *Der natürliche Wert*, Editions A. Hölder, Vienne 1889. Traduction anglaise de C. A. Malloch publiée sous le titre *Natural Value* par Augustus M. Kelley, New York 1971. On lit à la p. 60 de cette édition : « *Even in a community or state whose economic affairs were ordered on communistic principles, goods would not cease to have value... That value which arises from the social relation between amount of goods and utility, or value as it would exist in the communist state, we shall henceforth call 'Natural Value'* ». Le concept de « *valeur naturelle* » de Wieser est absurde et fantasmagorique. C'est un concept de valeur applicable seulement à un modèle hypothétique d'équilibre qui n'existe jamais dans la réalité. Cela conduit Wieser à supposer, à tort, que la valeur est quelque chose d'objectif et, en particulier, à considérer comme possible la comparaison interpersonnelle d'utilités. Wieser aurait évité cette grave erreur et d'autres contenues dans son livre, s'il avait appuyé son analyse, en accord avec la véritable tradition « *autrichienne* » amorcée par Menger, sur l'étude des processus dynamiques du marché et non sur le modèle fantasmagorique d'équilibre. Mises reproche énergiquement à Wieser d'avoir abandonné et trahi le paradigme né avec Menger et axé sur l'étude générale et combinée des processus de marché ; il conclut que Wieser « *was not a creative thinker and in general was more harmful than useful. He never really understood the gist of the idea of subjectivism in the Austrian School of thought, which limitation caused him to make many unfortunate mistakes. His imputation theory is untenable. His ideas on value calculation justify the conclusion that he could not be called a member of the Austrian School, but rather was a member of the Lausanne School (Léon Walras et al and the idea of economic equilibrium)* ». Ludwig von Mises, *Notes and Recollections*, op. cit., p. 36. Ce déviationnisme de Wieser est totalement ignoré par Mark Blaug dans le commentaire suivant où il expose, d'autre part, de façon très brillante et concise, la caractéristique différentielle la plus nette de l'Ecole autrichienne : « The Austrians at one and the same time rejected Marshall's partial equilibrium analysis and the kind of economics that Walras advocated, which was, in the first place, an economics explicitly formulated in mathematical terms and, in the second place, an 'end-state' rather than a 'process' economics, that is, one that focused attention on the nature of equilibrium outcomes and not of the process by which equilibria are attained. The Austrians had no sympathy for Walras' analysis of the existence and uniqueness of multimarket equilibrium in terms of the metaphor of simultaneous equations and even less for his discussions of multimarket equilibrium in terms of price adjustments to net excess demand. Indeed *all* the Austrians, including Wickstead and Robbins, eschewed the very notion of a determinate theory of pricing and underlined discontinuities and indivisibilities, *being perfectly content with a general tendency toward equilibrium that is never in fact completely realized* ». Mark Blaug, « *Comment on O'Brien's 'Lionel Robbins and the Austrian Connection'* », en *Carl Menger and His Legacy in Economics*, Bruce J. Caldwell (éd.), op. cit., p. 186. On signalera, incidentalement, que la conversion de Mark Blaug a été très remarquée : après avoir royalement dédaigné l'Ecole autrichienne, il a renié le modèle d'équilibre général et le paradigme néo-classique-walrasien et a conclu : « *I have come slowly and extremely reluctantly to view that they (l'Ecole autrichienne) are right and that we have all been wrong* ». *Appraising Economic Theories*, Blaug et de Marchi (éd.), Edward Elgar, Londres 1991, p. 508. Et aussi, quoique moins catégorique, son *Economics Through the Looking Glass*, Institute of Economic Affairs, Occasional Paper 78, Londres, p. 37. Voir aussi *The Economic Journal*, novembre 1993, p. 1571.

taux d'intérêt. Pour Böhm-Bawerk, l'intérêt est une categorie économique fondamentale qui devrait être présente dans tout système économique, capitaliste ou communiste. De sorte que la « *plus-value* » ou « *exploitation* » tant critiquée et propre au système capitaliste, loin de disparaître sous le régime socialiste, devrait forcément être maintenue par son Etat ou organe de contrôle, car on ne peut éliminer, dans aucune économie, les catégories de la préférence temporelle et de l'intérêt[203].

Ces apports ont voulu montrer que les catégories de la valeur et de l'intérêt devraient forcément exister aussi dans un régime socialiste. Cependant Wieser et, dans une moindre mesure, Böhm-Bawerk permirent, en s'appuyant sur des arguments d'équilibre qui présupposent que toute l'information nécessaire est donnée, que leur point de vue soit facilement rattaché au paradigme néo-classique axé sur l'équilibre ; paradigme pour lequel le problème du calcul économique socialiste ne s'entend que comme un problème de technique opérative de résolution d'un très grand nombre d'équations compliquées. Il faut dire, toutefois, que ces auteurs autrichiens furent au moins conscients que le modèle qu'ils utilisaient, était très difficilement, ou même nullement, réalisable en pratique. Wieser, en particulier, *devina*, en 1914, l'argument essentiel de Mises sur le calcul économique socialiste et concernant l'impossibilité pour l'organe central d'obtenir l'information pratique nécessaire. Pour Wieser, en effet, « the private economic system is the only historically tried form of a large social economic combination. The experience of thousands of years furnishes proof that, by this very system, a more successful social joint action is being secured, than by *universal submission to one single command.* The one will and command which, in war and for legal unity, is essential and indispensable as the connecting tie of the common forces, detracts in economic joint action from the efficacy of the agency. In the economy, though it has become social, *work is always to be performed fractionally*... Part-performances of this sort will be executed far more effectively by thousands and millions of human beings, *seeing with thousands and millions of* eyes, exerting as many wills : they will be balanced, one against the others, far more accurately than if all these actions, like some complex mechanism, had to be *guided and directed by some superior control. A central prompter of this sort could never be informed of countless possibilities*, to be met in every individual case, as regards the utmost utility

---

[203] Nous ne reproduirons pas ici l'argumentation de Böhm-Bawerk contre la théorie marxiste de l'exploitation, résumée à la note 181 du chap. IV. Böhm-Bawerk conclut, en particulier : « Income from capital is today reviled by the socialists as an exploitational gain, a predacious deduction from the product of labor. *But it would not disappear under socialism.* On the contrary, the socialistically organized state would itself be the one to maintain it in full force as against the workers – and it would be compelled so to maintain it… Nothing in the world can or will change the fact that possessors of present goods, when they exchange them for future goods, obtain an agio… Interest is proven to be an economic category which arises from elemental economic causes and hence will appear everywhere, irrespective of the type of social or juridical organization, provided there exists an exchange of product for future goods », pp. 345-346 de *The Positive Theory of Capital*, vol. II de *Capital and Interest*, op. cit., paragraphe 5 (« *Interest under socialism* »).

to be derived from given circumstances or the best steps to be taken for future advancement and progress »[204].

L'apport d'Enrico Barone comme argument de similitude formelle

Nous avons commenté, à la première section du chapitre précédent, certains aspects du travail d'Enrico Barone paru en 1908 sous le titre « Il Ministro della Produzione nello Stato Colletivista », traduit ensuite en anglais par F.A. Hayek et publié dans son *Collectivist Economic Planning*[205]. Nous voulons faire remarquer ici la façon dont Barone suit la ligne tracée par Wieser et consistant à développer les arguments de similitude formelle entre le capitalisme et le socialisme. La principale nouveauté de Barone est sa critique du caractère « *maladroit et flou* » des arguments de similitude formelle dus à ses prédécesseurs (Wieser et, dans une moindre mesure, Böhm-Bawerk) ; il affirme même qu'il était capable d'exposer et de démontrer de façon rigoureuse et formelle, à l'aide de l'analyse mathématique, ce qui n'avait été jusque là qu'une « *intuition imparfaite* »[206]. Nous devons, cependant, critiquer cette affirmation présomptueuse car la soi-disant « *précision mathématique* » suppose, à notre avis, la perte quasi totale de l'importance et de la capacité explicative du modèle du point de vue de l'analyse économique. A la différence de Wieser, en effet, Barone ne conçoit plus l'économie comme un processus social formé par un ensemble d'interrelations entre différents agents qui poursuivent leurs objectifs de façon consciente ; elle se transforme simplement en un ensemble de relations fonctionnelles et de bilans quantitatifs entre des choses. Ce qui était auparavant une analyse économique génétique et causale plus ou moins rigoureuse et liée aux catégories d'objectifs et de moyens de chaque acteur cesse de l'être ; elle se transforme en un ensemble mécanique de relations de type fonctionnel dans lesquelles les individus n'interviennent pas, le temps

---

204 Friedrich von Wieser, *Social Economics*, Augustus M. Kelley, New York 1967, pp. 396-397. Cet ouvrage est la traduction anglaise, par A. Ford Hinrichs, de *Theorie des gesellschaftlichen Wirtschaft*, publiée par les Editions J. B. C. Mohr, Tübingen 1914 : « Le système économique privé est la seule façon dont on ait tenté historiquement de réaliser, sur le plan social, une large coordination économique. L'expérience de milliers d'années prouve que ce système assure une interaction sociale plus réussie que si on essayait de la réaliser par la *soumission universelle à un centre unique de pouvoir*. Le pouvoir unique, indispensable en cas de guerre pour maintenir l'unité, diminue l'efficacité économique de l'interaction sociale. En économie, l'*action*, quoique nettement sociale, *se réalise de manière fractionnée.* Son exercice est beaucoup plus efficient lorsqu'il est réalisé par des milliers et même des millions de personnes, qui *voient grâce à des milliers et des millions d'yeux différents*, et se concrétise dans autant d'actes de volonté différents. Chaque action se coordonne ainsi avec les autres de façon beaucoup plus exacte que si toutes étaient guidées et dirigées, grâce à un mécanisme complexe, par un organe supérieur de contrôle. Un organe supérieur de ce genre *ne pourrait jamais arriver à connaître* les innombrables possibilités de chaque cas particulier, le meilleur profit qu'on pourrait obtenir de circonstances données, ou les démarches à faire pour permettre le développement et le progrès futurs de la société ».

205 Voir note 151 du chap. IV.

206 Voir les pp. 257-258 du livre édité par Hayek, *Collectivist Economic Planning*, op. cit.

ne joue pas, et les « *prix* » ne sont pas le résultat d'interactions humaines, mais naissent de l'intersection de deux courbes ou sont de simples solutions numériques d'un système simultané d'équations. Barone illustre, donc, clairement les effets de la colonisation corruptrice de l'économie par les ingénieurs et techniciens formés dans la tradition mécaniciste de Laplace. Ainsi, il n'est pas étonnant que l'analyse de Barone soit forcée et essentiellement statique et, donc, sans importance du point de vue de la critique misesienne du socialisme. Barone considère et suppose, en effet, dans les premières 40 pages de son article, que l'information nécessaire, concernant le volume du capital et les relations techniques entre les différents facteurs de production et les goûts et objectifs individuels, est donnée et connue[207]. C'est seulement à la fin de son article (nous l'avons vu à la section première du chapitre précédent), que Barone dit, en passant, que l'information qu'il supposait initialement disponible pour élaborer formellement son argument en termes mathématiques ne pourrait jamais être connue.

A l'encontre de l'interprétation erronée du débat qui a prévalu jusqu'ici à cause de sa description incorrecte et intéressée due à Oskar Lange et à J. A. Schumpeter, il est, donc, évident que Barone n'a nullement réfuté avant Mises l'argument de celui-ci sur l'impossibilité du calcul économique socialiste. Comme nous l'avons démontré en citant Mises[208], son argument est, en effet, de type dynamique et concerne l'impossibilité, pour l'organe central, d'obtenir l'information pratique importante qui lui est nécessaire pour planifier l'économie. De sorte que Mises fut le premier à indiquer que le problème qu'il avait signalé ne se poserait même pas dans le nirvana imaginaire de l'équilibre. Barone ne réfute, donc, pas Mises, puisque son analyse de similitude formelle présuppose précisément que l'information nécessaire est donnée et que le problème économique signalé par Mises est résolu dès le départ. Et même, il émet, à la fin de son article, quoique de façon sommaire et vague, l'idée essentielle suivante, qui devait constituer plus tard le noyau de l'argument misesien : il est logiquement impossible de penser que la connaissance supposée donnée pour pouvoir élaborer le système correspondant d'équations mathématiques puisse être obtenue grâce à un mécanisme distinct, ne consistant pas à observer le résultat des processus de marché. Idée que Pareto avait parfaitement exposée avant Barone[209].

Autres théoriciens de la similitude formelle : Cassel et Lindahl

Les arguments précédents de similitude formelle sont repris, en 1918, par Cassel. Il considéra, aussi bien à propos de la détermination des prix que pour le maintien du taux d'intérêt, que la situation était formellement similaire dans une économie socialiste et dans une économie de marché. Il affirme même que « *les principes de la formation des prix sont valables pour*

---

207 *Ibidem*, p. 247.

208 Voir les citations littérales de Mises incluses dans les notes 171 et 172 du Chap. IV.

209 Voir la note 150 du chapitre précédent.

toute l'économie et, en particulier, indépendants de l'organisation spéciale de la production » et que la concurrence dite parfaite est « *nécessaire comme condition théorique pour la réalisation du principe de la fixation des prix d'après les coûts* ». Tout cela le conduit à conclure que « *l'ordre socialiste peut être considéré théoriquement plus simple* » que le marché lui-même. Les idées de Cassel exercèrent une influence indirecte très négative sur le déroulement du débat, car elles constituèrent le fondement théorique de la thèse de doctorat de Kläre Tisch. Cette thèse, dirigée par Schumpeter en 1932, l'incita à croire que les théoriciens de la similitude formelle (Pareto, Barone, etc.) avaient résolu avant Mises le problème du calcul économique posé par ce dernier. Les idées de Cassel perdurèrent longtemps chez ses disciples et, en 1939, Erik Lindahl défendait encore les arguments de similitude formelle, ignorant tout ce que le débat avait déjà apporté jusque là à propos du calcul économique socialiste[210].

2. ANALYSE DE LA « SOLUTION MATHEMATIQUE »

Nous avons établi, en interprétant l'apport de Marx, que son modèle idéal de société pouvait être considéré comme un modèle d'équilibre ; il croyait qu'il était possible de le réaliser et souhaitable de l'imposer par la force à l'aide d'un organe central de planification. Différents théoriciens développèrent plus tard les conditions formelles de ce modèle d'équilibre. Comme ceux-ci supposaient que le problème économique fondamental d'obtention de l'information disponible était résolu dès le départ, différents auteurs ont cru que le problème posé par le socialisme se réduisait au problème algébrique de la résolution mathématique d'un système d'équations plus ou moins complexes et nombreuses. Ainsi se généralisa progressivement l'idée que les théoriciens de la similitude formelle entre le capitalisme et le socialisme (Wieser, Barone, etc.) avaient démontré qu'à

---

210 Eric Lindhal, *Studies of the Theory of Money and Capital* (1939), Augustus M. Kelley, New York 1970. Lindahl consacre tout un paragraphe au « Pricing Problem in a Community with a Centralized Planning » (pp. 69-73), et conclut que « *the Central Authority will have to solve a problem of exactly the same nature as the Central Bank in a community with free entrepreneurship* ». Nous sommes spécialement critiques à l'endroit de l'analyse « dynamique » de Lindahl : celle-ci suppose que l'information importante est donnée, ce qui en fait, à notre avis, une analyse purement statique, où les variables et les paramètres se rapportent simplement à divers moments du « *temps* », considéré dans un sens déterministe ou newtonien, et dans lequel les concepts d'incertitude, de manque d'information et de créativité de l'action humaine et de la fonction entrepreneuriale brillent par leur absence. Lindhal suit, lui aussi, la tradition des arguments de similitude formelle développés par Gustav Cassel, *Economía Social Teórica*, Editions Aguilar, Madrid 1960, pp. 101-105 et pp. 202-205. Il s'agit de la traduction espagnole, par Miguel Paredes, de la cinquième édition de son *Theoretische Sozialökonomie*, Leipzig 1932. Il existe une bonne traduction anglaise de S. L. Barron intitulée *The Theory of Social Economy*, Augustus M. Kelley, New York 1967. Voir aussi la note 18 et les commentaires critiques adressés à Cassel par George Halm dans son « Further Considerations on the Possibility of Adequate Calculation in a Socialist Community », inclus dans *Collectivist Economic Planning*, op. cit., pp. 184-186.

l'encontre de ce que supposait Mises, le calcul économique socialiste était « *théoriquement* » possible ; s'il posait quelque difficulté, celle-ci se réduisait à la difficulté algébrique consistant à résoudre les systèmes d'équations correspondants. Nous avons démontré, cependant, que cette interprétation était complètement erronée. L'identification de la théorie et de l'analyse de l'équilibre est inadmissible et absolument injustifiée car, l'analyse de l'équilibre ne sera, en tout cas, qu'une partie de la théorie économique (peut-être la moins importante). L'analyse de Mises, nous l'avons vu, est une *analyse théorique* mais portant, selon la tradition de l'Ecole autrichienne, sur les processus dynamiques existant dans la société, et, donc, sur l'impossibilité de centraliser l'information pratique importante que les agents économiques possèdent, utilisent et créent constamment. Beaucoup pensent que le problème est le suivant : même si l'organe central obtenait l'information nécessaire, on ne pourrait pas procéder au calcul étant donné l'énorme difficulté pratique que suppose la résolution algébrique des systèmes d'équations correspondants. Mais la question n'est pas là ; il faut justement poser le problème à l'envers : *même si l'on pouvait résoudre, à un moment donné, les systèmes d'équations très nombreux et compliqués posés par les théoriciens de la similitude formelle, le problème théorique et logique irrésoluble de l'obtention de l'information importante nécessaire pour formuler ces équations demeurerait entier.* La déviation du débat vers la statique, due initialement aux théoriciens de la similitude formelle, cacha donc à de grands esprits le problème économique fondamental qu'avait posé Mises à propos du socialisme. Elle conduisit à la croyance erronée que le calcul économique pourrait se faire simplement en améliorant les techniques de solution algébrique des systèmes d'équations correspondants. Nous analyserons maintenant le contenu des propositions de « *solution mathématique* » les plus importantes.

L'article de Fred M. Taylor

La première tentative sérieuse de résolution mathématique du problème posé par la planification centrale est de Fred M. Taylor ; elle date de sa conférence intitulée « The Guidance of Production in a Socialist State » (Le guide de production dans un Etat sodialiste) et prononcée le 27 décembre 1928, lorsqu'il prit possession de son poste de président de l'American Economic Association[211]. L'article de Taylor, bref et ambigu, divise

[211] Il s'agit du discours présidentiel prononcé à la 41° réunión annuelle de l'American Economic Association à Chicago, Illinois, le 27 décembre 1928. Le discours fut reproduit par la suite par l'*American Economic Review*, vol. XIX, n°1 (mars 1929). L'article est inclus aux pp. 41-54 du livre édité par Benjamin E. Lippincott sous le titre *On the Economic Theory of Socialism*, McGraw Hill, New York 1964. Il existe une traduction espagnole d'Antonio Bosch Doménech et Alfredo Pastor Bodmer, publiée sous titre « La Orientación de la Producción en un Estado Socialista », aux pp. 44-57 du livre *Sobre la Teoría Económica del Socialismo*, traduction espagnole de celui, cité plus haut, de Lippincott et qui a été publié par Editorial Ariel, Barcelone, en quatre éditions (la dernière en décembre 1973). Il est curieux de remarquer que Fred Manville Taylor (1855-1932), qui n'a rien à voir avec Frederick Winslow Taylor – auteur de *The Principles of Scientific Management*– fut un grand défenseur du

l'analyse du problème du calcul économique en deux parties. Une première partie, dans laquelle il suppose explicitement que toute la connaissance ou information nécessaire est disponible. Et une seconde, très courte, dans laquelle il essaie de dessiner un système permettant de découvrir cette information.

Le travail de Taylor représente la première reprise, après Mises, des analyses statiques ou fondées sur l'équilibre, qui présupposent que toute l'information nécessaire est donnée et que le problème du calcul économique n'est, donc, qu'un problème informatique ou de technique mathématique. Le calcul économique, d'après Taylor, pourrait s'effectuer à l'aide de tables arithmétiques recueillant, d'un point de vue quantitatif, les évaluations concernant chaque facteur de production et qu'il appelle « *tables d'évaluation de facteurs* ». Le socialisme devrait s'organiser selon le principe consistant à vendre chaque bien et service à un prix coïncidant avec le coût de production calculé à partir de ces tables. En supposant explicitement que l'autorité de l'Etat socialiste pourrait disposer, avec la précision suffisante, des données numériques nécessaires pour réaliser ces tables, Taylor tombe dans une évidente pétition de principe. Il présuppose, en effet, que le problème économique fondamental du socialisme est soluble. Il inaugure, donc, l'erreur évidente dans laquelle tombe la vaste littérature socialiste qui, prétendant ignorer les aspects véritablement importants, de type dynamique, du calcul économique socialiste, axe son analyse sur les aspects strictement algébriques ou mathématiques propres au modèle statique de l'équilibre.

L'erreur principale de toute cette littérature, Gerald P. O'Driscoll l'a récemment montré, réside, plus que dans le type de réponse donnée au problème, dans la fausse question que l'on pose à son sujet[212]. En effet, la question scientifiquement importante sur le calcul économique n'est pas, comme le prétendent les théoriciens socialistes du modèle de l'équilibre, de savoir si l'on peut résoudre algébriquement les formules mathématiques correspondantes, dans le cas où toute l'information nécessaire pour les élaborer serait disponible. La question importante, au contraire, est de savoir s'il est possible, d'un point de vue logique et théorique, d'obtenir l'information nécessaire pour formuler les équations correspondantes.

---

laissez-faire et de l'étalon-or, mais son orientation méthodologique favorable à l'analyse de l'équilibre (dans ce cas, partiel et marshallien) le mena inexorablement à supposer que le problème du calcul économique pourrait être résolu sans grande difficulté.

212 Gerald P. O'Driscoll dit dans son article « A Tribute to F. A. Hayek » (publié dans *The Cato Journal*, vol IX, n° 2, automne 1989, pp. 345-352) : « Fundamental advances seldom come through providing new answers to old questions. *Fundamental advances occur when someone poses new questions.* What constitute a lasting contribution in economics is asking a new question, setting a new direction of research... The basic reason most economists did not understand the theoretical argument against socialism is that *they were asking the wrong question.* Hayek's opponents kept asking whether an economic czar could efficiently allocate resources *if he had all the necessary information.* The answer to that question is, of course, 'Yes'. Hence, in the mythology of economic history the defenders of socialism are credited with having 'refuted' Mises and Hayek. The defenders did not such thing, they simply posed and answered a different and irrelevant question » (p. 345 et 348).

Taylor consacre, enfin, les dernières pages de son article à la brève proposition d'un procédé pratique permettant d'obtenir, assez exactement, l'information nécessaire pour élaborer ses « *tables d'évaluation de facteurs* ». Nous commenterons plus bas le contenu de la fameuse méthode de « *essai et erreur* » qu'il propose. Il nous suffit, ici, de souligner que, pour Taylor, la première partie de son article, sur l'analyse statique du socialisme, était la plus importante et constituait sa principale « *contribution* » à la question du calcul économique socialiste.

L'apport d'H. D. Dickinson

A la différence de l'article de Taylor, ignoré lors de sa publication, la proposition explicite et détaillée de « *solution* » au problème du calcul économique socialiste, offerte par Henry Douglas Dickinson dans son article « Price Formation in a Socialist Community » (publié en 1933 dans l'*Economic Journal*[213]), marqua le début du long et vif débat, en langue anglaise, qui se déroula autour du problème du calcul économique socialiste et auquel participèrent, entre autres, H. Dobb et Abba P. Lerner.

Dickinson part de l'idée que, même si l'élaboration d'un système walrasien d'équations simultanées est, en théorie, assez difficile, un *processus de groupement* qui réunirait les biens et services les plus connexes pourrait beaucoup simplifier le problème en pratique. Il pense que l'on pourrait ainsi établir un système d'équations suffisamment maniable pour être résolu mathématiquement avec les procédés traditionnels et sans avoir recours aux processus de marché. Il fait, chose curieuse, expressément allusion, au « *problème* » du caractère dispersé de la connaissance dans les processus de marché, et affirme que l'ignorance des occasions économiques, typique dans une économie de marché, disparaîtrait dans le régime socialiste grâce à la publicité systématique de l' « *information* » relative à la production, aux coûts, ventes, inventaires et, en général, à toutes les données statistiques importantes. Il conclut, en particulier, que toutes les entreprises travailleraient, dans le système socialiste, comme si elles étaient « *en verre* », c'est-à-dire sans garder aucun secret et en présentant à l'extérieur une « *transparence informative* » totale[214].

---

[213] H. D. Dickinson, « Price Formation in a Socialist Community », *Economic Journal*, n° 43, juin 1933, pp. 237-250.Dickinson (1899-1969) fut l'élève de Cannan et professeur à Bristol en 1964. David Collard dit que : « Dick, as he was universally known, was a much loved, unwordly, eccentric figure with a keen sense of fun and a most astute mind ». Voir l'article consacré à cette figure sympathique de l'économie et repris à la p. 536 du vol.I, *The New Palgrave : A Dictionary of Economics,* op. cit. Hayek lui-même manifeste un certain respect et une certaine affection envers la figure de Dickinson, même là où il le critique durement.

[214] L'on voit donc que l'obsession des socialistes et interventionnistes pour la « *transparence informative* » vient de loin. Cette idée, fondée sur une erreur d'appréciation du type d'information utilisée dans les processus de marché, s'est étendue et popularisée même dans les pays occidentaux ; elle s'est souvent concrétisée par des dispositions exagérées qui créent une charge presque insupportable pour beaucoup d'entreprises, obligées de créer un volume énorme d'« *information* » statistique et comptable aussi superflu que coûteux, et qui a été incapable d'améliorer la coordination et l'efficacité des sociétés affectées. Dans ce domaine,

Ces affirmations de Dickinson nous semblent aussi surprenantes que difficiles à défendre. Sa naïveté n'est, d'autre part, comparable qu'a son ignorance du fonctionnement d'une économie de marché. D'abord, il ne comprend pas que le modèle d'équilibre général de Walras et Pareto n'est qu'un simple modèle de similitude formelle, dans lequel ses auteurs ne montrent que le type d'information qui serait nécessaire pour établir et maintenir une situation d'équilibre. Mais ni Pareto ni Walras ne se firent d'illusions sur la possibilité d'obtenir l'information nécessaire par des procédés distincts du marché lui-même[215]. Il ne s'agit donc pas d'un problème computationnel consistant à résoudre une série d'équations simultanées de type walrasien (même si ces équations ont été formulées de manière simplifiée en groupant, comme le propose Dickinson, les biens et services les plus similaires), mais d'obtenir l'information pratique de type subjectif qui n'existe et ne se crée que de façon dispersée, et qui est nécessaire pour formuler les paramètres et variables de ces équations.

L'affirmation que la connaissance dispersée ne poserait aucun problème dans un système socialiste où dominerait le principe de la « *transparence informative* » et de la publicité généralisée de toutes les statistiques est un argument purement fallacieux. D'une part, l'information n'est pas quelque

---

comme dans beaucoup d'autres, ont convergé deux sortes d'intérêts : celui des socialistes, qui croient que le développement de grandes entreprises et de la « *transparence informative* » facilite leur travail de coordination par la contrainte, et celui des théoriciens de l'équilibre, qui croient qu'une amélioration de l'« *information* » statistique peut faciliter l'obtention et le maintien de marchés « *efficients* », c'est-à-dire plus proches de ceux de leurs propres modèles ; et les deux s'appuyant, naturellement, sur les groupes d'intérêt privilégiés directement avantagés par ces dispositions (auditeurs, comptables, professeurs de comptabilité, greffiers des tribunaux de commerce [en espagnol, *registradores mercantiles*], etc.). Tous ont une conception erronée de l'information, car les statistiques parlent toujours « *du passé* » et peuvent être interprétées subjectivement des façons les plus diverses ; non seulement elles ne sont d'aucun secours dans les processus entrepreneuriaux de coordination, mais les compliquent et les dénaturent dans la mesure où les entrepreneurs se laissent influencer par leur apparente « *exactitude* ». Tout cela indépendamment des problèmes de coût superflu et de mauvaise assignation des ressources qu'entraîne l'imposition forcée d'obligations exagérées en matière de comptabilité et d'« *information* » qui dépassent de beaucoup le niveau exigé ordinairement par le commerce. Voir, en ce sens, l'article de Benito Arruñada « El coste de la información contable », *España Económica*, mai 1991, pp. 8-11, qui critique à juste titre, pour cette raison et pour d'autres, la réforme comptable et commerciale récemment imposée en Espagne par le gouvernement socialiste. Et aussi l'article de Stephen Gillespie « Are economic statistics overproduced ? », *Public Choice*, vol. 67, n° 3, décembre 1990, pp. 227-242. Et aussi Jesús Huerta de Soto, « Nota critica sobre la propuesta de reforma de las normas de contabilidad », *Partida doble: Revista de contabilidad, auditoría y empresa*, n°142, mars 2003, pp. 24-27.

215 « *It is perfectly true that Wilfredo Pareto and Enrico Barone had shown which information a socialist planning authority would have to possess in order to perform its task. But to know which kind of information would be required to solve a problem does not imply that it can be solved if the information is dispersed among million of people* ». F. A. Hayek, « Two pages of fiction : The Impossibility of Socialist Calculation », dans *The Essence of Hayek*, édité par Chiaki Nishiyama et Kurt R. Leube, Hoover Institution Press, Stanford University, Californie 1984, p. 58.

chose de *statique* et d'objectif, toujours disponible quelque part, de telle façon que, si elle n'atteint pas tout le monde, cela est dû à des problèmes de coût ou de restriction délibérée de la publicité. L'information est, au contraire, quelque chose d'essentiellement subjectif et dynamique, créé constamment *ex novo* par la force de la fonction entrepreneuriale dans un contexte d'économie de marché. De sorte que, si l'on empêche le libre exercice de l'esprit d'entreprise et si l'économie est organisée d'en haut au moyen d'ordres contraignants, l'information pratique importante et nécessaire à la coordination du processus social ne se créera ou n'apparaîtra même pas (voir le chapitres II et III de ce livre). Il est, donc, inutile de proclamer de vains principes généraux sur la « *transparence informative* » ou l'extension de la publicité, si la restriction institutionnelle au libre exercice de l'esprit d'entreprise empêche l'apparition de l'information nécessaire. Et, d'autre part, le changement et le caractère dynamique constants de l'information rendent absolument inutile l' « *information* » historique existante. Celle-ci, même recueillie dans des statistiques détaillées et nombreuses et distribuée gratuitement avec la plus grande transparence, n'a qu'une valeur purement historique ou « *archéologique* », si, comme c'est le cas dans toute économie réelle non congelée, les circonstances changent, l'on découvre de nouveaux objectifs et moyens, et il y a création constante d'information nouvelle. L'argument, d'après lequel même la publication la plus étendue et détaillée de statistiques ne peut être utile dans une économie réelle, étant donné les changements constants qui rendent l'information statistique obsolète avant même sa publication, fut déjà avancé en 1912 par l'économiste hollandais N. G. Pierson[216].

Il faut, enfin, souligner que six ans plus tard seulement, en 1939, Dickinson admit qu'après avoir cru, au début (en 1933), que sa solution mathématique représentait un procédé valable pour effectuer le calcul économique dans un régime socialiste, il avait radicalement changé d'avis et s'était rendu compte de son erreur, parce que « *the data themselves which would have to be fed into the equation-machine, are continuously changing* »[217]. C'est cet argument-là, nous le savons, que les autrichiens ont utilisé, dès l'origine, pour repousser toute solution « mathématique ».

---

[216] « *And as regards the fixing of prices, the socialistic state would soon find that no mathematical formula was of any avail, and that the only means by which it could hope to solve the problem were exact and repeated comparisons between present and future stocks and present and future demand; it would find that prices could not be fixed once and for all, but would have to be altered frequently. Not the theory of averages but the value of things in exchange would, in most cases, have to serve as its guide in fixing prices; and why should it reject the services of that guide?* » Nicolaas Gerard Pierson, *Principles of Economics*, Macmillan, Londres 1912, vol. II, p. 94 (traduction anglaise d'A. Wotzel).

[217] C'est-à-dire « *parce que les donnéesmêmes qu'il faudrait introduire dans la machina à calculer changent constamment* ». Henry Douglas Dickinson, *Economics of Socialism*, Oxford University Press, Oxford 1939, p. 104.

La solution mathématique dans la littérature allemande

Divers auteurs de langue allemande ont également tenté de proposer une solution « *mathématique* » au problème du calcul économique. Parmi eux, Kläre Tisch conclut, dans sa thèse de doctorat dirigée par Schumpeter, en se fondant sur Cassel et Walras, qu'il était possible de construire un système d'équations avec autant d'équations que d'inconnues ; ce système, une fois résolu pourrait résoudre le problème du calcul économique. Le Dr. Herbert Zassenhaus tombe dans la même erreur, quoiqu'il reconnaisse explicitement que ce système ne pourrait être utilisé que si le Ministère de la Production pouvait connaître *préalablement* toute l'information nécessaire et si cette information ne subissait pas d'altérations pendant la période de résolution. Ni le Dr. Tisch ni le Dr Zassenhaus ne se rendent compte que le problème fondamental consiste, précisément, à établir la façon d'obtenir l'information nécessaire à l'organe de planification pour formuler son système d'équations[218].

3. CONSEQUENCES NEGATIVES, POUR LE DEBAT, DE LA « SOLUTION MATHEMATIQUE »

La principale conséquence négative de la « *solution mathématique* », proposée par Taylor et Dickinson dans le cadre du débat sur le calcul économique socialiste, fut de dévier l'attention des participants vers les problèmes de l'économie statique. La « *solution mathématique* », en effet, offre une réponse à un problème incorrectement posé (celui de savoir si le calcul économique est possible ou pas en conditions statiques, c'est-à-dire si toute l'information nécessaire est disponible et s'il ne se produit aucun changement). En ce sens, la « *solution mathématique* » a supposé un recul incontestable du niveau théorique du débat et distrait les esprits du problème économique fondamental tel que Mises l'avait initialement posé. Ce problème économique fondamental était essentiellement un problème théorique de *dynamique économique*. Il énonçait l'impossibilité du calcul économique en l'absence d'un processus de marché animé par l'action entrepreneuriale, le seul qui permette sans cesse aux agents économiques de découvrir l'information pratique et dispersée nécessaire pour effectuer des estimations prospectives de coûts et profits.

La « *solution mathématique* » eut une autre conséquence négative : elle créa la *fausse impression* qu'Hayek et Robbins s'étaient repliés, face à la

---

[218] La proposition du Dr. Kläre Tisch est incluse dans sa thèse de doctorat dirigée par Joseph A. Schumpeter et intitulée *Wirtschaftsrechnung und Verteilung im Zentralisch Organisierten Sozialistischen Gemeinwesen* (Université de Bonn, Wuppertal-Elberfeld 1932). Hayek attribue aux erreurs de cette thèse et à l'ignorance et surestimation révérencielle de Schumpeter pour l'analyse mathématique ses erreurs en cette matière et, en particulier, d'avoir créé et popularisé (*Capitalismo, Socialismo y Democracia*, Editions Aguilar, Madrid 1971, p. 230) le mythe grossier selon lequel Pareto et Barone avaient su résoudre, même avant Mises, le problème du calcul économique socialiste.

position de Taylor et de Dickinson, sur une « *seconde ligne de défense* » ; ils auraient reconnu la possibilité du calcul économique d'un point de vue « *théorique* », mais maintenu l'impossibilité pratique de sa réalisation pour de strictes raisons d'opérativité algébrique ; c'est-à-dire à cause de la difficulté pratique à résoudre les systèmes d'équations correspondants. Nous considérons que cette version des faits, fondée sur la grave erreur méthodologique consistant à identifier « *théorie* » et « *analyse économique de l'équilibre* », ne correspond pas, de surcroît, à la réalité. Cela, pour les raisons suivantes :

1. En premier lieu, l'argument essentiel sur l'impossibilité du calcul économique ne consiste pas, pour Hayek, dans la difficulté pratique à résoudre algébriquement un système d'équations très complexe ; il réside, au contraire, dans le problème théorico-dynamique insoluble suivant : supposer que l'organe central de contrôle puisse obtenir l'information pratique et subjective qui se trouve et se crée de façon disséminée dans les millions de têtes des agents économiques. Hayek nous dit, en effet, dans son article « The Present State of the Debate » (L'Etat actuel du débat) publié en 1935, que le problème économique essentiel de la solution mathématique est que « …the usual theoretical abstractions used in the explanation of equilibrium in a competitive system include the asumption that a certain range of technical knowledge is 'given'… It is hardly necessary to emphasize that this an absurd idea even in so far as that knowledge is concerned which can properly be said to 'exist' at any moment of time. But much of the knowledge that is actually utilized is by no means 'in existence' in this ready-made form »[219]. Donc, pour Hayek, *le problème fondamental que pose le calcul économique n'a rien à voir avec le problème strictement « algébrique » concernant la résolution du système d'équations correspondant.*

2. Lorsque Hayek parle du problème pratique concernant la résolution du système d'équations, il le présente comme un problème de nature ou de catégorie très différente à celle du problème fondamental évoqué au numéro précédent. Il lui accorde, en tout cas, une importance strictement *secondaire* ou *subsidiaire* et le traite presque « *en passant* », quand il affirme que « *now the magnitude of this essential mathematical operation will depend on the number of unknowns to be determined. The number of these unknowns will be equal to the number of commodities which are to be produced... At present we can hardly say what their number is, but it is hardly an exaggeration to assume that in a fairly advanced society, the order of magnitude would be at least in the hundreds of thousands. This means that, at each successive moment, every one of the decisions would have to be*

---

[219] F. A. Hayek, « The Present of State of the Debate », dans *Collectivist Economic Planning*, op. cit., p. 210 : « *Les abstractions théoriques habituellement utilisées pour expliquer l'équilibre d'un système concurrentiel incluent l'hypothèse que la connaissance technique nécessaire est 'donnée'... Il n'est presque pas nécessaire de souligner que cette hypothèse est complètement absurde même en ce qui concerne la connaissance dont on peut considérer qu'elle existe à tout moment. Sans compter que la plupart des connaissances utilisées dans la réalité ne peuvent nullement être considérées comme 'existant' de manière 'préétablie'* ».

based on the solution of an equal number of simultaneous differential equations, a task which, with any of the means known at present, could not be carried out in a lifetime »[220]. D'autre part et indépendamment des raisons pour lesquelles l'informatique ne peut pas résoudre le problème du calcul économique (analysées au chapitre III), l'on remarque, à propos du strict problème algébrique que pose un système d'équations très nombreuses, que le progrès impressionnant des techniques informatiques et le développement extraordinaire de la capacité des ordinateurs de ces dernières années n'ont guère aidé à sa solution. Samuelson et Nordhaus, en effet, font remarquer que les ordinateurs les plus modernes et les techniques développées par H. Scarf et H. Kuhn dans les années 60 et 70 permettent de résoudre assez facilement des problèmes d'équilibre économique portant sur 50 marchés et 10 à 20 types différents de consommateurs. Ces problèmes pourraient s'étendre, avec les superordinateurs les plus modernes, et concerner la résolution de systèmes d'équations formulés pour 100 catégories différentes de facteurs de production, 10.000 marchandises et 100 types différents de consommateurs[221]. Ces grandeurs sont encore très loin du nombre de biens et services différents pouvant être identifiés dans une économie pas très avancée, telle que la soviétique, et qui dépasse de beaucoup les 12 millions de produits. Dans le même sens, Sir Alec Nove a fait allusion au

---

[220] F. A. Hayek, « The Present State of the Debate », dans *Collectivist Economic Planning*, op. cit., p. 212. L'argument est donc parallèle à celui exposé par Pareto en 1897 (voir la note 150 du chap. IV) ; l'on peut traduire ainsi la citation : « *Cela dit, l'importance de cette opération mathématique dépendra du nombre d'inconnues à déterminer. Le nombre d'inconnues sera égal au nombre de biens à produire... Il est très difficile de savoir quel sera ce nombre, mais il n'est pas exagéré de supposer que l'on approchera, dans une société moderne, de grandeurs de l'ordre de centaines de milliers. Cela signifie qu'à chaque moment, chacune des décisions devra se fonder sur la résolution d'un nombre également grand d'équations différentielles ; tâche à laquelle, avec les moyens actuellement disponibles, une vie entière ne suffirait pas* ».

[221] P. A. Samuelson et W. D. Hordhaus, *Economía*, 12° éd., McGraw Hill, Madrid 1986, p. 830. Cette édition du célèbre manuel de Samuelson et Nordhaus a le mérite de reconnaître la validité de l'argument essentiel d'Hayek ; on lit à la fin de la note située à la page indiquée : « Mais même si l'on fabriquait des ordinateurs superrapides – des milliers de fois plus puissants que les actuels – nous rencontrerions encore un autre obstacle inamovible : *Nous ne disposons pas de la moindre partie des données nécessaires pour résoudre un grand problème d'équilibre général* ». Malheureusement, Samuelson et Nordhaus relèguent cette idée fondamentale à la fin d'une note de pied de page et ne l'incluent pas dans le texte principal de leur traité. Cette idée contredit, en outre, le contenu des p. 839 et 840 du livre, qui offrent un résumé bref et plein de confusions du débat ; il y est prouvé que les auteurs ne comprennent pas le problème économique fondamental énoncé par Mises et par Hayek à propos du calcul économique socialiste. Tout cela, sans qu'il soit besoin de citer l'affirmation incluse, aujourd'hui encore, dans l'édition de 1989 du manuel de Samuelson (affirmation scandaleuse, du moins du point de vue des évènements survenus dans les pays de l'Est à partir de cette année-là et de la connaissance acquise, dès lors, du fonctionnement réel de ces économies et émanant directement des intéressés) : « *the Soviet economy is proof that, contrary to what many skeptics had earlier believed, a socialist command economy can function and even thrive* ». Paul A. Samuelson, *Economics*, 13° éd., McGraw Hill, New York 1989, p. 837.

commentaire de l'académicien Fedorenko, selon lequel la formulation et solution du problème de calcul économique posé par le dernier plan quinquennal de l'ancienne Union soviétique ne pourrait être réalisée que dans un délai de 30.000 ans[222]. Il ne faut pas se leurrer et croire que ces chiffres, qui nous paraissent hors de la réalité, constituent la raison fondamentale de l'échec du socialisme. Même si l'informatique pouvait résoudre demain, en un dixième de seconde, des systèmes de centaines de milliers d'équations, l'impossibilité d'obtenir par la contrainte l'information économique nécessaire pour formuler de tels systèmes subsistera.

3. On peut trouver une possible explication du malentendu sur la position d'Hayek dans l'ordre d'exposition qu'il suivit lui-même[223]. Pour critiquer la « *solution mathématique* », en effet, Hayek suit un ordre semblable à celui que devrait suivre toute personne affrontant un problème purement algébrique. Ainsi, il aborde, en premier lieu, le problème de la formulation des équations correspondantes. C'est là qu'il fait allusion au problème théorique fondamental concernant l'impossibilité d'obtenir l'information nécessaire pour effectuer cette formulation. Il dit, ensuite, que, même en admettant qu'on ait pu formuler les équations descriptives du système d'équilibre, il serait *pratiquement* impossible de résoudre algébriquement ce système. Il est clair que l'emphase d'Hayek se concentre sur l'argument théorique fondamental concernant l'impossibilité d'obtenir l'information nécessaire pour formuler les équations correspondantes, et qu'il ne donne au

---

[222] « This is but one of the difficulties attributable to the sheer scale of the required coordination between multimillion plan instructions. Academician Fedorenko quipped that next year's plan, it fully checked and balanced, might be ready in 30.000 years time… Voir l'article « Planned Economy » d'Alec Nove publié au volume III de *The New Palgrave : A Dictionary of economics*, Mcmillan, Londres 1987, pp. 879-885. La citation se trouve à la p. 881. Malheureusement, Alec Nove ne voit pas, lui non plus, quel est le problème économique fondamental que pose le socialisme ; il considère encore qu'il ne s'agit que du problème algébrique de la résolution du système d'équations correspondant. En particulier, il se fonde sur des « *ouï-dire* » et montre qu'il n'a pas lu ou pas compris l'argument fondamental de Mises, lorsqu'il affirme que « critics, such as Barone and L. von Mises, pointed out some major weaknesses in this approach to socialist planning : *the number of calculations required would be enormous…* » L'on sait que l'argument essentiel de Mises contre le calcul économique socialiste n'est pas celui-ci (de fait, Mises ne le mentionne même pas expressément), mais que, même si l'on pouvait résoudre des systèmes d'équations très complexes, *on ne disposerait jamais, dans le socialisme, de l'information nécessaire pour les formuler.*

[223] Don Lavoie ajoute, dans son livre remarquable *Rivalry and Central Planning* (op. cit., p. 91), qu'Hayek commit, à son avis, une erreur de stratégie en incluant dans son *Collectivist Economic Planning* (op. cit., 1935) sa traduction anglaise de l'article de Barone publié en 1908. Cet article mentionnait (en passant, seulement) que la planification fondée sur un système d'équations walrasien était *impraticable*, fondamentalement à cause des difficultés que présentait la solution du système d'équations correspondant. Lavoie conclut très justement que : « However, to at least Mises and Hayek if not also Robbins, the problem was *formulating the equations* – not solving them. In a world of complexity and continuous change, the central planners would lack the knowledge of the coefficients that go into the equations » (p. 91).

problème de la résolution algébrique qu'une importance secondaire[224]. Mais le fait qu'il ait suivi, dans son exposé, l'ordre indiqué explique peut-être que de nombreux commentateurs du débat l'aient mal interprété et aient supposé qu'Hayek s'était retiré vers « *une seconde ligne de défense* » : il se serait réfugié dans des difficultés de type pratique concernant la solution d'un système d'équations plus que dans des arguments théoriques d'impossibilité logique ; interprétation infondée et qu'Hayek a récemment réfutée en détail[225].

4. Ludwig von Mises a démontré de façon particulièrement claire que l'argument de la difficulté de la résolution algébrique du système d'équations était non seulement, comme le croyait Hayek, de nature subsidiaire ou secondaire, mais également superflu et sans intérêt théorique[226]. Pour Mises, le problème fondamental réside dans le fait que la connaissance nécessaire à la formulation des équations d'équilibre ne peut

---

224 C'est peut-être Lionel Robbins qui insiste le moins nettement sur le caractère purement subsidiaire de l'argument sur la difficulté pratique de la résolution algébrique du système d'équations walrasiennes. Il semble qu'il ait considéré tellement absurde de penser à une solution pratique de ce genre qu'il n'a pas pris pas la peine de développer minutieusement l'argument fondamental de type théorique. L'on peut dire cependant, à sa décharge, que ses observations sur le calcul économique sont incluses, à titre secondaire, dans un livre qui analyse des problèmes d'un autre genre (le diagnostic des causes de la Grande Dépression). Il conclut, à la p. 151 de son ouvrage *The Great Depression* (publié par Macmillan, New York, en 1934), après avoir affirmé que le problème du calcul économique pouvait se résoudre « *sur le papier* » par une série de calculs mathématiques : « *but in practice this solution is quite unworkable. It would necessitate the drawing up of millions of equations on the basis of millions of statistical tables based on many more millions of individual computations. By the time the equations were solved the information on which they were based would have become obsolete and they would need to be calculated anew. The suggestion that a practical solution of the problem of planning is possible on the basis of the Parietan equations simply indicates that those who put it forward have not begun to grasp what these equations mean* ».

225 « I feel I should perhaps make it clear that I have never conceded, as is often alleged, that Lange had provided the theoretical solution of the problem, and I did not thereafter withdraw to pointing out practical difficulties. What I did say (in *Individualism and Economic Order*, p. 187) was merely that from the factually false hypothesis that the central planning board could command all the necessary information, it could logically follow that the problem was in principle soluble. *To deduce from this observation the 'admission' that the real problem can be solved in theory is a rather scandalous misrepresentation.* Nobody can, of course, transfer to another all the knowledge he has, and certainly not the information he could discover only if market prices told him what was worth looking for ». Voir l'article de F. A. Hayek publié en avril 1982 dans *Economic Affairs*, « Two Pages of Fiction : The Impossibility of Socialist Calculation », réimprimé comme chap. 4 du livre *The Essence of Hayek*, édité par Chiaki Nishiyama et Kurt R. Leube, Hoover Institution, Stanford University Press, Stanford 1984, p. 58.

226 Pour Mises, en effet, « there is therefore *no need* to stress the point that the fabulous number of equations which one would have to solve each day anew for a practical utilization of the method would make the whole idea absurd even if it were really a reasonable substitute for the market's economic calculation. *Therefore the construction of electronic computers does not affect our problem* ». Ludwig von Mises, *Human Action*, op. cit., p. 715 et dernière ligne de la note 11 de la p. 715. Et aussi, dans le même sens, Esteban F. Thomsen, dans *Prices and Knowledge : A Market Process Perspective*, Routledge, Londres 1992, pp. 83-86.

jamais être disponible de manière centralisée. Il ajoute, en 1940, l'argument supplémentaire suivant, qu'Hayek n'avait pas développé auparavant : même si l'on pouvait énoncer un système d'équations descriptif d'une situation d'équilibre (chose impossible à réaliser en utilisant des connaissances propres à une situation de déséquilibre et qui sont les seules disponibles dans la vie réelle), *cela n'aiderait nullement à indiquer à l'organisme de planification ou contrôle quelles décisions ou démarches concrètes seraient nécessaires pour passer de la situation de déséquilibre dans laquelle il se trouverait à la situation idéale d'équilibre recherchée.* Ou, comme le dit Mises, « *it was a serious mistake to believe that the state of equilibrium could be computed, by means of mathematical operations, on the basis of the knowledge of conditions in a non-equilibrium state. It was no less erroneous to believe that such a knowledge of the conditions under a hypothetical state of equilibrium could be of any use for acting man in his search for the best possible solution of the problems with which he is faced in his daily choices and activities* »[227].

4. LA METHODE D'« ESSAI ET ERREUR »

Dès le début, en 1935, Hayek douta que Taylor et Dickinson aient véritablement pensé, pour résoudre le problème du calcul économique, à un système fondé sur la solution mathématique littérale du système d'équations walrasien correspondant. Il croyait plutôt que les apports ambigus de ces deux auteurs proposaient, en réalité, la recherche réitérative d'une solution au système d'équations walrasien à l'aide d'un procédé fondé sur la méthode d' « *essai et erreur* »[228].

---

[227] Ce brillant argument supplémentaire de Mises, que l'on n'a toujours pas réfuté, fut publié pour la première fois en allemand, au paragraphe IV (« Die Gleichungen der mathematischen Katallaktik ») du chapitre qui réfute les tentatives de résolution du problème du calcul économique et fait partie de son *Nationalökonomie : Theorie des Handelns und Wirtschaftens*, Editions Union, Genève 1940, pp. 641-645. Les idées essentielles de ce passage avaient été préalablement publiées en français, en 1938, sous le titre « *Les équations de l'économie mathématique et le problème du calcul économique en régime socialiste* » (*Revue d'Economie Politique*, 1938, pp. 1055-1062, reproduit dans la même revue 50 ans plus tard, dans son numéro 97 [6] de novembre-décembre 1987 avec un commentaire de Jean Bénard qui prouve que cet auteur ne comprend pas, lui non plus, les problèmes économiques qu'implique le calcul économique socialiste). L'argument fut, plus tard, élargi et développé en anglais dans *Human Action*, op. cit., pp. 714-715. La citation peut être ainsi traduite : « *Ce fut une grave erreur de croire que l'état d'équilibre pourrait se calculer au moyen d'opérations mathématiques et à l'aide de la connaissance obtenue dans des situations de déséquilibre. Il fut tout aussi erroné de croire que cette connaissance des conditions existantes dans un hypothétique état d'équilibre pouvait avoir quelque utilité pour l'acteur dans sa recherche des meilleures solutions possibles aux problèmes auxquels il est confronté dans ses activités et ses décisions quotidiennes* ».

[228] « It is improbable that anyone who has realized the magnitude of the task involved has seriously proposed a system of planning based on comprehensive systems of equations. What has actually been in the minds of those who have mooted this kind of analysis has been the belief that, starting from a given situation, which was presumably to be that of the pre-

Taylor fut le premier à parler explicitement de la méthode d' « *essai et erreur* ». Pour lui, en effet, cette méthode consiste à essayer de trouver une série de solutions hypothétiques jusqu'à ce qu'on en trouve une qui soit manifestement la bonne[229]. Dickinson, pour sa part, fut un peu moins explicite et ne parla que d'un « *processus d'approximation successive* » vers la solution correcte[230].

Quoique l'ambiguïté et la confusion de leurs écrits empêche de déduire clairement ce qu'entendaient Taylor, Roper et Dickinson par « *méthode d'essai et erreur* », cette méthode se présente en principe comme une *variante* de la « *solution mathématique* » qui prétend éviter l'obligation gênante d'une résolution algébrique du système d'équations très compliqué qui en découle. En effet, aussi bien ces auteurs que Lange lui-même considéraient que, la solution mathématique étant la plus adaptée, on pourrait arriver, tant qu'il serait difficile de trouver la solution du système d'équations correspondant, à une approximation très précise de cette solution à l'aide d'un procédé d' « *essai et erreur* ». Il suffirait pour cela d'adopter, au départ, les « *solutions d'équilibre* » héritées du système capitaliste en vigueur avant l'introduction du socialisme. Il faudrait alors effectuer

---

existing capitalistic society, *the adaptation to the minor changes which occur from day to day could be gradually brought about by a method of trial and error* ». F. A. Hayek, « The Present State of the Debate », *Collectivist Economic Planning*, op. cit., p. 213.

229 « *The method of trial and error... which consists of trying out a series of hypothetical solutions till one is found which proves a success* ». Fred M. Taylor « The Guidance of Production in a Socialist State », dans *On the Economic Theory of Socialism*, op. cit., p. 51.

230 Henry D. Dickinson, « Price Formation in a socialist Community », op. cit., p. 241. Entre les propositions de Taylor et de Dickinson, réalisées respectivement entre 1928 et 1933, un autre américain, Willet Crosby Roper, propose aussi, en 1931, la méthode d'essai et erreur et croit que les pénuries successives se manifestant dans le système économique indiqueront, en tout cas, clairement à l'autorité centrale qu'elle doit modifier ses instructions et tendre vers la solution « *correcte* ». Cependant, et bien qu'il ne dissimule pas sa forte sympathie pour le socialisme, Roper est pleinement conscient des énormes difficultés que supposerait, en pratique, l'application de la méthode d'essai et erreur qu'il propose. Il affirme en particulier : « This description of the process makes it seem rather simple and easily accomplished. It is a question, apparently, of adjusting a few mistakes at the beginning and then sitting down to watch the system work. But again, *we ignore the almost incredible complication of the economic process...* At the establishment of a price system with perhaps only one or two considerable errors (an almost unbelievable assumption), those one or two errors would involve changes extending through the whole structure. If the number of serious mistakes were greater, it would take a considerable time and a great deal of careful calculation to reach a position of equilibrium, where the factors would be priced exactly according to marginal productivity, where these prices would be equal for factors of equal efficiency, and where the whole theoretical system of stable equilibrium was realised. *As a matter of fact, this equilibrium could be reached only in a static economy which can never exist...* It seems safe to say that the pricing apparatus necessary for an efficient centralized collectivism, is, at best, only a remote possibility ». Et il conclut ainsi : « *It indicates that the best chance for success of a socialist society lies in a decentralized organization which retains, so far as possible, the strong features of capitalism* ». Willet Crosby Roper, *The Problem of Pricing in a Socialist State*, Harvard University Press, Cambridge, Massachusetts, 1931, pages 58, 59, 60 et 62.

simplement les modifications marginales nécessaires pour « *remettre* » le système en équilibre chaque fois que des changements se produiraient.

La façon pratique d'appliquer cette méthode consisterait à ordonner aux gérants et responsables des divers secteurs, industries et entreprises de transmettre continuellement à l'organe central de planification leurs connaissances concernant les différentes circonstances de la production en général et, en particulier, les différentes combinaisons de facteurs productifs. L'organe central de planification fixerait provisoirement ou à mode d'essai, et à partir de l'information reçue, toute une série de « *prix* ». Ceux-ci seraient communiqués aux gérants des entreprises pour qu'ils estiment les quantités qu'ils pourraient produire à ces prix et agissent en conséquence. L'activité des gérants montrerait l'existence d'erreurs, qui se concrétiseraient par des pénuries (si la demande dépassait l'offre), ou des excédents (dans le cas contraire) de production. La pénurie ou les excédents concernant une certaine ligne de production indiquerait à l'organe de planification centrale que le prix établi n'était pas correct et qu'il faudrait donc l'élever ou le baisser selon le cas. Et ainsi de suite jusqu'à ce que l'on trouve le nouvel « *équilibre* » tant recherché. C'est, en résumé, ce en quoi consiste la méthode tellement « *vantée* » d' « *essai et erreur* ».

Critique de la méthode d'essai et erreur

La méthode d'essai et erreur que nous venons de décrire non seulement est d'une « *simplicité* » apparente très trompeuse mais ne permet nullement de résoudre le problème économique fondamental que pose le socialisme.

Premièrement, il est théoriquement absurde de penser que le système capitaliste réel puisse se trouver, à un moment donné, en « *situation d'équilibre* ». Dans le système capitaliste, les prix fixés par les parties sont des « *prix de marché* » qui changent constamment sous l'effet de la force créative de l'action entrepreneuriale ; et non pas des « prix d'équilibre » dont le système socialiste pourrait « *hériter* », comme point de départ fiable. Les théoriciens socialistes, donc, non seulement se révèlent incapables de comprendre le fonctionnement du marché, mais en outre tombent dans le paradoxe suivant : ils admettent que, du point de vue de leur conception erronée, le marché, parce qu'il se trouve naturellement « *en équilibre* », fonctionne beaucoup « *mieux* » que dans la réalité. Nous savons, au contraire, que le marché n'est jamais « en équilibre » et que cela, loin de constituer une « *imperfection* », est sa caractéristique la plus intime et typique. En sorte qu'il est particulièrement pathétique de constater que les théoriciens socialistes ont dû renoncer à critiquer le marché pour n'être pas en équilibre ; cela, au nom d'un intérêt tactique : celui de pouvoir présenter une méthode d'essai et erreur permettant le socialisme et dont l'élaboration n'est concevable qu'à partir des « *prix d'équilibre* » du système capitaliste tant méprisé.

Deuxièmement, il est inadmissible de supposer que les changements qui se produiraient dans le système économique, après le passage du capitalisme au socialisme, seraient relativement peu importants. Les changements et les distorsions seraient, au contraire, d'une telle envergure dans tous les domaines économiques et sociaux qu'il faudrait restructurer totalement tout le système de prix. Ce serait le résultat de la disparition du droit de propriété sur les facteurs de production et de la modification draconienne de la distribution du revenu suivant tout passage révolutionnaire d'un système à un autre. Ce serait aussi la conséquence de la façon différente dont les divers agents économiques estimeraient ce que devraient être les objectifs et les moyens à leur portée, en fonction de la situation différente occupée par chacun d'eux dans la nouvelle échelle sociale et du terrible degré de contrainte et de rigidité institutionnelle introduites, dans tous les domaines sociaux, au détriment de la liberté d'action entrepreneuriale. Il est, par conséquent, inadmissible de considérer que l'on pourrait prendre, comme point de départ, les prix existant dans le système économique capitaliste juste avant l'introduction du socialisme, et n'effectuer que les petites adaptations de « *détail* » nécessaires pour maintenir le système en équilibre[231].

Troisièmement, même en admettant que le passage du capitalisme au socialisme n'affecte pas sérieusement le système de prix, il ne faut pas oublier qu'un excédent ou une pénurie de produit n'indique que très rarement, de façon fiable, à un organisme central de planification, comment traiter la question de son prix. Il faut, en particulier, qu'il existe des occasions de choix ; il faut aussi qu'elles soient perçues comme telles par les différents agents économiques, pour que la pénurie ou l'excédent de produit indiquent s'il faut ou non élever ou abaisser le prix préfixé. Autrement dit, quand il n'y a pas ou quand on n'a pas conscience d'autres choix possibles, la pénurie ne veut pas dire grand-chose, car elle découle de la non-existence ou de l'ignorance de l'existence de biens et services du même genre mais de qualité différente ou disponibles à des prix différents, ou même de l'existence de biens et services qui, bien que différents, peuvent être utilisés comme succédanés. La pénurie n'est donc pas un signe qui indique automatiquement la nécessité de la hausse d'un prix, car il sera souvent plus économique de développer, d'introduire et d'essayer de nouveaux produits équivalents.

[231] F. A. Hayek, « The Present State of the Debate », dans *Collectivist Economic Planning*, op. cit., p. 213. Hayek ne fait, en ce sens, que suivre l'intuition initialement développée par Mises, qui affirmait déjà en 1920 : « The transition to socialism must, as a consequence of the levelling out of the differences in income and the resultant readjustments in consumption, and therefore production, *change all economic data*, in such a way that a connecting link with the final state of affairs in the previously existing competitive economy becomes impossible ». Ludwig von Mises, « Economic Calculation in the Socialist Commonwealth », dans *Collectivist Economic Planning*, op. cit., p. 109-110. Cet argument est lié à celui avancé à la note 227, en sorte que l'argument misesien fondamental de 1920 est complété et perfectionné au cours de 20 années et se présente finalement ainsi : 1° Il est impossible de considérer que la situation de départ corresponde à un état d'équilibre ; 2° Il est impossible de calculer l'état final d'équilibre, faute d'information ; et 3° Même en admettant que les problèmes mentionnés au 1° et au 2° aient été résolus, on ne disposerait d'aucun guide pour orienter les innombrables actions nécessaires pour passer de l'état initial d'équilibre à l'état final d'équilibre (argument clé de Mises expliqué à la note 227).

Quatrièmement, pour qu'une pénurie soit significative et puisse aider l'organe central de planification à décider, il ne faut pas qu'on ait émis un excès de « *certificats* » donnant droit à acquérir des facteurs de production et des biens et services de consommation (nous ne disons pas « *des unités monétaires* », car – nous l'avons vu – le concept de « *monnaie* » est radicalement distinct dans un système socialiste de celui utilisé dans un système capitaliste). En effet, en cas d'émission excessive d' « *unités monétaires* » il y aura une pénurie générale de biens, services et ressources productives. Elle n'indiquera pas de façon précise de combien il faudrait élever le prix de chacun des biens et services ou facteurs de production, et dans quelle proportion il faudrait augmenter leur production[232].

Cinquièmement, si, comme c'est habituel, la pénurie finit par se manifester comme une caractéristique chronique et récurrente du système socialiste, les agents économiques (consommateurs, gérants, etc.) apprendront la leçon et leur capacité « *entrepreneuriale* » innée les poussera à chercher tout bien achetable en échange des « *unités monétaires* » correspondantes. Cela engendre une recherche généralisée des valeurs réelles de la part de tous les agents économiques. Il s'efforceront d'acheter n'importe quoi, même s'ils n'en ont pas besoin, car ils comprennent que la pénurie est le trait caractéristique du système économique et qu'il vaut mieux acquérir n'importe quel bien, même sans en avoir besoin, mais en prévision de sa non disponibilité future et au cas où il deviendrait utile. Ce phénomène se reproduit de la même manière dans le domaine de la production. Ainsi, Kornai a expliqué très clairement que, dans un système socialiste, les gérants et responsables industriels découvraient soudain que la pénurie des divers *inputs* et facteurs de production était la règle dominante chronique. Le gérant comprend aussi qu'il ne perd rien à maintenir un inventaire très élevé de facteurs de production, son coût financier ne lui posant aucun problème effectif étant donné l'absence de limitation budgétaire rigoureuse. Par contre, le fait de ne pas pouvoir accomplir un objectif fixé de force par l'organe de planification, par manque d'un matériau ou facteur de production, représente, lui, un risque réel très significatif pour le gérant. Ainsi, l'on tend, de façon générale et continue, à demander et à accumuler en excès et sans mesure toutes sortes d'*inputs* et de facteurs de production, même ceux qui ne sont pas strictement nécessaires, en sorte que la pénurie généralisée des ressources devient inexorablement le trait caractéristique du système économique socialiste[233]. Il est donc évident qu'un organe central de planification ne pourra pas prétendre trouver une solution hypothétique d'équilibre à l'aide d'un procédé d' « *essai et erreur* » qui se fonde sur l'observation des *pénuries* se manifestant dans le système économique, si celui-ci connaît ces pénuries de façon intense, chronique et

---

[232] Trygve J. B. Hoff explique de façon très imagée que « *just as in tennis a score of 6-0, 6-0 gives no indication of how much better the winner is, so stocks of unsold goods do not reveal how strongly the different goods are desired* », *Economic Calculation in the Socialist Society*, op. cit., pp. 117-118.

[233] Voir les ouvrages de János Kornai *Economics of Shortages*, North Holland, Amsterdam 1980, et *Growth, Efficiency and Shortages*, University of California Press, Berkeley 1982.

constante et si elles concernent l'ensemble des biens économiques de consommation et facteurs de production de toute la société[234].

Sixièmement, il faut souligner que le système économique n'est qu'un conglomérat de biens et services isolés, à propos desquels on peut considérer individuellement qu'une pénurie ou un excédent de produit indique automatiquement la nécessité d'élever ou de baisser le prix. Par contre, le système économique donne continuellement naissance à un ensemble de biens et services de consommation et de facteurs de production intimement liés les uns aux autres. Ainsi, par exemple, la rareté d'un bien peut ne pas apparaître alors qu'il est rare en réalité ; cette circonstance pouvant être cachée par l'existence ou inexistence d'autres biens ayant avec lui une relation directe ou indirecte comme substituts ou compléments. En sens contraire, une pénurie peut apparaître, mais dans des circonstances telles qu'il vaille mieux tirer profit des biens de remplacement existants plutôt que de procéder à une hausse du prix. Tout cela signifie que l'organe central de planification ne pourrait pas se fier à la rareté ou à l'excédent de biens individuellement considérés, mais qu'il devrait connaître et contrôler la situation de pénurie ou d'excédent de *tous* les biens considérés *dans leur ensemble* et ayant un rapport les uns avec les autres. Cela rend évidemment impossible l'exercice d'une méthode qui, comme celle de l' « *essai et erreur* », prétend s'appliquer de façon isolée et individuelle pour chaque bien et chaque service[235].

Septièmement, Mises allègue que la méthode d'essai et erreur n'est applicable qu'aux problèmes dont la solution correcte est reconnaissable grâce à une série de faits et d'indices indiscutables et indépendants de la méthode elle-même d'essai et erreur. Par contre, la situation est tout autre lorsque la seule chose indiquant que l'on a découvert la solution correcte est précisément le fait d'y être parvenu en appliquant la méthode considérée appropriée pour la solution du problème. Autrement dit, la méthode d'essai et erreur peut servir lorsqu'il existe une connaissance de référence par rapport à laquelle on puisse ajuster par tâtonnement la solution correspondante. Si, comme c'est le cas dans le système socialiste, cette référence n'existe pas parce que le processus entrepreneurial de marché a été

---

[234] Hoff indique aussi que, dans ces circonstances, la *graduation* de l'augmentation du prix incombant à l'organe central de planification chaque fois qu'il y a une pénurie constitue un autre problème insoluble. Pour lui, l'existence d'une pénurie n'indique ni ne transmet aucune connaissance sur la façon dont il faut réaliser (sur quels biens et dans quelle mesure) l'augmentation de prix correspondante. Voir son *Economic Calculation in the Socialist Society*, op. cit., p. 119.

[235] Je dois cet argument à Robert Bradley, du Département d'Economie de l'Université de Houston. Voir « Socialism and the Trial and Error Proposal », inclus comme Partie IV dans son article « Market Socialism : A Subjectivist Evaluation », *The Journal of Libertarian Studies*, vol. V, n° 1, hiver 1981, pp. 28-29. Bradley conclut : « *It is logically posible that a good and its substitutes all have equilibrating prices, yet their prices not be indices of the scarcity. In this case, the bad prices merely camouflage each other. So we can see that monitoring individual prices is not enough; the CPB would have to be in command of all price interrelationships. Thus the 'trial and error' method becomes inadequate since it only applies to prices individually* » (p. 29).

supprimé, l'organisme central de planification manquera du guide nécessaire pour approcher, à l'aide du mécanisme d'essai et erreur, la solution correcte. Et ces « *guides* » ne sont pas constitués par les circonstances « *objectives* » d'excédent ou de rareté qui se succèdent : d'une part ces guides ne sont pas objectifs et n'indiquent pas infailliblement ce qu'il faut faire, et d'autre part *ils sont un résultat endogène de l'application de la méthode d'essai et erreur* ; ainsi, ils ne constituent aucun guide de référence objective, et ne sont que les manifestations successives, arbitraires et aléatoires, d'un processus circulaire d'incoordination et d'inefficacité qui ne converge vers rien. Dans une économie respectant le libre exercice de la fonction entrepreneuriale, on pourrait dire, en un certain sens, que les divers agents économiques utilisent, en exerçant la fonction entrepreneuriale, un procédé d' « *essai et erreur* » : ils approchant les solutions adéquates, c'est-à-dire qu'ils tâchent de découvrir et de coordonner les cas de désajustement existant dans la société. Il en est ainsi parce que la fonction entrepreneuriale combinée des divers acteurs crée une information qui ne pourrait pas naître de l'activité isolée et indépendante de chacun d'eux, quelque méthode d'essai et erreur qu'ils veuillent appliquer seuls ; cette information constitue la « *matière première* » indispensable à la réalisation de la comptabilité estimative des profits et des coûts de chaque action humaine. Ainsi, et en suivant le guide fourni par le calcul des pertes et profits, les agents économiques tendent à agir de façon coordonnée. Si, au contraire, on empêche le libre exercice de la fonction entrepreneuriale, on élimine le seul processus qui permette l'ajustement coordonné des différents comportements individuels et le seul *guide extérieur* permettant à chaque acteur de découvrir s'il approche ou non de la solution qui lui convient le mieux[236].

Huitièmement, la grande faiblesse de la méthode d'essai et erreur est de supposer que la communauté sera statique et que la plupart des circonstances et des conditions sociales resteront les mêmes pendant la période où on réalise l' « *essai* » et où l' « *erreur* » possible se manifeste. Cependant, si l'on considère que les ajustements, comme c'est toujours le cas, engendrent des changements qui affectent tous les prix des facteurs productifs et des biens et services de consommation, alors toute « *correction* » d'erreurs

---

[236] Selon Mises : « *The method of trial and error is applicable in all cases in which the correct solution is recognizable as such by unmistakable marks not dependent on the method of trial and error itself... Things are quite different if the only mark of the correct solution is that it has been reached by the application of a method considered appropriate for the solution of the problem. The correct result of a multiplication of two factors is recognizable only as the result of a correct application of the process indicated by arithmetic. One may try to guess the correct result by trial and error. But here the method of trial and error is no substitute for the arithmetical process. It would be quite futile if the arithmetical process did not provide a yardstick for discriminating what is incorrect from what is correct... If one wants to call entrepreneurial action an application of the method of trial and error, one must not forget that the correct solution is easily recognizable as such; it is the emergence of a surplus of proceeds over costs. Profit tells the entrepreneur that the consumers approve of his ventures; loss, that they disapprove. The problem of socialist economic calculation is precisely this : that in the absence of market prices for the factors of production, a computation of profit or loss is not feasible* » *Human Action*, op. cit., pp. 704-705.

réellement ou apparemment perçues se fera toujours *trop tard* et sera donc source de profondes distorsions. Comme l'a montré Hayek[237], l'utilisation de la méthode d' « *essai et erreur* » n'est pas possible dans le monde réel, qui connaît des changements constants. Chaque changement individuel implique une série pratiquement illimitée d'influences sur les prix, qualités et catégories de biens produits. De sorte que la méthode d'essai et erreur est incapable de faire converger vers une hypothétique solution d'équilibre, avant que des informations nouvelles et ultérieures ne la rendent totalement obsolète et inadaptée. Si le monde réel ne connaissait pas de changements et si l'information restait la même, la découverte d'un système de prix d'équilibre à l'aide de la méthode d'essai et erreur pourrait paraître possible ; à condition de penser que l'existence de l'équilibre pourrait constituer un point de référence un peu plus net auquel comparer les diverses solutions essayées. Mais, malgré les suppositions des théoriciens socialistes, le monde réel n'est ni en état d'équilibre ni statique, de sorte que l'utilisation de la méthode d'essai et erreur pour trouver une solution au système d'équations correspondant est impossible.

Enfin, *neuvièmement*, l'argument le plus important à l'encontre de la méthode d'essai et erreur est sa méconnaissance totale de la théorie de la fonction entrepreneuriale, expliquée au chapitre II. Le problème essentiel est de savoir *qui* va appliquer la méthode d'essai et erreur. Si la prise de décisions sur l'adoption de solutions d'essai n'est pas faite par les agents économiques concrets qui possèdent l'information pratique, la méthode n'aboutira évidemment à rien, pour les raisons exposées au chapitre III. D'un côté, l'organe central de planification ne disposera pas de l'information pratique d'importance créée et disponible uniquement dans l'esprit des individus qui exercent la fonction entrepreneuriale. De l'autre, l'information nécessaire à la coordination et à l'ajustement de la société n'est même pas créée si tous les individus ne peuvent pas exercer librement la fonction

[237] Hayek affirme : « *Almost every change of any single price would make changes of hundreds of other prices necessary and most of these other changes would by no means be proportional, but would be affected by the different degrees of elasticity of demand, by the possibility of substitution and other changes in the method of production. To imagine that all this adjustment could be brought about by successive orders by central authority when the necessity is noticed, and that then every price is fixed and changed until some degree of equilibrium is obtained is certainly an absurd idea... To base authorative price-fixing on the observation of a small section of the economic system is a task which cannot be rationally executed under any circumstances* ». « The Present State of the Debate », *Collectivist Economic Planning*, op. cit., p. 214. Cinq ans plus tard, Hayek disait encore plus clairement, dans sa réponse à Lange : « *It is difficult to suppress the suspicion that this particular proposal (the trial and error method) has been born out of an excessive preoccupation with problems of the pure theory of stationary equilibrium. If in the real world we have to deal with approximately constant data, that is, if the problem were to find a price system which then could be left more or less unchanged for long periods, then the proposal under consideration would not be so entirely unreasonable. With given and constant data such state of equilibrium could endeed be approached by the method of trial and error. But this is far from being the situation of the real world, where constant change is the rule* ». Socialist Calculation III : « The Competitive Solution », dans *Individualism and Economic Order*, op. cit., p. 188.

entrepreneuriale. Et si cette information n'est même pas créée, elle se transmettra difficilement à un organe central de planification. Ainsi que nous l'avons souligné, la méthode d'essai et erreur doit, si elle a quelque sens, être exercée sur le plan individuel et dans le contexte d'une économie de marché où l'exercice de la fonction entrepreneuriale soit total et qui permette l'appropriation sans entraves des fruits de la créativité entrepreneuriale personnelle. Rappelons aussi que l'information a un caractère strictement subjectif et que, face aux mêmes faits observables du monde extérieur, l'information interprétative que l'acteur peut engendrer variera selon ses circonstances particulières et celles du contexte où il évolue. Face à une pénurie déterminée, le fait que l'organe de planification centrale applique automatiquement une règle préfixée (accroître la production du bien X ou élever son prix) ne peut pas inspirer confiance, car il est sûr que, dans le cadre d'un processus entrepreneurial libre, la créativité humaine donnerait, en présence de ces mêmes faits objectifs, des solutions radicalement différentes. De cette façon, face à un problème de pénurie, le plus indiqué peut être, au lieu d'élever le prix, de consacrer le génie entrepreneurial à la recherche de nouvelles solutions à ce problème, en développant des biens de remplacement, en cherchant de nouvelles possibilités non encore imaginées, etc... Ainsi apparaît l'impossibilité logique de l'utilité de la méthode d'essai et erreur pour ajuster la solution d'un hypothétique système d'équations permettant le calcul économique dans une société qui n'autorise pas le libre exercice de la fonction entrepreneuriale. Dans de telles circonstances, l'organe central de planification manquera de l'information d'importance, qui ne sera même pas créée par les agents économiques du système et il n'y aura donc aucun guide pour coordonner les désajustements continuels pouvant exister au sein de la société. L'utilisation centralisée de la méthode d'essai et erreur ne conduit donc à aucune solution d'équilibre et n'est pas capable d'orienter l'hypothétique organisme central de coercition dans le choix des décisions à adopter pour coordonner le processus social[238].

5. IMPOSSIBILITE THEORIQUE DE LA PLANOMETRIE[239]

Les observations critiques précédentes faites au système de résolution du problème du calcul économique socialiste à l'aide de la méthode d' « *essai et*

[238] Il faut reproduire ici les critiques contre la méthode d'« *essai et erreur* » proposée par Oskar Lange et que nous incluons dans la section correspondante du prochain chapitre.

[239] Ce terme a été popularisé par J. Wilczynski pour qui « *planometrics is a branch of economics concerned with the methodology of constructing economic plans especially arising at the optimal plan, with the aid of modern mathematical methods and electronic computers* ». *The Economics of Socialism*, George Allen & Unwin, Londres 1978, 3° éd., p. 17 et p. 24 et 46. On a parfois utilisé pour désigner cette branche de l'économie les termes de « *computopie* » ou de « *théorie des mécanismes pour l'assignation des ressources* » ; dénominations que l'on doit respectivement à Egon Neuberger (« Libermanism, Computopia and Visible Hand : The Question of Informational Efficiency », *American Economic Review*, « Papers and Proceedings », mai 1966) et à Leonid Hurwicz (« The Design of Mechanisms for Resource Allocation », *American Economic Review*, n° 63, mai 1973).

erreur » sont applicables à toute la littérature[240] développée à la suite du débat par les économistes de l'école de l'équilibre général sous le nom de « *planométrie* »[241]. Cette ligne de recherche utilise un ensemble varié de

---

[240] Sur la littéraature concernant la « planométrie », consulter, par exemple, les ouvrages de K. J. Arrow et L. Hurcwiz, *Studies in Resource Allocation Processes*, Cambridge University Press, Cambridge 1977 ; Leonid Hurwicz, « The Design of Mechanisms for Resource Allocation », *American Economic Review,* n° 63, 2, mai 1973 ; John P. Hardt et autres (éditeurs), *Mathematics and Computers in Soviet Economic Planning*, Yale University Press, New Haven, Connecticut, 1967 ; Benjamin N. Ward, « Linear Programming and Soviet Planning », inclus dans l'ouvrage de Hardt précité, et *The Socialist Economy. A Study of Organizational Alternatives*, Random House, New York 1967. On trouve, à la p. 94 de l'excellent livre de Don Lavoie *Rivalry and Central Planning*, un résumé exhaustif et détaillé de toute la bibliographie, en langue anglaise, sur le thème de référence. Il faut citer aussi, pour la langue allemande, le résumé de la littérature sur la planométrie que l'on doit à Christian Seidl et contenu dans son article « Allokations Mechanismus Asymmetrische Information und Wirtschaftssystem », publié dans *Jahrbücher für Nationalökonomie und Statistik*, n° 197 (3), 1982, pp. 193-220. Le livre de John Bennett, *The Economic Theory of Central Planning* (Basil Blackwell, Londres 1989), offre un bon et bref résumé des apports réalisés en ce domaine et de leurs principales difficultés, en particulier au chap. 2, pp. 9-37. Il est également intéressant de consulter le travail de Peter Bernholz, « Information, Motivation and the Problem of Rational Economic Calculation in Socialism », inclus comme chap. 7 dans le livre *Socialism : Institutional, Philosophocal and Economic Issues*, Svetozar Pejovich (éd.), Kluwer Academic Publishers, Dordrecht, Hollande 1987, pp. 161-167. Il faut enfin citer l'école soviétique développée sous les auspices de Leonid V. Kantorovich qui, obsessivement préoccupée par le développement et le perfectionnement des techniques d'optimisation, n'a jamais pu comprendre le problème économique (et non « *technique* ») que pose le socialisme, ni donc fournir aucune solution au processus de décomposition progressive du modèle soviétique. Voir « L. V. Kantorovich : The Price Implications of Optimal Planning », Roy Gardner, *Journal of Economic Literature*, vol. XXVIII, juin 1990, pp. 638-648 et toute la bibliographie y citée.

[241] Sur la déception relative à l'application des modèles planométriques, Michael Ellman affirme que « work on the introduction of management information and control systems in the soviet economy was widespread in the 1970's, but by the 1980's there was widespread scepticism in the USSR about their usefulness. This largely resulted from the failure to fulfil the earlier exaggerated hopes about the returns to be obtained from their introduction in the economy ». Voir l'article « Economic Calculation in Socialist Economies » de Michael Hellman, publié dans le vol II de *The New Palgrave. A Dictionary of Economics*, Mcmillan, Londres 1987, p. 31. Jan S. Prybila écrit dans le même sens dans son *Market and Plan Under Socialism*, Hoover Instiuttion Press, Stanford 1987, p. 55. Martin Gave, de son côté, montre, dans son *Computers and Economic Planning : The Soviet Experience* (Cambridge University Press, Cambridge 1980), les profondes différences séparant les groupes de recherche constitués, l'un par ceux qui formulent des modèles abstraits de planométrie, et l'autre par ceux qui étudient les systèmes réels, et conclut que le scepticisme croissant concernant la possible substitution du marché par les modèles planométriques vient de ce que « *they do not, nor are they intented to the complexities of a centrally-planned economy* » (p. 38). Hurwicz lui-même semble s'être résigné à considérer que la planométrie n'a que l'intérêt d'un exercice intellectuel, qui correspondrait à une première étape théorique du problème du calcul économique (celle qui consisterait à « *formuler* » ce problème) ; étape qui devrait être ensuite mise en pratique en tenant compte des forces du marché et en ajustant le plan aux réalités de celui-ci plus qu'en adaptant le marché aux paramètres du modèle planométrique (voir son « Centralization and Decentralization in Economic Processes », publié dans *Comparison of*

techniques mathématiques très sophistiquées, qui comprennent la programmation linéaire et non linéaire, la programmation en nombres entiers, une partie importante de la théorie cybernétique de la décision, et divers procédés informatiques d'approximation itérative. L'objet essentiel de ces modèles est la découverte *a priori* de toute une configuration de prix d'équilibre : l'on prétend trouver, avant ce que le marché déterminera spontanément, une solution qui *pré-coordonne* tous les plans des agents économiques. Celle-ci rendra donc inutile le processus réel de coordination du marché qui, de par sa propre nature, se produit toujours *a posteriori* par suite de l'initiative entrepreneuriale. En somme, les techniques de la planométrie prétendent, ni plus ni moins, remplacer le processus concurrentiel entrepreneurial par un mécanisme permettant une pré-coordination centralisée de la société.

Il est vrai qu'aucun des modèles planométriques n'a pu, jusqu'ici, être mis en pratique. Et les théoriciens socialistes eux-mêmes admettent que les possibilités de leur implantation sont très faibles. On continue, cependant, à soutenir que cela est surtout dû aux limitations de la capacité informatique des ordinateurs actuels, au manque de personnel suffisamment qualifié et à des difficultés techniques concernant l'obtention de l'information nécessaire. Toutefois, l'idée qu'il serait possible de remplacer le marché par un système de planification informatisée totale, réalisée à l'aide des modèles de la planométrie, a été progressivement abandonnée. Et cela, même par les auteurs qui développèrent ce programme de recherche scientifique. En outre, l'échec de l'implantation des techniques planométriques dans les pays de l'Est durant les années soixante-dix entraîna non seulement l'abandon de nouveaux essais pratiques dans ce sens, mais aussi une profonde déception parmi ceux qui avaient ingénument cru en ces techniques. Il reste, malgré tout, deux raisons importantes qui justifient l'étude séparée de la planométrie, précisément après l'analyse détaillée, réalisée à la section précédente, de l'impossibilité théorique de la méthode d' « *essai et erreur* ».

Il faut, premièrement, souligner que divers auteurs affirment encore ingénument que, malgré les échecs récoltés jusqu'ici, l'on peut espérer des affinements futurs de la théorie et des améliorations de la capacité informatique la réalisation de ce qui a été impossible jusqu'à maintenant. Ainsi, par exemple, Musgrave conclut, dans une étude évaluant le résultat du débat sur le calcul économique, que la planification pourrait être mise en pratique en laissant les planificateurs simuler le marché concurrentiel et en appliquant les techniques informatiques correspondantes. Et Arrow[242]

Economic Systems. Theoretical and Methodological Approaches, Alexander Extain (éd.), University of California Press, Berkeley 1971, p. 81).

[242] L'erreur de ces auteurs réside dans leur méconnaissance de l'essence du fonctionnement des processus de marché que nous avons expliquée au chap. II. Arrow a même affirmé que « indeed, with the development of mathematical programming and high speed computers the centralized alternative no longer appears preposterous. After all, it would appear that one could mimic the workings of a decentralized system by an appropriately chosen centralized algorithm » (Kenneth J. Arrow, « Limited Knowlwdge and Economic Analysis », *American economic Review*, vol. 64, mars 1974, p. 5). Il semble presque inevitable que même les esprits les plus brillants, comme Arrow, perdent la faculté d'apprécier les problèmes économiques

affirme que le développement de la programmation mathématique et des ordinateurs à grande vitesse rendront possible le système de planification centrale dans le futur, car on peut simuler le fonctionnement d'un système décentralisé en choisissant simplement l'algorithme centralisé correspondant. D'après ces auteurs et d'autres, les améliorations de la

---

fondamentaux lorsqu'ils sont obsédés par l'analyse mathématique de l'équilibre. Musgrave commet la même erreur dans son article « National Economic Planning : The U. S. Case », *American Economic Review*, n° 67, février 1977, pp. 50-54. Un autre auteur, Wilczynski, commet la même erreur, quoiqu'elle soit plus compréhensible dans son cas, étant donné son engagement idéologique socialiste. Il affirme que « *the feasibility of the computational optimal prices conclusively refutes any grounds for the claim that rational pricing was impossible under socialism. Even though much remains to be done on the practical level, there is a sound theoretical basis. In fact, in some respects, socialism provides the possibility of improving on capitalism* ». Voir *The Economics of Socialism*, op. cit., p. 138. Maurice Allais, pour sa part, a conclu, à partir de la théorie de l'équilibre, que le modèle walrasien pouvait fournir sans problèmes les principes essentiels permettant d'organiser une économie de planification centrale. Allais, qui unit à la confusion mentale que produit l'utilisation de la méthode mathématique en économie une idiosyncrasie particulière, a même affirmé que, dans une économie d'équilibre et de concurrence parfaite, l'intérêt du capital disparaîtrait (idée nettement absurde, puisque, même dans de telles circonstances, il faudrait faire face aux quotes-parts d'amortissement du capital, et les forces subjectives de la préférence temporelle subsisteraient). Allais propose la nationalisation du sol et l'expression des « *prix* » au moyen d'une unité de compte basée sur une unité de temps de « *travail spécialisé* ». Voir Maurice Allais, « *Le problème de la planification dans une économie collectiviste* », publié dans *Kyklos*, juillet-octobre 1947, vol. I, pp. 254-280, vol. II, pp. 48-71. Karl Pribram dit, dans son *A History of Economic Reasoning* (The Johns Hopkins University Press, Baltimore 1983, p. 459), à propos de ces propositions d'Allais : « It has been one of the strange episodes in the history of economic reasoning that radical minds, bent on overthrowing the existing economic order, nevertheless believed – or pretended to believe – that, contrary to any historical experience, the pattern for the organization of a 'planned' economy couldbe supplied by a model of the Walrasian type in which full reliance was placed on the automatic working of equilibrating forces. « Enfin, deux célèbres économistes de l'Est, Wlodzimiers Brus et Kazimierz Lasky, se sont prononcés dans le même sens dans un ouvrage récent où ils montrent que Mises et Hayek avaient raison en ce qui concerne le calcul économique socialiste et que ni Oskar Lange ni personne d'autre ne leur avaient répondu de façon satisfaisante. Brus et Lasky accusent le modèle néoclassique en général, et en particulier le walrasien, de ne pas tenir compte de la figure essentielle du système capitaliste qu'est l'entrepreneur. Ils reprochent également au système de « *concurrence parfaite* » de ne pas considérer la rivalité typique qui existe entre les entrepreneurs, créatrice constante d'information nouvelle. Ils concluent que « the Walrasian model overlooks the true central figure of the capitalist system, namely the *entrepreneur* sensu stricto. Formally there are entrepreneurs in the Walrasian model, but they behave like *robots*, minimizing costs or maximizing profits with the *data given*. Their behaviour is that of pure optimizers operating in the framework of exclusively passive competition, reduced to *reactive* adjustment of positions to an exogenous change. This can scarcely be a legitimate generalization of competition, which in *reality* is a constant struggle affecting the data themselves. It is here that the static approach of the general equilibrium theory becomes particularly pronounced, contrary to the actual *dynamics* of a capitalist system ». Voir leur ouvrage *From Marx to the Market, Socialism in Search of an Economic System*, Clarendon Press, Oxford 1989, p. 57. Dans le meme sens, consulter mon travail « La Crisis del Paradigma Walrasiano », publié dans le journal *El País*, le 17 décembre 1990, p. 36.

programmation linéaire et de la technologie des ordinateurs permettraient de résoudre le problème du calcul économique socialiste tel qu'il fut posé par Mises et Hayek.

Deuxièmement, d'autres théoriciens de la planométrie, comme Hurwicz, prétendent non seulement avoir répondu à l'argument informatique d'Hayek (qui n'avait pour lui qu'une importance secondaire), mais avoir aussi tenu compte dans leurs modèles planométriques de l'argument essentiel relatif au caractère dispersé de l'information[243]. Ainsi, Hurwicz part de la supposition suivante : chaque agent économique disposera seulement d'une information de type privé que les autres n'auront pas (les consommateurs sur leurs préférences respectives, les producteurs sur les technologies à leur portée, etc.) ; en sorte qu'on ne considère jamais, dans ses modèles planométriques, que les fonctions correspondantes de production seront connues par l'organisme central de planification ; on considère, au contraire, que ces fonctions ne seront connues que des agents économiques individuels. Et encore, on suppose, dans de nombreux modèles, que même les producteurs ne connaissent pas toutes leurs fonctions de production, sinon seulement la partie de celles avec lesquelles ils ont eu quelque contact. Comme les prix sont des transmetteurs efficients d'information, la seule connaissance qui, d'après ces modèles, doive être transmise entre l'organe central de planification et les agents économiques est une liste de « *prix* » concernant

---

[243] Voir Leonid Hurwicz, « The Design of Mechanisms for Resource Allocation », op. cit., p. 5. Hurwicz se vantait d'avoir incorporé à ses modèles les apports de Mises et d'Hayek : « The ideas of Hayek (whose classes at the London School of Economics I attended during the academic year 1938-1939) have played a major role in influencing my thinking and have been so acknowledged. But my ideas have also been influenced by Oskar Lange (University of Chicago 1940-42) as well as by Ludwig von Mises in whose Geneva Seminar I took part during 1938-1939 » (Leonid Hurwicz, « Economic Planning and the Knowledge Problem : A Comment », publié dans *The Cato Journal*, vol. 4, nº 2, automne 1984, p. 419). Cette affirmation d'Hurwicz prouve seulement, comme l'a montré Don Lavoie, qu'Hurwicz n'a rien compris au message d'Hayek et à celui de Mises ; et cela, bien qu'il ait assisté à leurs cours et séminaires. Hurwicz, en effet, n'offre aucune théorie de la fonction entrepreneuriale et, de surcroît, suppose constamment que l'information est quelque chose d'*objectif* qui, bien que dispersée, est transmissible à tous sans variations. Il ignore, donc, les caractères essentiels de l'information entrepreneuriale, noyau des processus de marché, et en particulier sa nature subjective et non exprimable. Voir l'intéressant travail de Don Lavoie, *The Market as a Procedure for Discovery and Conveyance of Inarticulate Knowledge*, Working Paper, Department of Economics, George Mason University, novembre 1982. Hurwicz considère, en outre – comme le prouve sa réponse à Kirzner contenue dans l'article du *Cato Journal* cité plus haut- que le problème de la connaissance dispersée n'est qu'un problème de transmission d'information, et il ne se pose même pas le problème de la *création d'information nouvelle,* alors que c'est le plus important dans un processus de marché et celui qui caractérise l'essence de toute la théorie de la fonction entrepreneuriale développée par Kirzner. Frank Hahn commet les mêmes erreurs que Hurwicz ; il osait affirmer, en 1988 encore, que le « *socialisme de marché* » développé par Lange et Lerner serait capable, tôt ou tard, d'offrir une solution bien meilleure que l'économie de marché du système capitaliste. Voir son « On Market Economics », dans Robert Skidelsky (éd.), *Thatcherism*, Chatto &Windus, 1988, et en particulier la p. 114. On peut lire une critique de la position de Frank Hahn dans *Capitalism*, Arthur Seldon, Basil & Blackwell, Oxford 1990, chap. 6, pp. 124-144.

tous les biens et services de l'économie, et qui doit être rendue publique par l'organisme central de planification, en réponse à une liste des quantités de chaque bien et service produites par chaque agent économique. La transmission de cet immense flux d'information de l'organe central de planification aux agents économiques (prix) et des agents économiques à l'organe de planification (quantités produites) ne suppose aucun problème spécial pour les théoriciens de la planométrie, surtout après les derniers progrès des communications téléinformatiques. Enfin, divers procédés d'itération informatique permettraient de modifier les prix en fonction des excédents et des pénuries qui apparaîtraient, et cela jusqu'à ce qu'on atteigne le système d'équations d'équilibre qui résolve le problème économique posé. Il se produit, de la sorte, une espèce de « *dialogue informatique* » entre l'organe central qui établit les prix en tâtonnant et les agents économiques qui reçoivent comme instruction de produire toutes les quantités pouvant égaler les prix aux coûts marginaux correspondants (égalité des recettes et des coûts marginaux) ; quantités communiquées à l'organisme central, qui révise à nouveau les prix, les modifie et les retransmet aux agents économiques, et ainsi de suite jusqu'à la disparition des excédents et des pénuries pouvant se manifester dans la pratique.

Malgré l' « *ingéniosité* » de cette proposition planométrique, peu éloignée des propositions faites par Oskar Lange dans les années trente et analysées dans le prochain chapitre, nous allons maintenant démontrer que les modèles planométriques, n'ont pas su, de fait, assimiler l'apport hayékien concernant le problème du caractère dispersé de la connaissance, de sorte qu'ils n'aident en rien à résoudre le problème du calcul économique socialiste. Nous ferons aussi une digression sur le rôle que peuvent avoir l'informatique et les ordinateurs dans ce domaine et confirmerons (comme nous l'avons démontré au chapitre II) que les progrès de l'informatique, loin de faciliter la solution du problème du calcul économique socialiste, le compliquent encore davantage.

La critique ponctuelle que nous avons adressée à la méthode mathématique d'« *essai et erreur* » est applicable à toute la théorie planométrique moderne. Cependant, il faut encore répondre aux deux raisonnements spécifiques que nous venons de signaler. La situation n'est pas, comme le croient de nombreux planomètres, celle d'un problème résolu d'un point de vue théorique, même en tenant compte du caractère dispersé de l'information, et dans laquelle il ne reste qu'à attendre le développement de la capacité informatique pour mettre en pratique les modèles correspondants ; le problème réside, au contraire, dans le fait que les modèles planométriques n'ont pas assumé les caractéristiques essentielles de la réalité qui, énoncée par les économistes de l'Ecole autrichienne, rendent théoriquement impossible son fonctionnement. Et cela, indépendamment du développement futur de la capacité informatique, tant en matière de logiciel que de matériel.

Premièrement, les modèles planométriques en général, et la théorie d'Hurwicz en particulier, n'ont admis le principe du caractère dispersée de l'information que d'une manière *maladroite et fausse*. Car la dispersion de l'information dans l'esprit de chacun des agents économiques *est essentiellement inséparable du caractère subjectif et strictement personnel de celle-ci*, ainsi que nous l'avons vu au chapitre II. Si l'information non seulement est dispersée mais encore est personnelle et subjective, elle aura un sens très différent pour chaque agent et ne pourra donc être transmise avec la même signification à aucun centre de planification. Autrement dit, un même prix, un même objet matériel externe, une même quantité et des expériences identiques auront un sens différent, ou seront interprétés de façon différente d'une personne à une autre. On peut dire la même chose des diverses options que l'on croit disponibles pour mener à bien un certain projet, atteindre un certain objectif ou produire un certain bien ou service. Et, de même, un excédent de produit ou une pénurie de celui-ci auront un sens très différent selon l'acteur qui les observe et pourront favoriser des comportements très divers selon les circonstances (essayer de réduire la demande, créer des biens de remplacement, chercher de nouveaux horizons, ou toute combinaison de ces comportements, etc.). Le caractère subjectif de l'information invalide, donc, tout le modèle d'Hurwicz, qui se fonde sur un dialogue ou transmission constante d'une information, considérée à tort comme objective, entre les agents (possesseurs d'une hypothétique connaissance dispersée mais objective) et l'organe central de planification.

Deuxièmement, et en intime liaison avec l'argument précédent, la connaissance importante pour l'action humaine est surtout -comme on l'a vu au chapitre II- une connaissance *tacite*, c'est-à-dire non exprimable. Si la plupart de la connaissance utilisée par l'homme dans son action ne peut être formalisée en termes exprimables, elle pourra difficilement se transmettre de façon objective. Il ne s'agit pas seulement du fait que les mêmes prix ou relations historiques d'échange soient interprétés de manière très différente par les agents économiques. Il s'agit aussi du fait que, si ces prix contiennent quelque information pour certains acteurs, c'est parce que ceux-ci partagent des connaissances pratiques non exprimables sur les caractéristiques des biens et services échangés qui ont donné lieu à ces prix, et sur mille autres circonstances qu'ils considèrent subjectivement importantes dans le contexte de leurs actions. Ainsi, par exemple, la partie exprimée ou formalisée du message qu'interprète un acteur quand il voit que des kilos de pommes de terre sont échangés à 30 unités monétaires (dans ce cas, la partie exprimée serait que « *le prix du kilo est de 30 unités monétaires* ») est une infime partie de l'information totale que l'acteur possède, crée et utilise dans le contexte de son action concrète (et relative à son désir d'acheter des pommes de terre, aux différentes qualités de pommes de terre, à la connaissance de la qualité de celle que son fournisseur lui apporte habituellement, au plaisir qu'il éprouve à cuisiner et au plat qu'il préparera pour ses invités avec les pommes de terre, etc.)[244].

---

[244] « The articulate information supplied by prices is only informative because they are juxtaposed against the wide background of inarticulate knowledge gleaned from a vast experience of habitual productive activity. A price is not just a number. It is an indicator of the relative scarcity of some particular good or service of whose *unspecified qualities and attributes we are only subsidiarily aware.* Yet were these qualities of a good to change in the slightest respect this could change incremental decisions about the uses of the good just as

Troisièmement, et d'un point de vue plus dynamique, un prix ou un ensemble de prix n'a un sens déterminé pour l'acteur qu'en fonction de son engagement dans un projet déterminé. C'est-à-dire en fonction de son engagement dans la poursuite de certains objectifs ou idéaux, qu'il est seul à imaginer dans tous leurs détails et à désirer ardemment. Ce fait de croire en un certain projet, de l'imaginer et de désirer le réaliser se fonde sur des espérances et des sensations de type subjectif qui sont inexprimables et ne peuvent donc être transmises à aucun centre de planification. L'entrepreneur qui croit en une idée et la poursuit contre vents et marées, souvent malgré des circonstances adverses et contre l'avis de beaucoup, finira probablement par atteindre son objectif et par obtenir les profits correspondants. L'objectif qu'il poursuit, le profit auquel il prétend, ou la vérité à laquelle il aspire ne sont pas quelque chose de donné et de net, mais plutôt une chose que l'on devine, que l'on imagine ou l'on crée. C'est précisément cette *tension créative* qui permet la découverte et la création de l'information qui maintient et développe la société. La tension créative naît des disparités existant dans le marché ou, mieux, des différentes opinions ou interprétations que suscitent les mêmes faits et circonstances qui, cependant, sont interprétés différemment par les agents économiques. Cette tension est ignorée et explicitement éliminée dans les modèles planométriques qui, en prétendant obtenir une coordination *a priori* de tout le système économique, suppriment radicalement la possibilité pour les acteurs d'agir de façon créative, stimulés par la discoordination[245]. Il faut donc conclure que le

---

significantly as a change in price… Hayek was not contending that prices as numbers are the only pieces of information that the market transmits. *On the contrary, it is only because of the underlying inarticulate meaning attached to the priced goods and services that prices themselves communicate any knowledge at all* ». Don Lavoie, *The Market as a Procedure for Discovery and Conveyance of Inarticulate Knowledge*, op. cit., pp. 32-33.

245 Don Lavoie établit, à la suite de Polanyi, une analogie remarquable entre le rôle que joue la connaissance non exprimable dans le domaine de la recherche scientifique et dans celui du marché. Il conclut que « market participants are not and could not be 'price takers' any more than scientists could be 'theory takers'. In both cases a background of unquestioned prices or theories are subsidiarily relied upon by the entrepreneur or scientist, but also in both cases the focus of the activity is on *disagreeing* with certain market prices or scientific theories. Entrepreneurs (or scientists) actively disagree with existing prices (or theories) and commit themselves to their own projects (or ideas) by bidding prices up or down (or by criticizing existing theories). It is only through the intricate pressures being exerted by this rivalrous struggle of competition (or criticism) that new workable productive (or acceptable scientific) discoveries are made or that unworkable (or unacceptable) ones are discarded… Without the '*pressure*' that such personal commitments impart to science and to the market, each would lose its 'determining rationality'. It is precisely because the scientist has his reputation – and the capitalist his wealth – *at stake* that impels him to make his commitments for or against any particular direction of scientific or productive activity. Thus private property and the personal freedom of the scientist play analogous roles. When either form of personal commitment is undetermined, for example when scientific reputation or economic wealth depend on loyalty to a party line rather than to a personal devotion to truth or a pursuit of subjectively perceived profit opportunities, each of these great achievements of mankind, science and our advanced economy, is sabotaged ». Don Lavoie, *The Market as a Procedure for Discovery and Conveyance of Inarticulate Knowledge*, op. cit., pp. 34-35. Le travail de

dialogue ou transmission d'information dispersée entre les agents économiques et l'organe central de planification, comme le propose Hurwicz, constitue une impossibilité théorique, puisque, d'une part, les agents économiques, n'ont pas la connaissance qu'il faudrait transmettre[246], car elle ne se crée que si les acteurs peuvent exercer librement leur fonction d'entrepreneurs. Et, d'autre part, les connaissances que possèdent les acteurs ne peuvent pas se transmettre, étant donné leur caractère généralement tacite non exprimable. La connaissance de l'entrepreneur est inexprimable, parce qu'il s'agit plutôt d'une « *technique de pensée* » dont l'application dépend de la situation de l'acteur dans un contexte typique d'économie de marché, et elle ne s'apprend qu'intuitivement et par la pratique. Que des esprits comme Arrow et Hurwicz n'aient pas compris les caractéristiques essentielles du type de connaissance utilisée et créée par les agents économiques et ignorent, donc, les fondements les plus élémentaires du fonctionnement du marché explique que Hayek ait qualifié d' « *inconscients* » ces deux auteurs. En particulier parce qu'ils croyaient que la connaissance pratique, subjective et non exprimable pouvait se transmettre sous forme de « *dialogue informatique* » entre les agents économiques et l'organe central de planification ; idée que Hayek a durement qualifiée de « *bêtise suprême de toute la farce* » que constitue la littérature planométrique[247].

Polanyi qui traite de cette analogie entre le marché et le développement de la science est le suivant : « The Republic of Science : Its Political and Economic Theory », inclus dans *Knowing and Being*, édité par Marjorie Grene, The University of Chicago Press, Chicago 1969.

246 Fritz Machlup, *Knowledge. Its Creation, Distribution and economic Significance*, vol. III, *The Economics of Information and Human Capital*, chap. VI, « New Knowledge, Disperse Information and Central Planning ». Et en particulier la p. 200 où il fait allusion au fait que « the knowledge of people's preferences is not only dispersed over millions of minds and not only subject to continual change but that it has too many blank spaces to be transferred in the form of price-or-quantity responses. The described planning system cannot give the people what they want, because they themselves cannot know what they want if they do not know what they could have. A steady stream of innovations in a free-enterprise system keeps altering the 'production-possibilities', including those that relate to new products and new qualities of existing products. Imaginative entrepreneurs, stimulated by anticipations of (temporary) profits, present consumers with options that have not existed hitherto but are expected to arouse responses of a kind different from those symbolized in the customary model of market equilibrium and in models of allocative equilibrium. The availability of new products makes a market system quite unlike the scheme of official indicators of quantities or prices announced by a central board and private proposals of prices or quantities submitted in response by the consuming public. *The organized feedback shuttle allowing informed decisions by a planning board does not give a place to the phenomenon of innovation* ».

247 « It was probable the influence of Schumpeter's teaching more than the direct influence of Oskar Lange that has given rise to the growth of an extensive literature of mathematical studies of 'resource allocation processes' (Most recently summarised in K. J. Arrow and L. Hurwicz, *Studies in resource allocation Processes*, Cambridge University Press, 1977). As far as I can see they deal as irresponsibly with sets of fictitious 'data' which are in no way connected with what the acting individual can learn as any of Lange's ». « TwoPages of Fiction : The impossibility of Socialist Calculation », initialement publié dans *Economic Affairs*, en avril 1982 et reproduit dans *The Essence of Hayek* (édité par Chiaki Nishiyama et

Quatrièmement, il ne faut pas oublier que les modèles planométriques d'ajustement des prix exigent qu'une fois l'information transmise à l'organe de planification centrale, toute activité de commerce ou de production cesse tant que cet organe n'a pas résolu le problème d'optimisation et ne transmet pas à nouveau aux agents économiques l'information qu'il a obtenue sur les prix d'équilibre. Quelques économistes, comme Benjamin Ward, aboutissent à la conclusion absurde que ce système est beaucoup plus efficace que celui d'une économie réelle de marché, dans laquelle se réalisent sans cesse des échanges à des prix qui ne correspondent pas à ceux de l'équilibre et que l'on peut, donc, considérer comme «*faux*». Qualifier de «*faux*» des prix *réels* se créant dans le marché parce qu'ils ne coïncident pas avec des «*prix*» hypothétiques et inconnus n'existant que dans l'esprit obnubilé des théoriciens de l'équilibre est, pour le moins, choquant. S'il est absurde de considérer comme faux quelque chose qui existe et qu'a produit le libre exercice de l'action humaine, cela est encore plus absurde si l'on sait qu'aucun véritable «*prix*» d'équilibre ne peut être connu. En outre, le grand avantage du processus de marché par rapport au modèle d'ajustement planométrique réside précisément dans cette possibilité qui existe dans la vie réelle de réaliser des échanges soi-disant «*faux*». En effet, du fait que, dans le modèle planométrique, toute action et tout échange cesse durant la transmission de l'information à l'organe de planification et la résolution, par celui-ci, du système d'équations correspondant, on empêche des millions d'agents économiques de découvrir et de créer de l'information nouvelle et on entrave la réalisation de multiples actions humaines. Tout cela au détriment du processus d'ajustement, de coordination et de développement de la société. Au contraire, dans le processus réel de marché, il se crée constamment de l'information nouvelle, bien que l'équilibre ne soit jamais atteint (et qu'en ce sens tous les échanges de la vie réelle soient prétendument «*faux*»), et toute situation de désajustement tend à être découverte grâce à la perspicacité des entrepreneurs et à être correctement coordonnée et ajustée. A la différence des modèles planométriques du « *commissaire-priseur walrasien* », le principal avantage des processus réels de marché consiste précisément en ce que les échanges, même s'ils se font à des prix qui ne sont pas d'équilibre (et soient donc «*faux*» en ce sens), fonctionnent théoriquement et pratiquement bien, car tout désajustement crée le stimulant nécessaire pour que la force entrepreneuriale le détecte et l'élimine. Ainsi se crée une information très importante et très vaste, qui est transmise de façon générale et successive à la société. Les modèles planométriques, en revanche, non seulement exigent, pendant un certain temps, la congélation des actions humaines et de la création d'information

---

Kurtz R. Leube, Hoover Institution Press, Stanford university, Stanford, Californie, 1984, p. 60). A la p. 61, Hayek ajoute que « the suggestion that the planning authority could enable the managers of particular plants to make use of their specific knowledge by fixing uniform prices for certain classes of goods that will then have to remain in force until the planning authority learns whether at these prices inventories generally increase or decrease is just the *crowning foolery of the whole farce* ».

nouvelle, mais éliminent radicalement l'exercice créatif de la fonction d'entrepreneur, élément clé de la coordination sociale[248].

Cinquièmement, la faiblesse principale de tous les modèles planométriques réside dans la terrible minimisation et banalisation du problème que supposent les changements constants de marché d'une économie moderne et complexe. Une société moderne du monde réel ne peut pas se permettre le luxe d'attendre la « *résolution* » d'un problème de programmation dont les implications affectent l'activité et la vie de tous ses membres. Résolution, de surcroît, théoriquement impossible, car on ne peut même pas poser le problème sans congeler ni forcer dictatorialement la réalité, étant donné l'impossibilité de la transmission et de la création de l'information nécessaire à cela. Nous citerons Michael Ellman pour illustrer cette affirmation : il nous dit que l'on mit 6 ans à regrouper l'information nécessaire pour poser un problème de programmation linéaire commandé dans les années 60 par le Département de Planification des Industries du Métal de l'ancienne Union soviétique, et que l'on formula plus d'1.000.000 d'inconnues et 30.000 restrictions[249]. Naturellement, la « *solution* » de ce problème fut purement imaginaire car, durant cette période de 6 ans, l'information importante se modifia, ou aurait dû se modifier, radicalement.

---

[248] Benjamín N. Ward, *The Socialist Economy. A Study of Organizational Alternatives*, Random House, New York 1967, pp. 32-33. Bien que Ward fasse quelques allusions aux simplifications de ces modèles mathématiques (surtout leur caractère statique et linéaire), il suppose, cependant, que la communication entre les divers secteurs et l'organe de planification ne constituerait en aucun cas un goulot d'étranglement, car « *involves at each round sets of numbers that should not exceed* n^2 *for any one unit, where n is the number of sectors, and is generally much less* » (p. 61). Mais il ajoute qu'en tout cas si la période de temps nécessaire pour compléter l'itération était trop longue, le processus pourrait s'arrêter à une itération partielle avant d'avoir été complété, ce qui produirait un plan qui, bien qu'imparfait, supposerait cependant, en pratique, une « *amélioration* ». Comme l'a montré Don Lavoie, il semble incroyable que Ward n'ait pas vu qu'il abandonnait, avec cette proposition, la raison d'être la plus importante du processus de *tâtonnement* walrasien. Car si les agents économiques doivent cesser toute leur activité jusqu'à ce que les experts en programmation linéaire aient calculé la solution d'équilibre pour adopter, ensuite, une solution approximative et intermédiaire, pourquoi entreprendre le processus planométrique, si les mécanismes décentralisés de marché et le système légal correspondant permettent d'obtenir continuellement un résultat moins imparfait, sans besoin d'interrompre l'action et d'éliminer la création d'information nouvelle, et sans le coût supplémentaire que suppose l'intervention des théoriciens planomètres ? Voir Don Lavoie, *Rivalry and Central Planning*, op. cit., p. 99. Edmond Malinvaud commet une erreur semblable à celle de Ward. Partant d'abord de l'étude du processus de détermination du niveau optimum de production de biens publics, il passe ensuite à l'analyse des processus itératifs d'approximation de la solution optimale d'équilibre dans un système socialiste. Voir son « A Planning Approach to the Public Good Problem », *The Swedish Journal of Economics*, vol. 73, mars 1971, pp. 96-112; et son « Decentralized Procedures for Planning », dans *Activity Analysis in the Theory of Growth and Planning*, édité par E. Malinvaud et M. Bacharach, Macmillan, Londres 1967. Il est franchement difficile de comprendre la terrible obsession de tous ces auteurs qui veulent substituer à la variété infinie et à la richesse de la vie sociale un modèle totalement rigide, froid et mécanique.

[249] Michael Ellman, « Economic Calculation in Socialist Economies », dans *The New Palgrave. A Dictionary of Economics*, vol. II, op. cit., p. 31.

Et lorsque le problème fut « *résolu* », il avait complètement changé, en sorte que la « *solution* » trouvée était totalement obsolète. Il est clair que les planomètres seraient, dans un monde réel et dynamique, perpétuellement condamnés à poursuivre à l'aveuglette, faute de l'information nécessaire, une « *solution* » d'équilibre inexistante qu'ils ne pourraient jamais atteindre car elle se modifierait constamment. L'on peut donc conclure avec Peter Bernholz que, dans les conditions réelles d'une économie non stationnaire, le calcul économique rationnel est impossible si on utilise un système planométrique de planification centrale[250].

Sixièmement, les théoriciens de la planométrie non seulement font preuve d'une profonde ignorance du fonctionnement des processus réels de marché, mais ignorent également des éléments fondamentaux de la théorie des systèmes informatiques. Rappelons que l' « *information* » stockable dans les ordinateurs est d'une nature totalement différente de celle utilisée consciemment par les agents économiques dans le marché. La première est une « *information* » objective de type exprimable, la seconde est une information subjective, tacite et de type pratique. Naturellement, le deuxième type d'information, qui est l'importante pour les problèmes économiques, ne peut être ni stockée ni traitée par des moyens informatiques. Il est, en outre, évident que l'information qui n'a pas encore été créée par le système économique ne peut pas non plus être transmise ou traitée par des procédés informatiques. Autrement dit, non seulement l'information non exprimable de type pratique, mais aussi une grande partie de l'information exprimée est le fruit d'un processus social de marché. Tant que celui-ci ne l'aura pas créée, elle ne pourra être ni transmise ni stockée dans aucun système informatique de stockage de données. D'autre part – et c'est peut-être le plus important –, si l'on considère que même les niveaux les plus complexes de chaque génération d'ordinateurs peuvent être utilisés de manière décentralisée par les agents économiques (acteurs, entrepreneurs, organismes et institutions), il est clair que des machines aussi puissantes créeront, au niveau décentralisé et individuel, un contexte dans lequel la création d'une connaissance pratique non exprimable, infiniment plus variée, complexe et riche sera possible. Cela empêchera, pour des raisons de complexité, son traitement au niveau central. Autrement dit, un système informatique pourrait éventuellement traiter et rendre compte de systèmes de contrôle plus simples ou moins compliqués que lui-même, mais il ne pourra pas résoudre des systèmes ou processus d'un niveau de complexité supérieur au sien. Et cela, parce que chacun de leurs éléments possède une capacité informatique d'une complexité qualitativement égale à celle de l'organe

---

[250] « With different and changing production functions, the size of firms and the structure of industry become a problem. New goods and changing preferences also pose the problem of which firms or industries to expand, to contract, to abolish, or to create... Under these conditions the Central Planning Board will not be able to get the information necessary for reliable *ex ante* planning because of the nature and complexity of the situation. *Rational calculation does break down if central planning is used* ». Peter Bernholz, « The Problem of Complexity under non Stationary Conditions », dans « Information, Motivation and the Problem of Rational Economic Calculation in Socialism », dans *Socialism : Institutional, Philosophical and Economic Issues* (Svetozar Pejovich éd.), op. cit., p. 154.

central de planification. Il est clair, enfin, qu'aucun ordinateur ne peut ni ne pourra jamais effectuer des activités typiquement humaines de nature entrepreneuriale : un ordinateur ne se rendra jamais compte qu'une information objective a été mal interprétée et qu'il existe, donc, des occasions de gain jusque-là inexploitées. Un ordinateur ne pourra jamais imaginer de nouveaux projets non encore imaginés par personne. Un ordinateur ne pourra pas créer de nouveaux objectifs ou de nouveaux moyens, ni poursuivre à contre-courant des activités qui ne soient pas à la mode, ni lutter pour faire triompher une activité à laquelle personne ne croit, et ainsi de suite. L'ordinateur sera, tout au plus, un outil utile et puissant de traitement d' « *information* » exprimée permettant de faciliter l'activité entrepreneuriale, telle qu'on l'a décrite au chapitre II. Il ne servira jamais à éliminer ou à rendre inutile l'activité entrepreneuriale[251]. Non seulement l'informatique n'aide nullement à remplacer les processus compliqués de coordination spontanée existant en économie, mais ce sera, au contraire, la théorie des processus de marché propre à l'économie politique qui pourra aider à développer une théorie plus avancée de l'informatique. Les derniers développements de la théorie de la science informatique sur les systèmes experts et l'utopique « *intelligence artificielle* » ont montré que seule une analyse profonde des mécanismes de 1 d'information fonctionnant dans le marché permettent un progrès significatif dans ces domaines[252].

Enfin, nous ne voulons pas achever ces commentaires sur la planométrie sans souligner à nouveau combien l'utilisation de la méthode mathématique en économie est nocive et peut entraîner d'importantes confusions, si ses spécialistes ne sont pas extrêmement prudents. En particulier, cette méthode ne sert qu'à décrire des systèmes d'équilibre ou, tout au plus, des caricatures répétitives et mécaniques des processus réels de changement et de créativité se produisant dans le marché. En outre, elle ne permet pas la formalisation de l'essence de la fonction entrepreneuriale, élément clé et fondamental de

---

[251] Assar Lindbeck affirme, dans *La Economía Política de la Nueva Izquierda*, Alianza Editorial, Madrid 1971, qu' « il est évident que les ordinateurs ne peuvent pas remplacer les marchés en matière de création d'information (sur les préférences des consommateurs et la technologie productive) et de *création* de stimulants pour un fonctionnement efficace en accord avec les préférences des consommateurs ». Et il conclut que « les possibilités de *substitution* de la compétence décentralisée dans les marchés par des ordinateurs, afin de manipuler l'information et de calculer des approximations de l'assignation optimale, sont très limitées » (p. 86). Je dirais même, pour les raisons exposées dans le texte, qu'elles sont nulles.

[252] Voir en particulier l'article suivant et la bibliographie qu'il cite : « High-Tech Hayekians : Some Possible Research Topics in the Economics of Computation », par Don Lavoie, Howard Baetjer et William Tulloh, dans *Market Process*, vol. VIII, printemps 1990, George Mason University, p. 120-146. Nous ne nous attarderons pas sur l'énumération et l'analyse d'autres insuffisances que présentent aussi les modèles planométriques, mais dans le cadre de la méthodologie de l'économie de l'équilibre et du bien-être. Les aspects critiques correspondants non seulement sont sans importance à côté des arguments essentiels fournis dans le texte, mais on peut les trouver dans n'importe quel manuel, comme, par exemple, le livre *The Economic Theory of Central Planning* (chap. II), de John Bennet, précité. On peut citer aussi le travail de D. F. Bergum « Economic Planning and the Science of Economics », *American Economic Review*, juin 1941.

toute la vie économique et sociale. L'économiste mathématicien court constamment le risque de croire que les prix et les coûts sont déterminés par des courbes et des fonctions qui se coupent entre elles et non par la séquence de certaines actions ou interactions humaines très concrètes. Il peut croire que les fonctions qu'il étudie ont une existence réelle et peuvent être connues. Il peut croire, en somme, que l'information qu'il suppose donnée pour construire ses modèles pourrait, de fait, être rassemblée car elle existe objectivement quelque part dans le marché. A la vue des effets qu'a eus la méthode mathématique dans les divers secteurs de l'économie et, en particulier, en ce qui concerne les propositions touchant au calcul économique socialiste, on se demande si elle n'aura pas été plus nocive que bienfaisante pour le développement de notre science[253]. Car l'argument en faveur de l'économie de marché et contre le socialisme, tel que l'ont développé Mises et Hayek, est un argument totalement différent de celui de la justification de l' « *entreprise privée* » que donnent les économistes mathématiciens de la théorie du « *bien-être* » ; ce dernier se basant sur le fait que la notion de « *concurrence parfaite* » représente l'idéal parétien d'efficience. L'argument que nous exposons dans ce livre est fondamentalement le suivant : nous ne disons pas que la concurrence fournit une combinaison « *optimale* » de ressources, mais que c'est un processus dynamique animé par des êtres humains qui tendent à réaliser un ajustement et une coordination de la société. L'argument essentiel n'est pas que le système de « *concurrence parfaite* » soit meilleur que le système de monopole, mais que les marchés et l'action humaine non soumise à la contrainte engendrent un processus de coordination. Par conséquent, l'argument que nous défendons est, de fait, radicalement *différent* de l'argument standard de la théorie des manuels de microéconomie ; et nous considérons celui-ci, pour les raisons exposées, fondamentalement négligeable et erroné, qu'on le considère comme une analyse positive de l'économie réelle ou comme une analyse normative de la façon dont celle-ci devrait fonctionner. La preuve la plus évidente du caractère erroné de la « *théorie du bien-être* » est qu'elle a paradoxalement fait croire que ses modèles et méthodes permettaient de résoudre le mécanisme d'assignation des ressources dans une économie planifiée où le marché n'existe pas. La théorie économique de l'équilibre et du bien-être, née en principe comme une théorie descriptive et positive sur le fonctionnement du marché, a été

---

[253] Ainsi s'exprimait Mises : « The mathematical economist, blinded by the prepossession that economics must be constructed according to the pattern of Newtonian mechanics and is open to treatment by mathematical methods, misconstrues entirely the subject matter of his investigations. *He no longer deals with human action but with a soulless mechanism mysteriously actuated by forces not open to further analysis.* In the imaginary construction of the evenly rotating economy there is, of course, no room for entrepreneurial function. *Thus the mathematical economist eliminates the entrepreneur from his thought.* He has no need for this mover and shaker whose never ceasing intervention prevents the imaginary system from reaching the state of perfect equilibrium and static conditions. *He hates the entrepreneur* as a disturbing element. The prices of the factors of production, as the mathematical economist sees it, *are determined by the intersection of two curves, not by human action* ». *Human Action,* op. cit., p. 702.

utilisée pour proposer, grâce à l'application de ses méthodes et modèles mathématiques, un système de calcul économique qui élimine radicalement le fonctionnement du marché et son essence la plus intime : la fonction entrepreneuriale[254].

[254] Le premier théoricien de l'équilibre à se rendre compte du caractère totalement différent de l'argument proposé par Mises et Hayek en faveur du marché a peut-être été Richard R. Nelson, dans son article « Assessing Private Enterprise : An Exegesis of Tangled Doctrine », publié dans le *Bell Journal of Economics*, n°12, 1, printemps 1981. J'appuie l'affirmation de Nelson selon laquelle la théorie économique « orthodoxe » du bien-être est sans importance, mais je ne partage pas son idée que les théories d'Hayek en particulier et de l'Ecole autrichienne en général, quoique importantes, en sont à un stade de développement encore très rudimentaire. Cette affirmation ne peut être faite que si, d'une part, on considère « développé » tout ce qui a été construit avec un haut degré de formalisme, même si cela est faux et sans importance, et si, d'autre part, on ignore les apports importants dus à l'Ecole autrichienne dans tous les secteurs de la science économique. Comme on l'a vu à la fin de la note 202, Mark Blaug a, lui aussi, fini par comprendre parfaitement les différences essentielles existant entre le paradigme autrichien et le néoclassique, ainsi que l'insignifiance de ce dernier.

CHAPITRE VI

OSKAR LANGE
ET LA « SOLUTION CONCURRENTIELLE »

Ce chapitre et le suivant analysent les diverses versions, dues aux économistes socialistes, de la « *solution concurrentielle* » du problème posé par le calcul économique socialiste. Ainsi, ce chapitre présente en premier lieu une série de considérations introductives qui placent dans leur contexte les implications les plus significatives de cette nouvelle proposition et analysent ses antécédents historiques les plus notables. La suite du chapitre contient une étude détaillée de la « *solution* » développée dans ce sens par Oskar Lange. Notre analyse de Lange peut parfois paraître trop longue et minutieuse ; cependant, les erreurs d'interprétation portant sur l'apport de cet auteur – le plus connu de ceux dus aux théoriciens socialistes – sont telles que l'on est obligé de faire une étude suffisamment détaillée et profonde de celui-ci. Notre analyse de la « *solution concurrentielle* » est complétée, au chapitre suivant, par l'étude des apports réalisés en ce domaine par Dickinson, Durbin et Lerner.

1. CONSIDERATIONS INTRODUCTIVES

Les diverses versions de la « *solution concurrentielle* » prétendent toujours faire apparaître une espèce de « *quasi-marché* » (selon la terminologie de Mises), dans lequel les différents agents économiques aient un rôle aussi semblable que possible à celui qu'ils ont dans le système capitaliste. L'analyse détaillée des divers apports va nous montrer qu'ils se caractérisent en général par leur nature ambiguë et contradictoire et, dans la mesure où les systèmes proposés prétendent rester socialistes, c'est-à-dire entraver systématiquement le libre exercice de la fonction entrepreneuriale, ils ne résolvent pas le problème initialement posé par Mises et Hayek de l'impossibilité du calcul économique là où l'information nécessaire pour le réaliser ne se crée pas.

On constatera, de même, l'existence de deux grandes catégories de « *solutions concurrentielles* ». La première se conçoit comme une simple solution subsidiaire permettant, en pratique, le calcul algébrique des prix d'équilibre que proposait la solution mathématique analysée au chapitre précédent. La seconde, comme une solution complètement autonome visant à combiner le meilleur du socialisme et du capitalisme, en créant un « *socialisme de marché* » qui, sous sa forme la plus « *décaféinée* », se distinguerait mal du socialisme démocratique ou social-démocratie ; dans sa version la plus « *originale* », et en ce qui concerne la solution de tous les problèmes sociaux, il a la prétention de résoudre la « *quadrature du cercle* ».

Il faut, en tout cas, souligner ici à quel point la généralisation des propositions de « *solution concurrentielle* » par les théoriciens socialistes suppose clairement la reconnaissance implicite de la justesse de l'apport original de Mises, publié en 1920, sur l'impossibilité du calcul économique dans les économies socialistes. Ou, si l'on préfère, que l'attaque réalisée par l'Ecole autrichienne, à l'initiative de Mises et d'Hayek, contre le socialisme fut si dévastatrice que les théoriciens socialistes durent se replier sur une deuxième et faible ligne de défense, construite précisément sur la base des éléments essentiels du système économique qu'ils haïssaient tant et souhaitaient détruire. Ainsi, Fritz Machlup a montré que le succès de Mises avait été tel qu'aucun économiste ne doute plus aujourd'hui de l'impossibilité théorique et pratique de la planification en l'absence d'un système de prix de type décentralisé. Cela, même si la plupart des théoriciens non seulement se montrent encore inexplicablement récalcitrants à reconnaître le mérite de Mises, mais encore ne comprennent pas pleinement les éléments essentiels du défi posé par lui et n'y répondent pas. Défi qui n'est autre que d'avoir démontré théoriquement que, dans un système méconnaissant la propriété privée des moyens de production et la liberté de la fonction entrepreneuriale, la création de l'information pratique, dispersée et subjective, indispensable pour coordonner la société, est impossible[255].

Il n'est donc pas étonnant que les principaux membres de l'Ecole autrichienne ayant pris part au débat n'aient pas manqué de faire remarquer l'attitude de leurs opposants socialistes : ceux-ci abandonnaient leur idée traditionnelle en faveur de la planification centrale dirigée par un organisme gouvernemental considérée comme la seule manière « *rationnelle* » d'organiser la société et, faisant volte-face, commençaient à recommander la réintroduction de la concurrence[256]. Ainsi, le rapide triomphe de la

---

[255] Voir Fritz Machlup, « The Economics of Information and Human Capital », vol. III de *Knowledge. Its Creation, Distribution and Economic Significance*, op. cit., p. 191 : « *At the present juncture of the discussion, writers on the theory or practice of central economic planning no longer doubt that a price mechanism is an indispensable tool of the planner's task. The Mises challenge has definitely prevailed on this point, as it has also on the second : 'decentralized procedures' are manifestly accepted by the present protagonists of planning* ». Et p. 190 : « *...these discussions did not address the essence of the Mises challenge. The issue is not whether calculations are possible and practicable with all available 'data' but whether the relevant data could become available to the central planning agency. The Mises challenge was that the information necessary for rational central planning could not be obtained and that market prices of privately owned means of production as well as products are required for a rational allocation of resources* ».

[256] Trygve J. B. Hoff, *Economic Calculation in the Socialist Society*, op. cit., p. 238. Hoff en arrive à dire que quelques-unes des propositions de la « *solution concurrentielle* » sortiraient même de la définition stricte du socialisme et qu'on ne devrait, donc, même pas y répondre. Nous considérons que l'affirmation de Hoff est incorrecte dans la mesure où notre définition du socialisme (tout système d'agression institutionnelle contre le libre exercice de la fonction d'entrepreneur) aussi large que précise permet de critiquer le système socialiste chaque fois

démonstration de l'impossibilité du calcul économique dans un régime socialiste est, d'après Mises[257], sans précédent dans l'histoire de la pensée économique. De sorte que les socialistes ont été obligés d'admettre leur déroute finale et ont cessé de proclamer la doctrine marxiste traditionnelle d'après laquelle le socialisme était supérieur au capitalisme précisément parce qu'il permettait d'éliminer le marché, les prix et la concurrence. Ils prétendent maintenant, au contraire et avec une insistance comique, justifier le socialisme en alléguant qu'il permet de préserver le marché. Ils essaient même de démontrer que marché et capitalisme sont des catégories historiques différentes qui ne sont pas indissociables[258].

---

que se produit une telle agression dans n'importe quel domaine, si réduit soit-il, de la vie sociale.

[257] « *It is therefore nothing short of a full acknowledgement of the correctness and irrefutability of the economists' analysis and devastating critique of the socialists' plans that the intellectual leaders of socialism are now busy designing schemes for a socialist system in which the market, market prices for the factors of production, and catallactic competition are to be preserved. The overwhelming rapid triumph of the demonstration that no economic calculation is possible under a socialist system is without precedent indeed the history of human thought. The socialists cannot help admitting their crushing final defeat. They no longer claim that socialism is matchlessly superior to capitalism because it brushes away market, market prices and competition. On the contrary. They are now eager to justify socialism by pointing out that is possible to preserve these institutions even under socialism. They are drafting outlines for a socialism in which there are prices and competition* ». Ludwig von Mises, *Human Action*, op. cit., p. 706. Si cette affirmation de Mises pouvait paraître exagérée lorsqu'elle fut écrite en 1949, comme beaucoup d'autres de ses affirmations, elle est devenue prophétique, et les faits lui ont donné, 40 ans après, pleinement raison ; c'est ce que reconnaissait plus récemment le socialiste et célèbre disciple d'Oskar Lange, Robert Heilbroner : « Less than 75 years after it officially began, the contest between capitalism and socialism is over : *Capitalism has won.* The Soviet Union, China and Eastern Europe have given us the *clearest possible proof that capitalism organizes the material affairs of humankind more satisfactorily than socialism...* Indeed, it is difficult to observe the changes taking place in the world today and not conclude that the nose of the capitalism camel has been pushed so far under the socialist tent that the great question now seems how rapid will be the transformation of socialism into capitalism, and not the other way around, as things looked only half a century ago ». *The Newyorker,* 23 janvier 1989. Voir aussi l'article d'Heilbroner « Analysis and Vision in the History of Modern Economic Thought », *Journal of Economic Litterature*, vol. XXVIII, septembre 1990, pp. 1.097-1.114, et en particulier les p. 1.097 et 1.110-1.111. Heilbroner conclut que « Socialism has been a great tragedy in this century » et que « Mises was right ». Voir aussi l'interview d'Heilbroner par Mark Skousen du 8 avril 1991, publiée dans *Liberty*, vol. 4, n°6, juillet 1991, pp. 45-50 et 63 (*Forbes* avait déjà publié le 27 mai 1991 une version plus réduite de cette très intéressante interview).

[258] Les efforts tragi-comiques des théoriciens du « *socialisme de marché* » pour convaincre leurs compagnons de voyage socialistes, d'une part, et le public en général, de l'autre, que le « *marché* » est une institution qui « n'a rien à voir avec le capitalisme et peut être utilisée aussi de manière instrumentale et avec succès par le socialisme datent d'Oskar Lange. Cet auteur affirma, en effet, que le marché était une « rather old institution, an institution which is so characteristic of capitalism that it is frequently confused with capitalism but which actually is historically much older than capitalism » ; et que « *prices and money are not only characteristic of modern capitalism, but are an institution that has to be preserved in the socialist society* » (« The Economic Operation of a Socialist Society : I & II, *Contributions to*

Hayek n'a pas pu s'empêcher, lui non plus, de faire, avec sa politesse habituelle, deux commentaires sarcastiques : l'un, dans son article de 1935[259] qui résume l'état du débat, et l'autre, dans son travail de 1940 consacré à la critique de la « *solution concurrentielle* »[260]. Il fait remarquer que les jeunes socialistes qui ont étudié le plus sérieusement les problèmes posés par le socialisme ont abandonné l'idée qu'une économie de planification centrale pourrait fonctionner. Ils ont préféré alléguer que la concurrence pourrait se maintenir même si l'on abolissait la propriété privée des moyens de production. On abandonne ainsi l'idée marxiste traditionnelle d'après laquelle la planification non seulement est l'opposé de la concurrence, mais a pour but principal de l'éliminer, afin de permettre l'accomplissement du véritable « *idéal* » socialiste.

2. ANTECEDENTS HISTORIQUES DE LA « SOLUTION CONCURRENTIELLE »

Avant même les apports de Lange, Dickinson Durbin et Lerner, la « *solution concurrentielle* » était développée, quoique de façon maladroite et incomplète, en allemand et en anglais. Les premiers développements théoriques en ce domaine, en allemand, naissent dans les années 20, en réaction à l'article séminal de Mises. Ils sot dus essentiellement à Eduard

---

Political Economy, n° 6, 1987, p. 7 et 13). Cette même idée se retrouve avec une fréquence obsédante chez les « *socialistes de marché* » modernes. Ainsi, par exemple, dans le livre de Julian Legrand et Saul String (éd.) *Market Socialism*, The Clarendon Press, Oxford, 1989. Anthony de Jasay décrit ironiquement, dans sa brillante analyse critique du socialisme de marché, *Market Socialism : a Scrutiny. This Square Circle* (Institute of Economic Affairs, Occasional Paper 84, Londres 1990), la position des « *socialistes de marché* » : « *Apologists for capitalism usurp the market, appropriating it as if the market – an efficient institution – depended for its functioning on capitalism – repugnant and alienating system. However, the suggestion that market and capitalism go together is but 'a sleight of had'. Traditional socialists fall for this trick, and think they dislike and mistrust markets when in fact it is capitalism they reject. This is a confusion, a failure to see that the market can be trained to serve socialist goals just as it now serves capitalist ones. Indeed, though the authors do not say so, they tacitly treat the market as a neutral tool in the hands of its political master who can use it in fashioning the kind of society he wants* ».

259 « *So many of those of the younger socialists who have seriously studied the economic problems involved in socialism have abandoned the belief in a centrally planned economic system and pinned their faith on the hope that competition may be maintained even if private property is abolished* ». F. A. Hayek, « The Present State of the Debate », dans *Collectivist Economic Planning*, op. cit., p. 238.

260 « *The first and most general point can be dealt with fairly briefly, although it is not unimportant if one wants to see these new proposals in their proper light. It is merely a reminder of how much of the original claim for the superiority of planning over competition is abandoned if the planned society is now to rely for the direction of its industries to a large extent on competition. Until quite recently, at least, planning and competition used to be regarded as opposites, and this is unquestionably still true of nearly all planners except a few economists among them* ». F. A. Hayek, « Socialist Calculation III : The Competitive Solution », dans *Individualism and Economic Order*, op. cit., p. 186.

Heimann et à Karl Polanyi. Ces auteurs défendent une solution fondée sur l'existence d'un certain degré de « *concurrence* » entre une série de monopoles ou « *trusts* » dont on propose qu'ils constituent, sous contrôle syndical ou gouvernemental, la colonne vertébrale de l'organisation économique du socialisme. En anglais, mis à part quelques brèves observations de Ropper sur ce sujet, il n'existe, au début, que très peu de travaux écrits sur la « *solution concurrentielle* ». Le fait qu'elle ait été commentée et critiquée par Mises et Hayek avant l'apparition des travaux épurés de Lange, Dickinson, Durbin et Lerner, montre qu'elle naissait comme une tradition orale de séminaire développée au fur et à mesure de l'ampleur des conséquences de la polémique. Cela explique, en outre, qu'une grande partie des idées reprise plus tard par ces auteurs « *flottaient* » déjà dans l'atmosphère universitaire depuis plusieurs années.

Apports d'Eduard Heimann et Karl Polanyi

Pour en revenir aux antécédents en langue allemande, l'un des premiers est dû à Eduard Heimann ; il se trouve dans son travail « *Plus-value et économie collective : contributions critiques et positives à la théorie du socialisme* », paru en 1922[261]. Heimann comprend l'importance essentielle des prix et du marché mais il souhaite, cependant, établir à tout prix un système socialiste. Il essaie de résoudre ce dilemme évident en proposant ce qu'il appelle une « *concurrence pacifique ou amicale* » (*freundlichen Wettbewerb*). Cette « *concurrence* » se ferait de manière ordonnée et contrôlée entre les gérants des différentes organisations entrepreneuriales et sectorielles en lesquelles le système économique devrait, selon lui, être divisé. Heimann, socialiste aux racines chrétiennes, manifeste, en tout cas, de sérieux doutes sur la compatibilité de la concurrence et du socialisme. Son honnêteté scientifique est indubitable, car il admet explicitement les grands avantages de la concurrence capitaliste et fut l'un des premiers théoriciens à reconnaître, peu après Mises, le grave problème du calcul économique qui devait frapper tout le système socialiste. Cependant, Heimann soutient qu'il suffirait que les gestionnaires des différents monopoles sectoriels aient des objectifs, idéaux et intérêts différents pour que le résultat de leur activité soit aussi « *concurrentiel* » que celui qui se produit constamment dans une économie réelle de marché. Il croit, ainsi, qu'il n'y aurait pas de problèmes de calcul économique et que la plupart des avantages du système concurrentiel subsisteraient, même en l'absence de propriété privée des moyens de production et même si la distribution du revenu était égalitaire. Il propose, en outre, l'abolition des revenus, intérêts et dividendes, lesquels seraient directement destinés à l'organe central de coercition. Enfin, les gestionnaires des monopoles sectoriels recevraient l'ordre de fixer leurs prix au niveau des coûts encourus et ne pourraient, en aucun cas, utiliser le pouvoir monopoliste que leur donnerait leur position.

[261] Eduard Heimann, *Mehrwert und Gemeinwirtschaft : Kritische und Positive Beiträge zur Theorie des Sozialismus*, publié par Robert Englemann à Berlin en 1922.

Georg Halm a affirmé[262], dans une critique détaillée des propositions de Heimann, que la « *concurrence* » entre les gestionnaires des monopoles sectoriels ne serait qu'une concurrence « *entre guillemets* ». D'un côté, on ne comprend pas comment les gestionnaires des monopoles sectoriels pourraient arriver à connaître les coûts. Cela, non seulement à cause de l'interdiction du libre exercice de la concurrence et de la fonction d'entrepreneur à l'intérieur de chaque secteur, mais aussi parce que les frais d'amortissement sont l'un des éléments essentiels de la détermination du coût, et que leur calcul dépend du taux d'intérêt, dont la fixation au niveau central serait totalement arbitraire, car elle n'est pas le résultat d'un processus concurrentiel. D'autre part, Heimann ne comprend pas que l'essence du fonctionnement du marché est l'exercice de la fonction entrepreneuriale, la seule qui permette de découvrir et de créer constamment l'information pratique nécessaire pour effectuer, dans chaque contexte, le calcul économique. En empêchant le libre exercice de la fonction d'entrepreneur dans de très larges domaines de la vie économique, une telle création d'information n'est pas possible dans le modèle proposé par Heimann, de sorte que le problème du calcul économique reste sans solution. On ne comprend pas, en effet, comment les gestionnaires des divers monopoles pourraient agir de façon entrepreneuriale : non seulement ils ne pourraient pas obtenir les profits entrepreneuriaux correspondants (qui, éliminés par définition, ne stimuleraient pas la découverte et la création de l'information nécessaire pour effectuer le calcul économique), mais ils ne pourraient même pas favoriser l'esprit d'entreprise dans leurs propres secteurs.

Plus de dix ans avant Halm, Mises avait fait remarquer[263] l'énorme imprécision de la proposition d'Heimann, qui consiste principalement à ne pas expliquer quel serait le genre de relation existant entre les différents groupes industriels et l'Etat ou l'organisme central de planification. Il s'agit simplement de découvrir si les différents secteurs monopolisés devraient agir comme de véritables propriétaires de leurs moyens de production respectifs, auquel cas on serait en présence d'un système de type syndical semblable à celui essayé en Yougoslavie, avec tous les résultats pervers et le manque de coordination qui lui sont propres ; ou bien si, au contraire, les organismes corporatifs correspondants seraient simplement de type gestionnaire, l'ultime responsabilité de la coordination économique globale retombant sur un centre étatique de planification, auquel cas les problèmes typiques du calcul économique explicités par Mises se manifesteraient avec toute leur force. En

[262] La critique faite par Halm à la proposition d'Heimann se trouve aux pp. 189-220 du livre *Collectivist Economic Planning,* précité ; il s'agit du paragraphe 25 de l'article de Halm y inclus : « Further Considerations on the Possibility of Adequate Calculation in a Socialist Community ». Cet article fut incorporé par Hayek dans le volume cité afin que Halm résume l'état de la question telle qu'elle avait été débattue dans le milieu universitaire allemand jusqu'en 1935.

[263] La critique de Mises à Heimann se trouve dans son article « Neue Beiträge zum Problem der Sozialistischen Wirtschaftsrechnung », publié en 1924 dans le n°51 d'*Archiv für Sozialwissenschaft und Sozialpolitik*, pp. 488-500. Cet article est reproduit et élargi dans l'Appendice de l'ouvrage de Mises *Socialism*, pp. 475-478.

somme, une concurrence « *contrôlée et pacifique* » distincte de la concurrence libérale est inconcevable théoriquement : la concurrence existe ou n'existe pas, suivant que l'exercice de la fonction d'entrepreneur est libre ou pas (toujours soumis, comme on l'a vu au chapitre II, aux principes traditionnels du droit privé) ; et les propositions d'Heimann n'auraient de sens que dans un monde statique irréel, qui ne connaîtrait pas de variations et où toute l'information nécessaire pour effectuer le calcul économique serait préalablement disponible. Enfin – et cet argument fondamental de Mises a été systématiquement ignoré par les théoriciens postérieurs du « *socialisme de marché* » –, il est absurde de penser que, comme le propose Heimann, les prix peuvent être établis en fonction des coûts. Cette proposition est, d'après Mises, dépourvue de sens ; non seulement parce que les coûts sont subjectifs et ne peuvent être estimés que d'un point de vue entrepreneurial et de façon tacite dans le contexte de chaque action (et constituent donc une information non transmissible objectivement à l'organe de planification et non créable par celui-ci), mais aussi parce que les coûts monétaires pris en compte dans le calcul économique personnel ne sont que des estimations de prix de facteurs de production. Ainsi, chaque fois que l'on veut avoir recours aux coûts pour fixer les prix, on tombe inévitablement dans un raisonnement circulaire qui laisse sans solution le problème du calcul économique. Karl Polanyi[264], affirma explicitement, dans son article sur le calcul économique socialiste publié en 1922[265], que le calcul économique était impossible dans un système de planification centrale ; il fit ensuite, dans le même article, une proposition confuse de « *socialisme corporatif* », dans laquelle la propriété des moyens de production serait assignée à un organisme central de planification, alors que le droit de disposer des biens et services de production et consommation serait assigné aux associations corporatives de production correspondantes. Il s'agit, donc, d'une solution ambiguë, semblable à celle d'Heimann et dans laquelle on ne sait pas non plus qui disposerait de la faculté ultime de décision : l'organe central de coercition ou les associations corporatives. Si l'organe central de planification est le dernier pouvoir décisoire, on se retrouve face au problème de l'obtention de

[264] Il ne faut pas confondre Karl Polanyi (1886-1964) avec son frère Michael Polanyi qui a été, nous l'avons vu, l'un des principaux créateurs de la théorie selon laquelle la connaissance tacite et dispersée empêche le calcul économique dans tout système méconnaissant le libre exercice de l'action humaine ou fonction entrepreneuriale. L'opposition théorique entre les deux frères semble paradoxale ; elle est tout aussi frappante que celle qui séparait, par exemple, Ludwig von Mises et son frère Richard : celui-ci développa un concept positiviste de la probabilité et défendit l'application des mathématiques et de la statistique en sciences sociales, ce que Ludwig von Mises répudia toujours ouvertement. L'opposition dans le domaine théorique n'a pas cessé d'influencer les relations personnelles entre frères (les Polanyi et les Mises), lesquelles furent toujours assez froides et distantes.

[265] L'apport de Kart Polanyi se trouve dans son article « Sozialistische Rechnungslegung », publié en 1922, dans le n° 49 d'*Archiv für Sozialwissenschaft und Sozialpolitik*, pp. 377-420. Plus tard, Polanyi essaya de répondre aux critiques venant, en particulier, de Mises et de Félix Weil, dans un autre article, publié dans la même revue, en 1924, n° 52, pp. 218-228, et intitulé « Die funktionelle Theorie der Gesellschaft und das Problem der sozialistischen Rechnungslegung (Eine Erwiderung an Prof. Mises und Dr. Felix Weil) ».

la connaissance dispersée, qui empêche le calcul économique dans les systèmes centralisés : si, au contraire, ce sont les associations professionnelles de type syndicaliste qui contraignent systématiquement leurs membres et prennent les décisions, on est en présence d'un socialisme syndical dépourvu de toute capacité de coordination[266].

La critique anticipée de Mises, Hayek et Robbins s'opposant à la « solution concurrentielle »

Dans le milieu scientifique de langue anglaise, si l'on excepte le bref apport de W. C. Ropper en la matière[267], on a peu écrit sur la « *solution concurrentielle* », avant Lange, Dickinson, Durbin et Lerner. Cependant, nous l'avons dit, il existait déjà une doctrine assez développée dans le milieu universitaire qui permit à Mises et à Hayek de faire une série d'observations critiques préalables à ce genre de propositions.

Les premières observations sur la « *solution concurrentielle* » sont généralement dues à Mises et apparaissent dans une section consacrée au « *marché artificiel* » dans son ouvrage *Le Socialisme* (*Die Gemeinwirtschaft*) paru en 1922, puis augmenté et traduit en anglais en 1936. Le marché est, d'après Mises, le « *point focal* » du système capitaliste et constitue son essence la plus intime, de sorte qu'il ne peut se développer que dans le capitalisme, et qu'il est impossible d'imiter « *artificiellement* » le marché et la concurrence sous un régime socialiste. Les raisons alléguées par Mises pour fonder cette affirmation s'harmonisent pleinement avec les explications que nous avons données au chapitre II sur le caractère coordinateur de la fonction entrepreneuriale ; elles démontrent que Mises, tout en conservant les mêmes idées, avait très nettement amélioré, entre son article initial de 1920 et l'élaboration de son livre sur le socialisme de 1922 (corrigé et augmenté dans sa version anglaise), le niveau de son expression et articulation verbales.

Comme on l'a vu, en effet, Mises affirme explicitement que c'est l'entrepreneur qui crée l'information pratique nécessaire pour réaliser le calcul économique : « *It is the speculative capitalists [i. e. les entrepreneurs] who create the data to which he has to adjust his business and which*

---

[266] Les principales critiques faites à la proposition de Polanyi sont dues à Mises ; elles se trouvent là où il a critiqué l'apport d'Heimann (voir note 264) ; sa critique de Polanyi se trouve aux pp. 473-475 de son livre *Socialism.* On peut également mentionner l'article critique de Felix Weil, « Gildensozialistische Rechnungslegung. Kritische Bemerkungen zu Karl Polanyi 'Sozialistische Rechnungslegung' ; in diesem Archiv 49/2, s. 377ff », publié en 1924 dans le n° 52 d' *Archiv für Sozialwissenschaft und Sozialpolitik*, pp. 196-217. Hoff (*Economic Calculation in the Socialist Society*p. 243) souligne que Felix Weil considère la proposition de Polanyi comme quelque chose d'« impossible et même dépourvu de sens ».

[267] Willet Crosby Ropper, *The Problem of Pricing in a Socialist State*, op. cit., p. 60 et 62 : l'auteur insiste sur la nécessité de maintenir la concurrence et affirme que l'efficience que l'on peut attendre d'un système socialiste dépendra du degré auquel celui-ci peut simuler la concurrence se réalisant normalement sous un régime capitaliste. Voir aussi la note 230 du chap. V.

therefore gives direction to his trading operations »[268]. Or, l'information ne se crée, ne se découvre ou ne se « *voit* » que si l'entrepreneur poursuit un objectif qui agit comme stimulant pour appréhender cette information. Le stimulant consiste, donc, dans l'objectif ou profit que l'on prétend atteindre grâce à l'action ; et si l'entrepreneur ne peut atteindre cet objectif ou profit, parce que le droit de propriété n'est pas reconnu, il ne créera même pas l'information nécessaire pour permettre le calcul économique et le processus coordinateur typique d'une économie de marché ne se déclenchera pas. Comme le dit Mises : « *Without the striving of the entrepreneurs for profit... the successful functioning of the whole mechanism is not to be thought of... The motive force of the whole process which gives rise to market process for the factors of production is the ceaseless search on the part of the capitalists and the entrepreneurs to maximize their profits* »[269]. C'est pourquoi il est impossible de séparer le marché et ses fonctions typiques – quant à la formation des prix et à la capacité coordinatrice des actes individuels de ses participants – de l'institution de la propriété privée des moyens de production. Autrement dit, lorsqu'on élimine la propriété privée des moyens de production, il devient inutile de donner des instructions aux gérants des entreprises pour qu'ils agissent comme s'ils étaient des entrepreneurs, car leur enlever la possibilité d'obtenir ce qu'ils estiment subjectivement que pourraient être leur profits les laissent « *dans l'obscurité* »[270].

D'autre part, il ne sert à rien, d'après Mises, qu'une hypothétique « *banque étatique* » vende ses ressources aux enchères en les offrant aux gérants qui peuvent obtenir un « *taux de profit* » plus élevé. « *Such a state of affairs would simply mean that those managers who were less cautious and more optimistic would receive capital to enlarge their undertakings, while more cautious and more skeptical managers would go away empty-handed. Under capitalism, the capitalist decides to whom he will entrust his own capital* »[271]. Le processus ne se fonde, donc, pas sur l'offre du taux maximum de profit, mais sur l'information pratique qui se crée dans un marché capitaliste lorsque les entrepreneurs agissent de façon spéculative et en raison de la *tension psychologique* entre leur désir d'obtenir un profit et

---

[268] Ludwig von Mises, *Socialism*, op. cit., p. 121 : « Ce sont les entrepreneurs qui *créent l'information* à laquelle chacun adapte ses affaires et qui oriente, donc, ses activités commerciales ».

[269] Ludwig von Mises, *Socialism*, p. 119 : « *Sans la recherche du profit de la part de l'entrepreneur... le fonctionnement de tout le mécanisme est inconcevable... car la motivation de tout le processus qui engendre les prix de marché pour les facteurs de production réside dans la recherche incessante du profit maximum de la part des capitalistes et des entrepreneurs* ».

[270] « *If the prospect of profit disappears the mechanism of the market loses its mainspring, for it is only this prospect which sets in motion and maintains it in operation* ». Mises, *Socialism*, p. 119.

[271] Ludwig von Mises, *Socialism*, p. 121 : « *Une telle situation signifierait simplement que les gérants qui seraient moins prudents et plus optimistes recevraient du capital pour agrandir leurs installations, alors que les gestionnaires plus prudents et sceptiques ne recevraient rien. Dans le système capitaliste, au contraire, c'est le capitaliste qui décide à qui et dans quelles circonstances il va confier son propre capital* ».

leur estimation subjective des possibilités de subir des pertes. L'information pratique dont dispose un gérant qui ne se trouve pas dans les mêmes conditions qu'un entrepreneur dans un marché libre ne sera jamais la même que celle de celui-ci. C'est pourquoi la décision finale de type « *entrepreneurial* », dans un système socialiste, sera prise, en dernière instance, par l'organe central de planification chargé de décider à qui fournir les fonds ou ressources correspondants ; organe central qui ne pourra pas obtenir l'information pratique nécessaire pour ne pas agir arbitrairement. Mises conclut, ainsi, que « *...the alternative is still either socialism or a market economy* », mais que la possible existence d'un « *socialisme de marché* » est inconcevable comme solution intermédiaire[272].

Hayek, pour sa part, s'attache, dans les 5 derniers paragraphes de son article résumant « L'Etat du débat » – paru en 1935 –, sous le nom de « *pseudo-concurrence* », à critiquer aussi bien les modèles développés dans la littérature allemande que nous avons exposés en parlant d'Heimann et de Polanyi, que les autres propositions de « *socialisme de marché* » élaborés verbalement dans les milieux économiques de Londres par la génération la plus jeune d'économistes socialistes (non encore exposées par écrit en 1935).

Le modèle « *allemand* » de concurrence entre monopoles sectoriels, prétendait que chacun de ceux-ci devrait égaliser les prix et les coûts et, en particulier, produire le volume pour lequel les prix et les coûts marginaux coïncideraient. Hayek réitère et développe, à ce propos, les arguments que nous avons exposés à l'encontre des propositions d'Heimann et de Polanyi, et initialement défendus par Mises, Halm et Weil. Hayek signale, d'une part, que, si l'on ne permet pas la concurrence intrasectorielle, l'apparition de l'information relative aux prix et coûts nécessaire pour le calcul économique ne se manifeste pas. Il critique, d'autre part, la proposition selon laquelle les coûts devraient être utilisés comme guide pour fixer les prix ou déterminer un certain volume de production. Il en est ainsi parce que les coûts – nous l'avons vu – sont quelque chose de subjectif qui ne peut être établi que dans un contexte de marché où toutes les occasions possibles auxquelles on renonce peuvent être correctement estimées, et parce que les coûts dépendent toujours de ce que l'on attend du futur. Comme le dit Hayek, « *the competitive or necessary cost cannot be known unless there is competition* »[273] ; c'est pourquoi il est nécessaire qu'il y ait non seulement concurrence véritable entre les divers secteurs, mais surtout concurrence entre les diverses entreprises au niveau intrasectoriel. Les coûts ne sont donc pas quelque chose qu'un organe de planification ou les gérants de monopoles sectoriels puissent connaître de façon objective. Ce sont des estimations subjectives faites en fonction de la capacité entrepreneuriale de chaque agent économique prenant des décisions dans le marché.

En outre, l'utilisation du critère du coût marginal implique, comme l'a montré Mises, un raisonnement circulaire qui empêche son application. Car

[272] Ludwig von Mises, *Socialism,* p. 123 : « L'alternative est soit le socialisme soit l'économie de marché ».

[273] F. A. Hayek, « The Present State of the Debate », *Collectivist economic Planning*, op. cit., p. 227 : « Les coûts ne peuvent pas être connus, sauf s'il y a concurrence ».

non seulement les coûts sont de convenance et subjectifs, mais les chiffres pris en compte pour leur estimation sont précisément les prix estimés pour les facteurs de production. On pourra donc difficilement déterminer les prix en fonction des coûts, alors que ceux-ci sont eux-mêmes des prix. Cela devient particulièrement clair quand on réfléchit au rôle que joue l'amortissement du capital comme composante du coût. Le capital, en effet, n'est que la valeur actuelle d'une série future de revenus ou prix de service d'un bien d'investissement qui doivent être estimés avant de faire le calcul de la valeur de ce bien aujourd'hui et, donc, de sa quotité d'amortissement comme composante du coût. Il est, par conséquent, impossible de déterminer le prix en fonction du coût, puisque la composante d'amortissement de celui-ci exige l'estimation préalable des prix futurs. Comme le dit Hayek : « *Much of what is usually termed cost of production is nor really a cost element that is given independently of the price of the product but a quasi-rent, or a depreciation quota which has to be allowed on the capitalized value of expected quasi-rents, and is therefore dependent on the prices which are expected to prevail* »[274].

Hayek souligne, d'autre part, l'impossibilité d'établir de façon non arbitraire quel sera le secteur ou industrie monopolisée qui constituerait l'élément base du modèle de système socialiste dont nous parlons. Faudra-t-il faire entrer dans chaque secteur toutes les industries ou étapes intermédiaires intervenant pour un certain bien ou service final ? Ou fera-t-on entrer, au contraire, dans chaque secteur, toutes les industries ou entreprises produisant le même bien intermédiaire ? Ou faudra-t-il utiliser un système qui combine ces deux-là ? Il est clair, en outre, que, chaque service et bien final ayant une signification subjective différente pour chaque personne ou organe qui décide, le concept de secteur ou industrie serait purement arbitraire, quel que soit le critère retenu. Ces secteurs ne pourraient pas, de surcroît, demeurer inchangés dans le temps car les biens et services produits ou les technologies ou biens d'investissement changent, de sorte qu'à critère égal, les entreprises à regrouper dans un secteur ou un autre devraient changer constamment. Le concept d'industrie ou secteur est, donc, théoriquement absurde : il ne peut pas être établi de manière univoque et objective ; il n'aurait de sens que dans un monde statique où toute l'information serait donnée et où il ne se produirait pas de changements[275].

Le deuxième modèle qu'Hayek analyse et critique est celui qui veut permettre la « *pseudo-concurrence* » non seulement au niveau intersectoriel, mais aussi au niveau intrasectoriel, c'est-à-dire entre les différentes entreprises de chaque secteur. Dans ce deuxième modèle, l'organe central de

---

[274] « *Une grande partie de ce qu'on appelle habituellement coût de production n'est pas un élément du coût qui est donné indépendamment du prix du bien, mais un quasi-revenu ou quote-part d'amortissement qu'il faut prendre en compte pour calculer la valeur de capitalisation de la quantité espérée de quasi-revenus et qui dépend donc des prix dont on espère qu'ils prévaudront dans le futur* ». F. A. Hayek, « The Present State of the Debate », *Collectivist Economic Planning*, op. cit., p. 227.

[275] F. A. Hayek, « The Present State of the Debate », *Collectivist Economic Planning*, op. cit., p. 231.

planification apparaît comme une sorte de « *super-banque* » qui s'approprie les profits obtenus par toutes les entreprises et tous les secteurs, et s'occupe de distribuer entre eux les fonds d'investissement correspondants. La propriété des moyens de production est publique, mais on prétend que les différentes entreprises se comportent individuellement d'une manière « *concurrentielle* », c'est-à-dire recherchent des « *profits* » et évitent les « *pertes* ».

Ce deuxième groupe de propositions de socialisme concurrentiel supposent que la concurrence s'étend au plus grand domaine compatible avec la propriété publique des moyens de production et que l'organe central de planification n'intervient que pour s'approprier les profits et distribuer les fonds d'investissement correspondants. Les observations critiques que leur consacre Hayek, quoique présentant un certain intérêt, surtout comme antécédents de la théorie économique moderne des droits de propriété et de l'analyse de l'Ecole du Choix Public concernant le comportement des bureaucrates et fonctionnaires[276], ne reprennent pas, cependant, les arguments théoriques essentiels qui furent donnés par Mises. Hayek explique, en effet, que, même si la concurrence est autorisée à tous les niveaux, il faudra développer ou découvrir, en l'absence de propriété privée des moyens de production, un système permettant de vérifier si les gérants correspondants agissent correctement. Il énumère et analyse une série de systèmes possibles de remplacement de la propriété privée des moyens de production que l'on pourrait imaginer[277]. D'un côté, les succès ou échecs passés des futurs responsables ne sont pas un critère valable, car ce n'est pas le passé qui intéresse mais le comportement qu'aura le gérant face au futur. De l'autre, on ne peut pas discerner objectivement si un gérant agit mal parce qu'il subit apparemment des « *pertes* », alors qu'en réalité il investit correctement et attend que ces « *pertes* » se transforment en « profits »

---

[276] La relation avec l'Ecole moderne du Choix Public apparaît dans l'allusion suivante, faite par Hayek, au problème que pose la bureaucratie : « It will at best be the system of quasi-competition where the person really responsible will not be the entrepreneur but *the official who approves his decision* and where in consequence all the difficulties will arise in connection with freedom of iniciative and the assessment of responsibility which are usually associated with *bureaucracy* ». F. A. Hayek, « The Present State of the Debate », *Collectivist Economic Planning*, p. 237. On pourrait répéter ici tous les arguments développés plus récemment par l'Ecole du Choix Public concernant l'analyse économique des effets pervers du comportement politique et bureaucratique et que nous avons cités ailleurs (note 104 du chap. III).

[277] Les différentes propositions de stimulants ou systèmes de monitorage du succès des gérants dans une « *économie de marché socialiste* » qu'analyse Hayek constituent pour lui un problème de grand intérêt théorique que « *in their pure form they raise the question of the rationale of private property in its most general and fundamental aspect". F. A Hayek, « The Present State of the Debate* », *Collectivist Economic Planning*, p. 219. Cette affirmation d'Hayek semble prouver qu'il entrevoit le programme de recherche scientifique de la théorie économique moderne des droits de propriété qui, quoique encore très marquée par les vices du paradigme néo-classique de pleine information et d'équilibre, atteint actuellement un haut degré de développement. Nous complèterons, dans le prochain chapitre, notre analyse critique des propositions d'établissement de systèmes de bons et de stimulants devant rendre possible le régime socialiste.

importants. L'établissement d'un système de bons ou « *stimulants monétaires* » en faveur des gérants présenterait la même difficulté : leur distribution exige que l'on connaisse préalablement et de façon objective et indubitable si une action a réussi ou échoué, ce qui est impossible étant donné le caractère dispersé et inexprimable de l'information impliquée dans le processus et le caractère incertain de tous les évènements futurs. En outre, un système de « *bons* » n'engendrerait qu'un comportement excessivement optimiste et irréfléchi s'il n'était pas compensé avec des « *bons négatifs* » dans les cas où l'on obtiendrait des pertes ou si l'on commettait des erreurs. Cependant, l'établissement de sanctions monétaires et d'autres types en fonction de la gravité des pertes subies risque, au contraire, de rendre le comportement entrepreneurial trop conservateur. Et ainsi de suite, de sorte qu'Hayek conclut qu'il n'existe aucun autre système permettant de reproduire ou de simuler, dans le socialisme, les comportements typiquement concurrentiels qu'engendre la propriété privée des moyens de production[278].

Cela dit, aucune des solutions possibles précédentes ni leur critique ne vont au cœur du problème. Celui-ci n'est pas seulement lié à l'absence des stimulants nécessaires pour que le système fonctionne comme les processus de marché dans un système capitaliste ; c'est aussi un problème incontournable de *connaissance dispersée*, comme nous l'expliquons dans ce livre en suivant les lignes maîtresses exposées par Mises. Si, en effet, la propriété des biens de production est publique et si la communauté obtient, grâce à l'organe central de coercition, les profits, dividendes et intérêts correspondants, il est clair qu'aucun agent individuel ne pourra obtenir ces mêmes profits, car cela irait à l'encontre du modèle de socialisme proposé et impliquerait la réintroduction de la propriété privée des moyens de production et du système capitaliste. Si chaque agent économique se voit empêché de poursuivre ce qui serait son objectif ou profit, il ne découvrira ni ne verra la grande quantité d'information pratique importante nécessaire pour effectuer le calcul économique et la coordination des processus sociaux. Et, de surcroît, bien qu'en se leurrant lui-même il pense que sa situation est

---

[278] Voir F. A. Hayek, « The Present State of the Debate », *Collectivist Economic Planning*, p. 238. Nous ne pouvons cependant pas approuver Hayek, car nous considérons qu'il se montre trop généreux à l'égard de ses opposants : il affirme, en effet, que bien qu'il soit « *illegitimate to say that these proposals are impossible in any absolute sense, it remains not the less true that these very serious obstacles to the achievement of the desired end exist and that there seems to be no way in which they can be overcome* ». Nous estimons, au contraire, pour les raisons alléguées dans le texte, qu'il est impossible de résoudre, en l'absence de propriété privée, le problème du calcul économique dans un système où la concurrence s'étend au maximum, mais où la propriété des biens est publique. Hayek peut laisser entendre, par cette affirmation, qu'il n'existe aucune impossibilité logique, et que le problème est plutôt d'ordre pratique ; il consisterait à trouver des stimulants adéquats qui se substitueraient à ceux qui existent dans le marché capitaliste. Cependant, le problème n'est pas de trouver les stimulants adéquats de remplacement, mais le fait qu'en l'absence de propriété privée, la résolution du problème du calcul économique est théoriquement impossible : les agents ne créent pas l'information nécessaire pour cela et l'organe central chargé de distribuer les fonds correspondants ne dispose pas de l'information pratique nécessaire pour le faire d'une manière non arbitraire.

« *identique* » à celle qu'il aurait dans une société capitaliste et croie voir tel objectif ou profit (parce qu'il lui est indifférent qu'on le donne, une fois obtenu, à la communauté, ou simplement par hasard ou pour tout autre motif), il est évident que pour pouvoir poursuivre cet objectif et entreprendre l'action correspondante, ne disposant pas de ressources propres, il devra les solliciter à l'organe central de planification qui « *représente* » la communauté. Ce sera donc cet organe de planification qui prendra, en dernière instance, la décision de donner ou pas ces ressources, alors qu'il ne dispose pas de l'information pratique importante qui se trouve *dispersée* dans l'esprit des agents économiques et qui a un caractère essentiellement tacite et subjectif ; de sorte que cet organe étatique tendra inévitablement à agir d'une façon arbitraire et non coordinatrice. Autrement dit, en l'absence de propriété privée des biens de production (i.e. si on ne peut pas obtenir les profits résultant de sa propre créativité, constituer un capital et en extraire les ressources nécessaires pour entreprendre de nouvelles actions) il se produit une dislocation inévitable entre les agents individuels potentiellement possesseurs de la connaissance dispersée (« *potentiellement* » parce que l'impossibilité pour les agents d'atteindre individuellement leurs objectifs et profits empêche la création de connaissance) et l'organe central de planification. Car celui-ci, même bien intentionné, ne disposera jamais de la connaissance dispersée que les individus créeraient potentiellement et devra, donc, décider d'une façon arbitraire et non coordinatrice à qui prêter les ressources dont il dispose.

Il faut, enfin, rappeler qu'en 1934, un an avant Hayek, Lionel Robbins effectua dans son ouvrage *La Grande Dépression* de brefs commentaires critiques des propositions de « *socialisme concurrentiel* ». Il ne suffit pas, pour Robbins, que les gérants du système socialiste essaient de « *jouer* » à la concurrence, « *rivalisant* » entre eux à l'occasion de la vente et de l'achat de leurs produits respectifs comme s'ils exerçaient leur activité dans un système capitaliste. Robbins considère que de telles propositions conçoivent le système économique de façon simpliste, comme si c'était quelque chose de statique où les prix et le reste de l'information se créent *ipso facto* de manière objective sous la pression de la demande exercée par les consommateurs. Il insiste, au contraire sur le fait que, dans le monde réel, les goûts, la technologie, les ressources et, en général, toute la connaissance sont immergés dans un processus de changement constant et que, donc, « *the entrepreneur must be at liberty to withdrow his capital altogether from one line of production, sell his plant and his stocks and go into other lines. He must be at liberty to break up the administrative unit* »[279]. En somme, qu'il faut être libre de vendre la propriété pour que l'information nécessaire au fonctionnement du marché puisse se créer, et cela est incompatible avec la propriété publique des moyens de production et le contrôle centralisé du système économique qu'elle implique en dernière instance. On voit donc que

---

[279] Lionel Robbins, *The Great Depression*, Macmillan, Londres 1934, p. 154 : « *L'entrepreneur doit être libre de retirer son capital de n'importe quelle ligne de production, de vendre ses installations et ses actifs et d'investir dans s'autres projets. Il doit avoir la liberté de liquider et de diviser tout projet d'investissement* ».

Robbins fait, à côté des arguments contre la solution purement algébrique ou computationnelle commentée plus haut, une série de commentaires sur la « *concurrence artificielle* » qui, quoique brefs, ne manquent pas d'exactitude[280].

Ainsi termine notre analyse des critiques faites initialement par Mises, Hayek et Robbins contre la « *solution concurrentielle* », et qui se fondent sur le caractère dispersé de la connaissance qui rend impossible le calcul économique là où il n'y a pas de propriété privée des moyens de production. Nous analyserons maintenant la proposition de « *solution concurrentielle* » élaborée par Oskar Lange.

3. L'APPORT D'OSKAR LANGE : CONSIDERATIONS INTRODUCTIVES

La raison pour laquelle nous étudions en détail l'apport de l'économiste polonais Oskar Lange réside, en marge de l'importance de cet auteur dans l'histoire du débat sur le calcul économique socialiste, dans la nécessité d'évaluer la consistance de la version la plus généralisée des manuels le concernant. Ceux-ci affirmaient jusqu'ici que Lange avait effectivement réfuté le défi théorique lancé par Mises et Hayek contre le socialisme. Nous verrons que cette interprétation, qui s'était transformée en un véritable *mythe*[281] de la science économique, ne correspond pas à la réalité. Et, de fait, les spécialistes de l'économie commencent à admettre de plus en plus que le mythe d'après lequel « *Lange fut capable de réfuter Mises* » est dépourvu de fondement.

On distingue, au cours de la vie scientifique d'Oskar Ryszard Lange (1904-1965), quatre étapes différentes dans sa façon de concevoir le système socialiste. Il défend, dans la première, un modèle de socialisme très influencé par celui des marxistes autrichiens en général et, en particulier, par Eduard Heimann et Karl Polanyi, que nous avons eu l'occasion d'analyser. Dans la seconde, il développe son « *modèle classique* », fortement enraciné dans la théorie néo-classique du bien-être, dans la « *solution* » de l' « *essai et erreur* », et dans l'admission de mécanismes décentralisés de « *concurrence* » afin de trouver les solutions d'équilibre correspondantes. La

---

280 Don Lavoie, *Rivalry and Central Planning*, op. cit. (note n°10, p. 159) signale que Robbins semble, paradoxalement, s'éloigner, dans cette brève analyse, de sa propre conception « *robbinsienne* », dans laquelle le sujet économique est un simple maximisateur. Quoique Lavoie semble interpréter que Robbins fut, dans la pratique, beaucoup plus autrichien que ce que Kirzner et d'autres auteurs laissent entendre, je crois personnellement que l'interprétation dynamique et autrichienne des processus de marché de Robbins fut, la plupart du temps, très pauvre et confuse. Je n'ai pas su distinguer nettement entre les deux interprétations et éviter de reconnaître dans la lecture de ses travaux la conception statique.

281 « *Lange concocted what could only be called the Mythology of the Socialist Calculation Debate, a mythology which, aided and abetted by Joseph Schumpeter, was accepted by virtually all economists of whatever ideological stripe* ». Murray N. Rothbard, « The End of Socialism and the Calculation Debate Revisited », *The Review of Austrian Economics*, vol. 5, n°2, 1991, p. 53.

troisième est une étape d'ambiguïté, durant laquelle Lange, profondément impressionné par les critiques énoncées contre son système par Hayek – auxquelles il ne répondit jamais –, présente les propositions les plus imprégnées de « *libéralisme* », bien qu'il ne les ait pas harmonisées de façon explicite et satisfaisante avec son idéal socialiste. La quatrième et dernière étape va de son entrée au parti communiste polonais jusqu'à sa mort. Elle se caractérise par une nette « *marche arrière* », en ce sens qu'il en arrive à louer explicitement la théorie et la pratique du système stalinien, et même à se rétracter de ses « *solutions concurrentielles* » (qui le menait à l'abandon implicite du système socialiste). Puis il finit par proposer un système de planification centrale rigide, de type stalinien, dans lequel il croit inutile toute solution concurrentielle, compte tenu de l'énorme progrès et du développement des systèmes informatiques. Nous allons examiner en détail chacune de ces étapes.

Le modèle de Lange-Breit

La première proposition de Lange sur la manière dont devrait fonctionner un système socialiste fut écrite en collaboration avec Marek Breit en 1934, sous la forme d'un chapitre intitulé « *Le chemin vers une économie socialiste planifiée* », inclus dans un ouvrage collectif sur l'*Economie politique et tactique de l'organisation du socialisme*, imprimée à Varsovie la même année[282]. Le modèle de Lange et Breit de 1934 est presque une copie du modèle de monopoles sectoriels « *concurrentiels* » qu'Heimann et Polanyi avaient essayé de développer dans les années 20. Lange et Breit, en effet, conçoivent l'économie comme un ensemble de « *trusts sectoriels* » dotés d'une grande autonomie et sur la gestion desquels les représentants syndicaux devraient exercer une grande influence. Les trusts sont, en tout cas, « *coordonnés* » par une banque centrale qui non seulement contrôlerait leur fonctionnement, mais leur fournirait les ressources financières nécessaires. Chacun de ces monopoles sectoriels recevrait l'ordre de tenir une comptabilité rigoureuse et d'établir les prix en fonction des coûts de production. Naturellement, toute la propriété des moyens de production serait publique et les profits et dividendes seraient obligatoirement transférés à la banque centrale. Lange et Breit considèrent important de séparer, autant que possible, les organisations économiques de l'autorité publique. Et, afin d'éviter que les secteurs ne deviennent des monopoles qui exploitent le consommateur, il faudrait les obliger par loi à donner du travail à tout travailleur qui solliciterait un emploi dans n'importe quel d'entre eux.

Il est clair que les propositions de Lange et Breit coïncident pratiquement avec celles développées dans les années 20 par Heimann et Polanyi. Et les critiques étudiées dans les sections précédentes, fondamentalement énoncées

282 Oskar Lange et Marek Breit « Droga do Socjalistyczenej Gospodarki Planowej » (Le chemin vers une économie socialiste planifiée), inclus dans le livre *Gospodarka-Polityka-Organizacja Socjalizmu* (Economie politique et tactique de l'organisation socialiste), publié à Varsovie en 1934. Deuxième édition publiée en 1973 dans le vol. I des *Dziela* (Travaux) d'Oskar Lange, éd. Polski Wydawnictwo Economiczne, Varsovie 1973.

par Mises et Hayek, leur sont, donc, applicables. Nous ne reproduirons pas ici toute l'argumentation contre ce genre de modèles. Leur caractère ingénu et ambigu est, cependant, évident, surtout pour la raison suivante : le fait que l'absence d'une concurrence effective au niveau intrasectoriel empêche tout calcul économique n'est pas pris en compte. Il en va de même pour la difficulté insurmontable que représente la définition objective, et pas purement arbitraire, des secteurs industriels de type monopoliste. En outre, les gérants responsables des secteurs n'auraient pas la liberté entrepreneuriale nécessaire pour découvrir et créer l'information permettant le calcul économique. Ce fait est particulièrement grave, car il fait perdre toute virtualité à l'ordre de « *produire à des prix qui couvrent les coûts* ». Ceux-ci, en effet, n'ont pas d'entité objective et sont seulement des prix que la règle transforme en une réalité insaisissable, car elle conduit inévitablement à un raisonnement circulaire (en particulier parce qu'il est impossible de calculer la composante des coûts que supposent les quotes-parts d'amortissement). Enfin, l'autorité de la banque centrale responsable de la distribution des fonds aux entreprises et secteurs ne disposera pas, en raison du problème incontournable que suppose le caractère dispersé et subjectif de la connaissance, de l'information nécessaire pour mener à bien sa tâche d'une manière coordinatrice et non arbitraire.

En somme, ni Lange ni Breit ne firent cas d'aucune des critiques que Mises avait émises plus de dix ans auparavant contre les modèles de monopoles « *concurrentiels* » d'Heimann et de Polanyi. Cela montre que, n'ayant pas lu les travaux de Mises publiés entre 1920 et 1928, ils n'avaient pas conscience des problèmes que posait leur proposition ; et cela, à cause de leur aveuglement idéologique et faute d'une réflexion nécessaire et sérieuse. Ou bien, enfin, ils cachèrent les critiques de Mises, qu'ils ne mentionnèrent pas et auxquelles ils ne répondirent pas, pour des raisons idéologiques ou de convenance politique.

4. OSKAR LANGE ET SON MODELE CLASSIQUE DE « SOCIALISME DE MARCHE »

La deuxième étape de la vie scientifique de Lange, que l'on appellera, comme le fait Tadeusz Kowalik[283], étape du modèle *classique* de « *socialisme de marché* », débute avec ses articles publiés en octobre 1936 et en février 1937, « *On the Economic Theory of Socialism, Part I & II* » (Sur la Théorie Economique du Socialisme), et qui furent réédités avec le travail de Fred M. Taylor sur le socialisme dans le livre publié sous le même titre avec une introduction de Benjamin Lippincott en 1938[284]. Lange fit ses

---

[283] Voir l'article de Tadeusz Kowalik consacré à « Oskar Ryszard Lange », publié dans le vol. III de *The New Palgrave. A Dictionary of Economics*, op. cit, p. 126.

[284] La partie I de « On the Economic Theory of Socialism » est publiée en octobre 1936 dans le vol. IV (1) de la *Review of Economic Studies*, pp. 53-71. La partie II est publiée dans la même revue, dans le vol. IV (2) de 1937, pp. 123-142. L'une et l'autre sont incluses dans les pp. 55-143 du livre *On the Economic Theory of Socialism*, édité et préfacé par Benjamin M.

études, après l'obtention d'une bourse de la Fondation Rockefeller, à la London School of Economics et également à Chicago, Berkeley et surtout à Harvard, où il passa deux années universitaires et fut très influencé par Schumpeter, avec qui il échangea de nombreux points de vue. Il entra aussi en contact et travailla avec les économistes Alan et Paul Sweezy et Wassily Léontief. Immergé dans cette « *atmosphère intellectuelle* », il écrivit son travail « *On the Economic Theory of Socialism* », grâce auquel il prétendait formuler sa conviction que la théorie néo-classique de l'équilibre, en général, et l'« *économie du bien-être* », en particulier, constituaient le meilleur fondement théorique du système socialiste ; il voulait, d'autre part, réfuter, en s'appuyant sur l'idée précédente, l'argument de Mises sur l'impossibilité théorique et pratique d'effectuer le calcul économique rationnel dans un système socialiste. Voyons comment Lange développa son argumentation et s'il réussit ou non à réfuter Mises.

Prix de marché vs. « prix paramétriques »

Le grand désir de Lange était de croire que l'on pouvait simuler l'état final vers lequel tendent le processus de marché et l'économie concurrentielle, mais sans qu'existe le marché capitaliste, c'est-à-dire la propriété privée des moyens de production et le libre exercice de la fonction d'entrepreneur. Il pensait qu'il serait possible d'obtenir une liste de « *prix paramétriques* » qui, n'ayant pas été déterminés dans un marché libre, permettraient cependant le calcul économique rationnel par l'incorporation de l'information importante et nécessaire pour le réaliser ; l'action coordonnée des divers agents économiques de la société devenant ainsi possible. Nous verrons que l'apport de Lange est fondé sur une conception erronée du fonctionnement des processus de marché (ou, plutôt, sur une méconnaissance totale de ces processus, car Lange ne contemple que le paradigme néo-classique de l'équilibre, la théorie économique du bien-être et le modèle dit de « *concurrence parfaite* »). On constatera également que le procédé qu'il propose ne permet nullement de résoudre ni le problème de la coordination ni celui du calcul économique rationnel d'une économie socialiste, ce que Mises avait compris quinze ans auparavant.

L'on doit entendre par « *prix paramétriques* » les différentes conditions dans lesquelles sont offerts les biens et services, et qui déterminent un comportement purement passif ou adaptatif de la part des agents économiques. Pour Lange, en effet, la fonction essentielle des prix est purement paramétrique et consiste en ce que chaque agent économique « *separately regards the actual prices as given data to which he has to*

Lippincott, publié par The University of Minnesota Press, Minneapolis 1938, et réédité en 1964 par McGraw Hill à New York (pp. 55-143). Traduction espagnole d'Antonio Bosch Doménech et Alfredo Pastor Bodmer, publiée sous le titre *Sobre la Teoría Económica del Socialismo*, par Editorial Ariel, Barcelona, en plusieurs éditions (nous utiliserons seulement la 4° éd. de décembre 1973).

adjust himself »[285]. Les prix paramétriques sont, donc, une sorte de *ratios* ou « *relations abstraites d'échange* » auxquelles on peut, en principe, aboutir par n'importe quel procédé, qu'il soit arbitraire ou non. Les prix paramétriques permettent, d'autre part, d'effectuer une « *comptabilité* », entendue dans son sens purement formel ou instrumental le plus simple. Mais, naturellement, les prix paramétriques ne garantissent pas, en eux-mêmes, la possibilité d'effectuer un calcul économique « *rationnel* », c'est-à-dire une fonction coordinatrice du comportement des divers agents économiques. Cela ne sera possible que si lesdits prix parviennent à incorporer l'information ou connaissance nécessaires pour que la fonction coordinatrice et le calcul économique puissent être effectués.

L'argument essentiel de Mises n'avait rien à voir avec ce concept « *paramétrique* » des prix ; il se fondait sur le concept de *prix de marché*, c'est-à-dire ceux déterminés par le libre exercice de la fonction d'entrepreneur, et en l'absence desquels l'information nécessaire pour coordonner le comportement des agents économiques et rendre leur calcul économique rationnel n'est pas créée. Lange croit, au contraire, que le concept de prix de marché n'est pas nécessaire pour le calcul économique et que celui-ci pourrait être effectué de manière rationnelle à l'aide de prix simplement paramétriques, non déterminés dans un marché concurrentiel connaissant la propriété privée des moyens de production et le libre exercice de la fonction d'entrepreneur ; c'est-à-dire en utilisant l'information nécessaire pour cela et en coordonnant convenablement le comportement des divers agents. Analysons, paragraphe par paragraphe, le développement de l'argument de Lange.

Premier paragraphe de Lange

Oskar Lange, en effet, fait commencer ainsi son argument théorique contre Mises : « Professor Mises contention that a socialist economy cannot solve the problem of rational allocation of its resources is based on a confusion concerning the nature of prices. As Wicksteed has pointed out, the term "price" has two meanings. It may mean either price in the ordinary sense, i.e. the exchange ratio of two commodities on a market, or it may have the generalized meaning of « *terms on which alternatives are offered* ». Wicksteed says, « Price, then in the narrower sense of 'the money for which a material thing, a service, or a privilege can be obtained', is simply a special case of 'price' in the wider sense of the terms on which alternatives are offered to us ». (P. H. Wicksteed, *The Common Sense of Political Economy*, 2nd ed., London, 1933, p. 28). It is only prices in the generalized sense which are indispensable to solving the problem of allocation of resources »[286].

---

[285] Oskar Lange, *On the Economic Theory of Socialism*, op. cit., 2° éd., p. 70. La citation est traduite à la p. 74 de l'édition espagnole en ce sens (ici en français) : « *Chaque unité considère individuellement les prix qui ont cours dans le marché comme des données auxquelles elle doit elle-même se conformer* ».

[286] Oskar Lange, *On the Economic Theory of Socialism*, op. cit., pp. 59-60. La version espagnole (p. 63-64) traduit ce premier paragraphe dans le sens suivant (ici en français) :

Commentons ce paragraphe en détail. D'abord, Wicksteed nous avertit qu'il convient d'utiliser, pour son analyse spécifique – analyse essentiellement d'équilibre à ce moment-là – le terme « *prix* » dans un sens « *large* » : il faut l'entendre comme simple condition dans laquelle sont offertes les possibilités de choix. Mais cela n'implique nullement la conviction de Wicksteed que ces « *prix* » paramétriques pourraient venir remplacer les prix de marché là où ceux-ci n'existent pas ou ne sont pas connus. Au contraire, nous sommes constamment obligés, lorsque nous agissons, de prendre des décisions et d'évaluer différentes possibilités ; et, d'après Mises, nous ne pouvons pas prendre ce genre de décisions de façon rationnelle sans tenir compte de « *véritables prix de marché* » contenant l'information nécessaire pour ce faire. Affirmer que l'argumentation de Mises sur l'impossibilité du calcul économique socialiste est erronée, parce qu'il utilise un concept de prix (« *prix de marché* ») trop étroit ou limité, revient à affirmer que le problème posé par Mises se réduisait à la simple impossibilité de réaliser n'importe quels « *calculs algébriques* » faute d'un système numérique de comptabilité ; et cela, quel que soit le contenu réel des données qu'il utilise. Et non pas –comme ce fut le cas – à une impossibilité de réaliser un calcul économique rationnel de type coordinateur en l'absence de prix contenant l'information nécessaire pour ce faire. Comme l'a affirmé Hayek, dire que Mises est dans l'erreur parce qu'il exige, chose inutile pour le calcul économique, l'utilisation de « *prix de marché* », entendus dans leur sens strict et limité, alors que tout système paramétrique de prix permet d'effectuer des calculs, est si naïf que cela paraît « *inexcusable chez un penseur qui ne serait pas influencé par des préjugés politiques* »[287].

« *L'affirmation du professeur Mises d'après laquelle un système socialiste ne peut pas résoudre le problème de l'assignation rationnelle de ses ressources repose sur une confusion concernant la nature des prix. Comme l'a signalé Wicksteed, le terme 'prix' a une signification double. On peut l'employer dans son sens ordinaire, c'est-à-dire de relation d'échange de deux marchandises dans un marché, ou bien il peut avoir le sens généralisé de 'conditions dans lesquelles sont offertes les possibilités de choix'* ». Wicksteed dit : « Le 'prix', donc, dans le sens strict de 'l'argent en échange duquel on peut obtenir un bien matériel, un service ou un privilège' est simplement un cas spécial du prix défini dans son sens plus large de conditions dans lesquelles les possibilités de choix nous sont offertes » (P. H. Wicksteed, *Le Sens Commun de l'Economie Politique*, 2° éd., Londres 1933, p. 28). « *Pour la résolution du problème de l'assignation de ressources seuls sont indispensables les prix dans le sens généralisé* ».

287 « *That the 'alternatives which are offered to us' become known to us in most instances only as money prices (prix de marché en unites monétaires) is Mises' chief argument. To turn this against him is an excusable legerdemain of which a thinker not prejudiced by political preconceptions should be incapable* ». Voir l'article d'Hayek « Two Pages of Fiction : The Impossibility of Socialist Calculation », publié dans *The essence of Hayek*, op. cit., p. 58, dont le contenu est, à notre avis, essentiel pour la critique de Lange dans cette section et que nous suivrons donc de près. Arthur Seldon raconte incidemment l'histoire de cet article d'Hayek, qu'il reçut avec une lettre de son auteur en 1982 et dans laquelle celui-ci indiquait qu'il était « *particularly indignant about the steadily repeated silly talk of Oskar Lange having refuted Mises* ». Cet article fut initialement publié dans le numéro d'avril 1982 de la revue *Economic Affairs*. Les « Deux Pages de Fiction » qu'évoque le titre « *intrigant* » de l'article sont les p. 60 et 61 de l'article de Lange réimprimé dans le livre édité par Lippincott que nous

L'essentiel est donc d'établir si, dans les prix paramétriques qui ne sont pas de marché, l'on peut incorporer l'information nécessaire pour calculer rationnellement et pour coordonner les comportements désajustés des agents économiques ; problème qu'Oskar Lange, nous le verrons, n'a pas pu résoudre de manière satisfaisante.

D'autre part, Karen I. Vaughn a signalé qu'Oskar Lange avait montré, dans le paragraphe que nous commentons, une totale incompréhension de ce que Wicksteed avait voulu dire à propos des prix[288]. Pour Wicksteed, en effet, toute personne voulant prendre une décision économique se poserait le problème essentiellement *subjectif* de l'évaluation du coût d'opportunité qu'implique l'action considérée. De sorte que, quand quelqu'un se demande, par exemple, s'il doit ou non effectuer un achat, il s'informe forcément du prix du bien en question, c'est-à-dire de la relation d'échange de ce bien avec la monnaie en cours dans le marché. Or, les « *conditions dans lesquelles les choix se présentent* » à l'acteur sont quelque chose qu'il évalue subjectivement et qui inclut non seulement la relation d'échange indiquée par le prix, mais aussi tous les autres éléments subjectifs plus ou moins considérés par l'acteur pour prendre sa décision. Par conséquent – et il ne pouvait en être autrement dans le cas de Wicksteed, l'un des théoriciens subjectivistes les plus célèbres –, il n'y a pas lieu de distinguer la fonction paramétrique des fonctions non paramétriques des prix. Elles se trouvent toutes indissociablement unies dans le concept de « *prix de marché* » et sont toujours appréciées de façon subjective, conjointe et indivisible par les acteurs[289].

---

commentons et qui ont été citées abusivement pour fonder sans autre discussion scientifique le mythe injustifié d'après lequel Lange avait réfuté Mises. Voir, en ce sens, les « *Recollections* » incluses dans *Hayek's « Serfdom » Revisited*, publié par l'Institute of Economic Affairs, Hobart-Paperback n°18, 1984, p. XXVI et XXVII.

288 Voir Philip Wicksteed, *Common Sense of Political Economy*, Routledge and Keagan Paul, Londres 1933, p. 28.

289 Il est intéressant de reproduire ici littéralement ce qu'a écrit Karen I. Vaughn sur ce sujet : « It is instructive that Lange decided to quote Wicksteed's formulation of the meaning of price in the beginning of his article ; instructive primarily because it reveals Lange's complete lack of understanding of exactly what Wicksteed was trying to show. In the *Common Sense of Political Economy* (London, Routledge & Keagan Paul, 1933), Wicksteed described the essentially subjective nature of the opportunity costs that faced anyone attempting to make a rational economic decision. That is, when one considers making a purchase, the price represents the market exchange value, but the 'terms on which alternatives are offered' includes not only the market price, but all the subjective elements that must be calculated in one's choice, *the subjective value of all the foregone alternatives* (p. 28). Obviously, this has nothing to do with the distinction Lange was trying to make between market prices and centrally planned prices. The prices which Lange's planning board would set, far from providing a more encompassing kind of price, would figure in an individual's subjective calculus in exactly the same way as market prices more conventionally do. Individuals would still have to personally evaluate the whole range of alternatives, the 'terms on which alternatives are offered' to them, but the administered price would substitute for the market price. *The real Problem, then, of how legislated prices would be made to represent actual relative scarcities of the commodities available for exchange, could not be exorcised with an impressive incantation.* Lange has still to show that the tâtonnement he prescribed could be

Deuxième paragraphe de Lange

Voyons maintenant comment Lange explique de quelle façon les « *prix au sens large* » (prix paramétriques) pourraient être connus aussi bien des gérants des industries que de l'organe central de planification du système socialiste, et pourraient supplanter de façon satisfaisante les prix monétaires de marché du système capitaliste. Lange écrit : « The economic problem is a problem of choice between alternatives. To solve the problem three *data* are needed : (1) a preference scale which guides the acts of choice; (2) *knowledge* of the « *terms on which alternatives are offered* »; and (3) *knowledge* of the amount of resources available. Those three *data* being *given*, the problem of choice is soluble »[290] (les italiques sont de moi).

La première observation à faire concerne le pléonasme grossier de la dernière phrase. Chacun sait, en effet, que le mot anglais « *data* » vient du latin *datum-data*, qui fait allusion à la connaissance ou information qui est « *donnée* ». « *Given* », de son côté, est le participe passé du verbe anglais « *to give* » qui signifie « *donner* ». Ce que Lange affirme littéralement dans sa dernière phrase c'est que, si l'information qui est donnée est donnée, le problème du calcul économique est soluble. Hayek dit que ce genre d'expressions incultes (« *given data* ») ou de « *redondances sémantiques* » (selon la terminologie plus douce de Don Lavoie) sont constamment utilisées par Lange, et qu'elles présentent, en général, un attrait irrésistible et sont à l'ordre du jour chez les économistes mathématiciens. En particulier chez ceux qui développent leur science en termes d'équilibre dans le cadre du paradigme néo-classique walrasien : cela tranquillise d'un certain point de vue (le sémantique, du moins) leur conscience en les assurant qu'ils savent quelque chose qu'en réalité ils ne connaissent pas et ne parviendront jamais à connaître[291]. Cela dit, c'est sur la confusion créée par ce pléonasme que se fonde la fameuse « *réfutation* », due à Lange, de l'argument de Mises sur

---

made to yield measures of relative scarcity as well as market exchanges. *This, he did not accomplish* ». Voir l' « Introduction » de Karen I. Vaughn au livre de Trygve J. B. Hoff, *Economic Calculation in the Socialist Society*, op. cit., pp. xxii-xxiii. Peut-être le défaut le plus important de cette'« Introduction », d'ailleurs brillante, de Vaughn consiste-t-il à ne rien dire des apports de Mises dans son *Human Action* de 1949, apports qu'il sous-estime à tort et injustement en affirmant, ailleurs, que « Mises' so-called final refutation in *Human Action* is mostly polemic and glosses over the problems… ». Voir la « Critical Discussion of the Four Papers » dans *The Economics of Ludwig von Mises : a Critical Reappraisal*, Sheed and Ward, Kansas City 1976, p. 197. Voir enfin l'article de Karen I. Vaughn « Economic Calculation under Socialism : the Austrian Contribution », *Economic Inquiry*, vol. XVIII, octobre 1980, pp. 535-554, réimprimé dans *Austrian Economics*, Stephen Littlechild (éd.), Edward Elgar, Londres 1990, vol. III, pp. 332-351.

[290] Oskar Lange, *On the Economic theory of Socialism*, op. cit., p. 60. La traduction de cette citation qui se trouve à la p. 60 de la version espagnole a le sens suivant (ici en français) : « Le problème économique est un problème de choix entre des possibilités. Pour résoudre le problème, trois données sont nécessaires : (1) une échelle de préférence qui guide les choix ; (2) la connaissance des 'conditions dans lesquelles les choix se présentent' ; et (3) la connaissance du total des ressources disponibles. Une fois ces données connues, le problème du choix est soluble ».

[291] *The Essence of Hayek*, op. cit., p. 54.

l'impossibilité du calcul économique dans une économie socialiste. Pour Mises, en effet, le problème économique fondamental consiste dans la façon d'obtenir l'information nécessaire en l'absence de marché, de prix de marché et de libre exercice de la fonction d'entrepreneur. Mais, si l'on suppose dès le départ que cette information est donnée (« *given* »), il n'y a plus, naturellement, aucun problème de calcul économique, puisque l'on admet d'entrée qu'il a été résolu. Ce que la dernière phrase du paragraphe de Lange vient, donc, à dire, c'est que « *si l'on suppose que le problème du calcul économique a été résolu d'entrée, alors le problème du calcul économique est résolu* ».

Lange reprend encore ce pléonasme dans la première phrase du paragraphe suivant, lorsqu'il dit : « *It is obvious that a socialist economy may regard the data under 1 and 3 as given, at least in as great a degree as they are given in a market economy* »[292].

Nous pouvons nous demander comment? Car, contrairement à ce qu'affirme Lange sans aucun argument, il n'est nullement évident que, dans une économie socialiste, l'information (même celle se rapportant aux points 1 et 3) puisse être « *donnée* » (ou plutôt « *connue* », puisque nous supposons que c'est le sens que Lange veut donner au mot « *given* ») de la même manière et avec le même degré d'intensité que dans une économie de marché (où plus que « *donnée* » on devrait dire qu'elle est « *vue* », « *découverte* » ou « *créée* ») . Le problème clé est le suivant : Pour qui, ou par qui et de quelle façon l'information parvient-elle a être connue ? Parce que, comme on l'a vu au chapitre II, l'information n'est nullement « *donnée* » dans une économie de marché. Elle est, au contraire, constamment créée, découverte et aperçue par des milliers d'agents économiques qui exercent leur fonction d'entrepreneurs de manière interactive dans un contexte d'économie de marché et de droit de propriété sur les facteurs de production. Il est inadmissible de supposer d'entrée, comme le fait Lange, que ce processus de création et de découverte constante d'information nouvelle peut être imité ou reproduit dans un système socialiste qui, par définition, ne permet pas le libre exercice de la fonction d'entrepreneur et où les droits de propriété ont été abolis. Et si, dans ces circonstances, les agents économiques ne peuvent même pas la créer et la découvrir, un hypothétique organe de planification pourra encore moins la connaître. On ne peut pas considérer l'information comme « *donnée* » au niveau central, non seulement à cause de son caractère subjectif, pratique, dispersé et non exprimable, mais aussi parce que les agents économiques individuels ne la créent pas s'ils ne peuvent pas exercer librement leur activité entrepreneuriale. Il n'est pas nécessaire de développer

---

292 « Il est évident, d'autre part, qu'un système socialiste peut considérer comme *données les données* incluses aux points 1 et 3 précédents, au moins dans la même mesure que celle dans laquelle ils sont donnés dans un système capitaliste ». Cette traduction souligne le pléonasme anglais « *data given* ». A ce propos, la traduction de l'Editorial Ariel n'est pas rigoureusement fidèle sur ce point, car, s'éloignant de l'original anglais, elle dit que sont considérés comme donnés les trois types de données (1), (2), et (3), et pas seulement celles des points (1) et (3) comme le dit Lange dans l'original anglais. *Sobre la Teoría Económica del Socialismo*, op. cit. p. 64.

davantage cet argument clé, qui a été expliqué en détail et de divers points de vue dans d'autres passages de ce livre.

Troisième paragraphe de Lange

Lange poursuit son argumentation de la façon suivante : « The *data* under 1 may be either *given* by the demand schedules of the individuals or be established by the judgement of the authorities administering the economic system. The question remains whether the data under 2 are accessible to the administrators of a socialist economy. Professor Mises denies this. However, a careful study of *price theory* and of the *theory of production* convinces us that the data under 1 and under 3 *being given*, the "terms on which alternatives are offered » are determined ultimately by the technical possibilities of transformation of one commodity into another, i.e., by the *production functions* »[293].

La première chose que l'on remarque dans ce paragraphe est l'allusion faite à la « *théorie des prix* » et à la « *théorie de la production* », dont l'étude « *minutieuse* » conduit Lange à affirmer que, si l'information nécessaire (celle concernant les points 1 et 3) « *est donnée* », il n'y a pas de problème de calcul économique, parce que les conditions dans lesquelles les diverses possibilités s'échangent ou se présentent seront données par les techniques possibles de transformation incorporée dans les différentes fonctions de production. Le fait que Lange s'appuie explicitement sur la « *théorie des prix* » et sur la « *théorie de la production* » du paradigme néo-classique walrasien, montre non seulement l' « *impérialisme scientifique* » de ce paradigme (comme s'il n'existait pas d'autre théorie des prix qui ne partirait pas de l'absurde supposition selon laquelle toute l'information nécessaire est préalablement donnée), mais aussi les insuffisances et dangers que représente la méthodologie fondée sur l'usage obsessif des mathématiques, dans l'analyse de l'équilibre, et dans le cas où le problème économique fondamental est de simple maximisation de fonctions connues soumise à des restrictions également données. Comme le dit Mises, le plus grave n'est pas que la « *théorie économique de l'équilibre* » soit un jeu intellectuel sans importance, mais qu'elle devient un jeu intellectuel corrupteur des esprits scientifiques même les plus brillants, car, en les faisant partir de suppositions irréelles, elle les conduit inexorablement à des conclusions erronées. Et tout cela de manière presque inaperçue, sauf pour les théoriciens les plus

[293] Oskar Lange, *On the Economy of Socialism*. pp. 60-61. La traduction espagnole se trouve aux p. 64 et 65 de la version espagnole. Elle a le sens suivant (ici en français) : « *Les données comprises au point (1) peuvent être données (soit par les échelles de demande des individus soit) par les autorités qui dirigent le système économique. Mais la question demeure de savoir si les données du (2) sont accessibles aux dirigeants d'une économie socialiste. Le professeur Mises nie cette possibilité. Cependant, une étude minutieuse de la théorie des prix et de la théorie de la production nous convainc que, les données correspondant au (1) et au (3) étant connues, les 'conditions dans lesquelles les possibilités se présentent' sont déterminées, en dernière instance, par les possibilités techniques de transformation d'une marchandise en une autre, c'est-à-dire par les fonctions de production* ». (La phrase entre parenthèses a été traduite par nous et correspond encore à un oubli impardonnable des traducteurs.)

profonds et subtils. La théorie économique de l'équilibre et du modèle néo-classique walrasien est l'« *opium de l'économiste* » : elle le sépare de la réalité qu'il devrait étudier, le fait tomber dans l'autosatisfaction la plus absolue et l'immunise contre la plupart des possibilités dont il pourrait disposer pour se rendre compte de ses erreurs. Lange se proposa de démontrer que la théorie du bien-être, développée dans le paradigme néo-classique walrasien, était le fondement théorique le plus important que l'on puisse fournir au système socialiste. Alors que la plupart des théoriciens de l'équilibre ont considéré que le modèle analytique de la théorie des prix du système néo-classique était applicable aussi bien à un système capitaliste qu'à un système socialiste, et qu'il pouvait servir à justifier la possibilité du calcul économique dans celui-ci, nous estimons que cela enlève presque toute crédibilité scientifique à cette théorie. Et, justement, l'une des thèses les plus importantes de ce livre est que l'analyse théorico-critique du socialisme que nous effectuons et qui s'est matérialisée dans les évènements historiques qui se sont produits dans les pays de l'Est, suppose non seulement l'effondrement et le discrédit théorique et pratique du socialisme en tant que système économique et social, mais aussi celui d'un grande part de la théorie néo-classique en tant que paradigme scientifique sérieux méritant d'être pris en compte.

Il n'est pas étonnant, d'autre part, que Lange, et la plupart des économistes néo-classiques, ne comprennent pas que Mises affirme que le calcul économique est « *théoriquement impossible* » dans une économie socialiste. Car ces auteurs considèrent qu'il n'y a d'autre « *théorie* » que la leur ; « *théorie* » qu'ils développent à partir d'hypothèses qui éliminent, dès le départ, la nécessité de tout calcul économique. Autrement dit, ils estiment que le calcul économique est toujours, et par définition, théoriquement possible. Ils ne conçoivent pas d'autre théorie que celle qu'ils ont construite en fonction de l'équilibre et de la maximisation et ignorent totalement le paradigme développé par les théoriciens de l'Ecole autrichienne en général et par Mises et Hayek en particulier. Paradigme fondé, dès l'origine, sur une étude *théorique* des institutions réelles existant dans la société et des processus de marché mus par la force de la fonction entrepreneuriale. Ce paradigme ne suppose jamais que l'information est « *donnée* », mais considère qu'elle se crée constamment, dans un contexte institutionnel déterminé permettant la coordination des comportements désajustés des individus[294].

[294] Les théoriciens néo-classiques ne comprennent donc pas que le calcul économique dépende de l'existence d'institutions historiquement contingentes (telles que monnaie, marchés et échanges libres), catégories historiques qui sont « *special features of a certain state of society's economic organisation which did not exist in primitive civilizations and could possibly disappear in the further course of historical change* ». *Human Action*, op. cit., p. 201 et note 1 de cette même page, dans laquelle Mises ajoute que « *the German historical school expressed this by asserting that private ownership of the means of production, market exchange, and money are 'historical categories'* ». Cela montre clairement l'absence, chez Mises, d'une « *contradiction spectaculaire* » que Lange lui reproche simplement parce que l'économiste autrichien lui semble être un « *institutionnaliste* » qui défend, en même temps, la validité universelle de la théorie économique. Lange ne peut pas comprendre que l'Ecole

Don Lavoie a fait, à ce propos, la remarque suivante : les théoriciens néo-classiques supposent dans leurs modèles sur l'économie de marché que, pour les agents économiques, toute la connaissance importante est donnée, et que le marché atteint un équilibre déterminé dans certaines conditions de caractère statique ; cette supposition les mène à faire, sans presque s'en rendre compte, le petit pas que suppose l'adoption d'hypothèses similaires pour un modèle socialiste et ils arrivent, donc, à la conclusion parallèle selon laquelle il est possible d'atteindre, dans le socialisme, un équilibre déterminé[295]. Et Kirzner ajoute que si Lange ne s'est pas rendu compte du véritable défi lancé par Mises contre le socialisme, c'est parce que sa connaissance de l'économie était circonscrite, en général, à la théorie des prix néo-classique et, en particulier, au modèle de « *concurrence parfaite* ». Ce modèle, que la plupart des manuels considèrent encore comme l'un des plus importants pour la « *compréhension* » du système économique réel, élimine radicalement et ne sait pas reconnaître le rôle de la fonction entrepreneuriale, qui découvre des occasions de gain et en profite, dans le cadre d'un processus dynamique d'ajustement et de coordination constants de l'économie. Comme l'argument de Mises se fonde sur un concept de fonction entrepreneuriale totalement inconnu du paradigme néo-classique, il n'est pas étonnant que Lange, manquant de l'outillage analytique nécessaire, ait cru que le marché se comportait comme le disent les manuels et qu'il était

---

autrichienne ait axé son programme de recherche scientifique, depuis sa fondation par Carl Menger, sur l'*analyse théorique* (générale, abstraite et historiquement non contingente) *des institutions* (entendues comme schémas réglés de conduites ou actions humaines, telles que la monnaie, le marché, le droit, etc.) et les processus sociaux de type évolutif. De fait, Menger consacra ses *Grundsätze* à Roscher, car il pensait que son apport subjectif et sur l'apparition évolutive des institutions fournissait pour la première fois les fondements théoriques nécessaires à l'école historiciste (Savigny, Burke), face au rationalisme cartésien qui commençait à tout envahir. Les lunettes théoriques du paradigme néo-classique sont si mal graduées qu'elles empêchent Lange de distinguer les données les plus évidentes du contexte scientifique dans lequel il vit et qu'il ne perçoit que de manière monochromatique et dénaturée. Voir la note n°6 de *On the Economic Theory of Socialism*, op. cit. Ainsi, il est curieux de remarquer que le livre, d'influence « *autrichienne* » évidente, *Economics as a Process* (Richard N. Langlois, Cambridge University Press, New York 1986) est sous-titré « Essays in the New *Institutional* Economics » ; et il s'agit nettement, comme pour les travaux de Mises, d'un livre de *théorie* économique (donc non « *institutionnaliste* » ou historiciste) versant sur les institutions. Malgré l'avis de Lange, la théorie économique sur les processus et institutions sociaux est une chose, et l' « *institutionnalisme* » en est une autre bien différente. Voir aussi le travail de Peter J. Boettke « Evolution and Economics : Austrians as Institutionalists », dans *Research in the History of Economic Thought and Methodology*, n° 6, 1988. On se rappellera, enfin, le contenu de la note 202 du Chap. V, et en particulier les commentaires critiques de Mark Blaug concernant le paradigme néo-classique walrasien et son virage vers les postulats de l'Ecole autrichienne.

295 « To the neoclassical participants in the debate, the relevant knowledge is assumed to be given to market participants, and the main analytic conclusion is that under certain static assumptions the capitalist equilibrium is determinate. *It is a small step from this analysis to the adoption of similar assumptions and the arrival at similar conclusions for socialism* ». Don Lavoie, *Rivalry and Central Planning*, op. cit., p. 115.

donc possible de simuler, dans une économie socialiste, le modèle d'équilibre qu'ils exposent si élégamment[296].

Nous avons vu que, même si Lange considère que l'on peut recueillir l'information des types 1 et 3, cela est théoriquement impossible si la fonction entrepreneuriale n'est pas exercée librement : dans ce cas, l'information ne se sera ni créée ni découverte (sans compter que son caractère tacite et subjectif empêchera sa transmission à un organe central). C'est l'information du type 2, celle concernant les relations d'échange et les fonctions de production, qui semblait présenter quelque problème à Lange, quoiqu'il affirme tout de suite après que ce problème pourrait « *se résoudre* » très facilement, si l'information correspondant aux types 1 et 3 est donnée (ce qui, nous le répétons, est impossible). La manière « extraordinaire » dont Lange « *résout* » ce problème consiste simplement à affirmer, sans aucune preuve ni justification, que... « *the administrator of the socialist economy will have exactly the same knowledge or lack of knowledge, of the production functions as the capitalist entrepreneurs have* »[297].

Or, cette dernière affirmation, de caractère dogmatique (puisqu'elle n'est accompagnée d'aucune preuve ou justification ni théorique ni empirique), constitue le noyau de toute la « *réfutation* » de Mises par Lange. On sait que l'essence de l'argumentation de Mises réside dans la démonstration suivante : l'information créée par le libre exercice de la fonction entrepreneuriale ne peut pas être reproduite par un système où celle-ci n'existe pas, de sorte qu'il est théoriquement impossible que les « *administrateurs d'une économie socialiste* » puissent avoir « *exactement* » la même information que celle dont disposent les entrepreneurs dans une économie capitaliste. On sait que l'information est quelque chose de subjectif et de dynamique, qui se crée à chaque instant, au fur et à mesure de l'apparition des occasions de gain ou profit ; occasions que perçoivent ceux

---

[296] Kirzner affirme : « *That Lange did not understand this non-parametric function of prices must certainly be attributed to a perception of the market system's operation primarily in terms of perfectly competitive equilibrium (Indeed, it is this text-book approach to price theory that Lange explicitly presents as his model for socialist pricing). Within this paradigm, as is now well recognized, the role of the entrepreneurial quest for pure profit, as the key element in bringing about price adjustment, is completely ignored. It is not difficult to see how Lange could conclude that such a (non entrepreneurial) system might be simulated under socialism* ». *Discovery and the Capitalist Process*, op. cit., pp. 128-129. Sur la théorie économique des processus de marché liée au concept de fonction entrepreneuriale (complètement étrangère et particulièrement hostile au paradigme néo-classique walrasien), consulter non seulement les ouvrages de Mises et d'Hayek cités dans ce livre, mais aussi tous les travaux de Kirzner et, en général, ceux des autres économistes du paradigme autrichien. Sur la critique de l'équilibre dans l'analyse économique, réalisée par un prestigieux économiste des pays de l'Est, consulter le travail de János Kornai, *Anti-Equilibrium. On Economic Systems Theory and the Task of Research*, éditions North Holland, Amsterdam 1971.

[297] « *Les dirigeants d'une économie socialiste auront exactement les mêmes connaissances, ou le même manque de connaissances, sur la fonction de production que les entrepreneurs capitalistes* ». p. 65 de la version espagnole de *On the Economic Theory of Socialism*. Cette citation se trouve à la p. 61 de la version anglaise.

qui peuvent s'en emparer librement en exerçant leur fonction d'entrepreneurs. Si la fonction d'entrepreneur est éliminée à cause de l'abolition de la propriété privée des moyens de production et de l'impossibilité, pour les individus, de percevoir librement et de poursuivre des objectifs qu'ils font leurs, ces objectifs ne serviront pas de stimulant et ne créeront pas l'information importante et nécessaire permettant de les atteindre. Par conséquent, et par définition, là où il n'y a pas de fonction entrepreneuriale libre, on ne peut jamais supposer que l'information, qui résulte exclusivement du processus animé par cette fonction, sera créée. Il n'est donc pas étonnant qu'Hayek ait affirmé, en 1982, à propos de cette assertion étonnante de Lange : « This *brazen* (« cynique ») assertion is crucial for Lange's refutation of Mises' argument, but he offers no evidence or justification for it, even in this limited form confined to production functions. Yet it has been expanded by Lange's pupils into the even more *fantastic assertion* that a central planning board « *would receive exactly the same information from a socialist economic system as did the entrepreneurs under the market system* » (Thus Robert L. Heilbroner, *Between Capitalism and Socialism*, New York 1980, p. 88)… I am afraid this is a blatant untruth (« *mensonge criant* »), an assertion so absurd that it is difficult to understand how an intelligent person could ever honestly make it. It asserts a sheer impossibility which only a miracle could realize »[298].

Il ne faut pas oublier, d'autre part, que les « *fonctions de production* » n'existent pas dans la vie réelle. Ce qui existe, c'est un courant continu de création d'information nouvelle concernant les diverses possibilités de combinaison des facteurs de production permettant d'obtenir un certain bien ou service. Cette information est découverte grâce à l'exercice de l'action entrepreneuriale par les agents économiques impliqués dans la production.

---

[298] « Cette affirmation impudente est cruciale dans la réfutation de l'argument de Mises par Lange, et n'est accompagnée d'aucune évidence ni justification même dans sa version la plus réduite, limitée aux fonctions de production. Malgré cela, elle a été étendue par les élèves de Lange à l'affirmation encore plus fantastique d'après laquelle l'organe central de planification « *recevrait exactement la même information dans un système socialiste que celle reçue par les entrepreneurs dans une économie de marché* » (Ainsi, Robert L. Heilbroner, *Entre le Capitalisme et le Socialisme*, New York 1980, p. 88)… Je crains que tout cela ne soit qu'un mensonge criant, une affirmation si absurde qu'on comprend difficilement qu'une personne intelligente et honnête ait pu la faire. Cette affirmation suppose un pur impossible que seul un miracle pourrait réaliser ». Voir F. A. Hayek, « Two Pages of Fiction : The Impossibility of Socialist Calculation », dans *The Essence of Hayek*, op. cit., pp. 55-56. L'allusion à Heilbroner était nécessaire car, en supposant que l'information serait disponible non seulement pour les gérants des entreprises, comme l'affirme Lange, mais aussi pour l'organe central de planification, il affirme une impossibilité d'un degré logique qualitativement supérieur ; car, à l'impossibilité pour des gérants non entrepreneurs de créer une information entrepreneuriale, s'ajoute le problème encore plus grave de la transmission et compréhension centralisée d'un volume infini d'information subjective, tacite et non exprimable, de type dispersé et en constant changement. Rappelons, à la décharge d'Heilbroner, sa rétractation et sa constatation du triomphe absolu du capitalisme sur le socialisme (voir la citation n°257 de ce chapitre), bien que nous ne sachions pas encore si ce triomphe est, pour Heilbroner, un fait empirique surprenant sans justification théorique ou si l'auteur a commencé à deviner les erreurs grossières qu'il a commises tout au long de sa vie intellectuelle passée.

Ces agents croient constamment observer de nouvelles occasions de profit, non seulement en modifiant les biens et services (leur présentation et définition, leurs prix et qualité), mais aussi en innovant d'un point de vue commercial et technologique. Il en va de même – quoique de façon encore plus complexe – pour les moyens de production : la découverte constante de petits changements, passés jusque-là inaperçus, permet d'obtenir des profits importants. On peut difficilement considérer qu'il existe d'hypothétiques « *fonctions de production* », alors que l'information nécessaire pour les définir n'existe même pas – c'est-à-dire n'est pas connue des agents économiques impliqués dans le processus productif (ni d'un organe de planification, ni, encore moins, des techniciens ou économistes si bons spécialistes soient-ils de la théorie de la production) –, tant que cette information n'est pas créée peu à peu par les agents, de façon tacite, subjective et *dispersée.* Le problème de la production n'est pas un problème technique de fonctions pouvant se résoudre techniquement. C'est, au contraire, un problème humain nettement entrepreneurial qui fait essayer, constamment et dans le contexte des différentes actions, des combinaisons et possibilités nouvelles et variées. Celles-ci montrent continuellement à l'acteur, dans le cadre d'une économie de marché, et compte tenu des prix espérés et du reste de l'énorme variété d'informations subjectives qui l'affectent, l'existence de possibles profits subjectifs (c'est-à-dire « monétaires *ceteris paribus* ») qu'il estime intéressant de rechercher.

Il est donc évident que Lange confond deux types de connaissance radicalement différents : la connaissance « *scientifique* » et la connaissance « *pratique* ». Il semble, en effet, confondre à tel point la « *connaissance pratique* », créée quotidiennement et possédée de façon dispersée par les agents économiques, et la « *connaissance scientifique* », que l'économiste croit posséder pour théoriser sur les processus sociaux, qu'il en vient à croire naïvement que le scientifique ou l'organe de planification pourraient obtenir sans difficulté cette « *connaissance pratique* ». Et, cependant, les deux types de connaissance (« *pratique* » et « *scientifique* ») ont une nature radicalement différente. Car, même si la « *connaissance scientifique* » – comme c'est le cas en science économique – se transforme en théorie sur la « *connaissance pratique* », ce sera tout au plus une *théorie formelle* sur les processus de sa création et transmission, mais qui doit toujours partir de l'idée suivante : théoriser sur la « *connaissance pratique* » ne permet nullement de vaincre l'impossibilité théorique qu'il y a, pour un observateur extérieur, à appréhender le contenu de cette connaissance, que cet observateur soit un scientifique ou un organe de planification. C'est exactement pour cette raison (i.e. à cause de l'impossibilité pour le théoricien d'appréhender le contenu « *matériel* » de la « *connaissance pratique* » sur laquelle il théorise, et à cause de son incapacité à distinguer entre « *connaissance pratique* » et « *connaissance scientifique* ») que non seulement le calcul économique est impossible dans système socialiste, mais que presque toute la « *théorie économique* » élaborée jusqu'ici au sein du paradigme néo-classique est insignifiante.

Quatrième paragraphe de Lange

Lange applique cette confusion entre les deux types de connaissance aux deux concepts de prix parallèlement applicables à chacune de ces connaissances. En effet, les prix de marché qui comprennent une grande partie de la « *connaissance pratique* » et sont créés et modifiés par la force entrepreneuriale sont dans l'orbite de cette connaissance. On pourrait faire entrer dans l'orbite de la « *connaissance scientifique* » (quoique seulement dans la version scientifique étroite, pauvre et limitée de l'équilibre) les « *prix paramétriques* », dans lesquels s'établissent, en supposant que toute l'information importante soit donnée, les conditions des diverses possibilités, le comportement de chaque acteur s'ajustant passivement à celles-ci. La grande confusion de Lange consiste à croire que les prix paramétriques peuvent contenir l'information que contiennent les prix de marché. Et, cependant, Lange a l'audace incroyable d'accuser Mises de tomber dans l'erreur qu'il commet lui-même, lorsqu'il affirme que « Professor Mises seems to have confused prices in the narrower sense i.e., the exchange ratio of commodities on a market, with prices in the wider sense of « *terms on which alternatives is offered* ». As, in consequence of public ownership of the means of production, there is in a socialist economy no market on which capital goods are actually exchanged, there are obviously no prices of capital goods in the sense of exchange ratios on a market. And hence Professor Mises argues, there is no index of alternatives available in the sphere of capital goods. But this confusion is based on a confusion of « *price* » in the narrower sense with « *price* » in the wider sense of an index of alternatives. It is only in the latter sense that « *prices* » are indispensable for allocation of resources, *and on the basis of the technical possibilities of transformation of one commodity into another*, they are also *given* in a socialist economy »[299].

La confusion de Lange est, donc, manifeste, car les prix paramétriques d'une économie socialiste contiendraient, d'après lui, une information (grâce aux possibilités techniques de transformation des fonctions de production « *connues* ») équivalente à celle que l'on trouverait dans une

[299] « Le professeur Mises semble avoir confondu les prix dans leur sens strict, c'est-à-dire les relations d'échange des marchandises dans un marché, avec les prix dans leur sens plus large de 'termes dans lesquels les possibilités se présentent'. Comme, en vertu de la propriété collective des moyens de production, il n'existe pas, dans une économie socialiste, de marché où s'échangent réellement des biens d'investissement, il n'y a évidemment pas de prix des biens d'investissement dans le sens de relations d'échange dans un marché. D'où le professeur Mises conclut qu'il n'existe aucun 'indice des possibilités disponibles en matière de biens d'investissement'. Mais cette affirmation repose sur une confusion entre le 'prix' au sens étroit et le 'prix' au sens large d'indice de possibilités. Dans ce dernier sens seulement, les 'prix' sont indispensables pour l'assignation de ressources, et *étant fondés sur les possibilités techniques de transformation d'une marchandise en une autre, ils sont également donnés dans un système socialiste* ». Traduction française de la version espagnole de *On the Economic Theory of Socialism,* p. 65. La citation anglaise se trouve à la p. 61 de la version anglaise de cet article.

économie de marché. Autrement dit, *Lange confond le prix paramétrique avec le prix de marché*. Israel Kirzner a approfondi ce point, avec sa perspicacité habituelle, et a fait remarquer que l'erreur cardinale de Lange était de supposer que le marché tend vers l'équilibre ; et cela, en vertu d'un processus dans lequel le « *caractère paramétrique* » de la fonction des prix ne s'altère jamais, de sorte que tous les agents économiques, au cours de ce processus, considèrent les prix de marché comme « *donnés* », et s'adaptent à eux simplement de façon passive, sans qu'il soit possible d'essayer de les changer. Lange se trompe, ainsi, lamentablement dans son modèle interprétatif du marché. Car, dans le marché réel, l'importance des prix ne réside pas dans leur fonction paramétrique mais, au contraire, dans leur fonction *non paramétrique*. Celle-ci consiste dans le fait que les entrepreneurs découvrent constamment des divergences dans les prix et agissent de façon à profiter des occasions de profit qu'elles créent, en achetant et en vendant et, donc, en modifiant et créant continuellement ces prix *ex novo*[300]. *Les prix de marché sont donc non paramétriques, en ce sens qu'ils stimulent l'achat et la vente et, en dernière instance, sont continuellement modifiés par l'exercice et sous l'impulsion de la force entrepreneuriale.* Le comportement des agents économiques n'est pas passif ou réactif ; c'est, au contraire, un comportement typiquement entrepreneurial, c'est-à-dire proactif, et qui consiste à être constamment prêt à découvrir, à créer de nouvelles occasions de gain et à en profiter. Les prix ne sont pas quelque chose de donné à quoi les individus s'adaptent. Ce sont, au contraire, les personnes qui, continuellement, agissent, créent et modifient les prix. En outre, seule cette fonction entrepreneuriale et non paramétrique des prix permet de découvrir les désajustements de comportement dans la société et d'établir un processus coordinateur de type général. C'est pourquoi il est absurde de penser, comme le fait Lange, que la fonction non paramétrique des prix dans une économie de marché, résultat inséparable du libre exercice de la fonction entrepreneuriale et cause unique des tendances coordinatrices du processus social, peut être simulée dans un système qui, par définition, a éliminé totalement la

[300] « Lange failed to recognize that the distinctive aspect of the market is the manner in which prices *change*, that is, that market prices are in fact treated nonparametrically. It is one thing to imagine that socialist managers can be motivated to obey rules on the basis of centrally promulgated 'prices'; it is quite another to take it for granted that the *nonparametric* function of price (in which, that is, price is not being treated as a datum but is subject to change by individual market participants), a function which depends entirely on entrepreneurial discovery of new opportunities for pure profit, can be simulated in a system from which the private entrepreneurial function is completely absent ». Israel M. Kirzner, *Discovery and the Capitalist Process*, op. cit., p. 31. Les pp. 126-129 de ce même livre sont également d'un grand intérêt.

fonction entrepreneuriale et qui ne considère les prix que dans une perspective paramétrique[301].

---

[301] Tous les commentateurs qui ont considéré, comme Schumpeter, que, même avant Mises, Vilfredo Pareto et Enrico Barone avaient « *démontré* » la possibilité du calcul économique socialiste sont tombés dans cette même erreur. Nous avons vu, à propos de ces auteurs, qu'il avaient seulement établi un argument de similitude formelle ; autrement dit, ils ont montré formellement de quel type d'information une autorité socialiste devrait disposer pour permettre le calcul économique dans des conditions statiques. Mais, bien évidemment, établir le type et la quantité d'information nécessaire pour atteindre cet objectif est une chose et résoudre le problème théorique de l'obtention de cette information en est une autre tout à fait différente ; problème théorique impossible à résoudre dans le socialisme, d'après Mises et Hayek, à cause des caractéristiques particulières de ce système. D'autre part, nous avons vu plus haut (notes 150 et 151 du chap. IV) que Vilfredo Pareto lui-même et, dans une moindre mesure, Enrico Barone avaient expressément établi que la connaissance ou information dont nous parlons ne pourrait pas s'obtenir en l'absence de marché. Enfin, les auteurs de la théorie planométrique moderne développée à partir d'Arrow et Hurwicz (voir la section 5 du chap. V) tombent dans la même erreur. Les économistes de l'Est qui, selon John Gray (*Liberalisms : Essays in Political Philosophy*, Routledge, Londres 1989, p. 174), se situent parmi les spécialistes les plus cultivés en matière d'histoire de la pensée économique, ont commencé à reconnaître l'argument de Mises et d'Hayek selon lequel la suppression des institutions du marché capitaliste empêche le calcul économique, alors que la plupart de leurs collègues des pays occidentaux se laissent encore tromper par le paradigme néo-classique walrasien. Il convient de citer, parmi ces économistes, Wlodzimierz Brus et Kazimier Laski, surtout parce qu'ils furent d'anciens élèves de Lange et écrivirent même un livre avec lui (voir *Problemas de Economía Política del Socialismo*, Oskar Lange (éd.), Fondo de Cultura Económica, Mexico 1974 ; l'article de Laski verse sur les « *conditions pour l'équilibre général entre production et consommation* » et se trouve aux pp. 108-151 ; celui de Brus traite des « *problèmes de comptabilité marginale dans l'économie socialiste* » et se trouve aux pp. 175-194). Il est impressionnant de lire aujourd'hui chez ces économistes que le modèle néo-classique walrasien ne présente pas d'intérêt comme fondement théorique de l'économie socialiste car il ne s'intéresse pas à la fonction entrepreneuriale et que la croyance généralisée en la réfutation de Mises par Lange est absolument infondée. Selon leurs propres paroles, en effet, « the technological knowledge necessary to fill the elements of the Walrasian equations is not a datum but rather information which can only be discovered in the process of competitive struggle. Thus what matters is the peculiar entrepreneurial 'thinking technique', a kind of intuition, which is generated by actually finding oneself in a competitive situation... All these aspects are absent in Lange's model of market socialism, *which seems to corroborate the assertion that its claim to a convincing refutation of the Mises/Hayek challenge has been unjustified* ». (Voir leur ouvrage *From Marx to the Market. Socialism in Search of an Economic System*, Clarendon Press, Oxford 1989, p. 58). Il faut citer aussi le hongrois János Kornai qui, dans son article « The Hungarian Reform Process » (*Journal of Economic Literature*, vol. XXIV, n° 4, décembre 1986, pp. 1726-1728, reproduit comme chap. V de son livre *Vision and Reality. Market and State*, éd. Harvester Wheatsheaf, New York 1990), affirme explicitement que Lange « *lived in the sterile world of walrasian pure theory* » (p. 1727), et critique le rôle de l'école néo-classique dans le débat parce que son « emphasis shifted one-sidedly to the issue of computing the correct price signals. What got lost was the crucial Mises-Hayek idea regarding *rivalry*. In a genuine market process actors participate who want to make use and can make use, of their *specific knowledge* and opportunities. They are rivals. In that sense the market is always in a state of dynamic disequilibrium. Some win and some lose. Victory brings rewards : survival, growth, more profit, more income. Defeat brings penalties : losses, less income, and in the ultimate case

5. ANALYSE CRITIQUE DU MODELE CLASSIQUE DE LANGE

Explication terminologique préalable

Nous allons d'abord décrire, puis analyser de façon critique le modèle de « *solution concurrentielle* » proposé par Oskar Lange. Mais il faut auparavant donner des précisions d'ordre terminologique. Nous avons vu, à la section précédente, qu'on ne pouvait qualifier la « *solution* » proposée par Lange de « *concurrentielle* » que si l'on donnait à ce terme le sens maladroit et limité de concurrence utilisé dans le modèle paradoxalement dit de « *concurrence parfaite* ». Autrement dit, la solution de Lange n'est « *concurrentielle* » que dans la mesure où personne ne rivalise, car la « *concurrence* » se conçoit seulement en accord avec la situation décrite en termes statiques par le modèle néo-classique de l'équilibre général. Il en va de même pour l'expression « *socialisme de marché* » utilisée par Lange et ses disciples. En parlant de « *marché* », on ne pense pas à un marché réel, c'est-à-dire à un processus social animé par la force de la fonction entrepreneuriale et dont on a expliqué les caractéristiques générales au chapitre II. On fait allusion, au contraire, à une série de comportements passifs des agents économiques, en supposant qu'ils disposent de toute l'information et en excluant tout exercice créatif de la fonction entrepreneuriale. En somme, si le modèle classique de socialisme « *de marché* » ou « *concurrentiel* » de Lange et de ses disciples utilise ces termes, c'est précisément parce qu'il se fonde sur la théorie économique néo-classique walrasienne dans laquelle les concepts de « *marché* » et de « *concurrence* » sont vides de contenu et n'ont rien à voir avec l'essence et la nature des deux institutions dans la vie réelle. Nous passons, après ces

---

exit. Using the vocabulary of the present paper, the Mises-Hayek market implies a *hard budget constraint* and a buyer's market. As long as the system and the policy do not assure the prevalence of these two conditions, there is no genuine market. *The great shortcoming on the Lange model is that it does not even contemplate these conditions and many of Lange's followers committed the same error* » (pp. 1727-1728). Enfin, l'économiste russe Gabriel Temkin affirme dans son article « On Economic Reforms in Socialist Countries : The Debate on Economic Calculation under Socialism Revisited » (*Communist Economies*, vol. 1, n° 1, 1989, p. 31-59) que « the Lange model lacks any trace of entrepreneurship, whether in purely theoretical or in practical terms. Being wedded strongly to the General equilibrium framework, entrepreneurship is just defined away because, within that framework, there is no room for a theory of entrepreneurial choice... And, since neither the entrepreneur nor the market can be adequately simulated in a socialist economy based on public ownership, it is only the routine task of a manager that can be, at best, reproduced. But here, again, the imitation would be far from exact or even close ». Et Temkin conclut, en l'honneur de Mises, que « *perhaps the honorary statue of Mises, about which Lange quipped half a century ago, should after all be erected, if not on Red Square then in Budapest, closer to his native Austria* » (p. 53). J'ajouterais, personnellement, après les évènements ayant eu lieu dans les autres pays de l'Est, que cette statue devrait être dressée dans les capitales de tous les états qui ont officiellement cessés d'être socialistes et, en particulier, Berlin, Varsovie, Prague, Budapest et aussi Moscou (comme nous l'indiquons à la note 163 du chap. IV, la statue de Mises se trouve, au moins, dans la bibliothèque du Département d'Economie de l'Université de Varsovie, juste à côté de l'ancien bureau officiel d'Oskar Lange).

précisions, à la description du modèle classique de Lange tel qu'il l'a développé dans la version originale de son article « On the Economic Theory of Socialism »[302].

Description du modèle

Lange considère que la théorie néo-classique des prix et de la « *concurrence parfaite* » représente, pour le système socialiste, les fondements théoriques optimaux. Il commence, donc, par reprendre les éléments typiques de la théorie économique de l'équilibre tels qu'ils sont normalement expliqués dans les manuels. Selon le paradigme néo-classique, en effet, l'équilibre est atteint, dans le modèle de concurrence « *parfaite* », dans la mesure où les trois conditions suivantes sont remplies : la première, de type « *subjectif* », veut que tous les individus du système économique atteignent leur « *top* » aux prix de marché ; la seconde, de type « *objectif* », veut qu'aux prix d'équilibre, l'offre et la demande de chaque bien et service soient identiques ; et la troisième, que le revenu de tous les consommateurs soit égal aux recettes provenant des services de leurs facteurs productifs.

On sait que la première condition se vérifie chaque fois que les consommateurs maximisent leur utilité et les producteurs leurs profits ; cela exige que les consommateurs obtiennent l'égalité de l'utilité marginale pondérée par rapport aux prix, pour chaque bien et service de consommation, et que, parallèlement, les producteurs obtiennent l'égalité des *ratios* de productivité marginale pondérés et des prix relatifs de chaque facteur de production, en produisant le volume de production pour lequel les coûts marginaux sont identiques au prix (ou recette marginale) du produit. En outre, dans l'hypothèse d'une liberté totale d'entrée et de sortie, le prix du produit sera égal, pour une industrie ou secteur, aux coûts moyens de production. Comme le revenu des consommateurs sera déterminé par les prix des services des facteurs de production et que l'offre et la demande doivent restées inchangées, on peut « *déterminer* » l'ensemble de prix nécessaires pour équilibrer le marché, en utilisant un processus typiquement walrasien de *tâtonnement* en vertu duquel, si les quantités offertes et demandées divergent, la « *concurrence* » entre acheteurs et vendeurs modifiera les prix jusqu'à ce que le point d'équilibre soit atteint[303]. Après avoir expliqué que l'équilibre s'atteignait ainsi, du point de vue « *théorique* » et « *pratique* », dans un « *système capitaliste* », Lange se propose de démontrer qu'une communauté socialiste peut l'atteindre de façon similaire.

D'après Lange, les consommateurs obtiendraient la réalisation de la première condition, que nous qualifions de « *subjective* », si on leur permettait, comme on l'explique pour le système capitaliste, de maximiser

[302] Voir les pp. 65-89 de la versión anglaise rééditée en 1964 et préfacée par Lippincott de « On the Economic Theory of Socialism », op. cit., ou les pp. 79-104 de l'édition espagnole précitée.
[303] « Tâtonnement and Recontracting », de Takashi Negishi, *The New Palgrave. A Dictionary of Economics*, op. cit., vol. IV, pp. 589-595.

leur utilité dans un marché pleinement « *concurrentiel* » de biens et services de consommation. Cependant, on n'autoriserait pas les producteurs à pratiquer un comportement maximisateur de profits. Ils seraient soumis à deux *règles* imposées de force et contrôlées par l'organe central de planification. Les deux règles ont pour but de *simuler* les résultats du comportement maximisateur des producteurs dans le marché et supposent, donc, la substitution du principe de la maximisation du profit par chacun des résultats qu'entraîne ce principe dans le modèle de « *concurrence parfaite* ».

Selon la *première règle,* les producteurs doivent choisir la combinaison de facteurs qui minimise les coûts moyens de production. La *deuxième règle* vise aussi les gérants des différentes usines et commande de produire un volume tel que les coûts marginaux soient égaux aux prix. La production globale à l'échelon sectoriel sera déterminée en exigeant également l'application de la deuxième règle. Cette fois, on ne l'exigera pas des gérants de chaque entreprise, mais des responsables de chaque secteur, qui devront augmenter ou diminuer la production globale de chaque industrie selon ce qu'exigera son application. Ainsi l'application de la deuxième règle dans chaque secteur a, d'après Lange, la même fonction que celle du principe de liberté d'entrée et de sortie dans un marché concurrentiel.

Les prix des biens et services de consommation, ainsi que les salaires, sont déterminés, dans le modèle de Lange, par le marché ; alors que l'organe central de planification se limite exclusivement à fixer les « *prix* » des facteurs de production. En ce sens, cet organe se limite initialement à établir des « *prix* » pour les facteurs de production, prix qui peuvent être choisis intuitivement ou arbitrairement. Toutes les décisions des gérants concernant l'entreprise et le secteur, ainsi que les décisions des consommateurs et des travailleurs, se prennent passivement en fonction de ces « *prix* » et en appliquant les règles mentionnées, ce qui détermine la quantité de chaque bien et service qui sera demandée et offerte. Si, pour certains biens de production, les quantités demandées et offertes ne coïncident pas, le prix devra être révisé et modifié par l'organe central de planification : il utilisera un processus d' « *essai et erreur* », qui s'arrêtera au moment où le prix final d'équilibre aura été atteint, une fois que l'offre sera égale à la demande. Les prix établis par l'organe central de planification pour les facteurs de production ont, donc, un caractère purement « *paramétrique* » : ils déterminent le comportement passif des agents économiques, qui doivent simplement s'adapter à ces données et créent de façon « *objective* » des indicateurs (excédent ou pénurie d'un produit) ; ceux-ci conduisent « *sans erreur* » l'organe central à modifier les prix dans la mesure et dans le sens nécessaires pour atteindre l'équilibre. En somme, l'organe central de planification supplante le marché pour l'assignation des biens d'investissement, et le système socialiste peut, formellement, atteindre l'équilibre du modèle de « *concurrence parfaite* », grâce au procédé d' « *essai et erreur* » imaginé par Walras pour le « *système concurrentiel* » et que Taylor avait proposé comme « solution » pour le système socialiste huit ans auparavant.

Deux interprétations du modèle de Lange

Il existe deux interprétations possibles du modèle de Lange : une interprétation étroite et une autre large. Il peut s'agir d'une tentative de « *solution* » du problème de type subsidiaire ; nous l'avons évoquée plus haut et appelée « *computationnelle* » ou de simple calcul algébrique de la solution du système d'équations de l'équilibre walrasien dont nous avons parlé à propos de la « *solution mathématique* » ; selon cette interprétation, le principal mérite du modèle de Lange serait d'éviter la nécessité de résoudre ce système, à la main ou à l'aide de procédés informatiques. Cependant, parce qu'il suppose que toute l'information nécessaire pour poser et résoudre le problème ou système d'équations est préalablement créée et donnée (c'est-à-dire existe quelque part dans le marché), le modèle de Lange ne fournirait pas de solution au problème fondamental posé par Mises (la création et transmission de l'information nécessaire pour effectuer le calcul économique en l'absence de propriété privée des moyens de production et de libre exercice de la fonction entrepreneuriale est impossible).

Ou bien le modèle de Lange prétend résoudre le problème fondamental posé par Mises ; auquel cas nous verrons qu'en empêchant le libre exercice de la fonction entrepreneuriale dans des domaines très importants et significatifs du marché, l'information nécessaire pour effectuer le calcul économique ne se crée pas, et ce modèle n'est pas capable de résoudre le défi misesien. Il existe, comme nous le verrons plus loin[304], des preuves pratiquement irréfutables démontrant que Lange considérait son modèle comme un pur artifice computationnel (il ne pouvait en être autrement puisqu'il n'a jamais réellement compris en quoi consistait le défi de Mises, en raison de la vision déformée du monde économique que lui fournissait le système néo-classique walrasien qui l'avait tant hypnotisé). Néanmoins, d'autres interprétations de Lange et de ses disciples estiment que le modèle prétend répondre au problème fondamental de création et transmission d'information posé par Mises. C'est pourquoi nous développerons notre analyse critique du modèle de Lange en le considérant dans son sens le plus large, c'est-à-dire comme une tentative de résolution du véritable problème posé par Mises.

Analyse critique de l'interprétation la plus large du modèle de Lange

Il faut tout d'abord signaler que l'apport de Lange comprend et combine une série d'éléments (méthode d' « *essai et erreur* », établissement de prix en fonction des coûts marginaux, instructions de l'organe central de planification aux gérants, etc), qui avaient presque tous été proposés auparavant, quoique isolément, par d'autres théoriciens socialistes. L'innovation principale de Lange consistant seulement à les mettre en

---

[304] Voir en particulier la citation textuelle de l'article de Lange sur « The Computer and the Market », que nous avons reproduite à la fin de ce chapitre, dans la section sur la « *quatrième étape* » de la vie intellectuelle de Lange, ainsi que les considérations exposées à ces mêmes pages et aux suivantes.

rapport de façon plus cohérente et logique et dans le cadre du modèle néo-classique walrasien. On ne reproduira pas ici tous les commentaires et observations critiques réalisés plus haut au sujet des divers éléments des « *solutions* » proposées pour le problème du calcul économique socialiste, qui font partie, dans une plus ou moins large mesure du modèle de Lange, et ont déjà été analysés. En outre, il ne sera pas difficile au lecteur de découvrir que, si le modèle de Lange ampute ou empêche le libre exercice de la fonction entrepreneuriale dans des domaines essentiels du marché et à différents niveaux, il ne peut pas offrir de solution au problème du calcul économique dans un système socialiste. Si l'on empêche le libre exercice de l'activité entrepreneuriale dans un domaine essentiel (par exemple, celui des biens d'investissement), on empêche la fonction entrepreneuriale de découvrir, créer et transmettre l'information fondamentale (pratique, subjective, dispersée et non exprimable) nécessaire pour que les individus puissent faire leurs calculs de façon rationnelle et ajuster leur comportement de manière coordonnée. Il faut, toutefois, faire encore une série de commentaires critiques particulièrement importants et adaptés au modèle de Lange. Ils veulent illustrer l'application de notre argument essentiel à ce modèle.

1° *Impossibilité d'élaborer la liste des biens d'investissement*

Nous devons, *premièrement*, nous demander : comment l'organe central de planification peut-il fixer, de façon paramétrique, des prix pour des biens d'investissement dont même les agents impliqués dans le processus productif ne connaissent ni le type, ni le nombre, ni la quantité, ni la qualité, ni les caractéristiques ? Par bien d'investissement on entend toute *étape intermédiaire* dans un processus de production subjectivement considérée comme telle par l'acteur impliqué dans celui-ci. Autrement dit, tout ce que l'acteur croit lui servir pour atteindre un objectif a le caractère d'un bien d'investissement (pourvu qu'il ne s'agisse pas exclusivement des services fournis par le facteur travail) : seuls les acteurs impliqués dans le processus savent ce qu'est un bien d'investissement au fur et à mesure qu'ils le découvrent ; ce sera, donc, une connaissance dont le caractère subjectif, pratique, dispersé et non exprimable ne permettra pas l'acquisition par l'organe central de planification. Et on ne peut pas dire que, pour élaborer les listes correspondantes, il est possible d'utiliser l'expérience, c'est-à-dire ce qui semble avoir constitué par le passé un bien d'investissement. Car le concept de bien d'investissement est non seulement subjectif mais aussi strictement *prospectif* : il est déterminé en fonction de la façon dont l'acteur envisage l'évolution future des évènements. Ainsi, même si quelque chose a apparemment servi dans le passé pour atteindre un objectif, il n'est pas certain qu'il servira de la même façon dans le futur. Par contre, seuls les biens que l'acteur considère subjectivement être utiles, en raison de leurs particularités concrètes (qualité, situation à l'endroit et au moment adéquats, etc.), pour atteindre un certain objectif ou achever un certain projet seront des biens d'investissement.

Cela dit, le problème ne se réduit pas à l'impossibilité pour l'organe central de coercition d'obtenir l'information dispersée concernant les biens d'investissement existants. Cette information ne sera même pas découverte et créée par les agents économiques dans la mesure où ils ne peuvent pas agir en tant qu'entrepreneurs. Si, en effet, les agents économiques ne peuvent pas agir en tant qu'entrepreneurs, c'est-à-dire imaginer de nouveaux objectifs, rechercher de nouvelles occasions de profit pour eux-mêmes, cet esprit de lucre n'agira pas comme stimulant et l'information pratique importante concernant les objectifs et les moyens qui apparaîtrait dans un économie de marché libre ne sera pas créée.

Ce premier argument, à lui seul, rend déjà impossible le modèle de Lange d'un point de vue théorique et pratique ; de sorte que ce modèle ne peut supposer aucune solution au problème du calcul économique posé par Mises. Dans la pratique, la fixation de prix paramétriques par l'organisme central de planification sera, comme l'indique Hayek dans sa réponse à Lange publiée en 1940, purement arbitraire : elle le sera non seulement pour les chiffres choisis, mais aussi, ce qui est beaucoup plus grave, pour le type et le nombre de biens auxquels on fixera un chiffre, et elle concernera une série de catégories uniformes maladroites de biens dits à tort « *d'investissement* » dont on croit qu'ils ont été considérés comme tels par le passé. Et on ne pourra pas inclure dans ces catégories les distinctions nécessaires, selon les circonstances spécifiques de temps, lieu, qualité, etc., qui sont précisément celles qui, appréciées de façon subjective, donnent leur caractère le plus intime, essentiel et subtil de bien d'investissement aux biens que nous observons à l'extérieur[305].

2° *Caractère totalement arbitraire de la période temporelle de fixation des prix paramétriques*

Deuxièmement, non seulement les « *prix paramétriques* » établis et la liste de « *biens d'investissement* » seront arbitraires, mais la période durant laquelle l'organe de planification considèrera que les « *prix* » doivent rester inchangés le sera, elle aussi. C'est l'un des points où l'ambiguïté de Lange est le plus évidente, car il affirme quelque part que le rajustement des prix se fera toujours « *à la fin de l'exercice comptable* » et indique ailleurs que les

---

305 Hayek affirme : « That the price fixing process will be confined to establishing uniform prices for classes of goods and that therefore distinctions based on the special circumstances of time, place, and quality will find no expression in prices is probably obvious. Without some such simplification, the number of different commodities for which separate prices would have to be fixed would be practically *infinite*. This means, however, that the managers of production will have no inducement, and even no real possibility, to make use of special opportunities, special bargains, and all the little advantages offered by their special local conditions, since all these things could not enter into their calculations ». Voir F. A. Hayek, « Socialist Calculation III : The Competitive Solution », dans *Individualism and Economic Order*, op. cit., p. 193. Nous estimons, cependant, qu'Hayek ne développe pas suffisamment, dans le passage cité, l'argument essentiel que nous avons donné dans le texte.

rajustements de prix devront se faire « *constamment* »[306]. Dans les deux cas, la période sera totalement arbitraire, car l'organe de planification n'aura pas l'information dont disposent les entrepreneurs dans une économie réellement concurrentielle pour modifier les prix au moment et pour la période qu'ils considèrent les plus adaptés pour atteindre leurs objectifs. L'organe central de planification ne pourra pas disposer de cette information, de sorte que si l'on choisit l'exercice comptable, ce sera sûrement une période trop longue. Et si la décision est *ad hoc* et se fonde sur la façon dont on croit que les évènements vont évoluer, l'organe central ne pouvant disposer, sur ce point, de la connaissance de première main qu'ont les agents économiques, la prise de décisions sera, là encore, purement arbitraire.

3° *Inexistence d'un véritable marché pour le travail et les biens et services de consommation*

Troisièmement, même si Lange affirme qu'il devrait exister un marché complètement libre et concurrentiel pour les biens et services de consommation et pour le facteur travail, on a l'impression que ce « *marché* » ne serait « *libre* » et « *concurrentiel* » qu'en termes nominaux[307]. Un marché vraiment concurrentiel en matière de biens et services de consommation exige, en effet, l'existence, sans restriction aucune, de véritables entrepreneurs ou acteurs libres, non seulement du côté de la demande, mais aussi de celui de l'offre. Il suffit que la contrainte fasse son apparition de n'importe quel côté pour que le marché cesse d'être concurrentiel. On ne comprend donc pas comment les gérants du système socialiste -qui ne sont pas de véritables entrepreneurs puisqu'ils ne peuvent pas rechercher librement le profit ou lucre (défini en termes subjectifs) qu'ils considèrent le

---

306 Lange se prononce en faveur de la première solution à la p. 82 de son article « On the Economic Theory of Socialism » (op. cit.) lorsqu'il affirme : « *Any price different from the equilibrium price will show at the end of the accounting period a surplus or a shortage of the commodities questioned* ». Et en faveur de la seconde quatre pages après (p. 86), lorsqu'il dit en passant que « *Adjustments of those prices would be constantly made* ». Malgré les apparences, Lange n'a pas les idées claires et la confusion et l'ambiguïté de sa pensée ne peuvent être plus évidentes.

307 Henry D. Dickinson, l'un des plus célèbres défenseurs de la « solution concurrentielle » après Lange, reconnaît explicitement que l'existence d'un marché concurrentiel et libre de biens de consommation serait plus une fiction qu'une réalité dans le socialisme de marché ; et il indique cyniquement que l'appareil de propagande et de publicité étatique devrait s'employer à créer dans la société la fausse impression qu'elle jouit de liberté de choix de biens et services de consommation : « The powerful engine of propaganda and advertisement, employed by public organs of education and enlightenment... could divert demand into socialist desirable directions *while preserving the subjective impression of free choice* ». Voir Henry Douglas Dickinson, *Economics of Socialism*, Oxford University Press, Oxford 1939, p. 32. Lange lui-même ôte rapidement son masque et consacre toute la section IV de son article « Sur la Théorie Economique du Socialisme » à exposer l'idée que son modèle serait également applicable si l'organe central de coercition décidait d'empêcher le libre choix de biens et services de consommation et d'emplois, et imposait à toute la société ses préférences particulières dans ce domaine. Il n'est donc pas étonnant que Lange ait terminé sa vie universitaire en louant et justifiant le système staliniste.

plus adéquat- pourraient engendrer l'information qui se crée constamment dans un système capitaliste et concerne le lancement continu de nouveaux biens et services de consommation, l'amélioration des existants, la modification des qualités, les changements dans la distribution commerciale, dans la situation physique et spatiale, les systèmes de publicité, etc., etc. Les consommateurs seront, donc, obligés de choisir entre le « *menu* » réduit de biens et services de consommation que les gérants socialistes leur offrent. Lange, en particulier, et les autres « *socialistes de marché* », en général, abusent du terme « *marché concurrentiel de biens de consommation* » (et même de l'expression « *souveraineté du consommateur* » appliquée à un système socialiste), puisque le socialisme ne connaît d'autre « *souveraineté* » ou liberté que celle qu'aurait, par exemple, un prisonnier qui se dirait libre pourvu qu'il restreigne son action au domaine d'activités que les quatre murs de sa cellule délimitent[308].

4° *Inanité des « règles » proposées par Lange*

Quatrièmement, il est impossible d'appliquer les règles proposées par Lange visant, pour la première, à adopter la combinaison de facteurs avec laquelle les coûts moyens se réduisent et, pour la seconde, à produire la quantité permettant l'égalité des prix et coûts marginaux. Le fait que Lange ait considéré ses « *règles* » comme quelque chose d'évident et de faisable montre encore l'effet préjudiciel produit sur sa formation par la théorie néo-classique des coûts en général et, en particulier, par l'idée très courante que les coûts sont quelque chose d'objectif et sont déterminés par des fonctions dont l'information est « *donnée* ». Nous avons constaté, cependant, au deuxième chapitre de ce livre que les coûts ne sont que les appréciations subjectives de la valeur que représentent pour l'acteur les objectifs auxquels il renonce quand il choisit et entreprend une certaine ligne d'action. Les coûts sont des évaluations subjectives de possibilités perdues et constituent, donc, une information entrepreneuriale typique que chaque acteur évalue et crée continuellement, pourvu qu'il puisse exercer librement sa fonction et sa perspicacité d'entrepreneur ; information qui incorpore, en outre, toutes les caractéristiques déjà analysées de l'information entrepreneuriale et, en particulier, son caractère subjectif, pratique, dispersé et non exprimable. Il est clair que si les coûts ne sont pas donnés (c'est-à-dire s'il n'existe pas de fonctions de coûts), mais sont subjectivement évalués par tâtonnement de façon continue et dans chaque action, on pourra difficilement former les gérants des industries pour qu'ils observent les « *règles* » mentionnées, et

[308] Je dois cette comparaison à Robert Bradley, « Market Socialism : A Subjectivist Evaluation », dans *The Journal of Libertarian Studies*, op. cit., p. 39, note 86. On peut dire la même chose à propos du « *marché du travail* » prétendument concurrentiel. Pour qu'un marché du travail soit concurrentiel il faut que de nouvelles occasions d'emploi surgissent continuellement : elles sont le résultat des nouveaux projets d'investissement, de la création de nouvelles entreprises, de l'apparition de nouvelles idées entrepreneuriales, etc. ; ce qui est inconcevable dans le modèle de Lange, où il n'y a pas d'entrepreneurs, mais de simples gérants qui se limitent à observer, comme des *robots*, une série de règles préfixées et venant d'en haut.

l'organe central de planification pourra encore moins vérifier objectivement si cette observation est réelle ou pas.

La proposition de Lange n'est qu'une manifestation de l'incapacité, en pratique – sauf en termes nominaux –, de la théorie néo-classique des coûts à absorber la révolution subjectiviste ; et, de fait, elle est encore ancrée dans le vieil « *objectivisme* » périmé de Ricardo et de Marshall[309]. C'est pourquoi il ne faut pas s'étonner que James Buchanan ait affirmé, en exagérant un peu, que toute la controverse sur la possibilité du calcul économique dans les économie socialistes reposait sur une incompréhension, de la part des théoriciens socialistes, de la véritable nature subjective des coûts[310]. Et Jack Wiseman souligne, dans un article remarquable de 1959 sur le problème posé par les coûts dans la planification économique socialiste, leur caractère subjectif et les définit comme l'évaluation des occasions perdues en choisissant une certaine ligne d'action face à d'autres plans et projets potentiels. Cette évaluation subjective ne peut être effectuée que par la personne qui a entrepris les projets correspondants et se concrétise par la décision, souvent implicite, de poursuivre ou non un certain plan. Ce processus ne crée jamais d'information permettant de fixer objectivement les prix en les faisant égaler des données de coûts préalablement établis de façon

---

309 Malheureusement, les manuels modernes exposent encore, sans critique aucune, le paradigme néo-classique walrasien et les conditions d'optimum que fournit le modèle de « *concurrence parfaite* » dans le cadre des paramètres de la théorie économique du bien-être. Et même, beaucoup parmi les plus prestigieux citent les « *règles de Lange* » et affirment explicitement qu'elles permettraient d'atteindre le même optimum dans une économie socialiste : ils l'affirment sans aucune nuance et en omettant tous les problèmes que nous commentons dans ce livre, et qu'ils ne citent même pas en passant. Le mal que cela représente pour la formation des étudiants en économie peut mettre des années à se guérir et même être irréversible. On peut citer, en ce sens, le célèbre livre de J. P. Gould et C. E. Ferguson, *Microeconomic Theory* (Richard D. Irwin, Illinois 1980, p. 445 ; traduction espagnole d'Eduardo L. Suárez publiée sous le titre *Teoría Microeconómica* par le Fondo de Cultura Económica, Mexico 1983) qui conclut, sans nuances ni commentaires : « *Proposition (Lange-Lerner Rule)* : To attain maximum social welfare in a *decentralized socialist society*, the state planning agency should solve the constrained maximization problem and obtain the *shadow prices* of all inputs and outputs ; publish this *price-list* and distribute it to all members of the society ; and *instruct* all consumers and all plant managers to behave as though they were *satisfaction or profit-maximizers operating in perfectly competitive markets* » (les italiques sont de moi). C'est ainsi que l'absurdité maximale est exposée catégoriquement dans un manuel « *prestigieux* », et élevée au rang de « *conclusion scientifique* ».

310 Introduction de James Buchanan à *L. S. E. Essays on Costs*, op. cit., pp. 3-10, et *Cost and Choice*, Marckham Publishing, Chicago 1969, pp. 21-26, 34-35, 41 et 96. Nous disons que l'affirmation de Buchanan est un peu exagérée parce que l'évaluation des coûts, bien qu'essentielle dans le calcul économique rationnel, n'est qu'une partie de l'information totale qui se crée et se transmet de façon entrepreneuriale (et qui inclut aussi l'évaluation des objectifs que l'on va atteindre). Le noyau de la controverse réside, à notre avis, plus que dans une incompréhension de la véritable nature subjective des coûts, dans une incompréhension essentielle de la véritable nature de l'action humaine et de la fonction d'entrepreneur, telles que nous les avons définies au chap. II. Buchanan conclut : « *Modern economic theorists measure their own confusion by the degree to which they accept the Lange victory over Mises, quite apart from the empirical record since established* » (p. 5 de *L. S. E. essays on Costs).*

objective. C'est pourquoi Wiseman conclut que les « *règles* » de Lange ne peuvent nullement servir de guide aux gérants des industries socialistes et que toute règle établie en ce sens aura donc un caractère arbitraire, aussi bien du point de vue de son contenu concret que de celui des possibilités de son contrôle pratique par l'organe central de planification[311].

Il est donc bien peu utile de donner des instructions aux responsables des usines et entreprises pour qu'ils utilisent la combinaison de facteurs pour laquelle les coûts moyens seront minimes. Etant donné le caractère subjectif des coûts, cette règle est vide de contenu. C'est comme si on leur donnait l'ordre de « *faire de leur mieux* », mais sans leur permettre d'exercer simultanément les actions entrepreneuriales qui sont les seules à garantir le résultat souhaité consistant à réduire les coûts[312]. En effet, dans une

---

[311] « It is no longer possible, once uncertainty is admitted, to interpret the opportunity-cost problem as one of scarcity alone, to be solved by a choice between alternative factor inputs and product outputs with all prices known. That is, opportunity costs is no longer a simple question of summation and comparison of known data. Prices and other variables have to be estimated : opportunity cost decisions involve uncertainty (and therefore judgement) as well as scarcity. The cost problem now arises as a *choice between alternative plans of action...* Since opportunity costs cannot be treated simply as known money costs, but must be considered as estimates of *foregone alternative revenues*, it is no longer useful in conditions of uncertainty to speak of equality of marginal money cost and price as a property of an efficient resource distribution ». Et il conclut que, dans un système socialiste... « the marginal-cost rule, as normally framed, gives no clear guidance to those responsible for the organization of production in such an economy. Attempt to reinterpret the rule in such a way as to take account of uncertainty preclude the possibility of a direct check on the efficiency of collectivist managers in obeying that rule. Any indirect, objective, check used as a supplement to the marginal rule will in fact supplant that rule as the directive for managerial effort, and *in any case no completely objective check is possible*. Further, whatever rule or check is adopted, imperfectly competitive behaviour is to be expected ». (Voir Jack Wiseman, « Uncertainty, Costs and Collectivist Economic Planning », publié dans *Economica*, mai 1953, et réédité comme chap.IX du livre *L. S. E. Essays on Costs*, op. cit., p. 229 et 234-235). G. F. Thirlby avait déjà abouti aux mêmes conclusions dans son article remarquable « The Ruler » (*South African Journal of Economics*, décembre 1946, réédité comme chap. VII du livre *L. S. E. Essays on Costs* précité) où il affirme que toute règle établissant qu'il existe une relation objective et discernable entre les recettes et les coûts (que la recette marginale soit égale au coût marginal ou que le prix soit égal au coût marginal, ou que la totalité des recettes soit égale à celle des coûts, etc.) « has not the objectivity that is by implication attributed to it ; consequently that the application of the rule is *impracticable* ». Cette théorie montre incidemment qu'une grande partie de la « théorie de la détermination des prix dans les services publics » (Voir Jack Wiseman, « The Theory of Public Utility Price : An Empty Box », *Oxford Economic Papers*, Oxford University Press, Oxford 1957, n°IX) et une grande partie de l'« analyse économique du droit » concernant la législation anti-trust sont dépourvues de fondement théorique.

[312] Dans son « Oskar Lange's Theory of Socialist Planning : An Obscurant of Socialist Aspirations » (chap. V de son *Alienation and the Soviet Economy*, Homes & Meir, New York 1990, et en particulier les pp. 96-98), Paul Craig Roberts aboutit à la conclusion suivante : les « *règles* » de Lange ne sont pas applicables en pratique. Quoique l'on doive quelques apports intéressants à Roberts : avoir montré l'incompatibilité du marxisme et du « *socialisme de marché* », et le caractère de simple rationalisation *ad hoc* et *a posteriori* de la « *planification centrale* » soviétique (appelée donc à tort planification centrale), nous jugeons son analyse du

économie de marché où la fonction d'entrepreneur est exercée librement, les entrepreneurs ont continuellement de nouvelles idées, intuitions, etc., sur la création de nouvelles combinaisons de biens d'investissement avec de nouvelles caractéristiques, meilleur marché et plus efficientes ; celles-ci peuvent être essayées par l'entrepreneur et, si elles ont du succès, entraînent les profits entrepreneuriaux correspondants et la progressive élimination des concurrents ; ceux-ci, pour survivre, sont obligés d'introduire les améliorations ou nouveautés découvertes et essayées avec succès. Dans le système de Lange, tout ce processus n'a pas lieu ; l'exercice libre de la fonction d'entrepreneur n'est pas possible, en sorte que l'information relative aux procédés visant la réduction des coûts des biens d'investissement ne se crée même pas. Et si, par hasard, elle se créait, cela serait sans importance car le prix des biens est préétabli de façon paramétrique par l'organe central de planification ; et la seule issue pour le gérant qui aurait « *par hasard* » une « *idée entrepreneuriale* » serait d'essayer de convaincre l'organe de planification que le bien en question pourrait être produit de façon moins onéreuse et plus effective, et que son prix devrait donc être réduit. Cette tâche est, naturellement, impossible non seulement à cause des difficultés de transmission de la connaissance pratique, dispersée, subjective et non exprimable, mais aussi parce que l'organe central de planification ne réduit les prix, par définition et selon le modèle de Lange, qu'*a posteriori* : après que ce soit manifestée l'existence d'un excédent de production ; il ne les réduit pas parce qu'un gérant plus ou

---

socialisme défectueuse parce qu'elle n'est pas suffisamment subjectiviste ; c'est-à-dire qu'elle ne se fonde pas sur une étude des conséquences qu'entraîne pour les individus et les processus sociaux l'usage de la contrainte systématique. Il ne suffit pas, en outre, de montrer les contradictions existant entre le marxisme et le modèle de Lange pour disqualifier ce dernier : si le modèle de Lange se transforme en un « *espoir* » pour beaucoup, il faudra le réfuter avec des arguments plus solides que ceux utilisés par Roberts. D'autre part, la fonction d'entrepreneur n'apparaît nulle part chez Roberts. Son idée du défi initial et des apports de Mises et Hayek au débat est pauvre et confuse. Il axe plus son travail sur l'analyse pas très satisfaisante (car trop « *objectiviste* »), due à Polanyi, des structures « *polycentriques et hiérarchiques* » de la société que sur la théorie, due aussi à Polanyi, concernant le caractère tacite et non exprimable de la connaissance pratique, qui est – nous le savons – beaucoup plus importante pour l'étude théorique du socialisme. Enfin, Roberts ne voit pas que l'imposition, d'en haut, du « *nirvana* » constitué par le modèle de l'équilibre social, sans changements et avec un ajustement parfait, répond totalement aux aspirations de Marx (disparition de l'aliénation, l'origine et fonctionnement de tout processus social et la direction « *consciente* » de l'économie étant identifiables pour ceux qui en font partie). En sorte qu'on ne doit pas s'étonner de « *l'attraction fatale* » que le socialisme (et l'interventionnisme) exerce sur les théoriciens de l'équilibre, même si nous convenons avec Roberts que le lien avec Marx se rompt à partir du moment où l'on prétend, comme c'est le cas du modèle de « *socialisme concurrentiel* », permettre certaines institutions du marché pour faciliter l'obtention de cet équilibre. Cette incompatibilité entre les critères d'assignation propres au marché et l'idéologie socialiste traditionnelle a été expliquée aussi par Pawel H. Dembinski dans *The Logic of the Planned Economy. The Seeds of the Collapse*, Clarendon Press, Oxford 1991, et en particulier pp. 68-69.

moins « *malin* » ou « *original* » croit que les choses pourraient être mieux faites et de façon différente dans le futur[313].

On peut appliquer tous ces arguments à la seconde « *règle* » de Lange. On peut lui appliquer aussi l'argument développé préalablement par Mises et Hayek dans leur critique faite à la tentative d'utilisation, par les théoriciens allemands Heimann et Polanyi, du « *critère du coût marginal* » : ces auteurs proposèrent d'organiser le système socialiste à partir d'un ensemble de « *monopoles ou trusts concurrentiels* ». Rappelons-nous, en effet, que la règle du coût marginal n'est pas utilisable, parce que ce ne sont pas les coûts qui déterminent les prix, mais les prix qui déterminent les coûts ; ainsi, la règle présente l'ambiguïté de tout raisonnement circulaire. En outre, l'une des composantes les plus importantes du coût étant la quotité d'amortissement ou dépréciation du bien d'investissement, son calcul exige de connaître la valeur de renouvellement de ce bien d'investissement dans le futur ; et cela n'est pas réalisable dans le système de Lange, car cette valeur dépendra soit du bien paramétrique arbitrairement choisi qui sera établi demain, soit du résultat futur du processus arbitraire d'ajustement réalisé à l'aide de la méthode d' « *essai et erreur* » que propose Lange.

---

[313] « In the discussion of this sort of problem, as in the discussion of so much of economic theory at the present time, the question is frequently treated *as if the cost-curves were objectively given facts.* What is forgotten is that the method which under given conditions is the cheapest *is a thing which has to be discovered anew*, sometimes almost from day to day, by the entrepreneur, and that, in spite of the strong inducement, it is by no means regularly the established entrepreneur, the man in charge of the existing plant, who will discover what is the best method. The force which in a competitive society brings about the reduction of price to the lowest cost at which the quantity salable at that cost can be produced is the opportunity for anybody who knows a cheaper method to come in at his own risk and to attract customers by underbidding the other producers. *But, if prices are fixed by the authority, this method is excluded.* Any improvement, any adjustment of the technique of production to changed conditions will be dependent on somebody's capacity of convincing the S. E. C. (Supreme Economic Council) that the commodity in question can be produced cheaper and that therefore the price ought to be lowered. Since the man with the new idea will have no possibility of establishing himself by undercutting, the new idea cannot be proved by experiment until he has convinced the S. E. C. that his way of producing the thing is cheaper. Or, in other words, every calculation by an outsider who believes that he can do better will have to be examined and approved by the authority, which in this connection will have to take over all the functions of the entrepreneur ». Voir F. A. Hayek, « Socialist Calculation III : The Competitive Solution », dans *Individualism and Economic Order*, op. cit., pp. 196-197. L'article de Lange « Papel de la Planification en la Economía Socialista » (*Problemas de Economía Política del Socialismo*, op. cit.) montre qu'il ne comprit jamais cet argument essentiel d'Hayek : quoiqu'il reconnaisse la grande difficulté pratique à établir des prix en fonction des coûts marginaux, il considère que l'on peut, en pratique, approcher assez bien cet objectif en utilisant les coûts moyens variables qu'ont les entreprises ayant le coût le plus haut dans chaque secteur (pp. 32-34). Lange ne comprend pas que l'approximation pratique qu'il propose est un chiffre purement arbitraire extrait d'une interprétation de faits du passé et qui n'a rien à voir avec le concept de coût nécessaire au calcul économique rationnel, en sorte que la règle qu'il propose ne ferait que rendre les prix égaux à des chiffres nominaux « *de coûts* » exagérés, car ils incluraient et cacheraient toute sortes d'inefficacités et de redondances.

Lange parle, d'autre part, des « *coûts marginaux* » comme s'ils étaient indépendants de la période de temps considérée par le responsable de l'industrie ou entreprise en question. Car la littérature des théoriciens « *socialistes de marché* » distingue radicalement la règle « *à court terme* » (sans spécifier en quoi consiste ce court terme) prévoyant l'égalité des prix et des coûts marginaux, et une théorie de l'investissement « *à long terme* » dans laquelle les augmentations et diminutions de l'équipement sont considérées de façon explicite. Si, cependant, l'on veut établir une règle efficace en pratique, et que l'organe de planification puisse contrôler, il faudra forcément indiquer, pour chaque cas concret, la période à prendre en compte, afin de savoir quels seront les facteurs fixes et variables durant cette période et, donc, de pouvoir calculer les coûts marginaux correspondants. Il est évident qu'il n'existe aucun critère objectif, non arbitraire, pour décider quelle période il faut choisir ; c'est là une raison supplémentaire de l'impossibilité de la mise en pratique de la « *règle* » Lange[314].

En somme, ce qui émane de toute la proposition de Lange en matière de coûts est une conception statique de l'économie : on suppose qu'il ne se produit pas de changements et que toute l'information nécessaire pour calculer les premiers est disponible. Si ces deux conditions étaient réunies, les règles de Lange pourraient s'appliquer, pourvu que les coûts déjà donnés et connus se maintiennent inaltérés dans le futur. Mais, dans le monde réel, où l'information n'est pas donnée et les coûts sont subjectifs et se modifient continuellement, aucune des deux règles énoncées par Lange ne peut être utilisée pour rendre possible le socialisme[315].

5° *Impossibilité théorique de la « méthode d'essai et erreur »*

Cinquièmement, Lange donne, dans son modèle, tant d'importance à l'application de la méthode d' « *essai et erreur* » que nous sommes obligés de revenir sur cette question. Quoique la « *solution* » de Lange ne soit certes pas possible, comme le montrent les arguments exposés plus haut, nous ne pouvons pas ne pas rappeler ici les neuf critiques que nous avons formulées, au chapitre précédent, contre la méthode d' « *essai et erreur* ».

---

314 Abram Bergson a signalé à ce propos : « *In practice, what we have to reckon with is not a unique marginal cost for a given level of output, but a complex of marginal costs, each of which is pertinent to a particular period of time. As a longer period of time is considered, more of the 'fixed factors' become variable* ». Voir Abram Bergson, « Socialist Economics », dans *A Survey of Contemporary Economics* (éd. Por Howard S. Ellis), Richard D. Irwin, Illinois, 1948, p. 427.

315 C'est peut-être Don Lavoie qui a expliqué cet extrême de la façon la plus simple : « *The MC = P rule will optimize allocation within a given framework of means and ends as long as future costs are expected to be the same as current costs. This is a world of static expectations, which are reasonable in a static world. In a world of continuous change, however, an entrepreneur must try to anticipate demand, to form expectations, and to act on them. He should view his costs on the basis of the specific alternatives that appear available to him at the time of his choice. Both his estimate of revenue and his estimate of costs depend on his expectations at the time of decision* ». Voir *Rivalry and Central Planning*, op. cit., p. 141.

Rappelons, en particulier, le caractère faussement simpliste de la « *règle* » consistant à observer l'état des stocks ou inventaires et à voir s'il y a excédent ou pénurie, afin de modifier correctement les prix en fonction du résultat de l'observation, car il n'y a pas de point de référence objectif qui guide cette observation, et il n'est possible ni de créer ni de transmettre l'information qui serait nécessaire pour modifier les prix dans le sens correct. Ni la pénurie ni l'excédent de produit, en effet, ne sont discernables objectivement en consultant simplement certaines statistiques portant sur les inventaires : nous nous trouverons, indépendamment du calcul ou chiffre apparaissant dans les statistiques, face à une « *pénurie* » ou à un « *excédent* » selon la façon dont l'acteur en jugera dans chaque cas particulier. Un « *excédent de produit* » peut ne pas l'être, si l'on considère subjectivement une période plus longue et si l'on croit ou l'on espère qu'il se produira un accroissement de la demande durant ce délai. Dans ces circonstances, ce serait une grave erreur de la part de l'organe central de planification que de réduire les « *prix* » paramétriques, en pensant approcher ainsi les hypothétiques prix d'équilibre qui se formeraient dans le marché. Une « *pénurie* » apparente peut ne pas l'être, si l'on prévoit une diminution de la demande ou si l'on croit plus pertinent d'y faire face en innovant ou en utilisant des succédanés, et non pas en augmentant le prix.

Les concepts d' « *excédent* » et de « *pénurie* » étant nettement subjectifs, ils ne peuvent apparaître que dans le contexte d'une action entrepreneuriale librement exercée, et constituent une information subjective, pratique, dispersée et non exprimable, qui ne pourra, donc, pas être transmise à l'organe central de planification. En outre, et comme nous le savons, si les gérants ne peuvent pas exercer leur fonction d'entrepreneurs en toute liberté, la création, à leur niveau de l'information importante et nécessaire pour le calcul économique rationnel ne se fera même pas. Par conséquent, les décisions de l'organe central de planification tendant à accroître les prix, lorsque des pénuries sont « *observées* », sont purement arbitraires et ne permettent pas le calcul économique rationnel.

Il n'existe pas dans le monde économique réel de « *fonctions* » d'offre et de demande qui indiquent, mystérieusement, les quantités offertes et demandées pour chaque prix d'une manière « *objective* » et qui permettent à n'importe quel observateur externe d'établir, à la simple vue du niveau des inventaires ou stocks, les modifications à faire subir au prix pour parvenir au prix d'équilibre. Les prix ne naissent pas de l'intersection de deux courbes ou fonctions d'offre et de demande. Ils sont le résultat d'une séquence d'interactions humaines mue par la force de l'esprit d'entreprise qui s'efforce constamment de découvrir quelles seront les conditions du futur et oriente ainsi son action de façon à tirer profit de celles-ci.

En outre, et en ce qui concerne de nombreux cas du secteur des biens d'investissement, la méthode de Lange est, dès le départ, théoriquement inapplicable : c'est ce qui arrive lorsqu'il s'agit, non pas d'un bien d'équipement standardisé ou produit massivement, mais du bien fait sur commande et en peu d'exemplaires. On ne comprend pas comment Lange a pu penser qu'à propos de biens d'équipement comme les grands bâtiments industriels, d'importants biens immeubles, d'installations de hauts fourneaux, chantiers navals, navires spéciaux, etc., on pouvait considérer, même hypothétiquement, la possibilité de découvrir objectivement, en se contentant d'observer l'évolution des inventaires, s'il existe ou non un excès ou une pénurie du bien en question. Si, avant de décider de la modification du prix, l'on attend le nombre d'années nécessaire pour apprécier clairement le degré et la durée de la pénurie ou de l'excédent remarqué, il sera sans aucun doute trop tard lorsque les décisions opportunes seront prises. Et si la décision est prise précipitamment, l'organe central de planification se fondant sur des intuitions partielles, l'on commettra très probablement des erreurs graves et irréversibles[316].

Enfin, le modèle de Lange présente deux possibilités : soit suspendre toutes les transactions, tandis que l'organe central de planification examine l'existence d'excédents ou de pénuries et décide quels sont les prix à modifier, dans quel sens et dans quelle mesure, soit permettre la réalisation de transactions à des « *prix faux* ». Dans le premier cas (analysé lors de l'étude des modèles planométriques), toute l'activité économique s'arrête, et le système perd, durant cette période, toute sa flexibilité et ses possibilités de calcul. Il ne semble pas que Lange ait pensé à cette possibilité ; mais il n'a pas vu que, si les transactions à « *prix faux* » sont permises, le système recevra une série de signaux dénaturés qui l'empêcheront d'atteindre l'« *équilibre* » que lui, Lange, désire tant. Ce problème ne se pose pas dans une économie réelle de marché où les transactions incoordonnées créent précisément le stimulant grâce auquel elles sont continuellement découvertes par une fonction entrepreneuriale toujours à la recherche de profit. En l'absence de libre exercice de la fonction d'entrepreneur, et de libre recherche des profits, l'établissement d'un processus général coordinateur qui ajuste le comportement de tous les membres du système n'est nullement garanti. Et c'est quelque chose que Lange semble n'avoir jamais compris.

---

[316] Comme l'affirme Hayek : « I believe that preoccupation with concepts of pure economic theory has seriously misled both our authors (Lange et Lerner). In this case it is the concept of perfect competition which apparently has made them overlook a very important field to which their method appears to be simply inapplicable. Wherever we have a market for a fairly standardized commodity, it is at least conceivable that all prices should be decreed in advance from above for a certain period. The situation is, however, very different with respect to commodities which cannot be standardized, and particularly for those which today are produced on individual orders, perhaps after invitation for tenders. A large part of the product of the 'heavy industries' which, of course, would be the first to be socialized, belongs to this category. Much machinery, most buildings and ships, and many parts of other products are hardly ever produced for a market, but only on special contracts. This does not mean that there may not be intense competition in the market for the products of these industries, although it may not be 'perfect competition' in the sense of pure theory; the fact is simply that in those industries identical products are rarely produced twice in short intervals; and the circle of producers who will compete as alternative suppliers in each instance will be different in almost every individual case, just as the circle of potential customers who will compete for the services of a particular plant will differ from week to week. What basis is there in all these cases for fixing prices of the product so as 'to equalize supply and demand'? » Voir « Socialist Calculation III : The Competitive Solution », *Individualism and Economic Order*, op. cit., pp. 188-189.

6° *Fixation arbitraire du taux d'intérêt*

Sixièmement, il faut souligner que la fixation du taux d'intérêt (entendu comme le prix des biens présents par rapport aux biens futurs, ou comme le rapport entre la valeur donnée à la consommation présente et celle attribuée à la consommation future) devra se faire, dans le modèle socialiste de Lange, de façon purement arbitraire. D'abord, les épargnants ou offreurs de biens présents ne pourront pas prendre de décision économique rationnelle concernant l'assignation de leurs ressources entre la consommation présente et la consommation future ; aussi bien à cause de l'étroitesse du « *menu* » de biens présents que leur offre le système, que de l'impossibilité de disposer dans le futur d'un type et d'une quantité de biens et services de consommation aussi amples et variés que ceux créés par un système dans lequel la fonction entrepreneuriale peut s'exercer librement pour satisfaire et découvrir un nombre croissant de besoins. Et cela, en supposant que l'organe central de coercition ne s'obstine pas, comme à l'habitude, à entreprendre des politiques d'« *épargne forcée* », au détriment des consommateurs du moment.

Le problème est encore plus grave du point de vue des demandeurs de biens présents. Car c'est ici aux gérants des différentes entreprises socialistes qu'il incombe de demander les biens présents pour réaliser leurs plans d'investissement, en engageant la main d'œuvre, les ressources de la nature et les biens d'investissement nécessaires à l'élaboration des différentes étapes de biens d'investissement permettant de produire les biens et services de consommation qui seront disponibles dans le futur. L'on retrouve ici le double problème qui constitue l'essence théorique de notre thèse. D'un côté, ces gérants, ne pouvant pas exercer librement leur fonction d'entrepreneurs, ne créent même pas l'information pratique dont ils besoin pour assigner rationnellement leurs ressources. Autrement dit, ne pouvant pas obtenir le profit de leurs projets entrepreneuriaux, ils ne créent même pas les idées nécessaires. En outre, il appartiendra à l'organe central de planification, et en particulier à la banque étatique chargée de distribuer les fonds financiers, de décider, en dernière instance, à quel gérant elle va les prêter, dans quelles conditions et quelle quantité. Cela suppose que la décision finale appartiendra à quelqu'un qui ne disposera pas de l'information pratique de première main nécessaire pour la prendre (non seulement parce qu'elle n'est même pas créée par les gérants, mais parce qu'en outre elle ne pourrait pas, même si elle se créait, être transmise à l'organe central de coercition, en raison de son caractère fondamentalement subjectif, pratique, dispersé et non exprimable). Le calcul économique lors de la prise de décisions, par l'organe de planification, concernant la distribution des fonds financiers serait, donc, purement arbitraire. En somme, le modèle d'Oscar Lange empêche en général l'existence d'un véritable marché de capitaux et, en particulier, d'une bourse de valeurs et titres représentatifs de la propriété des entreprises. Cela constitue sans aucun doute, comme l'a remarqué Lachmann[317], l'un des défauts les plus importants de tout le modèle de Lange.

---

[317] « *The stock exchange is perhaps the most characteristic of all the institutions of the market economy... What really distinguishes capitalism from a socialist economy is not the size of the*

7° *Ignorance du comportement caractéristique des organismes bureaucratiques*

Enfin et *septièmement*, le modèle de Lange ne peut pas fonctionner parce qu'il ne tient pas compte de ce que serait le comportement réel des divers agents économiques et, en particulier, des gérants des entreprises nationalisées et des bureaucrates chargés de l'organe central de planification dans le cadre institutionnel conçu par le modèle lui-même. Nous avons commenté jusqu'ici divers aspects de l'impossibilité théorique du calcul économique dans le modèle de Lange, qui ne permet pas l'existence de véritables entrepreneurs, tels que nous les avons définis au chapitre II. On n'a cependant pas mentionné les types de comportements spécifiques que le modèle de Lange encouragerait chez les différents agents économiques et sociaux qu'il envisage. Il s'agit donc d'inclure dans notre analyse le point de vue de l'Ecole du Choix Public, qui a connu un essor si important ces dernières années, et s'est attachée, en particulier, à analyser les processus d'interaction humaine dans des contextes de type politique et bureaucratique où priment, par définition, les relations institutionnelles de type coercitif. En ce sens, nous devons reproduire ici le commentaire suivant dans lequel James Buchanan reproche à Lange de n'avoir pas tenu compte de l'un des aspects les plus importants du problème, à savoir comment les agents économiques devraient se comporter dans le cadre institutionnel conçu par lui : « By the third decade of this century, economic theory had shifted to a discipline of applied mathematics, not catallaxy. Even markets came to be viewed as « *computing devices* » and « *mechanisms* », that may or may not secure idealized allocative results. Markets were not, at base, viewed as exchange institutions, out of which results emerge from complex exchange interaction. Only in this modern paradigm of economic theory could the *total absurdity* of the idealized socialist structure of Lange-Lerner have been taken at all seriously, as indeed it was (and, sadly, still is) by practicing economists. We may well ask why economists did not stop to ask the questions about why socialist managers would behave in terms of the idealized rules. *Where are the economic eunuchs to be found to operate the system?* »[318]

'private' sector of the economy, but the ability of the individual freely to buy and sell shares in the material resources of production. Their inability to exercise their ingenuity in this respect is perhaps the most important disability suffered by the citizens of socialist societies ». Voir Ludwig M. Lachmann « Methodological Individualism and the Market Economy », dans *Capital, Expectations and the Market Process*, Sheed, Andrews and McMeel, Kansas 1977, p. 161.

[318] Voir James M. Buchanan, « The Public Choice Perspective », chap. III de *Liberty, Market and State, Political economy in the 1980's*, Harvester Press, Sussex 1986, p. 25 : « A partir des années trente de ce siècle, la théorie économique se transforme en une branche de la mathématique appliquée et cesse d'être une théorie de l'échange (catallaxie). Même les marchés sont alors considérés comme des 'mécanismes' capables d'obtenir, dans une plus ou moins grande mesure, des résultats idéals en matière d'assignation de ressources. Les marchés cessent, donc, d'être considérés comme des institutions d'échange naissant d'une interaction humaine complexe. Seule la perspective de ce paradigme explique que l'on ait pu prendre au

C'est Mises qui posa, incontestablement, les fondements de l'école du « *choix public* » lorsqu'en concevant l'économie comme une science très large devant étudier d'un point de vue théorique tous les processus liés à l'action humaine, il incita les chercheurs à appliquer l'analyse économique aux actions humaines se déroulant dans des contextes différents du marché entendu dans son sens traditionnel strict : ainsi le contexte politique, ou bureaucratique, etc. Il faut citer ici l'ouvrage clé et pionnier de Mises sur la bureaucratie, paru en 1944, et où il est démontré, pour la première fois, que la bureaucratie naît forcément dans tous les domaines sociaux qui ne permettent pas la libre recherche entrepreneuriale du profit[319]. Mises y développe, en outre, de nombreux points qui devaient faire, plus tard, l'objet d'études plus approfondies de la part, entre autres, de János Kornai dans son analyse économique du fonctionnement réel des économies de l'Est. Il est intéressant de reproduire littéralement les conclusions concernant le modèle de Lange et auxquelles aboutit Kornai du point de vue de l'Ecole du Choix Public ; conclusions qui se rapportent tant au comportement de l'organe central de planification qu'à celui des gérants des entreprises correspondantes. Kornai nous dit, en effet que : « *Lange's model is based on erroneous assumptions concerning the nature of the « planners ».* The people at his Central Planning Board are reincarnations of Plato's philosophers, embodiments of unity, unselfishness, and wisdom. They are satisfied with doing nothing else but strictly enforcing the « Rule », adjusting prices to excess demand. *Such an unworldly bureaucracy never existed in the past and will never exist in the future.* Political bureaucracies have inner conflicts reflecting the divisions of society and the diverse pressures of various social groups. They pursue their own individual and group interests, including the interests of the particular specialized agency to which they belong. Power creates an irresistible temptation to make use of it. *A bureaucrat must be interventionist because that is his role in society; it is dictated by his situation*... Lange's model is based on an equally erroneous assumption concerning the behaviour of the firm. He expects the firm to follow the Rule designed by the system engineers. But society is not a parlor game where the inventor of the game can arbitrarily invent rules. Organizations and leaders who identify themselves with their organizations have deeply ingrained drives : survival, growth, expansion of the organization, internal peace within the organization, power and prestige, the creation of circumstances that make the achievement of all these goals easier. An artificial incentive scheme, supported by rewards and penalties, can be super-imposed. A scheme may support some of the unavowed

---

sérieux le modèle totalement absurde de socialisme idéal de Lange-Lerner, dans lequel beaucoup de professionnels de l'économie croient malheureusement encore. Nous ne comprenons pas comment les économistes ne se sont pas demandé pourquoi les gérants socialistes devraient suivre les 'règles' établies dans le modèle. Où pourrait-on trouver les eunuques économiques nécessaires pour faire marcher un tel système ? » Voir aussi l'article de David M. Levy, « The bias in centrally planned prices », *Public Choice*, vol. 67, n°3, décembre 1990, pp. 213-226.

[319] Ludwig von Mises, *Bureaucracy,* Arlington House, New Rochelle, New Cork 1944. Traduction espagnole de Dalmacio Negro Pavón, précitée.

motives just mentioned. But if it gets into conflict with them, vacillation and ambiguity may follow. The organization's leaders will try to influence those who imposed the incentive scheme or will try to evade the rules... What emerges from this procedure *is not a successfully simulated market, but the usual conflict between the regulator and the firms regulated by the bureaucracy* »[320].

Ces problèmes avaient déjà été signalés par Hayek dans sa réponse à Lange de 1940. Hayek montre, en effet, que le modèle de Lange devrait forcément mener à la pire forme de bureaucratie, car l'organe central de planification serait obligé de vérifier si les gérants agissent ou non selon des règles dont le respect ne pourrait pas être vérifié de façon objective. L'arbitraire de l'organe de coercition et les comportements « *pervers* » des gérants tendant à démontrer qu'ils ont respecté, formellement du moins, les normes établies, et à s'assurer le bénéfice de toutes sortes d'abus, de connexions et d'appuis au sein de l'organe de planification, se manifesteraient partout[321].

Lange lui-même reconnut, partiellement du moins, l'existence de ces problèmes et affirma que, pour lui, « *le danger réel du socialisme est celui*

---

[320] János Kornai, « The Hungarian Reform Process », op. cit., pp. 1726-1727. (Cet article a été reproduit comme chap. V du livre *Vision and Reality. Market and State*, Harvester, New York, 1990). « *Le modèle de Lange se fonde sur des hypothèses erronées relatives à la nature des planificateurs. Les fonctionnaires de l'organe de planification apparaissent dans le modèle comme la réincarnation des philosophes de Platon, doués de la même sagesse, bonté et unité de critère, et sans que rien ne les satisfasse plus que l'accomplissement de la 'Règle', l'ajustement des 'prix' dans les cas d'excès de demande. Cependant, un tel type idéalisé et céleste de bureaucratie n'a jamais existé dans le passé et n'existera jamais dans le futur. Les bureaucraties politiques souffrent des conflits dans leur essence la plus intime qui reflètent les divisions et les pressions venant des divers groupes sociaux. Ils recherchent leurs intérêts propres, individuels et de groupe, y compris les intérêts particuliers du département bureaucratique auquel ils appartiennent. Le pouvoir, en outre, crée la tentation irrésistible d'user et abuser de lui. Un bureaucrate sera toujours un interventionniste, précisément parce que son rôle dans la société, dicté par la situation où il se trouve, est celui-là... Le modèle de Lange se fonde sur une hypothèse également erronée concernant le comportement de l'entreprise. Lange pense que l'entreprise pourrait suivre rigoureusement la Règle dessinée par les ingénieurs du système. Mais la société n'est pas une aire de jeu où l'inventeur du jeu peut en établir les règles à sa fantaisie. Les organisations et les leaders qui s'identifient à elles sont influencés par des motivations profondément enracinées : la survie, la croissance, l'expansion de l'organisation, la paix intérieure, le pouvoir et le prestige, et la création des circonstances nécessaires pour faciliter l'atteinte de tous ces objectifs. Un schéma artificiel de stimulants reposant sur des prix et des sanctions peut être établi, et même servir de fondement à certaines des motivations mentionnées. Mais s'il entre en conflit avec l'une d'elles, il engendrera hésitation et ambiguïté au sein de l'organisation. Les leaders essaieront soit d'influencer ceux qui établissent le système de stimulants soit simplement d'y échapper... Ce qui ressort de tout ce processus, ce n'est pas un marché artificiel simulé avec succès, mais le conflit classique qui naît toujours entre celui qui réglemente et les entreprises réglementées* ».

[321] F. A. Hayek, « Socialist Calculation III : The Competitive Solution », dans *Individualism and Economic Order*, op. cit., pp. 198-199.

de la bureaucratisation de la vie économique »[322]. Il prouve, cependant, qu'il ne comprend pas la portée réelle de ce danger, lorsqu'il ajoute, tout de suite après, qu'il ne serait pas plus grand, en tout cas, que celui que présente la bureaucratisation dans un système capitaliste, où les gérants des entreprises qui prennent les décisions sont presque des « *fonctionnaires* », car ils ne sont généralement pas les propriétaires du capital et ne sont pratiquement responsables devant personne. Il est difficile de faire preuve d'une conception plus étroite et erronée du capitalisme. Toute économie réelle de marché se caractérise par l'existence d'une liberté d'exercice de la fonction d'entrepreneur, sans qu'importe qui exerce principalement à chaque moment l'action entrepreneuriale (les actionnaires, les gérants, etc.), ce qui sera aussi historiquement contingent que théoriquement indifférent. Dans un régime socialiste, au contraire, l'exercice de l'action entrepreneuriale est interdit à tout le monde, au moins dans le domaine des biens d'investissement ; la prise de décisions fondamentales étant refusée aux personnes qui sont les seules, et dans un contexte de liberté entrepreneuriale, à pouvoir créer et découvrir l'information nécessaire pour les prendre correctement.

Cette préoccupation de Lange pour la bureaucratisation du socialisme s'est, en tout cas, maintenue chez ses disciples et explique qu'ils aient développé toute une littérature sur l'établissement et le dessin de « *bons* » et de systèmes de stimulants. Littérature qui n'a pas su résoudre théoriquement les problèmes posés et n'a récolté en pratique que des échecs retentissants, malgré les grandes espérances qu'elle fit naître à son époque et dont plus personne, aujourd'hui, ne se souvient[323]. Car le système de « *bons et stimulants* » pour permettre le fonctionnement du socialisme est également impossible d'un point de vue théorique : cela impliquerait que l'organe central de planification chargé de les établir et de les accorder dispose *a priori* d'une connaissance qu'il lui est impossible d'avoir. L'accord de bons et de stimulants par un tiers implique, en effet, d'admettre que ce tiers saura, avant d'accorder le prix ou la sanction, si le nouveau système de production, le nouveau bien ou service produit, ou le respect de la règle s'est réalisé ou non avec succès ; connaissance dont l'organe central de planification ne peut pas disposer pour les raisons déjà indiquées à plusieurs reprises dans ce livre. La coordination d'un comportement désajusté apparu dans la société n'est pas quelque chose d'observable directement de l'extérieur de manière objective ; c'est un processus sur lequel on peut seulement théoriser formellement en indiquant que l'apparition d'un profit entrepreneurial montrera qu'un tel effet coordinateur non directement observable s'est produit. Et si les effets coordinateurs ne sont pas directement observables dans chaque cas et ne se manifestent qu'aux observateurs externes, après de

[322] Oskar Lange, « Sobre la Teoría Económica del Socialismo », édition espagnole, op. cit., pp. 115-116.

[323] On peut rappeler ici les travaux suivants : Martin L. Weitzman, « The New Soviet Incentive Model », *Bell Journal of Economics*, 7, n° 1 (printemps 1976), pp. 251-257; Vinson Snowberger, « Comment on the New Soviet Incentive Model », *Bell Journal of Economics*, 8, n° 2, (automne 1977); et William G. Rosemberg, « Observations on the Soviet Incentive System », *ACES Bulletin* 19, n°3-4, 1977, pp. 27-43.

très longs *lags* temporels et seulement en termes généraux et de façon très vague, partielle et imparfaite, il est clair que tout le système de bons et stimulants qui suppose une connaissance objective des faits dont ils découlent ne peut servir ni en théorie ni dans la pratique pour simuler le fonctionnement du processus entrepreneurial mû par l'esprit de lucre existant dans toute économie de marché vraiment concurrentielle. Sans compter que si l'on accorde un bon parce qu'on suppose que la création d'une information très importante est déjà connue, il est théoriquement absurde de donner ce bon, puisqu'on a su que l'information avait été obtenue *avant* la concession de celui-ci[324]. Autrement dit, il ne s'agit pas d'accorder des prix pour les « *services accomplis* », mais d'établir une motivation puissante pour créer et découvrir, dans le futur, une information qui est nécessaire et que l'on n'a pas aujourd'hui (en sorte qu'il est impossible d'articuler un système de bons lié à cette information car, celle-ci n'étant pas connue, on ne conçoit même pas qu'elle puisse exister un jour ni la valeur qu'elle devra avoir). Ce qu'il faut, donc, c'est un « *système de bons ou stimulants* » accordés de façon prospective dans tous les cas où l'on agit d'une manière coordinatrice, même si le résultat objectif de cet ajustement ou coordination ne peut jamais être pleinement connu par un tiers, ou n'est connu que très partiellement et après une période très longue. Et cela ne peut être donné que par une économie concurrentielle, dans laquelle la propriété des moyens de production est privée et l'exercice de l'action entrepreneuriale absolument libre. Dans de telles circonstances, nous le savons, la fin subjective de chaque action constitue le *mobile* ou *profit* que l'on espère en tirer ; elle justifie sa réalisation, favorise la création de l'information nécessaire et, en cas de succès, se transforme en un gain effectif pour l'acteur dont l'effet subjectif ne peut être égalé par aucun système artificiel de « *bons* », si bien « *dessiné* » ou « *parfait* » qu'il soit.

Autres commentaires sur le modèle classique de Lange

Nous ne pouvons achever notre exposé critique du modèle classique de Lange sans faire allusion aux affirmations qu'il effectue aux pages 89 et 106 de l'article que nous commentons.

Il dit, à la première de ces pages, que l'organe central de planification aura toujours une connaissance du système économique « *très supérieure* » à celle que peut avoir n'importe quel entrepreneur privé individuel ; en sorte que le processus d'ajustement par la méthode étatique d' « *essai et erreur* » sera, à son avis, beaucoup plus « *rapide et effectif* » que celui effectué dans

---

[324] Je dois cette importante idée sur l'inanité du système de bons et stimulants dans un système socialiste à Israel M. Kirzner, qui affirme : « To reward managers for meeting or exceeding target output quantities presupposes that *it is already known* that more of these outputs is urgently required by society... But if they are assumed already known, *we are simply assuming away the need for entrepreneurial discovery...* » Et il conclut que « *incentives to socialist managers deny the essential role of entrepreneurial discovery* ». Voir *Discovery and the Capitalist Process*, op. cit., pp. 34-35. Sur l'établissement de bons ou stimulants, nous analyserons à nouveau dans le prochain chapitre les propositions de Dickinson et ajouterons des remarques supplémentaires qu'il faut considérer reproduites ici.

le système capitaliste. Il est difficile de trouver une plus grande incompréhension du fonctionnement du système capitaliste que celle que révèle cette idée exposée très sérieusement par Lange dans son article. Même si l'on peut admettre que l'organe central de planification possède peut-être une connaissance de « *l'ensemble* » de l'économie supérieure à celle de n'importe quel entrepreneur individuel, le problème n'est pas celui-là, mais un autre : à savoir que l'organe central de planification ne pourra jamais disposer du volume total d'information dispersée que le réseau de milliers et milliers d'entrepreneurs crée constamment, utilise et transmet spontanément dans le système économique capitaliste. *Il ne s'agit donc pas de comparer la connaissance de l'organe de planification avec celle d'un entrepreneur isolé, mais avec celle créée et utilisée par tout le réseau d'entrepreneurs individuels qui exercent librement la fonction d'entrepreneurs dans une société libre.* C'est pourquoi non seulement le processus d'ajustement du système socialiste ne sera pas plus court, mais il ne pourra jamais se réaliser, étant donné l'impossibilité pour l'organe de planification d'obtenir l'information nécessaire pour conduire les prix à l'hypothétique « *équilibre* ». Et, en tout cas, nous ne comprenons pas comment Lange a pu penser que sa méthode d'ajustement devrait être plus courte et effective que celle d'une économie de marché, car son modèle établit que les gérants s'ajusteront simplement de manière passive aux prix paramétriques des biens d'investissement, sans qu'aucun prix puisse être modifié tant que l'organe central ne l'aura pas décidé. Autrement dit, tant que l'information « *nécessaire* » ne sera pas reçue et traitée et qu'on n'en aura pas conclu ce qu'il faut faire, les gérants ne pourront pas modifier leur comportement vis-à-vis des prix, ce que les entrepreneurs peuvent faire et font constamment dans un système capitaliste, en profitant immédiatement des occasions de profit qu'ils trouvent et en réalisant le processus d'ajustement de façon continue sans attentes ni *lags* inutiles.

La deuxième observation de Lange concerne la soi-disant élimination, dans son modèle, des cycles économiques. Il allègue que l' « *information supérieure* » de l'organe de contrôle lui permettra de réagir à temps face aux erreurs entrepreneuriales qui se commettraient, évitant ainsi les processus de crise économique que connaissent cycliquement les économies capitalistes. Cela dit, pourquoi Lange désire-t-il laisser aux mains des gérants la prise décentralisée de décisions dans des secteurs très importants de la société (biens de consommation, facteur travail, ajustement à des prix paramétriques, etc.), s'il croit que l'organe de contrôle dispose d'une quantité d'information suffisante pour prendre « *à temps* » les mesures nécessaires pour éviter une crise ? En outre, Lange ne dispose pas d'une théorie adéquate de la dépression économique qui, du point de vue de Mises et d'Hayek[325], n'est que l'étape de réajustement d'une structure productive

[325] La « *théorie autrichienne du cycle économique* » fut développée par Mises et Hayek parallèlement à leur analyse concernant le calcul économique socialiste, ce qui explique que l'une et l'autre se fondent sur les résultats déstabilisants de l'agression étatique effectuée sur le marché. On trouvera un résumé de la bibliographie la plus significative sur la « *théorie autrichienne du cycle économique* » dans mon article publié sous ce même titre dans *Moneda*

ayant été dénaturée par l'interventionnisme étatique sur le marché (fiscal, monétaire ou de tout autre type). En ce sens, le marché réagirait par une dépression chaque fois qu'on lui imposerait par la force une assignation de ressources et de facteurs productifs ne correspondant pas à celle que les consommateurs désireraient, librement, maintenir. Cela n'arrive que dans une économie contrôlée où, par suite d'une agression gouvernementale (monétaire, fiscale ou d'un autre genre), un mauvais investissement généralisé des ressources est imposé. De ce point de vue, le modèle de Lange non seulement n'éviterait pas l'apparition des dépressions économiques, mais il provoquerait forcément un mauvais investissement généralisé, intense et chronique, des facteurs productifs et des biens d'investissement dans la société. Celle-ci sombrerait ainsi dans une « *dépression chronique* », ou situation constante de mauvais investissement des ressources productives, phénomène qui s'est manifesté dans la réalité et a même présenté des caractéristiques cycliques d'aggravement récurrent. Il a été étudié[326] par les théoriciens des économies de l'Est[327].

---

y Crédito, n° 152, mars 1980, réédité dans mes *Lecturas de Economía Política*, Vol. I, Unión Editorial, Madrid 1986, pp. 241-256. Voir aussi mon livre *Monnaie, crédit bancaire et cycles économiques*, L'Harmattan, deuxième édition, Paris 2011.

[326] Voir, par exemple, l'article de Tomasz Stankiewicz, « Investment under Socialism », *Communist Economies*, vol. 1, n° 2, 1989, pp. 123-130.

[327] Nous ne commentons pas, dans le texte, quatre autres observations de Lange sur le système capitaliste, car soit elles n'ont pas de relation directe avec le problème du calcul économique qui nous occupe, soit l'on peut considérer que la réponse à leur donner est implicitement contenue dans notre analyse. Lange recueille, en outre, des arguments peu originaux qui font partie, pour ainsi dire, du verbiage traditionnel de l'idéologie socialiste et qui ont été suffisamment réfutés ailleurs. Ainsi, Lange affirme : 1) que le socialisme redistribuerait le revenu et permettrait la « maximisation du bien-être social » (comme si celui-ci pouvait se mesurer, les fonctions d'utilité individuelles existaient et pouvaient être connues, et toute cette information pouvait parvenir à l'organe de contrôle) ; 2) que l'organe de planification pourraient tenir compte, en prenant ses décisions, des « véritables » coûts sociaux et externes (mêmes erreurs que dans le cas précédent, et il faut ajouter que les soi-disant « imperfections du marché » naissent précisément de l'absence ou mauvaise définition étatique des droits de propriété qui empêche l'action entrepreneuriale et le calcul économique dans des secteurs importants du marché) ; 3) que les entrepreneurs du capitalisme sont des « entrepreneurs de comédie » (comment pourrait-on qualifier alors ces « pauvres diables » – gérants et fonctionnaires – du système socialiste ?) ; et 4) – affirmation qui attire le plus l'attention – que le capitalisme a cessé d'être compatible avec le progrès économique et technologique de la société (« Sobre la Teoría Económica del Socialismo », édition espagnole, op. cit., pp. 116-122). Nous n'avons pas à répéter qu'il n'y a pas de plus grand frein pour le progrès que la coercition institutionnelle contre l'exercice libre et créatif de la fonction entrepreneuriale ; et, heureusement, une génération après la mort de Lange, le problème tel que le perçoivent les socialistes a effectué un virage de 180 degrés et tout le monde sait aujourd'hui, et on l'a démontré clairement, que c'est le système socialiste, et non le capitaliste, qui est incompatible avec l'innovation technologique et fait systématiquement avorter le progrès économique.

6. TROISIEME ET QUATRIEME ETAPES DE LA VIE SCIENTIFIQUE DE LANGE

Troisième étape : les années 40

Oskar Lange fut profondément impressionné, en 1940, par l'article d'Hayek qui analysait, en détail et point par point, les différents éléments et implications de son modèle. C'est pourquoi, d'après Gabriel Temkin[328], Lange commença à ressentir des doutes de plus en plus sérieux et profonds à propos de son modèle de « *solution concurrentielle* », ce que confirment les fait suivants : d'abord, il reconnut expressément, dans sa correspondance maintenue avec Hayek, avoir présenté justement une série d'erreurs et de problèmes essentiels que son modèle, strictement statique, n'était pas capable de résoudre, raison pour laquelle il promettait d'écrire, dans les mois suivants, un article répondant à Hayek[329] ; deuxièmement, et malgré sa promesse, Lange n'écrivit jamais l'article annoncé dans sa lettre et qui devait être la réponse à la critique faite par Hayek de son modèle ; et troisièmement, il se refusa plus tard, en 1944, à effectuer une révision de son essai original sur le socialisme de 1936-37 en vue d'une nouvelle publication de celui-ci ; il allégua que ses idées avaient subi, dans l'intervalle, de tels changements qu'elles exigeaient un article totalement nouveau, et qu'il se proposait d'inclure sa nouvelle conception du socialisme dans un chapitre spécial du traité d'économie qu'il avait commencé à écrire[330]. Une partie du traité parut, mais sans le chapitre tant attendu. Il ne fut inclus dans aucun des autres ouvrages et travaux publiés par Lange jusqu'à sa mort, exception faite de l'article décevant sur « *Les ordinateurs et le marché* » publié en 1967 et que nous commenterons plus bas.

---

[328] Gabriel Temkin, « On Economic Reforms in Socialists Countries : The Debate on Economic Calculation under Socialism Revisited », op. cit., p. 56, note n° 6.

[329] Il s'agit de la lettre écrite par Lange à Hayek le 31 août 1940, après réception de l'article d'Hayek intitulé « Socialist Calculation : The Competitive Solution ». Cette lettre se trouve dans le Tome II des *Œuvres Complètes* d'Oskar Lange publiées en 1973 (en polonais *Dziela*) précitées. On peut y lire ce qui suit : « There is no question that you have succeeded in raising essential problems and in showing gaps in the *pure static solution given by me.* I intend to work on this subject and give an answer to your paper… sometime in the fall » (p. 567 de l'ouvrage cité). Lange, enfin, « *ouvre les yeux* » et promet d'affronter les problèmes scientifiques importants : l'on sait depuis 1920, grâce à Mises, que le socialisme ne pose aucun problème sur le plan statique, en sorte que si Lange reconnaît que sa solution est une « *pure static solution* », cela équivaut à reconnaître que sa « solution » n'a été la solution de rien (Lange n'accomplit malheureusement pas sa promesse et n'aborda jamais le véritable problème de caractère dynamique que pose le calcul économique socialiste).

[330] « *The essay is so far removed from what I ought to write on the subject today that I am afraid that any revision would produce a very poor compromise, unrepresentative of my thoughts. Thus, I am becoming inclined to let the essay go out of print and express my present views in entirely new form. I am writing a book on economic theory in which a chapter will be devoted to this subject. This may be better than trying to rehash old stuff* ». Il s'agit d'un commentaire de Lange écrit en 1944 et inclus dans ses *Dziela* de 1975 (vol. III, op. cit.), cité par Tadeus Kowalik dans son article sur « Oskar Lange », *The New Palgrave. A Dictionary of Economics*, op. cit., vol. III, p. 127 et 129.

Il semble donc évident, et c'est peut-être l'aspect le plus caractéristique de la pensée de Lange dans les années 40, qu'il finit par comprendre que sa « *solution* » n'en était pas une, parce que purement statique ; quoiqu'il n'eut pas l'honnêteté scientifique de reconnaître publiquement que son modèle ne répondait pas au défi posé par Mises et Hayek et qui avait toujours été de caractère « *dynamique* ». Il parle de surcroît, dans sa lettre à Hayek, d'une « *troisième ligne de défense* », soi-disant introduite *ex novo* par Hayek dans son article de 1940 et concernant les problèmes dynamiques, se refusant à comprendre que le problème avait toujours été, depuis que Mises l'avait posé en 1920, un problème de nature exclusivement dynamique.

Ce qui paraît clair, en tout cas, c'est que Lange abandonne, en grande partie, son modèle classique et admet, dans sa lettre à Hayek, la nécessité de permettre que les processus de marché libre fonctionnent autant qu'il est possible. Il montre, cependant, que son obsession pour le modèle classique de « *concurrence parfaite* » reste intacte, car il établit comme critère pour permettre un comportement de marché (et, donc, l'abandon du système de « *prix* » paramétriques et de la méthode d' « *essai et erreur* » pratiquée par l'organe de contrôle) l'existence d'un nombre suffisamment élevé d'entreprises dans chaque secteur (car cela, et selon modèle traditionnel de « *concurrence parfaite* », impliquerait soi-disant une bonne approximation à la concurrence « *réelle* » existant dans le marché). Selon cette nouvelle conception du socialisme, la propriété publique des moyens de production ne devrait s'étendre qu'aux cas les plus flagrants de monopole, oligopole, oligopsone, et autres situations semblables[331].

Le contenu des deux conférences prononcées par Lange, en 1942 à Chicago, sur « *Le fonctionnement économique d'une société socialiste* » est encore plus éclairant[332] : Lange non seulement essaya de rendre compatible une large extension du principe de marché avec la propriété publique des moyens de production, mais, en outre, il ne mentionna pratiquement pas l'aspect peut être le plus caractéristique de son modèle des années 30, à savoir l'établissement de « *prix* » paramétriques par l'organe central de planification et la mise en marche d'une méthode d' « *essai et erreur* » pour modifier ces « *prix* », en observant les situations de rareté et d'excédent des inventaires, et les conduire à leur « *point d'équilibre* ». Toute l'argumentation de Lange repose sur la théorie néo-classique du bien-être et

---

[331] « *Practically, I should, of course, recommend the determination of prices by a thorough market process whenever this is feasible, i.e., whenever the number of selling and purchasing units is sufficiently large. Only where the number of these units is so small that a situation of oligopoly, oligopsony, or bilateral monopoly would obtain, would I advocate price fixing by public agency* ». Paragraphe de la lettre à Hayek du 31 août 1940, précitée, et reproduite par Kowalik à la p. 127 de son article sur « Oskar Lange », op. cit.

[332] Voir les pp. 11-24 de *Contributions to Political Economy*, n° 6, 1987, où Kowalik reproduit intégralement ces deux conférences de Lange. Kowalik considère, pour les raisons indiquées dans le texte, que Lange évolua dans les années 40 « *away from the advocacy of an integral socialism toward a mixed public (public and private) economy, operating through a fully-fledged market mechanism* ». Voir les pp. 1-2 de l'article « Oskar Langes's Lectures on the Economic Operation on the Socialist Society », publié par Tadeusz Kowalik au même endroit et la même année.

de l'équilibre, en sorte qu'il n'a pas l'outillage théorique nécessaire pour faire face aux « *intéressants problèmes de caractère dynamique* » qu'Hayek lui avait posé, ainsi qu'il le reconnut lui-même. Lange considère en outre, dans ces conférences, que le principe essentiel pour établir les prix dans le marché socialiste doit être de les fixer en fonction des coûts encourus, et de considérer non seulement des coûts privés mais aussi des « *coûts sociaux* » de chaque entreprise ; il estime aussi que les uns et les autres ont une nature « *objective* ». Il est désolant qu'il n'ait pas compris l'inadmissibilité de ce principe d'un point de vue à la fois théorique et pratique et qu'il n'ait donc pas tiré profit des critiques qu'Hayek lui avait adressées à ce propos.

Mais le virage le plus fondamental opéré par Lange à cette période s'est peut-être manifesté dans son article sur les « *Fondements économiques de la démocratie en Pologne* », paru en 1943, et où il défend exclusivement et expressément la socialisation des industries les plus importantes et stratégiques (parmi lesquelles il inclut le secteur bancaire et celui des transports). Lange se met, de plus, en garde contre les privilèges spéciaux que l'on accorderait à ces monopoles étatiques et les considère très dangereux pour le système démocratique polonais. La propriété privée des moyens de production devrait être maintenue, en tout cas, pour les exploitations rurales, les entreprises artisanales et les petites et moyennes industries, car « *cela permettrait de préserver la flexibilité et la capacité d'adaptation que seule l'initiative privée permet d'atteindre* »[333].

Quatrième étape : de la Seconde Guerre Mondiale à sa mort. Abandon du marché et éloge et justification du système staliniste

Cette influence salutaire d'Hayek sur Lange devait, cependant, cesser bientôt. A partir de la Seconde Guerre Mondiale et de son entrée au Parti Communiste Polonais, qui suppose une plus grande implication de Lange dans la politique de son pays, sa conception du socialisme abandonne progressivement le marché pour aboutir à la justification théorique et pratique du modèle économique staliniste appliqué en Union soviétique et que celle-ci était décidée à imposer aussi à ses « *satellites* » récemment acquis[334].

---

333 « Gospodarcze Podstawy Demokracji W Polsce » (Fondements de la démocratie en Pologne). Dans *Ku Gospodarce Planowej* (Vers une économie de planification centrale), publié à Londres en 1943, et cité par Kowalik dans son article sur « Oskar Lange », *The New Palgrave. A Dictionary of Economics*, op. cit., vol. III, p. 127.

334 Karl Pribram a souligné la coïncidence chronologique entre le changement de position théorique de Lange et son entrée au Parti Communiste Polonais (*A History of Economic Reasoning*, op. cit., p. 708, note 32). Kowalik, de son côté (« Oskar Lange », op. cit., *The New Palgrave*, vol. III, p. 127), semble essayer de justifier ce virage copernicien de Lange en alléguant que les circonstances politiques et universitaires de la Pologne ne permettaient pas, pour des raisons tactiques, de faire face au courant staliniste de l'époque et que les possibilités de libre expression pour les théoriciens de la science sociale étaient très limitées. Nous croyons que cette défense que fait Kowalik de Lange est plus une pieuse affirmation qu'autre chose, étant donné surtout les écrits réitérés de Lange et publiés dans des revues internationales prestigieuses, qui expliquant et justifient son changement d'opinion, et

L'abandon, par Lange, de la « *solution concurrentielle* » et du modèle de « *socialisme de marché* » culmine dans l'ouvrage qu'il publie en 1953 et loue la théorie et la pratique économiques de Staline[335].

Comme l'explique Kowalik, le changement d'opinion de Lange a certes pu être influencé par le caractère « *avantageux* » du modèle d' « *économie de guerre* » dictatorialement imposé par Staline, pour forcer une « *industrialisation* » rapide du système économique et une mobilisation « *efficace* » de toutes les ressources vers l'idéal socialiste (cela constituant, sans aucun doute, une trahison de l'esprit démocrate et « *libéral* » qu'affichait Lange auparavant). Cependant, les thèses défendues par Lange durant les dernières décennies de sa vie ne sont que la conséquence naturelle du modèle théorique d'équilibre, qu'il avait utilisé, à l'exclusion de tout autre, pour fonder sa conception du socialisme. Nous avons, en effet, expliqué que l'idéal marxiste pouvait se réinterpréter comme le désir conscient d'imposer par la force le nirvana de l'équilibre à tous les niveaux et dans tous les domaines sociaux, en forçant une utopie au prix de la destruction des mécanismes réels animés par l'action entrepreneuriale qui permettent les processus de coordination sociale. Or Oskar Lange avait deux possibilités : soit accepter *pleinement* le défi de Mises et Hayek, en renonçant à son arsenal théorique de l'équilibre, en comprenant le fonctionnement véritable du marché et en abandonnant, donc, son idéal socialiste fondé sur la propriété publiques des moyens de production ; soit, au contraire, maintenir l'idéal de l'équilibre contre vents et marées, abandonner l'introduction des critères concurrentiels (qui le conduisaient involontairement à l'abandon du socialisme) et se réfugier dans un modèle utopique d'équilibre dont la meilleure façon de le mettre en pratique serait l'utilisation systématique de la coercition staliniste. En 1956-57, Lange refuse d'autoriser la publication d'une traduction polonaise de son ouvrage classique de 1936-37 parce que, comme l'affirme textuellement Kowalik, « he did not want to lend his support to the « *socialist freemarketers* » »[336]. L'abandon de la « *solution concurrentielle* » avec le virage à 180 degrés dans son modèle du socialisme était totalement consommé.

Ainsi, on ne peut pas s'étonner qu'il ait écrit, dans le dernier travail où il parle du calcul économique socialiste, publié après sa mort en 1967 (Lange

---

défendent et louent le système staliniste (parmi eux, son article « The Practice of Economic Planning and the Optimum Allocation of Resources », publié dans *Econometrica* en juillet 1949, p. 166 et s.). A la fin, la position de Lange coïncide, donc, presque avec celle – a nalysée au chapitre suivant – de Maurice Dobb, pour qui il n'y avait pas de pire hypocrisie que celle des « *socialistes de marché* », et le triomphe du socialisme exigeait de le présenter dans toute sa crudité, c'est-à-dire sans utiliser de « *masques* » ni de maquillage « *concurrentiel* ».

335 « Zagadnienia Ekonomii Politycznej W Swietle Pracy J. Stalina 'Ekonomiczne Problemy Socjalizmu WZSRR' » (Problèmes de Politique Economique à la lumière de l'ouvrage de J. Stalin « Problèmes Economiques du Socialisme en Union soviétique »), publié à Varsovie en 1953 et cité par Kowalik, « Oskar Lange », *The New Palgrave. A Dictionary of Economics*, op. cit., vol. III, p. 129 ».

336 C'est-à-dire parce qu'« il ne voulait pas prêter son appui aux socialistes de marché ». Kowalik, « Oskar Lange », *The New Palgrave*, op. cit., vol. III, p. 128.

était mort au cours d'une opération chirurgicale à Londres en 1965), ce qui suit : « Not quite thirty years ago I published an essay « On the Economic Theory of Socialism ». Pareto and Barone had shown that the conditions of economic equilibrium in a socialist economy could be expressed by a system of simultaneous equations. The prices resulting from these equations furnish a basis for rational economic accounting under socialism (only the static equilibrium aspect of the accounting problem was under consideration at the time). At a later date Hayek and Robbins maintained that the Pareto-Barone equations were of no practical consequence. The solution of a system of thousands or more simultaneous equations was, in practice, impossible, and consequently the practical problem of economic accounting under socialism remained unsolvable… In my essay I refuted the Hayek-Robbins argument by showing how a market mechanism could be established in a socialist economy which would lead to the solution of the simultaneous equations by means of an empirical procedure of trial and error… Today my answer to Hayek and Robbins would be: so what's the trouble? Let us put the simultaneous equations in an electronic computer and we shall obtain the solution in less than a second. *The market process may be considered as a computing device of the pre-electronic age* »[337].

Ces paroles de Lange sont très décevantes. Elles montrent l'accomplissement d'un terrible recul dans sa conception du problème que pose le calcul économique socialiste : celui-ci est à nouveau considéré comme un problème strictement statique (à l'encontre, même, de ce que

[337] Oskar Lange, « The Computer and the Market » (1967), reproduit dans *Socialist Economics*, édité par Alec Nove et D. M. Nuti, Penguin Books, Middlessex, 1972, pp. 401-402. Ce travail fut d'abord publié dans le livre *Socialism, Capitalism and Economic Growth. Essays presented to Maurice Dobb*, édité par C. H. Feinstein, Cambridge University Press, Cambridge, 1967. La traduction de la citation pourrait être la suivante : « Il n'y a pas encore trente ans que j'ai publié mon essai 'Sur la Théorie Economique du Socialisme'. Pareto et Barone avaient déjà démontré que les conditions de l'équilibre économique d'une économie socialiste pouvaient être exprimées grâce à un système d'équations simultanées. Les prix qui découlaient d'un tel système fournissaient une base pour le calcul économique rationnel dans le socialisme (on ne considérait à l'époque que les aspects d'équilibre statique liés au problème du calcul économique). Plus tard, Hayek et Robbins soutinrent que les équations de Pareto-Barone n'avaient pas d'effets pratiques. La solution d'un système de milliers et même plus d'équations simultanées était impossible en pratique, et le problème de la mise en pratique de la comptabilité économique dans un système socialiste restait, donc, sans solution… Je réfutai, dans mon essai, l'argument d'Hayek-Robbins et démontrai qu'un mécanisme de marché pourrait être établi dans une économie socialiste qui conduirait à la solution du système d'équations simultanées par un procédé empirique d'essai et erreur'… Aujourd'hui ma réponse à Hayek et à Robbins serait la suivante : Quel est le problème ? Introduisons les équations simultanées dans un ordinateur électronique et nous obtiendrons la solution en moins d'une seconde. Le processus de marché peut être considéré comme un instrument de calcul de l'ère pré-électronique ». Cette même confiance naïve et erronée de Lange dans la capacité des ordinateurs à permettre le calcul économique socialiste se retrouve dans sa conférence sur « *Le rôle de la science dans le développement de la société socialiste* » prononcée devant l'Assemblée Générale de membres des l'Académie des Sciences de Pologne, le 19 mai 1962, et reproduite dans *Ensayos sobre Planificación Económica*, Ariel, Barcelone 1970, pp. 143-166 et en particulier pp. 156-157 et pp. 162-163.

Lange avait reconnu dans sa correspondance privée avec Hayek en 1940). Ce discours fait, en outre, une description partielle et intéressée du débat (comme s'il s'agissait d'un débat sur des questions de statique et non pas sur des questions de dynamique et de processus entrepreneurial) et finit, en somme, par renoncer complètement à la nécessité d'admettre le marché, que l'on considère comme un mécanisme archaïque de calcul de prix d'équilibre, propre aux étapes antérieures à l'introduction des systèmes informatiques. Il est inutile de reproduire ici tous les arguments que nous avons déjà donnés pour démontrer qu'il est théoriquement impossible, maintenant ou n'importe quand dans le futur, d'organiser une société et le calcul économique au moyen d'un système de planification centrale aidé par les ordinateurs ou systèmes informatiques les plus puissants[338]. Et, donc, n'importe quel historien de la pensée économique peut constater, et nous-mêmes retenir ici avec tristesse et déception, que Lange est mort en se cramponnant à la statique et en croyant que le modèle idéal de l'équilibre pourrait être établi dans la société grâce à un système de planification calculé à l'aide des ordinateurs… et imposé par la force brute du stalinisme[339].

---

[338] A propos de l'impossibilité de l'utilisation des ordinateurs pour résoudre le problème du calcul économique socialiste, il convient de rappeler ici les arguments avancés au chap. III de ce livre. Sont également intéressantes les observations de Norman Barry dans son article « The Economics and Philosophy of Socialism », publié dans *Il Politico*, année XLIX, 1984, pp. 573-592, où il signale que la confiance de Lange dans les ordinateurs se fonde sur la méconnaissance de la distinction essentielle existant entre l'information de type scientifique et l'information de type pratique, subjectif et non exprimable qu'utilisent les agents économiques dans la société (la page la plus importante de l'article de Barry est la 588). Et Rothbard a signalé, à ce même propos, l'inutilité des ordinateurs, si perfectionnés qu'ils soient ainsi que de leurs programmes, quand l'information de base qu'on y introduit est erronée à cause de l'interdiction de l'exercice de la fonction entrepreneuriale ; et il conclut que « Lange's naive enthusiasm for the magical planning qualities of the computer in its early days can only be considered a grisly joke to the economists and the people in the socialist countries who have seen their economies go inexorably from bad to far worse despite the use of computers. *Lange apparently never became familiar with the computer adage, GIGO ('garbage in, garbage out')* ». Murray N. Rothbard, « The End of Socialism and the Calculation Debate Revisited », *Review of Austrian Economics*, vol. 5, n° 2, 1991, p. 72.

[339] En somme, ce que Lange découvrit ce fut l'énorme ressemblance existant entre les conclusions normatives de la théorie de l'équilibre et le modèle marxiste traditionnel (dont le but est d'imposer cet équilibre à la société), en sorte qu'il prétendit achever l'œuvre scientifique de sa vie par la construction d'une synthèse entre le modèle néo-classique de l'équilibre et la théorie marxiste, qu'il compléta même en partie (voir son ouvrage *Political Economy, vol. I, General Problems*, Pergamon Press, Londres 1963, et *Economia Polityczna*, vol II, publié à Varsovie en 1968 par Panstwowe Wydawnictwo Naukowe ; traduction espagnole, intitulée *Economía Política, vol. I : Problemas generales* – traduit de l'anglais par Silverio Ruiz Daimiel – *y vol. II : Teoría de la Reproducción* – traduit du polonais par Elzbieta G. de Kerlow – publiés par le Fondo de Cultura Económica, Mexico 1966 et 1980 respectivement). Lange rend paradoxalement, dans ce travail, un dernier hommage à son ancien adversaire Mises, lorsqu'il reconnaît que la synthèse de la science économique devrait se concrétiser dans une « *praxéologie* » ou « *théorie générale de l'action humaine* » (*Economía Política, vol. I*, op. cit., p. 134. 169 et en particulier la p. 215). Cependant, en concevant l'action humaine comme une action purement réactive de sujets passifs dans un contexte où toute l'information est disponible, il réduit le problème économique général à un

Epilogue langien

La tension entre les deux possibilités qui s'offraient à Lange (abandonner son idéal socialiste et le remplacer par une pleine économie de marché, ou se réfugier dans les tranchées de l'équilibre et du stalinisme) a subsisté chez les principaux théoriciens socialistes en général et, en particulier, parmi ses disciples polonais les plus proches. 25 ans ont dû s'écouler, cependant, avant que deux de ses élèves les plus brillants, Wlodzimierz Brus et Kazimierz Laski, reconnaissent explicitement que Lange avait échoué dans sa tentative de réponse au défi de l'Ecole autrichienne contre le socialisme. Ils attribuent le même échec à tous les « *réformateurs naïfs* » (dont ils firent partie pendant une certaine période de leur vie) qui ont cru qu'une certaine combinaison entre le marché et le plan coercitif pourrait rendre le système socialiste possible. Cet échec théorique s'est maintenu jusqu'au moment, récent, où les spécialistes de la théorie économique des pays de l'Est ont enfin compris, après les expériences traumatiques vécues dans ces pays, la justesse et le véritable contenu des travaux de Ludwig von Mises. Pour un économiste du monde occidental, où les apports de l'Ecole autrichienne dans le domaine de l'analyse économique du socialisme demeurent tristement

problème de simple assignation ou efficience, d'où l'échec de sa tentative de construction de la science praxéologique. Tentative qui avait été couronnée de succès dans le grand ouvrage de Mises *Human Action*, qui développe toutes les implications de la théorie générale de l'action humaine telle qu'elle est réellement exercée par l'homme. Voir, en ce sens, l'article de Murray N.Rothbard « Lange, Mises and Praxeology: The Retreat from Marxism », inclus dans le livre *Toward Liberty. Essays in Honor of Ludwig von Mises on the Occasion of his 90th Birthday*, vol. II Institute For Humane Studies, 1971, pp. 307-321. Bruna Ingrao et Georgio Israel qualifient, dans leur étude historique sur la formation du paradigme néo-classique-walrasien (*The Invisible Hand. Economic Equilibrium in the History of Science*, The MIT Press, Cambridge, Massachusetts 1990, p. 253; traduction anglaise de l'ouvrage original italien *La mano Invisibile*, Laterza & Figli, Roma-Bari 1987), le point de vue de Lange d'approximation « *normative* » à l'équilibre général, face au point de vue de Hicks et Samuelson qui serait plus « *descriptif* ». Je crois, cependant, qu'il ne faut pas exagérer la distinction entre les deux points de vue car, si Lange proposa en termes « *normatifs* » d'utiliser le modèle de l'équilibre général pour fonder le socialisme, ce fut précisément parce qu'il pensait que ce modèle était, en termes « *positifs* », une « *description* » acceptable du marché. Et si Mises et Hayek réfutèrent cette idée de Lange, ce fut parce qu'ils considéraient le modèle de l'équilibre général essentiellement erroné en termes descriptifs. La théorie autrichienne des processus de marché se fonde sur des hypothèses beaucoup moins restrictives et plus réelles que celles du modèle de l'équilibre général, en sorte que sa capacité explicative est beaucoup plus large et puissante en termes positifs et suppose, du point de vue normatif, une défense distincte et beaucoup plus juste et effective de l'économie de marché et de la « *main invisible* » que celle que propose le modèle d'équilibre. Les problèmes d'existence, unicité et stabilité de l'équilibre général constituent, pour les autrichiens, un jeu intellectuel insignifiant, car le monde réel est beaucoup mieux décrit en termes de fonction entrepreneuriale et, pour construire toute l'analyse économique, il suffit de comprendre la force coordinatrice de l'acte entrepreneurial pur. Et non seulement ils sont un jeu intellectuel insignifiant, mais celui-ci est, de surcroît, très dangereux, comme le prouve le fait que le modèle de l'équilibre général soit constamment utilisé en termes normatifs, même lorsqu'il s'agit d'asseoir, comme Lange essaya de le faire, le système socialiste failli.

cachées, pour la plupart, dans la pagaille absurde du paradigme néo-classique-walrasien, cette confession des deux disciples les plus brillants de Lange est si émouvante qu'elle vaut la peine d'être reproduite littéralement : « ... as the article "The Computer and the Market" written shortly before his death seems to witness, *he, (Oskar Lange) never succeeded in confronting the Austrian challenge.* ...Other contributions to the theory of market socialism made by Polish economists – and by economists of other socialist countries as well – *failed to do this either* : those of non-Marxist provenance followed mainly the Walrasian approach, while Marxists pro-marketeers – *including the present authors* – formed the ranks of Kornai's « *naïve reformers* », viewing the prospect of the market-plan combination with excessive optimism. To some degree these *theoretical failures* might have been caused by politicoideological constraints, but even in countries and periods when such constraints were at their lowest (for example, Poland 1956-57, and Czechoslovakia before the 1968 Soviet invasion), *the full extent of the problems arising from the Mises-Hayek strictures was not brought into the open.* It was only -or mainly, to be cautious- under the impact of the mostly frustrated experience of market orientated reforms that the issues in question came to the forefront »[340].

---

[340] « Comme le prouve l'article 'L'ordinateur et le marché' écrit peu avant sa mort, Oskar Lange n'a jamais été capable de répondre avec succès au défi des Autrichiens... D'autres contributions à la théorie du socialisme de marché réalisées par des économistes polonais et d'autres pays échouèrent également dans leur tentative ; ceux d'origine non marxiste suivirent principalement le modèle walrasien, tandis que les marxistes favorables au marché – parmi lesquels se trouvaient les présents auteurs – formèrent le groupe des 'réformateurs naïfs', comme les appelaient Kornai, et envisagèrent les possibilités de combiner le marché et le plan avec un optimisme excessif. Ces échecs théoriques ont pu être dus, dans une certaine mesure, à des restrictions politico-idéologiques, mais même dans les pays et périodes où de telles circonstances furent minimes (par exemple, en Pologne en 1956-57 et en Tchécoslovaquie avant l'invasion soviétique de 1968), la véritable extension des problèmes posés par les critiques de Mises-Hayek ne se fit pas jour. C'est seulement – ou principalement, pour être prudents – à la suite des expériences très frustrantes des réformes du socialisme orientées vers le 'marché' que les problèmes en question commencèrent à être pris en compte ». Wlodzimierz Brus et Kazimierz Laski, *From Marx to the Market. Socialism in Search of an Economic System*, op. cit., p. 60.

CHAPITRE VII

CONSIDERATIONS FINALES

Ce chapitre final analyse, d'abord, les apports de trois théoriciens – Durbin, Dickinson et Lerner – qui, suivant la voie amorcée par le « *modèle classique* » de Lange, essayèrent eux aussi de développer une solution de type « *concurrentiel* » pour le problème du calcul économique socialiste. On s'attachera spécialement à l'étude des innovations que ces auteurs ont prétendu introduire par rapport à Lange, et on examinera s'ils furent capables ou pas d'apprécier le défi posé originairement par Mises et d'y répondre. La conclusion de notre analyse sera que le « *socialisme de marché* » constitue une tentative, essentiellement contradictoire et irréalisable, d'atteindre une absurde « *quadrature du cercle* ». Cette thèse est également défendue par un groupe de théoriciens socialistes qui, Maurice Dobb en tête, ont toujours défendu le caractère incompatible du « *modèle concurrentiel* » avec le socialisme ; un débat secondaire étant apparu qui se tient strictement dans le camp socialiste entre partisans et détracteurs du « *socialisme de marché* ». Ce chapitre s'achèvera sur des considérations concernant le véritable sens de l'impossibilité du socialisme et les apports des théoriciens de l'Ecole autrichienne.

1. AUTRES THEORICIENS DU « SOCIALISME DE MARCHE »

Une grande partie du chapitre précédent a été consacrée à l'analyse détaillée des propositions d'Oskar Lange. Ce sont généralement les plus citées et retenues par les sources secondaires qui ont décrit et commenté, jusqu'ici de façon presque toujours partielle et erronée, la polémique sur le calcul économique socialiste. D'autre part, les apports des autres théoriciens du « *socialisme de marché* » ne font, la plupart du temps, que reproduire, avec quelques modifications de détail, les arguments exposés originairement par Lange. Parmi ces théoriciens, nous nous intéresserons à Durbin, Dickinsons et Lerner. Nous verrons, en particulier, si l'un d'eux est parvenu à comprendre en quoi consistait le contenu véritable du défi de Mises et Hayek, et s'il a été capable de lui donner une solution théorique. Notre conclusion est que les analyses théoriques qu'ils ont développées non seulement ne supposent que de petites modifications de détail par rapport au « *modèle classique* » de Lange, mais encore ont échoué lamentablement dans leur tentative de résolution du problème économique posé par le socialisme.

Evan Frank Motram Durbin

Le cas de Durbin a pu engendrer, au début, certaines espérances, car il avait été en contact avec les apports théoriques de l'Ecole autrichienne de son époque et sut distinguer clairement entre son paradigme et celui de l'école néo-classique-walrasienne. Il écrivit, en outre, un traité sur la dépression économique profondément influencé par les idées exposées par Hayek sur ce sujet[341]. Néanmoins, et malgré cette salutaire influence « *autrichienne* », Durbin ne comprit pas l'essentiel du problème du socialisme posé par Mises et Hayek et sa « *solution* » fut encore développée d'un point de vue aussi strictement statique que celui de Lange.

L'apport de Durbin se trouve fondamentalement dans un article intitulé « Economic Calculus in a Planned Economy » (Le calcul économique dans une économie planifiée) qui parut en décembre 1936[342]. Durbin dit être « *presque sûr* » que le problème du calcul économique dans une économie socialiste pourrait se résoudre si l'organe central de planification ordonnait aux différentes unités de production d'agir conformément aux *règles* suivantes : d'abord, calculer la productivité marginale de tous les facteurs de production meubles ; et, deuxièmement, assigner les facteurs productifs aux usages pour lesquels la productivité marginale serait la plus grande, les entreprises devant produire le volume maximum compatible avec l'obtention de profits « *normaux* » (« *règle des coûts moyens* »). Pour réduire les possibilités d'erreur dérivant des calculs des productivités marginales, il faut, d'après Durbin, calculer les courbes de demande correspondantes. Durbin prétend, en outre, que le taux d'intérêt soit établi par le « *marché libre* » de capital nouveau, sans jamais expliquer comment devrait fonctionner un tel marché dans un système n'autorisant pas la propriété privée des moyens de production. Enfin, l'économie doit, selon lui, être organisée à partir de grands secteurs, « *trusts* » ou monopoles auxquels on ordonnera de se « *faire concurrence* ».

Il n'est pas nécessaire de répéter ici les arguments énoncés plus haut au sujet de la proposition de « *trusts* » concurrentiels (originairement défendue par Heimann et Polanyi) et à propos des possibilités d'organisation d'un véritable marché de capitaux, à l'aide d'une banque étatique monopoliste, là où la propriété privée des moyens de production n'existe pas. Toutes ces questions ont été analysées en détail dans les deux chapitres précédents. Ce qu'il est intéressant de souligner, c'est que la proposition de Durbin tombe dans la même erreur que celle réalisée auparavant par Lange et d'autres ; erreur qui consiste à présupposer un contexte d'équilibre ne connaissant pas de changements et où toute l'information nécessaire au calcul de la

---

[341] E. F. M. Durban, *Purchasing Power and Trade Depression*, Chapman & Hall, Londres, 1933.

[342] Publié dans l'*Economic Journal*, décembre 1936, et réédité dans *Problems of Economic Planning*, Routledge & Kegan Paul, Londres 1968, pp. 140-155. Son article « A Note on Mr. Lerner's 'Dynamical' Propositions », *Economic Journal*, septembre 1937, n°47, pp. 577-581, est également intéressant.

productivité marginale des facteurs est donnée et peut être obtenue sans aucune difficulté.

Les « *règles* » tracées par Durbin pourraient, en effet, servir de guide rationnel pour le calcul économique, si l'information nécessaire pour calculer la valeur de la productivité marginale de chaque facteur de production pouvait être obtenue là où ni la propriété privée des moyens de production ni la liberté d'exercice de la fonction d'entrepreneur n'existent. N'oublions pas que, pour calculer la valeur de la productivité marginale, il faut effectuer une estimation nettement entrepreneuriale des extrêmes suivants, à savoir : premièrement, quels seront le type et la quantité de bien ou service demandé demain par les consommateurs ; deuxièmement, quelles propriétés, caractéristiques, innovations technologiques, etc., il faudra y faire entrer ; troisièmement, quels prix maxima on croit pouvoir obtenir dans le marché pour ces biens et services de consommation un fois produits ; et quatrièmement, quelle sera la durée moyenne d'élaboration du bien et quel taux d'intérêt il faudra utiliser pour escompter, au moment présent, les valeurs futures, correspondantes, de la productivité marginale. Naturellement, toute cette information n'est créée que dans un marché concurrentiel par les divers agents économiques, et dans la mesure où ils exercent leur fonction d'entrepreneur sans souffrir aucune entrave institutionnelle. Il faut, pour cela, qu'existe une véritable concurrence, mais pas entre de mystérieux trusts ou monopoles (dont on ne sait pas s'ils devront être organisés horizontalement ou verticalement), mais à tous les niveaux sociaux inter et intrasectoriels. Il faut aussi, et c'est encore plus important, que tout individu puisse utiliser librement sa propre créativité entrepreneuriale pour découvrir et créer, tout en essayant d'obtenir les profits correspondants et d'éviter des pertes, l'information nécessaire (comme toujours de type pratique, subjectif, dispersé et non exprimable) pour réaliser les actions qui mènent le mieux aux objectifs poursuivis.

Il faut tenir compte, d'autre part, que, dans un monde réel, le type et la quantité des facteurs de production n'est pas donné, et que tous ne sont pas divisibles en unités homogènes, mais qu'en fonction de l'imagination, des désirs et objectifs de chaque entrepreneur et de l'information concrète qu'il crée selon ses propres circonstances de temps et de lieu, un facteur de production « *mobile* », et l'unité importante de celui-ci, variera d'un cas à un autre, c'est-à-dire selon l'appréciation subjective de l'entrepreneur. En outre, l'hypothèse implicite de la connaissance des courbes de demande qui existeront dans le futur ou qui peuvent se calculer montre une profonde incompréhension, de la part de Durbin, du fonctionnement véritable des processus de marché dans la vie réelle.

On ne peut pas considérer, en effet, qu'il existe dans un marché concurrentiel des « *courbes* » ou « *fonctions* » d'offre, de demande ou de tout autre type. Car l'information nécessaire pour les tracer ou les décrire n'existe pas et n'est donc disponible nulle part (ni pour le gérant ou responsable d'une entreprise ou industrie, ni encore moins pour un scientifique ou un organe central de planification) ; et cela non seulement parce que l'information qui constituerait la « *courbe de demande* » est dispersée, mais aussi parce que cette information ne se forme même pas à chaque moment déterminé dans l'esprit des individus qui participent au marché. Autrement dit, les courbes d'offre et de demande ne peuvent jamais être découvertes dans le marché simplement parce qu'elles n'existent pas. Elles ont, tout au plus, une valeur heuristique et interprétative en science économique, et induisent à commettre d'importantes erreurs tous les experts ou non experts qui, sans s'en apercevoir, en viennent à croire que de telles fonctions ou courbes ont une existence réelle. Car l'information relative aux quantités qui seront achetées ou vendues à chaque prix est une information que l'agent économique ne se pose pas de manière abstraite et qui n'est pas stockée dans sa mémoire pour toutes les circonstances pouvant se présenter dans le futur. C'est, au contraire, une information strictement subjective et dispersée qui n'apparaît qu'au moment concret où l'on décide de réaliser un achat ou une vente ; cette apparition étant la conséquence du processus entrepreneurial et de multiples influences et circonstances spécifiques subjectivement appréciées par l'agent économique impliqué dans la transaction. Ainsi, c'est une information qui se crée *ex novo* à ce moment-là, n'existait pas auparavant et ne se reproduira jamais de façon identique. On peut donc tout juste considérer que, dans une économie réelle de marché, les entrepreneurs essaient de savoir quels seront certains points isolés des « *courbes* » hypothétiques d'offre et de demande du lendemain. Cependant, cette forme d'expression n'est pas nécessaire pour élaborer la théorie des prix et elle ne nous paraît pas correcte, car elle peut impliquer, d'une certaine manière, qu'on reconnaît l'existence ou la possibilité de l'existence de ces courbes ou fonctions. Si l'action de l'entrepreneur est correcte, il obtient des profits entrepreneuriaux purs ; si elle est erronée, il essuie des pertes. Et, précisément, le désir d'essayer d'obtenir les uns et d'éviter les autres pousse l'esprit d'entreprise à créer et à découvrir, à tout moment, l'information adéquate. Sans ces stimulants, le libre exercice de l'action entrepreneuriale et, donc, la création de l'information nécessaire à la prise de décisions coordinatrices et le calcul rationnel sont impossibles. Toute la vie économique et sociale, dans toutes ses manifestations, y compris les prix, est le résultat combiné de multiples actions humaines, et non pas de l'intersection de mystérieuses « *fonctions* » ou « *courbes* » qui n'existent pas dans la vie réelle et qui ont été introduites subrepticement dans notre science par une bande de penseurs « *scientistes* » qui, procédant du monde de la polytechnique et de la mathématique appliquée, ne comprennent pas la nocivité de l'utilisation de leurs méthodes en économie[343].

---

[343] Il faut, donc, abandonner la « *théorie fonctionnelle* » de la détermination des prix qui envahit nos manuels d'économie depuis Marshall, et contre laquelle Carl Menger nous avait mis, le premier, en garde dans sa lettre de février 1884 adressée à Léon Walras et où il conclut que « *la méthode mathématique est fausse* » (E. Antonelli, « Léon Walras et Carl Menger à travers leur correspondance », *Economie Appliquée*, vol. VI, avril-septembre 1953, p. 282, et les commentaires d'Emil Kauder, « Intellectual and Political Roots of the Older Austrian School », *Zeitschrift für Nationalökonomie* n° 17, pp. 411-425, reproduit dans le vol. I de *Austrian Economics*, Stephen Littlechild, éditions Edward Elgar, Vermont 1990, en particulier pp. 10-11) ; ce fut ensuite le tour de Böhm-Bawerk, dans le vol. II de *Capital and Interest*, op. cit., pp. 233-235 (traduction espagnole de Sonsoles Huarte incluse dans le vol. I de *Lecturas de Economía Política*, Jesús Huerta de Soto, Unión Editorial, Madrid 1986, p. 119-120), où il

Durbin, comme Lange et d'autres théoriciens socialistes, donne donc pour acquis que les agents économiques disposent, de manière objective, d'une information dont la création est théoriquement impossible en l'absence de propriété privée des moyens de production et de libre exercice de l'action entrepreneuriale. Sans ces institutions, l'information ne se créera pas et les gérants des secteurs ne pourront pas suivre les « *règles* » de Durbin ; et l'organe central de planification pourra encore moins vérifier si, d'après ces règles, ces secteurs agissent ou non correctement. La plus grosse erreur de Durbin consiste, donc, à affirmer : « *The ability to discover marginal products is not dependent upon the existence of any particular set of social institutions* »[344]. Si, en outre, quelles que soient les institutions sociales existantes (capitalistes, socialistes, ou toute combinaison de celles-ci), l'information nécessaire pour calculer la productivité marginale est également disponible, on ne comprend pas pourquoi Durbin rejette le procédé walrasien proposé par Lange ; procédé qui se fondait sur la même hypothèse que celle qu'adopte Durbin et concerne le fait que l'information nécessaire est disponible de façon évidente et objective. Bien plus, Durbin considère que les difficultés « *techniques* » pour calculer la valeur de la productivité marginale des différents facteurs sont les mêmes dans un système capitaliste que dans une économie planifiée, et il refuse de reconnaître que le problème n'est pas « *technique* » mais économique et de discuter de tout aspect « *pratique* » se situant au-delà des considérations « *théoriques* » effectuées par lui-même[345].

Par conséquent, pour Durbin, comme pour Lange, seul est « *théorie* » le modèle marginaliste de l'équilibre (quoiqu'il s'agisse, dans son cas,

---

critique que l'on conçoive mécaniquement l'offre et la demande comme de simples « *quantités* » dépendantes d'une variable indépendante (le prix), et non pas comme ce qu'elles sont réellement : le résultat de décisions et d'actions humaines réelles et concrètes. La théorie fonctionnelle et scientiste des prix doit donc être remplacée par une théorie « *génétique causale* », ou plus exactement praxéologique, des prix, concevant que ceux-ci naissent d'une *séquence d'actions humaine de type entrepreneurial* ; théorie qui, maintenant et enrichissant les conclusions valables du modèle « *fonctionnel* », permet d'éviter les graves risques et erreurs que celui-ci entraîne normalement. Voir, en ce sens, l'article de Hans Mayer, « Der Erkenntniswert der Funktionellen Preistheorien », dans *Die Wirtschaftstheorie der Gegenwart*, vol. 2, édit. Springer, Vienne 1932, pp. 147-239b. Et les commentaires d'Israel M. Kirzner dans son article « Austrian School of Economics », *The New Palgrave. A Dictionary of Economics*, op. cit., vol. I, p. 148. Les idées de Mises, dans le même sens, se trouvent en particulier dans son *Human Action*, op. cit., pp. 327-333. Voir aussi la citation à la note 253 du chap. V, et les considérations que nous faisons à la fin de celui-ci. Le livre du socialiste José Borrell Fontelles *La República de Taxonia*, Ediciones Pirámide, Madrid 1992, est un exemple récent, en Espagne, de la méthodologie scientiste nocive fondée sur « *l'ingénierie sociale* » et sur l'usage des mathématiques en économie.

344 « *La capacité à découvrir les produits marginaux ne dépend de l'existence d'aucun ensemble d'institutions sociales* ». E. F. M. Durbin, « Economic Calculus in a Planned Economy », dans *Problems of Economic Planning*, op. cit., p. 145.

345 « *It may be very difficult to calculate marginal products. But the technical difficulties are the same for capitalist and planned economies alike. All difficulties that are not accountancy difficulties are not susceptible to theoretical dogmatism* ». E. F. M. Durbin, « Economic Calculus in a Planned Economy », dans *Problems of Economic Planning*, op. cit., p. 143.

davantage de l'équilibre partiel marshallien et de la théorie de la productivité marginale que de l'équilibre général walrasien), dans lequel on suppose que l'information nécessaire pour calculer les productivités marginales correspondantes est « *donnée* ». Il ne comprend pas que cette théorie dépend d'hypothèses si restrictives qu'elles la rendent pratiquement insignifiante. Durbin ignore non seulement la théorie formelle sur les processus sociaux de coordinations mus par l'esprit d'entreprise, mais aussi le rôle de certaines institutions sociales qui encouragent ou restreignent l'action entrepreneuriale, l'analyse économique des droits de propriété et le problème théorique que pose le caractère dispersé et subjectif de la connaissance là où la concurrence entrepreneuriale n'existe pas. Il n'est pas étonnant qu'il ait échoué dans sa tentative pour résoudre le problème du calcul économique socialiste, car il utilise un outillage théorique inadapté, aussi bien pour comprendre le problème originairement posé par Mises que pour lui trouver une solution réalisable. L'on peut donc conclure comme le fait Hoff, dans sa brillante analyse critique de l'apport de Durbin[346], que « *in his anxiety not « to dogmatize on practical questions » he has overlooked the crux of the whole problem, namely, how the data on which the socialist trusts are to base their calculations are to be obtained* »[347].

Le livre « The Economics of Socialism » d'Henry Douglas Dickinson

L'apparition du livre de Dickinson en 1939 permettait de croire que son auteur comprendrait enfin, le défi original de Mises et Hayek, l'aborderait pleinement et tenterait d'y répondre[348]. D'une part, le fait que Dickinson abandonne explicitement dans ce livre les thèses qu'il avait défendues dans son article de 1933 sur la formation des prix dans un système socialiste, et précisément à cause de l'argument essentiel que lui avaient opposé ses

---

[346] Le rôle de Durbin, qui mourut tragiquement noyé en pleine jeunesse à Cornwall en 1948, dans la construction des fondements idéologiques du Parti Travailliste anglais après la Seconde Guerre Mondiale (surtout à travers la Société Fabienne) aux côtés de J. E. Meade, Hugh Gaitskell et, pour une moindre part, Dickinson et Lerner a été analysé par sa fille, Elisabeth Durbin, dans l'ouvrage *New Jerusalems. The Labour Party and the Economics of Democratic Socialism*, Routledge & Kegan Paul, Londres 1985. La plupart de ces « *idéologues* » finirent par défendre un modèle fondé sur l'interventionnisme et la planification macroéconomique de type keynésien, dans un contexte social-démocrate. Elizabeth Durbin est aussi l'auteur du bref article sur son père, qui se trouve à la p. 945 du vol. I de *The New Palgrave. A Dictionary of Economics*, op. cit. Est également intéressant son livre *The Fabians, Mr. Keynes and the Economics of Democratic Socialism*, Routledge & Kegan Paul, New York 1984. Nous mentionnerons incidemment qu'Elizabeth Durbin fit partie (avec Israel Kirzner, Fritz Machlup, James Becker et Gerald P. O'Driscoll) du jury de la thèse de doctorat que soutint Don Lavoie sur le débat autour du calcul économique socialiste, à l'Université de New York, et qui constitue le fond de son brillant *Rivalry and Central Planning*, op. cit.

[347] T. J. B. Hoff. *Economic Calculation in the Socialist Society*, op. cit., pp. 224-229 et en particulier l'exergue de la p. 227. « *Dans son désir de ne pas 'dogmatiser sur des questions pratiques' il négligea le cœur de tout le problème, à savoir comment devraient être obtenues les données sur lesquelles les trusts socialistes devraient fonder leurs calculs* ».

[348] H. D. Dickinson, *The Economics of Socialism*, Oxford University Press, Londres 1939.

adversaires autrichiens (il compris que l'information nécessaire pour réaliser sa proposition de solution mathématique ne serait jamais disponible), laissait espérer qu'il comprendrait toutes les implications de la nouvelle « *intuition* » qu'il venait d'adopter[349]. D'autre part, la personnalité de Dickinson était très attrayante. Collard nous dit que c'était « *a much loved, unwordly, eccentric figure with a keen sense of fun and a most astute mind* »[350]; et Hayek loue, dans son article de 1940, non seulement le caractère compréhensif, mais aussi l'extension, organisation, conclusion et lucidité de l'ouvrage de Dickinson, et il ajoute que le lire et discuter de son contenu constituait un véritable plaisir intellectuel[351]. Enfin, le compte-rendu très favorable de la version norvégienne originale du livre Trygve J. B. Hoff, qu'il publie en 1940, prouve bien son honnêteté scientifique[352]. Il convient, toutefois, de signaler que la plupart des propositions de Dickinson coïncident, malheureusement, avec celles effectuées auparavant par Oskar Lange, auteur que Dickinson ne cite, cependant, nulle part dans son livre, sauf dans la bibliographie. C'est pourquoi l'essentiel des critiques que nous adressions à Lange au chapitre précédent doivent être considérées comme reproduites ici à propos de Dickinson.

Car, ainsi que l'a subtilement démontré Don Lavoie[353], le livre de Dickinson conserve malgré tout le point de vue statique de cet auteur, en sorte qu'il est lui aussi incapable de résoudre le problème du calcul économique tel que l'avaient posé Mises et Hayek. Cela est particulièrement manifeste à propos du rôle que devraient jouer, selon Dickinson, aussi bien l' « *incertitude* » que la « *fonction entrepreneuriale* » dans un système socialiste. Quant à l'incertitude, en effet, Dickinson considère que l'un des avantages du système socialiste serait de diminuer l'incertitude typique apparaissant dans le capitalisme par suite de l'interaction conjointe de

---

349 *The Economics of Socialism*, op. cit., p. 104, où Dickinson considère que la solution mathématique qu'il proposa en 1933 n'était pas réalisable : non pas parce que le système d'équations correspondant était irrésoluble, mais parce qu'il a compris que « the data themselves which would to be fed into the equation machine, are continually changing ».

350 « Une figure excentrique et peu conventionnelle, très aimée et douée d'un grand sens de l'humour et d'un esprit très astucieux ». Voir l'article de Collard sur Dickinson à la p. 836 du vol. I de *The New Palgrave. A Dictionary of Economics*, op. cit.

351 F. A. Hayek, « Socialist Calculation III: The Competitive Solution », dans *Individualism and Economic Order*, op. cit., p. 185.

352 Ce compte-rendu, paru dans l'*Economic Journal*, n° 50 (juin/septembre 1940), p. 270-274, concernait le livre de Hoff, publié en norvégien sous le titre *Okonomisk Kalkulasjon i Socialistike Samfund* par H. Ashekovg, Oslo 1938 (traduit en anglais par M. A. Michael et publié à Londres par William Hodge en 1949 sous le titre *Economic Calculation in the Socialist Society*, op. cit.) Dickinson conclut que : « *The author has produced a critical review, at a very high level of theoretical competence of practically everything that has been written on the subject in German and English* ».

353 Don Lavoie, *Rivalry and Central Planning*, op. cit., pp. 135-139. On remarquera incidemment que la conception statique de l'économie et l'incapacité subséquente à comprendre le rôle et la nature de l'incertitude dans une économie de marché, propres à Dickinson, sont aujourd'hui partagées par des auteurs de l'envergure, par exemple, de Kenneth J. Arrow, pour qui l'incertitude est un « *défaut* » évident du marché et de son système de prix (voir la prochaine note 395).

multiples organes séparés de décision. Cette soi-disant « *réduction* » de l'incertitude serait obtenue grâce à l'intervention de l'organe central de planification qui devrait, en imposant par des ordres une série de relations de production, conscientes et directes, faire baisser les hauts niveaux d'incertitude existant normalement dans le marché. Dickinson reprend, de nouveau, la métaphore des « *murs de verre* » qui existeraient dans un système socialiste, face à la conduite typique des entreprises dans un système capitaliste, caractérisé, d'après lui, par le « *secret* » et l'absence de « *transparence dans l'information* ».

Il est clair que Dickinson considère implicitement, par ces affirmations, que l'organe central de planification pourrait disposer d'une information lui permettant de coordonner, d'en haut, la société, en diminuant le niveau d'incertitude et d'erreurs commises normalement par les entrepreneurs. Dickinson n'explique, cependant, jamais comment cela serait possible, surtout si l'on tient compte que l'information nécessaire à l'organe de planification pour diminuer l'incertitude se crée non par en haut, mais « *par en bas* », c'est-à-dire au niveau des agents économiques, et que – nous le savons – elle a un caractère subjectif, pratique, dispersé et non exprimable qui rend impossible sa transmission à un organe central de planification et même sa propre création, si l'exercice de la fonction d'entrepreneur n'est pas complètement libre. D'autre part, quand Dickinson préconise une totale « *transparence de l'information* » et une publicité complète des « *secrets commerciaux* » qui se gardent dans le système capitaliste, il suppose implicitement que l'information a un caractère objectif et qu'une fois divulgués toutes les données et tous les « *secrets* » des divers agents économiques, le niveau d'incertitude diminuerait de façon significative. Il faut, néanmoins, tenir compte du fait que tout agent économique peut littéralement inonder ses concurrents ou collègues sous le flot de toute l'information concernant ses plans, sans que cela signifie nécessairement une réduction du niveau d'incertitude. Car on ne peut inonder les autres qu'avec l'information transmissible de façon exprimable ou formalisée. Mais les données doivent être interprétées, toute interprétation est subjective, et les agents économiques et les concurrents peuvent très souvent ne pas interpréter subjectivement de la même manière les mêmes données ; en sorte que celles-ci ne pourraient pas avoir la même signification subjective que celle qu'elles avaient pour l'entrepreneur originairement « *émetteur* » de l'information. On pourrait concevoir que la limite se situe dans le cas où l'entrepreneur non seulement transmet l'information mais indique aussi quelle sera, à son avis, l'évolution des évènements futurs et quel genre de comportements devront être adoptés. Si les agents économiques décident de suivre les « *intuitions* » de l'émetteur, ils ne feront que renoncer à interpréter les données par eux-mêmes et, donc, renoncer à exercer personnellement leur fonction d'entrepreneurs, se mettant simplement sous la direction d'un autre entrepreneur. Le système socialiste n'est capable d'éliminer l'incertitude qu'en utilisant la « *politique de l'autruche* », c'est-à-dire en se cachant la tête et en refusant de la voir et de reconnaître que cette incertitude n'est pas un « *problème* » (sauf dans les constructions mentales absurdes des théoriciens de l'équilibre) mais une réalité sociale, inhérente à la nature humaine et à laquelle l'homme fait constamment face en exerçant son esprit d'entreprise.

Le traitement que Dickinson prétend donner au niveau d'incertitude qui ne pourrait pas être éliminé par la planification centrale constitue une autre preuve du maintien du caractère essentiellement statique, dans son modèle. A propos de cette incertitude, Dickinson propose l'établissement d'une « *majoration pour incertitude* » qui ferait partie du coût total de production tout comme les autres éléments qui le constituent « *normalement* ». Tout en reconnaissant que le calcul de cette « *majoration pour incertitude* » serait compliqué, il estime qu'il pourrait se faire en calculant les fréquences des modifications affectant les ventes et les prix de chaque bien et service. Dickinson montre ainsi qu'il ne comprend pas la différence essentielle existant entre le risque et l'incertitude et que nous avons évoquée au chapitre II[354]. Cette dernière concerne des évènements ou faits uniques pour lesquels on ne peut même pas concevoir l'existence d'une possible distribution de fréquences. L'information que les agents économiques créent et testent en fonction de ce qu'ils croient pouvoir se passer dans le futur est une information typiquement entrepreneuriale, non exprimable, créative et ouverte quant à ses diverses possibilités ; elle ne pourra donc pas être centralisée ni permettre l'élaboration d'une distribution de fréquences.

Le traitement, par Dickinson, du rôle que la « *fonction entrepreneuriale* » devrait jouer dans le système socialiste est presque encore plus décevant. Car l'action entrepreneuriale est, dans son modèle, une grossière caricature de caractère essentiellement ambigu. D'une part, la propriété privée des moyens de production n'est pas autorisée – ce qui est logique –, et l'organe central de planification est doté de pouvoirs immenses, aussi bien pour établir des directives visant à la coordination des plans individuels que pour réaliser la distribution des fonds financiers correspondants, intervenir dans le marché du travail, monopoliser la publicité et la propagande, contrôler et diriger tout le commerce international, etc. Dickinson considère, en outre, que cet organe de coercition, qu'il appelle « Supreme Economic Council » (Conseil Supérieur de l'Economie) est non seulement « *omniprésent et omniscient* », mais aussi « *tout-puissant* » : il peut introduire des changements chaque fois qu'il les juge nécessaires[355]. Cependant, et d'autre part, le fait que les gérants des diverses entreprises du système socialiste soient soumis à l'organe de planification ne signifie pas qu'ils soient, pour Dickinson, dans

[354] Voir le paragraphe « Créativité, surprise et incertitude » du chap. II, ainsi que les notes 30 et 31 de celui-ci.

[355] Voir Dickinson, *The Economics of Socialism*, p. 103, 113 et 191. Sur ces qualificatifs (omniscient et omnipresent) attribués par Dickinson à l'organe de planification, Mises fait le commentaire ironique suivant : « *It is vain to comfort oneself with the hope that the organs of the collective economy will be 'omnipresent' and 'omniscient'. We do not deal in praxeology with the acts of omnipresent and omniscient Deity, but with the actions of men endowed with a human mind only. Such a mind cannot plan without economic calculation* ». Ludwig von Mises, *Human Action*, op. cit., p. 710. Et 14 pages auparavant, p. 696, il dit aussi que « *we may admit that the director or the board of directors are people of superior ability, wise and full of good intentions. But it would be nothing short of idiocy to assume that they are omniscient and infallible* ».

l'impossibilité d'effectuer librement certains choix[356]. Il considère, en effet, que les entreprises du système socialiste devront disposer, chacune, de leur capital, avoir leur propre compte de pertes et profits, et que leur « *gestion* » devra ressembler le plus possible à celle des entreprises du système capitaliste.

Dickinson voit nettement que les gérants doivent être financièrement responsables du fonctionnement de leurs entreprises, et participer autant aux pertes qu'aux profits réalisés. Ce que l'auteur n'explique pas c'est comment cette responsabilité financière peut exister dans un système qui interdit la propriété privée des moyens de production. L'on sait, depuis le chapitre II, que là où la propriété des moyens de production n'existe pas et où l'homme ne peut pas s'approprier librement les profits de son activité, l'action entrepreneuriale, qui coordonne les processus sociaux, ne se manifeste pas. Dickinson considère, en outre, que, même si l'obtention de profits ne suppose pas nécessairement une manifestation de succès entrepreneurial, le fait d'encourir des pertes signifie toujours un échec ou une erreur de gestion[357]. Naturellement, si on élève cette « *intuition* » de Dickinson au rang de principe, il est clair que les gérants tendront plutôt à être des fonctionnaires conservateurs, craignant toujours d'entreprendre de nouvelles activités, d'introduire des innovations technologiques et commerciales, de modifier le processus productif, etc., car essuyer des pertes sera toujours considéré comme une erreur, défavorable pour la carrière professionnelle de l'intéressé, alors que les profits possibles ne seront pas forcément reconnus comme des succès.

Dickinson prétend résoudre le problème que posent la motivation et la rémunération des gérants, en établissant un système de « *bons* » ou paiements financiers, en fonction des résultats obtenus par l'entreprise gérée par chaque fonctionnaire. Naturellement, ces bons ne seront pas égaux aux profits entrepreneuriaux, non seulement parce que cela impliquerait la réintroduction, en pratique, d'un système capitaliste vilipendé, mais parce que, d'après Dickinson, l'existence de profits n'est pas, dans tous les cas, un signe d'efficience. Dickinson retombe ainsi dans les pièges du modèle statique. Le système de bons, en effet, présuppose implicitement, nous le savons[358], que l'organe chargé de les accorder dispose d'une information qu'il ne peut en aucun cas obtenir étant donné son caractère subjectif, dispersé et non exprimable. Accorder des bons en fonction des résultats implique que l'on puisse connaître ou savoir si ces résultats ont été favorables ou défavorables. Or, si un organe de planification peut savoir si les résultats sont positifs ou négatifs, il est clair que l'exercice de la fonction

---

[356] « *Because the managers of socialist industry will be governed in some choice by the direction laid down by the planning authority, it does not follow that they will have no choice at all* ». Voir Dickinson, *The Economics of Socialism*, op. cit., p. 217.

[357] Pour Dickinson, en effet, le principe essentiel serait que « *although the making of profits is not necessarily a sign of success, the making of losses is a sign of failure* ». Dickinson, *The Economics of Socialism*, op. cit., p. 219.

[358] Il faut se rappeler ici tous les arguments critiques sur le système de bons et stimulants que nous avons exposés à la fin de la critique 7 dirigée contre le modèle classique de Lange, au chap. VI.

d'entrepreneur n'est pas nécessaire pour créer cette information. Mais, si l'on doit permettre le libre exercice de cette fonction pour que l'information apparaisse, l'établissement d'un système de bons n'a aucun sens car, tant que cette information ne sera pas apparue, on ne saura pas si l'exercice de la fonction entrepreneuriale a mené au succès ou pas. C'est là l'argument essentiel découvert et énoncé par Kirzner contre les diverses tentatives (toutes ayant échoué jusqu'ici) visant à l'établissement de systèmes de stimulants dans les pays socialistes[359]. Le succès entrepreneurial ne peut être jugé subjectivement que par l'individu qui exerce la fonction d'entrepreneur. Il est évalué globalement compte tenu, non seulement des profits financiers, mais aussi de toutes les autres circonstances subjectivement considérées comme des profits par l'acteur. Ce profit apparaît, en outre, de façon continue, variable (quant à sa quantité et à sa nature), et oriente sans cesse l'action de l'entrepreneur en lui fournissant l'information concernant la voie qu'il doit suivre. Le système de bons, au contraire, peut, tout au plus, être utile en matière de gestion, mais pas sur le plan entrepreneurial. Les bons sont accordés *a posteriori*, en fonction d'une information objective, et dans la mesure où cela a été préalablement établi ou accordé de manière totalement explicite et non équivoque. Les bons n'orientent pas l'action, car ils sont accordés de façon rigide et objective à la suite de faits qui se sont déjà produits. Et, surtout, leur concession implique un jugement interprétatif des faits n'ayant de sens que s'il est réalisé d'un point de vue entrepreneurial, mais pas s'il est la conséquence d'ordres émanant d'un organe central de planification (qui ne possède pas l'information nécessaire pour les accorder de manière non arbitraire), ou s'ils ont été préalablement établis, de manière générale, en fonction de la réalisation de certains paramètres plus ou moins mesurables.

En définitive, Dickinson ne comprend pas que le terme « *stimulants* » possède deux sens très différents l'un de l'autre. On peut concevoir, d'abord, un sens restreint, strict et pratiquement insignifiant de ce terme : il s'agirait de dessiner des mécanismes visant à ce que les agents économiques fassent un bon usage (selon la « *règle* » préétablie) *de l'information dont ils disposent déjà.* Ce n'est pas là le sens que nous donnons à ce terme depuis le début de ce livre, et qui est beaucoup plus large, précis et important pour l'économie : pour nous, les *stimulants* sont constitués par tous les objectifs que l'on peut concevoir humainement et créer *ex novo* et en fonction

---

[359] Selon Kirzner (voir la citation incluse dans la note 324 du chap. VI), « *incentives to socialist managers deny the essential role of entrepreneurial discovery* ». Voir *Discovery and the Capitalist Process*, op. cit., pp. 34-37. Don Lavoie, pour sa part, résume ainsi les arguments autrichiens contre le système socialiste de bons et stimulants : « This implies that the planning board that examines the individual profit and loss accounts must be in a position to distinguish genuine profit from monopoly gain in the standard sense. However, this evades the question under consideration, since the calculation argument contents that the planning board would lack the knowledge that decentralized initiative generates and that this knowledge is revealed only in profit and loss accounts. *There is no superior store of knowledge against which profit figures can be compared, so that the managers' remuneration can be correspondingly altered* ». Voir Don Lavoie, *Rivalry and Central Planning*, op. cit., pp. 138-139.

desquels les hommes non seulement transmettent l'information objective qu'ils possèdent déjà, mais – et c'est beaucoup plus important – font que *se crée et se découvre à tout moment l'information subjective qu'ils ne possédaient pas auparavant* et qui est indispensable pour atteindre les objectifs poursuivis. Dans un système socialiste, même si l'on peut essayer maladroitement d'implanter des « *stimulants* » au premier sens du terme, l'établissement de stimulants au second sens du terme, sens large et véritable, est impossible par définition, car l'appropriation libre et totale des objectifs ou résultats de l'activité entrepreneuriale de chacun est interdite.

Parallèlement, Dickinson propose aussi que l'on accorde des bons ou stimulants pour l'expérimentation et l'innovation technologique, comme si l'organe central de planification pouvait posséder la quantité et la qualité d'information nécessaires pour pouvoir juger quels projets valent la peine d'être financés ou pas, et quels résultats de l'expérimentation on considère avoir été un succès ou pas. Mais, selon Don Lavoie, « *the idea of specified incentives as a deliberate planning device is contradictory to the idea of experimentation as a genuinely decentralized discovery procedure. If the central planning board does not have the knowledge necessary to differentiate bold initiative from reckless gambling, it could not allocate incentives among managers to encourage the one and discourage the other* »[360]. Ce même problème réapparaît de façon inexorable et identique chez les gouvernements occidentaux qui prétendent « *stimuler* », par des subventions et autres aides étatiques, tant la recherche scientifique que le développement culturel et artistique. Dans tous ces cas, les organes correspondants de l'Administration finissent par accorder les aides, subventions ou stimulants de manière purement arbitraire ; et, conformément aux prédictions de l'Ecole du Choix Public et faute de meilleurs critères, ils accordent les aides par copinage, en raison d'influences politiques, etc., et échouent lamentablement à encourager l'innovation technologique ou le développement culturel ou artistique de véritable qualité.

Dickinson tombe de manière implicite et explicite, en traitant de la fonction entrepreneuriale, dans les hypothèses d'information complète, de société statique et d'absence de changements qui transforment tous les problèmes économiques en questions purement techniques résolubles par de simples gérants ; points de vue que nous avons tant critiqués dans ce livre, et qui montrent l'incapacité de notre auteur à affronter le problème du calcul économique dans les économies socialistes. Car, ainsi que le dit Mises, « *the capitalist system is not a managerial system ; it is an entrepreneurial system* »[361], Dickinson faisant partie de ceux qui confondent la fonction

[360] « *L'idée d'établir des stimulants spécifiques comme instrument de planification est contradictoire avec l'idée de l'expérimentation comme processus de découverte véritablement décentralisé. Si l'organe central de planification n'a pas la connaissance nécessaire pour distinguer les initiatives hardies des paris téméraires, il ne pourra pas assigner de stimulants parmi les gérants pour encourager les unes et empêcher les autres* ». Don Lavoie, *Rivalry and Central Planning*, op. cit., p. 139.

[361] « *Le système capitaliste n'est pas un système de gestion, mais un système entrepreneurial* ». Ludwig von Mises, *Human Action*, op. cit., p. 708. Mises ajoute à la p. 709 que « *one cannot play speculation and investment. The speculators and investors expose their*

d'entrepreneur et celle de gestionnaire et qui ne peuvent, donc, pas voir le véritable problème économique.

Il est, enfin, curieux de constater la naïveté de Dickinson qui croit que son système permettrait d'établir, pour la première fois dans l'histoire de l'humanité, un « *individualisme* » et une « *liberté* » vraiment effectifs ; c'est-à-dire une espèce de « *socialisme libertaire* » d'un grand « *attrait* » intellectuel[362]. Cependant, l'énorme pouvoir que devrait avoir l'organe central de planification dans le modèle de Dickinson, de même que l'arbitraire, la manipulation de la propagande et l'impossibilité de mener à bien le calcul économique feraient de son système socialiste un système, pour le moins, très autoritaire : la liberté individuelle souffrirait sévèrement et les possibilités de fonctionnement d'un système vraiment démocratique seraient nulles. Dickinson lui-même reconnaît, en outre (et l'affirmation est si grave qu'on doit la reproduire littéralement), que « *in a socialist society the distinction, always artificial, between economics and politics will break down ; the economic and the political machinery of society will fuse into one* »[363]. Comme l'a montré Hayek[364], cette affirmation de Dickinson résume l'une des doctrines préconisées avec la plus grande véhémence par nazis et fascistes. S'il n'y a pas lieu de distinguer le politique de l'économique, une échelle unique de valeurs devra s'imposer dans tous les aspects de la vie humaine à tous les agents et membres de la société ; cela ne pourra, naturellement, se faire qu'en utilisant de façon généralisée la force et la coercition. Le « *politique* » se rapporte, justement, toujours à la coercition, à la force et au commandement institutionnels et systématiques (c'est-à-dire au *socialisme*, tel que nous l'avons décrit dès le début de ce livre), alors que l' « *économique* » se rapporte au contrat volontaire, au libre exercice de la fonction d'entrepreneur et à la poursuite pacifique, par tous les individus, de leurs objectifs les plus variés dans un contexte juridique d'échange et de coopération. La grande merveille de la vie dans une société capitaliste animée par la force de l'esprit d'entreprise réside en ceci : chaque personne ou agent économique apprend à discipliner et à modifier volontairement son comportement en fonction des besoins et désirs des autres, chacun poursuivant les objectifs les plus variés, riches et imprévus. C'est là quelque chose que Dickinson ne voulut ni ne sut jamais comprendre.

---

own wealth, their own destiny... If one relieves them of this responsibility, one deprives them of their very character. They are no longer businessmen, but just a group of men to whom the director has handed over his main task, the supreme direction of economic affairs. Then they – and not the nominal director – become the true directors and have to face the same problem the nominal director could not solve: the problem of calculation ».

[362] Dickinson, *The Economics of Socialism*, op. cit., p. 26.

[363] « *Dans une société socialiste, la distinction toujours artificielle entre l'économique et le politique disparaîtrait, les appareils politique et économique de la société se fondraient en un seul* ». Dickinson, *The Economics of Socialism*, op. cit., p. 235.

[364] F. A. Hayek, « Socialist Calculation III : The Competitive Solution », dans *Individualism and Economic Order*, op. cit., pp. 206-207.

L'apport d'Abba Ptachya Lerner au débat

Les apports de Lerner au débat ne prirent pas la forme de réponses explicites faites aux livres et articles de Mises ou d'Hayek. Ils furent recueillis, au contraire, dans une série d'articles qu'il publia dans les années 30 et où il commentait et critiquait les propositions des autres théoriciens socialistes intervenus dans le débat, en particulier celles de Lange, Durbin, Dickinson et Dobb[365]. Plus tard, Lerner inclut une série de commentaires importants concernant le sujet qui nous occupe dans son livre *The Economics of Control* (L'économie du contrôle), publié en 1944[366].

Lerner prétend affronter, dans ses articles, non seulement les problèmes de statique, mais aussi les problèmes « *dynamiques* » que pose l'économie socialiste. Il mentionne, en outre, expressément[367], dans son livre *The Economics of Control,* que la planification totale exigerait une connaissance centralisée de la situation de chaque usine, des modifications quotidiennes que subissent l'offre et la demande, ainsi que de l'évolution des connaissances techniques dans toutes les branches de la production ; or il est inconcevable de supposer qu'un organe central de planification puisse l'acquérir, en sorte que la seule solution est de recourir au « *mécanisme* » des prix. Cependant, et malgré ces observations, l'apport de Lerner continue de reposer implicitement et explicitement, comme ceux des autres théoriciens du socialisme de marché, sur l'hypothèse que toute l'information nécessaire pour mener à bien sa proposition devrait être disponible. En sorte que Lerner fut lui aussi incapable de répondre au défi de Mises et d'Hayek et, donc, de résoudre le problème du calcul économique socialiste. On constate même que Lerner fut le représentant le plus extrémiste s'agissant de défendre le modèle de l'équilibre comme fondement « *théorique* » pour le socialisme et d'ignorer et repousser la nécessité de l'étude des problèmes véritablement intéressants que pose l'action entrepreneuriale. Examinons trois exemples concrets qui illustrent très clairement cette position typique de Lerner.

Nous devons citer, en premier lieu, l'analyse critique que fait Lerner des règles de coûts énoncées avant lui par les divers théoriciens du socialisme de marché, en général, et par Taylor, Lange et Durbin, en particulier. Il critique, en effet, l'utilisation que fait Taylor du principe d'égalisation du prix aux coûts moyens totaux. Il critique aussi l'optique des règles de Lange, car elles essaient de simuler davantage le « *mécanisme* » du marché que l'état final

---

[365] Les articles les plus importants de Lerner pour le débat sur le calcul économique socialiste sont les suivants : « Economic Theory and Socialist Economy », *Review of Economic Studies*, n°2, octobre 1934, pp. 51-61 ; « A Rejoinder », *Review of Economic Studies*, n°2, février 1935, pp. 152-154 ; « A Note on Socialist Economics », *Review of Economic Studies*, n° 4, octobre 1936, pp. 72-76 ; « Statics and Dynamics in Socialist Economics », *Economic Journal*, n° 47, juin 1937, pp. 253-270 ; et « Theory and Practice of Socialist Economies », *Review of Economic Studies*, n° 6, octobre 1938, pp. 71-75.

[366] Abba P. Lerner, *The Economics of Control. Principles of Welfare Economics*, Macmillan, New York 1944. Traduction espagnole de Edmundo Flores publiée par le Fondo de Cultura Económica à Mexico en 1951 sous le titre *Teoría Económica del Control. Principios de Economía del Bienestar.*

[367] A. P. Lerner, *The Economics of Control*, op. cit., p. 119.

vers lequel tend celui-ci. Il se montre particulièrement critique à propos de l'application des règles de Durbin qui, d'après lui, supposent un retour au principe pratique de l'établissement des prix en fonction des coûts moyens, puisqu'elles exigent des gérants la production du volume le plus élevé compatible avec l'obtention d'un niveau « *normal* » de profits[368].

Selon Lerner, l'important n'est pas tant de trouver une règle pratique que de poursuivre directement l'objectif final du système socialiste ; celui-ci ne sera atteint que si aucun facteur ou ressource n'est utilisé pour produire un bien ou service en négligeant la production d'autres de valeur plus élevée. Cela ne peut s'obtenir qu'en ordonnant aux gérants d'égaliser, dans tous les cas, les prix et les coûts marginaux (CM=P) ; principe qui, même s'il coïncide avec celui de la deuxième règle de Lange, doit être poursuivi de façon exclusive et sans l'obsession que Lange avait, d'après Lerner, de simuler le fonctionnement d'un marché concurrentiel. Il n'est pas nécessaire d'après Lerner, d'insister, comme le fait Durbin, sur le fait que les gérants obtiennent des profits « *normaux* », puisque de tels profits ne sont qu'une manifestation ou symptôme d'une situation d'équilibre statique, et ce dont le système socialiste a réellement besoin c'est d'un guide pour l'assignation des ressources productives dans un monde « *dynamique* ». On voit donc que la soi-disant « *analyse dynamique* » de Lerner se limite à essayer de chercher une règle qui soit applicable, à son avis, à toutes les circonstances quotidiennes de l'économie socialiste. Cependant, et paradoxalement, la solution de Lerner est aussi statique que celles proposées par Durbin, Lange ou Dickinson. Il faut, donc, rappeler ici toute la critique détaillée que nous avons faite de la règle d'établissement des prix en fonction des coûts marginaux. Il suffit de répéter que les coûts marginaux n'ont pas un caractère « *objectif* », en ce sens qu'ils seraient donnés et pourraient être observés sans erreur par un tiers. Ils constituent, au contraire, une information typiquement entrepreneuriale, qui se crée de manière subjective, dispersée, tacite, pratique et inexprimable dans l'esprit de ceux qui exercent librement leur action humaine ou fonction d'entrepreneur ; en sorte qu'on ne peut pas supposer que l'information relative aux coûts soit créée ou découverte par des gérants qui, la propriété privée des moyens de production ayant été éliminée, ne peuvent exercer librement leur fonction d'entrepreneur. On peut encore moins supposer qu'une telle information puisse être transmise à l'organe central de planification et que celui-ci soit, en quelque sorte, capable de contrôler que les responsables des différentes industries appliquent la norme (CM=P).

---

[368] Tibor Scitovsky, « Lerner's Contribution to Economics », *Journal of Economic Literature,* décembre 1984, vol. XXII, n°4, pp. 1547-1571, et en particulier la p. 1552. Scitovsky fait un résumé du débat sur le calcul économique socialiste et l'intervention de Lerner (p. 1551), qui montre son incompréhension du contenu de ce débat et prouve aussi qu'il n'a utilisé que certaines sources secondaires dont les références ne correspondent pas à la façon dont les évènements évoluèrent réellement. Il est très décevant que certains économistes distingués écrivent encore à l'heure actuelle ces choses-là. Sur Lerner, il est également intéressant de consulter l'introduction de Karen Vaughn au livre de T. J. B. Hoff, *Economic Calculation in the Socialist Economy*, op. cit., p. xxiv-xxvi, et le chap. 12 de ce même livre, pp. 224-236.

Deuxièmement, Lerner s'aperçoit que les prix importants à prendre en compte dans sa règle (CM=P) ne sont pas les prix « *présents* » (ou qui sont apparus sur le marché, même récemment), mais les prix futurs tels que les agents économiques les attendent (« *expected future prices* »)[369]. Par conséquent, et suivant cette observation, la règle essentielle de Lerner doit être établie de façon à ce que chaque gérant égalise prix et coûts marginaux d'après ses propres *perspectives.* Or, non seulement il est impossible que ces perspectives se manifestent si les gérants ne peuvent pas exercer librement leur fonction d'entrepreneurs (en raison de l'absence de propriété privée des moyens de production), mais aussi il devient théoriquement impossible qu'un inspecteur bureaucratique membre de l'organe central de planification puisse vérifier objectivement si la règle est ou pas respectée (si chaque agent agit ou non correctement « *selon ses propres perspectives* »). Lerner a donc l'intuition d'une idée fondamentalement correcte, mais ne se rend pas compte qu'elle démolit sa proposition et la transforme en une absurdité complète.

D'autre part et troisièmement, Lerner considère que la question de savoir si l'organe central de planification pourra estimer plus exactement ou moins exactement que les entrepreneurs agissant dans une société concurrentielle les coûts marginaux espérés dans le futur, est de type « *sociologique* » ou « *pratique* » et que, par conséquent, elle n'est pas du domaine de la « *théorie économique* »[370]. Il critique même expressément la tentative de Durbin d'analyser les effets pratiques que le socialisme aurait sur les stimulants et la façon d'agir des gérants dans le système socialiste : il signale ironiquement que Durbin tentait ainsi de résoudre un problème qui n'avait rien à voir avec celui de la possibilité théorique du calcul économique dans les économies socialistes[371]. Il est évident que celui qui répond à une question erronée et, en outre, avec un outillage analytique et des conclusions « *théoriques* » inadéquates pour affronter le problème posé par Mises et Hayek sur l'impossibilité du calcul économique rationnel dans un système socialiste, est Lerner lui-même. Ayant recours, en effet, à un système hypothétique dans lequel on apprend aux agents économiques à agir d'une certaine manière, sans nullement essayer de savoir s'ils en seront ou non capables en se fondant sur l'information qu'ils peuvent créer et sur les stimulants qu'ils ont pour ce faire, on exclut délibérément les problèmes théoriques importants et on se réfugie dans le nirvana aseptique de l'équilibre général et de l'économie du bien-être.

L'obsession de Lerner pour l'équilibre et la statique est particulièrement manifeste dans sa critique à Oskar Lange, dont il considère qu'il essaie

---

[369] Abba P. Lerner, « Statics and Dynamics in Socialist Economics », op. cit., p. 253, pp. 269-70.

[370] Lerner affirme : « *the question is then the sociological one, whether the socialist trust is able to estimate this future value more accurately or less accurately than the competitive owner of the hired instrument, and here we leave pure economic theory* ». Voir *Statics and Dynamics in Socialist economics*, op. cit., p. 269

[371] Lerner compare, en effet, ironiquement Durbin à ce « *shoolboy in the examination room who wrote 'I do not know the social effects of the French Revolution, but the following were the kings of England'* » (« A Rejoinder », op. cit., 1938, p. 75).

inutilement de reproduire ou simuler les mécanismes de la concurrence, alors qu'à son avis la question véritablement importante est d'établir les conditions nécessaires pour définir l' « *idéal socialiste* » du point de vue de l' « *économie du bien-être* », indépendamment de la méthode utilisée pour atteindre à cet idéal. En effet, il ne s'agit même plus d'établir un modèle de concurrence « *parfaite* » (quoique ce modèle de « *concurrence* » n'ait rien à voir avec la concurrence existant entre les entrepreneurs dans la vie réelle), mais l'important est de définir aussi clairement que possible la situation du nirvana ou « *paradis* » qui décrit l' « *économie du bien-être* », en laissant à la sociologie, la psychologie et la politique la découverte des systèmes pratiques les plus adaptés pour atteindre, à l'aide de la coercition, un tel « *paradis* »[372]. Lerner insiste, donc, sur le fait suivant : plutôt que simuler un système de « *concurrence parfaite en équilibre* », à l'aide de la méthode d'essai et erreur ou de toute autre, il faut essayer d'atteindre *directement* l'optimum social, en donnant des instructions aux gérants pour qu'ils égalisent prix et coûts marginaux.

De tous les théoriciens analysés jusqu'ici, Lerner est peut-être le plus touché par l'hypnotisme du modèle néo-classique de l'équilibre général et de l'économie du bien-être ; à tel point qu'il considère hors du domaine de la « *théorie* » toute analyse qui ne tienne pas compte des hypothèses, implications et exposé formel de l'économie du bien-être. Cela explique qu'il préconise exclusivement et avec insistance que les gérants des entreprises apprennent à obéir aux principes de l'économie du bien-être. C'est précisément dans ce but qu'il écrivit en 1944 son *Economics of Control* comme manuel pratique d'interventionnisme ou livre de recettes de l'économie néo-classique de l'équilibre et du bien-être, afin qu'il soit utilisé directement, dans la pratique de l'ingénierie sociale, par les bureaucrates de l'organe central d'intervention ou planification et facilite leur « *tâche ardue* », consistant à exercer une contrainte systématique sur le reste de la société en matière économique[373].

---

372 Lerner écrivit, en effet, à la p. 74 de l'article précité « A Note on Socialist Economics », paru en 1936 : « Methodologically my objection is that Dr. Lange takes the state of competitive equilibrium as his *end*, while in reality it is only a *means* to the end. He fails to go behind perfect competitive equilibrium and to aim at what is really wanted. Even though it be true that if the state of classical static perfectly competitive equilibrium were reached and maintained in its entirety the social optimum which is the *real* end would thereby be attained, *it does not follow that it is by aiming at this equilibrium that one can approach most nearly the social optimum that is desired* ».

373 Son développement de la théorie du « *spéculateur productif* », dont la fonction serait bénéfique et devrait être préservée dans une économie « *contrôlée* », est une preuve supplémentaire du caractère statique de l'analyse de Lerner, en ce sens qu'elle présuppose que l'organe d'intervention ou planification dispose de toute l'information nécessaire pour agir » ; ce spéculateur est à distinguer du spéculateur « *monopoliste ou agressif* » dont la fonction doit être neutralisée par le mécanisme que Lerner appelle de « *contre-spéculation* » (voir *The Economics of Control*, op. cit., pp. 69-70). Ce que Lerner ne dit pas c'est que, la distinction qu'il essaie de créer se fondant entièrement sur les motifs subjectifs de l'activité spéculative entreprise, il est impossible de faire la différence entre les deux types de spéculation, car il n'existe aucun critère objectif et sûr permettant de décrire et d'interpréter les motivations

Lerner ne comprend pas qu'en raisonnant de la sorte il tombe dans le piège qu'il a lui-même construit. La merveilleuse urne de cristal de l'économie du bien-être le maintient, en effet, parfaitement isolé des problèmes économiques réels que pose le socialisme et lui permet de « *s'immuniser* » totalement (c'est, du moins, ce qu'il croit) contre les critiques théoriques formulées par Mises et Hayek. Mais, en réalité, l'urne de cristal n'est pas transparente, elle est opaque ; en sorte que Lerner ne dispose pas de l'outillage analytique nécessaire non seulement pour résoudre les problèmes économiques importants, mais même pour pouvoir les apprécier. L'isolement dans le paradigme de l'économie du bien-être est si profond que Lerner considère que les différences se manifestant dans le monde réel par rapport au modèle d'équilibre de « *concurrence parfaite* » sont un net « *défaut* » ou « *erreur* » du système capitaliste (que le socialisme est capable, au moins potentiellement, de corriger par la force), plus qu'un défaut de l'outillage analytique du modèle. Autrement dit, si le monde ne se comporte pas comme le décrit la théorie du nirvana, détruisons le monde et construisons le nirvana, mais n'essayons jamais de corriger la théorie pour essayer de comprendre et d'expliquer le fonctionnement et la nature de ce qui se passe réellement dans le monde[374]. Par conséquent, l'on peut parfaitement appliquer à Lerner la critique que fait Tadeusz Kowalik de Lange[375], lorsqu'il considère que celui-ci manque de l'outillage analytique

---

subjectives humaines. Comme l'a montré Murray N. Rothbard dans son analyse du monopole incluse dans son ouvrage *Man, Economy, and State* (Nash Publishing, Los Angeles, 1972, vol. II, chap. 10, pp. 586-620, traduction espagnole de cet article par Carmen Liaño, intitulée « Lo ilusorio del precio de monopolio » et publiée dans le vol I des *Lecturas de Economía Política*, Jesús Huerta de Soto (éd.), op. cit., pp. 181-211), la distinction entre prix de « *concurrence* » et prix de « *monopole* » est théoriquement absurde, car les seconds étant déterminés en fonction des premiers, et les hypothétiques prix d'équilibre dans un marché de « *concurrence parfaite* » n'étant pas connus dans la vie réelle, il n'existe aucun critère théorique objectif pour déterminer si l'on se trouve ou pas face à une situation de monopole. En outre, comme l'a montré Kirzner (*Competition and Entrepreneurship*, op. cit., chap. 3, pp. 88-134), le problème de la « *concurrence* » *vs* le « *monopole* », l'un et l'autre étant pris dans leur sens statique de situations ou modèles d'équilibre, est un problème insignifiant, car ce qui est théoriquement important est d'analyser s'il existe ou non un *processus réel* animé par la force entrepreneuriale de nature concurrentielle et s'exerçant sans restrictions de type gouvernemental, indépendamment du fait que le résultat de la créativité entrepreneuriale paraisse parfois se matérialiser dans des situations « *monopolistes* » ou « *oligopolistes* ».

[374] Voir à ce sujet le commentaire de Don Lavoie à la p. 129 (note 8) de son *Rivalry and Central Planning*, et qui a trait à l'article de Lerner « The Concept of Monopoly and the Measurement of Monopoly Power », *Review of Economic Studies*, 1934, nº 1, pp. 157-175. Et mon article « La Crisis del Paradigma Walrasiano », publié dans *El País*, Madrid, 17 décembre 1990, p. 36.

[375] Kowalik nousdit, en effet, qu'il reçut, à la fin de la vie de Lange, une lettre de lui datée du 14 août 1964 ; Lange y indiquait que « what is called optimal allocation is a second-rate matter, what is really of prime importance is that of *incentives for the growth of productive forces* (accumulation and progress in technology) ; this is the true meaning of so to say 'rationality' ». Et Kowalik déclare que « *it seems that he must have lacked the indispensable tools to solve this question or even to present it in detail* ». Voir l'article de Kowalik sur « *Lange-Lerner Mechanism* », publié dans le vol. III de *The New Palgrave. A Dictionary of*

nécessaire non seulement pour résoudre le problème du calcul économique socialiste, mais même pour comprendre et analyser en détail les problèmes économiques réellement importants[376].

Economics, op. cit., p. 131. D'autre part, et comme l'indique Kowalik, il semble que Lange ait été d'accord à certains moments avec les conclusions de Lerner. Il écrivit, en effet, dans son ouvrage « The Economist Case for Socialism », paru en 1938, et inclus dans la version espagnole du livre édité par Lippincot (p. 110 et 116 de la version espagnole de *Sobre la Teoría Económica del Socialismo)* : « The really important point in discussing the economic merits of socialism is not that of comparing the equilibrium position of a socialist and of a capitalist economy with respect to social welfare. Interesting as such a comparison is for the economic theorist, it is not the real issue in the discussion of socialism. The real issue is *whether the further maintenance of the capitalist system is compatible with economic progress »*. Lange ne croyait pas, en effet, que le système capitaliste puisse maintenir le rythme de croissance économique et d'innovation technologique dont il avait fait montre depuis la révolution industrielle jusqu'à la Grande Dépression. Il aurait difficilement cru qu'un peu plus d'une génération après sa mort le problème économique fondamental ferait un virage à plus de 180 degrés, lorsqu'il s'avéra que c'était le système socialiste, et non le capitaliste, qui n'était compatible ni avec le progrès économique ni avec l'innovation technologique (sans parler de ses autres incompatibilités évidentes avec la liberté et la démocratie).

[376] Le cas de Milton Friedman est curieux, car il s'agit d'un auteur dont l'outillage analytique est celui d'un économiste de l'équilibre lié au paradigme néo-classique moderne et qui est, cependant, un ardent défenseur de l'économie capitaliste face aux systèmes socialistes. Cela fait que les études théoriques critiques du socialisme de Milton Friedman soient incapables d'apprécier le cœur du défi théorique posé par Mises (qu'il ne cite pratiquement jamais et méprise souvent) et d'expliquer l'essence théorique de l'impossibilité du calcul économique socialiste. Friedman manque, en effet, d'une théorie élaborée de la fonction d'entrepreneur et, donc, du fonctionnement des processus dynamiques se produisant dans le marché et qui sont toujours suscités par celle-ci. C'est pourquoi ses « *analyses critiques* » du socialisme ne sont qu'un amalgame d'anecdotes empiriques, concernant des interprétations de ce qui se passe dans le monde socialiste réel, ou de vagues observations sur le problème que pose l'absence de « *stimulants* » (entendus dans le sens « *strict* » que nous avons tant critiqué à propos de Dickinson) dans les économies socialistes. La preuve palpable des insuffisances analytiques de Friedman dans ce domaine est son ouvrage *Market or Plan ?*, publiée par le Center for Research into Communist Economies, Londres 1984. Friedman affirme même, dans ce bref travail, à propos des écrits de Lange, en général, et, en particulier, du livre de Lerner *The Economics of Control,* qu'il s'agit d'« *an admirable book that has much to teach about the operation of a free market ; indeed, much more, I believe, than about their actual objective, how to run a socialist state* » (op. cit. p. 12). Il ne se rend pas compte que si les travaux de Lerner et de Lange sont sans intérêt pour l'établissement des fondements théoriques d'un système socialiste, cela est dû précisément à son incompréhension profonde du fonctionnement réel du système capitaliste. Ou, autrement dit, si Mises et Hayek surent construire tout une théorie sur l'impossibilité du socialisme, ce fut, précisément, en raison de leur profonde connaissance théorique du fonctionnement réel du système capitaliste. Nous craignons, donc, fort que les éloges de Friedman du livre de Lerner ne prouve la pauvreté théorique, chez Friedman, de sa conception des processus dynamiques du marché suscités par la fonction d'entrepreneur. Et l'auteur objective, en outre, inutilement le système de prix en le considérant comme un merveilleux « *transmetteur* » d'information, apparemment objective, et le « *stimulant* » nécessaire pour utiliser celle-ci correctement. Il n'a pas compris que le problème n'était pas là. Que les prix ne « *créent* » ni ne « *transmettent* » d'information, mais que ces fonctions ne peuvent être remplies que par l'esprit humain dans le contexte d'une

action entrepreneuriale. Et que la merveille du marché n'est pas que le système de prix agisse « *efficacement* » en transmettant de l'information (Friedman, op. cit., pp. 9-10). La merveille du marché consiste en ce qu'il est un processus qui, mû par la force entrepreneuriale innée de chaque individu, crée constamment de l'information nouvelle, à la lumière des objectifs nouveaux que chacun se fixe et qui, en collaboration avec d'autres individus, conduit à un processus coordinateur par lequel nous apprenons inconsciemment à ajuster notre comportement en fonction des objectifs, désirs et circonstances des autres. Autrement dit, les prix, plutôt que de transmettre de l'information, créent des occasions de gain dont profite la fonction entrepreneuriale, qui est celle qui crée et transmet de l'information nouvelle et coordonne tout le processus social. Friedman considère (p. 14), enfin, que le problème fondamental dans un système socialiste est de contrôler si les agents économiques respectent les « *règles* » préétablies. Le problème n'est pas là ; le problème fondamental, nous le savons, est que, dans un système ignorant le libre exercice de la fonction d'entrepreneur, l'information nécessaire pour permettre, au moment de la prise de décisions, le calcul économique rationnel et le processus coordinateur ne peut pas se créer. Friedman n'évoque que deux fois et, très superficiellement, le problème économique fondamental expliqué ici, mais en lui donnant une importance secondaire et sans l'analyser en détail ni étudier toutes ses implications. Il fait allusion, à un moment donné, à la difficulté, pour l'organe central de planification, d'obtenir l'information nécessaire pour contrôler les gérants (p. 14), quoiqu'il ne se rende pas compte qu'une telle information ne serait même pas créée au niveau des gérants. Et dans le compte rendu qu'il publia du livre de Lerner *The Economics of Control* (*Journal of Political Economy,* n° LV, octobre 1947, pp. 405-416 ; traduction espagnole de Raimundo Ortega Fernández intitulée « Lerner y la Economía de Control », publiée comme chap. XI dans le livre *Ensayos sobre Economía Positiva*, de Milton Friedman, Editorial Gredos, Madrid, 1967), il reproche vaguement à Lerner, en étudiant les « *mécanismes institutionnels pour obtenir un optimum* », de n'avoir pas considéré que les profits supposent un « *critère de comportement, et servent à déterminer la capacité de l'entrepreneur en matière de ressources* » (voir p. 286 de l'édition espagnole précitée) ; mais Friedman n'a jamais su, ni à cette occasion ni dans d'autres, expliquer pourquoi le fonctionnement du système proposé par Lange et Lerner etait théoriquement impossible. C'est pourquoi il se réfugie souvent dans les implications non économiques (sur la liberté personnelle et de type politique et éthique) des réformes institutionnelles proposées par les systèmes socialistes, et sa critique théorique du socialisme est très faible. Ce long commentaire était nécessaire car on assimile souvent Friedman à Mises et à Hayek, considérant qu'ils appartiennent à la même école ; cela a créé un profonde confusion entre les économistes occidentaux et des pays de l'Est qui, n'ayant pas étudié le problème à fond, n'ont pas encore apprécié les différences profondes et radicales de paradigme théorique existant entre le premier et les autres. La critique faite à Friedman est applicable, de façon générale, aux autres théoriciens de l'Ecole de Chicago qui, obsédés par l'empirisme et axés sur un équilibre objectiviste fantasmagorique (d'origine ricardienne et marshallienne), ne conçoivent pas qu'il y ait, dans le marché, des problèmes d'information autres que celui constitué par les « *coûts de transaction* » élevés de son obtention. C'est une erreur, car cela suppose implicitement que l'acteur soit capable d'évaluer *a priori* les coûts et profits attendus de son processus de recherche d'information, c'est-à-dire que cela suppose une absurde contradiction : à savoir que l'acteur sache *a priori* ce que va valoir l'information qu'il ne connaît pas encore. Il devient ainsi impossible de comprendre la nature de la fonction d'entrepreneur et ses implications théoriques pour l'économie. Les erreurs de l'Ecole de Chicago remontent à Frank H. Knight, pour qui « *socialism is a political problem, to be discussed in terms of social and political psychology, and economic theory has relatively little to say about* » (Frank H. Knight, « Review of Ludwig von Mises' *Socialism* », *Journal of Political Economy,* n° 46, avril 1938, pp. 267-268. Rothbard a brillamment expliqué que cette erreur de conception venait non seulement de

2. « SOCIALISME DE MARCHE » : L'IMPOSSIBLE QUADRATURE DU CERCLE

L'on peut conclure, à partir de cette analyse des propositions de Lange et des autres « *socialistes de marché* » de son école[377], qu'il n'y a, théoriquement et pratiquement, que deux possibilités : soit la fonction entrepreneuriale peut être exercée en toute liberté (dans un contexte de reconnaissance et défense de la propriété privée des moyens de production, et sans autre limitation que le minimum de normes traditionnelles de droit pénal et privé nécessaires pour éviter l'agression systématique contre l'action humaine et la violation des contrats) ; soit l'on soumet la fonction entrepreneuriale à la contrainte systématique et générale dans des domaines plus ou moins étendus du marché et de la société, et, en particulier, on empêche la propriété des moyens de production. On ne peut pas, dans ce cas, exercer librement la fonction d'entrepreneur dans les domaines sociaux concernés, et en particulier dans celui des moyens de production ; ce qui rend, dans tous ceux-ci, le calcul économique rationnel inexorablement impossible, ainsi que nous l'avons expliqué dans notre analyse. Comme nous l'avons démontré, le second système empêche la coordination sociale et le calcul économique, qui ne peuvent exister que dans un régime de liberté totale pour l'exercice de l'action humaine. Ce que les « *socialistes de marché* » ont prétendu élaborer est une « *synthèse théorique* » fantasmagorique, dans laquelle, tout en établissant un système socialiste (caractérisé par la coercition systématiquement exercée contre l'action humaine et par la propriété publique des moyens de production), on maintienne cependant l'existence d'un « *marché* ». Ils se refusent obstinément, pour des raisons idéologiques, romantiques, éthiques ou politiques, à abandonner le socialisme et, très frappés par les critiques de Mises et d'Hayek, prétendent réintroduire le marché dans leurs schémas, dans le vain espoir de combiner « *le meilleur des deux mondes* » et de rendre leur idéal plus populaire et attrayant.

Mais ce que les socialistes ne veulent pas comprendre c'est qu'il suffit de restreindre violemment la liberté d'agir dans n'importe quel domaine social pour que le marché, l'institution sociale par excellence, cesse de fonctionner comme coordinateur et ne crée pas l'information pratique nécessaire pour permettre le calcul économique. Ce que les « *socialistes de marché* » ne comprennent pas, en somme, c'est qu'on ne peut pas exercer impunément la

---

l'obsession, mentionnée plus haut, pour l'équilibre, mais aussi de l'absence d'une véritable théorie du capital, car l'Ecole de Chicago l'a toujours considéré, à l'instar de J. B. Clark, comme un fonds mythique dépourvu de structure temporelle, et se reproduisant de lui-même automatiquement, en marge de toute décision humaine de type entrepreneurial. Voir Murray N : Rothbard, « The End of Socialism and The Calculation Debate Revisited », *The Review of Austrian Economics*, vol. 5, n° 2, 1991, pp. 60-62.

[377] Peu après les apports de Lange et Lerner, en 1948, James E. Meade publia son livre *Planning and the Price Mechanism. The Liberal-Socialist Solution* (George Allen and Unwin, Londres, 1948), où il fait entrer un type d'analyse et de propositions très semblables à celles de Lange et Lerner, et que nous devons donc considérer comme appartenant au même groupe que celui analysé dans le texte principal.

violence systématique contre l'essence la plus profonde de l'individu : sa capacité à agir librement en toute circonstance concrète de temps et de lieu.

Ou, du moins, les « *socialistes de marché* » ne l'ont pas compris jusqu'ici. Parce que, récemment, Brus et Laski (qui se sont eux-mêmes baptisés « ex réformateurs naïfs », anciens partisans du « *socialisme de marché* »), ont fini par adopter, à l'instar de Temkin, les paroles suivantes de Mises : « What these neosocialists suggest is really paradoxical. They want to abolish private control of the means of production, market exchange, market prices and competition. But at the same time they want to organize the socialist utopia in such a way that people could act as if these things were still present. They want people to play market as children play war, railroad, or school. They do not comprehend how such childish play differs from the real thing it tries to imitate… *A socialist system with a market and market prices is as self contradictory as is the notion of a triangular square.* » Ou, comme a conclu récemment Anthony de Jasay, dans le même sens que Mises : parler de « *socialisme de marché* » est aussi contradictoire que parler de « *neige chaude, de catin vierge, de squelette obèse ou de carré circulaire* »[378].

Pour comprendre comment cette obsession pour atteindre la « *quadrature du cercle* » qu'implique tout « *socialisme de marché* » a pu susciter intérêt et effort sur le plan scientifique, il faut considérer les trois raisons suivantes : premièrement, la forte motivation politico-idéologique, que nous avons même qualifiée d'obstinée, et qui pousse à ne pas abandonner l'idéal socialiste, pour des raisons passionnelles, romantiques, éthiques ou politiques ; deuxièmement, l'utilisation du modèle néo-classique de l'équilibre, qui décrit le fonctionnement réel du marché capitaliste de façon très limitée, pauvre et confuse, et qui, supposant que l'information nécessaire est disponible, suggère qu'un système socialiste pourrait fonctionner avec les mêmes prémisses théoriques que le modèle statique ; et, troisièmement, la renonciation expresse à l'analyse théorique (et même sa condamnation) du fonctionnement réel de l'action humaine dans des contextes où la propriété privée des moyens de production n'existe pas, sous prétexte que les considérations sur les stimulants et motivations sont « *étrangères* » au domaine de la « *théorie* » économique.

---

[378] Wlodzimierz Brus et Kazimierz Laski, *From Marx to the Market. Socialism in Search of an Economic System*, op. cit., pp. 167-168. La citation est de Mises, *Human Action*, op. cit., pp. 706-707 et 710 : « *Ce que ces néo-socialistes suggèrent est réellement paradoxal. Ils veulent abolir le contrôle privé des moyens de production, les échanges volontaires dans le marché, les prix de marché et la concurrence. Mais ils veulent en même temps organiser l'utopie socialiste comme si ces choses continuaient à être présentes. Ils veulent que les gens jouent au marché comme les enfants jouent à la guerre, au train, à l'école. Ils ne comprennent pas combien ces jeux d'enfants diffèrent des institutions réelles qu'ils essaient d'imiter… Un système socialiste avec marché et prix de marché est aussi contradictoire que la notion d'un carré triangulaire'* ». Joaquín Reig Albiol a traduit cette citation de façon élégante aux pp. 1.025 et 1.029 de sa version espagnole de la *Acción Humana,* op. cit. La citation D'anthony de Jasay est de *Market Socialism : A Scrutiny. This Square Circle*, cit., p. 35 : « *… an open contradiction in terms, much like hot snow, wanton virgin, fat skeleton, round square* ».

Quelques autres auteurs socialistes proposent, tout au plus, l'introduction de « *bons* » ou « *stimulants* » qui simulent maladroitement les profits entrepreneuriaux du marché, sans arriver à comprendre (et s'il en est ainsi avec les économistes, que n'en sera-t-il pas des non experts en la matière ?) pourquoi les gérants n'agiraient pas, dans le socialisme, comme le font les entrepreneurs dans une économie de marché, si on leur en donne la consigne, ou d' « *agir de façon coordonnée* », ou « *en fonction du bien commun* », etc. Ces théoriciens ne comprennent pas que les directives générales, si bien intentionnées soient-elles, ne servent à rien lors de la prise de décisions concrètes face aux problèmes spécifiques se présentant dans des circonstances déterminées de temps et de lieu. Que si nous nous contentions d'obéir à la consigne, aussi « *bonne* » que vide de contenu, de « *favoriser le bien commun* », de « *coordonner les processus sociaux* » ou même d' « *aimer notre prochain* », nous finirions forcément par agir sans coordination, à l'encontre du bien commun et nuirions gravement à nos proches ou moins proches : car l'appréciation créative, dans chaque circonstance, des diverses occasions de profit existantes, ainsi que leur évaluation et comparaison face aux coûts subjectifs potentiels, serait impossible.

L'Ecole autrichienne, au contraire, élabore constamment et perfectionne, en science économique, un autre paradigme ; celui-ci développe, de façon formelle et abstraite (mais pas mathématique), toute une théorie générale sur le comportement de l'action humaine (réelle et non mécanique) en société et ses différentes applications. Il existe un élément protagoniste dans cette théorie : c'est l'exercice de l'action humaine ou fonction d'entrepreneur, qui découvre sans cesse de nouveaux objectifs et moyens et engendre une information permettant la prise de décisions de manière rationnelle au niveau décentralisé et la coordination entre tous les individus, ce qui crée un réseau social très complexe. Ce paradigme est de plus en plus étudié, commenté, popularisé, en particulier par les théoriciens des anciens pays socialistes de l'Est, pour qui les ouvrages théoriques de Mises et d'Hayek sont plus importants que ceux des grands théoriciens néo-classiques d'Occident, comme Samuelson, et même de l'Ecole de Chicago, comme Friedman. Ainsi, il n'est pas étonnant qu'un nombre de plus en plus élevé d'anciens « *socialistes de marché* » abandonnent leurs anciennes positions[379]. Car le

---

[379] Nous devons manifestar, avec Arthur Seldon, notre surprise devant le fait que les économistes partisans du « *socialisme de marché* » les plus connus soient encore socialistes. Seldon dit, en effet : « *I cannot therefore see why Nove remains a socialist. That revelation also applies to other market socialists – Ota Sik of Czechoslovakia (now teaching in Switzerland), Brus, the Polish economist (now at Oxford), Kornai of Hungary (now in Budapest), Kolakowski (also at Oxford) and others* ». Voir « *After a Hundred Years : Time to Bury Socialism* », dans *Socialism Explained*, par Brian Crozier et Arthur Seldon, The Serwood Press, Londres 1984, p. 61. Il faut dire, cependant, à la décharge des économistes éminents cités par Seldon, que presque tous, à la seule exception de Nove, ont cessé, depuis 1984, d'être socialistes. La transition définitive chez Nove se produira sans doute lorsqu'il cessera de concevoir le marché dans l'optique de la « *concurrence parfaite* » propre au paradigme néo-classique, et se sera imprégné, comme les autres théoriciens, de la théorie autrichienne des processus de marché. Le livre le plus connu d'Alec Nove est, peut-être, *The*

« *socialisme de marché* » a échoué en tant que proposition de solution au problème du calcul économique socialiste, tant sur le plan théorique que dans les essais de réforme pratique effectués à plusieurs reprises dans les systèmes socialistes de l'Europe de l'Est, de sorte que, partout, les théoriciens qui le défendaient jusqu'à maintenant cessent de le considérer comme un modèle à suivre[380].

Economics of Feasible Socialism (Allen and Unwin, Londres, 1983). Ce livre est particulièrement méritoire pour le catalogue qu'il présente des inefficiences des systèmes socialistes. Son principal défaut réside dans l'analyse critique peu fondée qu'il fait des systèmes capitalistes (dont il signale les problèmes relatifs à l'inégalité des revenus, l'inflation, le manque de « démocratie » et l'échec dans le domaines des « externalités »). Il provient d'erreurs d'interprétation dues à l'outillage analytique insuffisant (de type néo-classique et axé sur l'équilibre) qu'il utilise pour interpréter la situation dans les systèmes capitalistes. C'est pourquoi nous avons indiqué qu'à mesure que Nove se familiarisera avec la théorie dynamique des processus entrepreneuriaux développée par l'Ecole autrichienne, il évoluera très probablement dans le même sens que d'autres auteurs de grande valeur, comme Kornai et Brus. Quant au type de socialisme que propose Nove (et qui est « feasible » en ce sens qu'il croit qu'il pourrait être établi dans le délai d'une vie humaine), il n'offre rien de nouveau si ce n'est un amalgame confus où entrent la nationalisation des secteurs fondamentaux, l'usage de la planification axée sur les domaines où existent des « *externalités* », la stimulation des coopératives dans les petites et moyennes entreprises et celle de la « *concurrence* » quand cela serait possible. Le schéma de Nove autorise le fonctionnement des marchés, mais dans un contexte de contrôles établis partout. Ce livre de Nove est, en tout cas, très déphasé actuellement, non seulement parce qu'il considère que le chemin idéal vers le socialisme fut celui que suivit la Hongrie en 1968, mais aussi parce qu'il a été incapable de prévoir les évènements importants qui ont eu lieu ces dernières années (1989-1991), et ne répond à aucune des critiques détaillées faites dans le texte contre le « *socialisme de marché* ». Indiquons, pour finir, qu'il existe des indices très encourageants concernant la « *conversion* » de. D'abord, il reconnaît explicitement, dans un article de mars 1988 qui révise et commente son livre *The Economics of Feasible Socialism* (« 'Feasible Socialism' Revisited », chap. 16 de *Studies in Economics and Russia*, Macmillan, Londres 1990), la validité d'« *une* » des critiques « *autrichiennes* » du « *socialisme de marché* » et du paradigme néo-classique, et conclut que « *so, there is no harm in admitting that the Kirzner type of criticism hits the target* » (p. 237). Et neuf mois plus tard, en décembre 1988, il admet sans ambages, dans son article « Soviet Reforms and Western Neoclassical Economics » (chap. 17 de *Studies in Economics and Russia*, op. cit.), que « ... *the Austrians are surely more relevant to soviet reforms than is the neoclassical paradigm* », et il conclut par cette affirmation énigmatique : « *One need not to accept their (de l'Ecole autrichienne) conclusions, but one must take their arguments seriously* » (!) (p. 250).

[380] Des articles comme « The Power of The Weak », de Geoff Mulgen, paru dans le numéro de décembre 1988 de *Marxism Today* (sans doute la plus prestigieuse revue des socialistes britanniques), montrent à quel point la pensée de Mises et d'Hayek pénètre même chez les anciens marxistes. Mulgen y affirme que les institutions traditionnellement les plus chères aux socialistes (Etat, syndicats, partis politiques, etc.) sont des systèmes de gestion rigides, inflexibles, centralisés, hiérarchiques et, donc, profondément *anti-humains.* C'est pourquoi, suivant les enseignements d'Hayek, il se montre favorable à ceux qu'il appelle « *weak power systems* » car ils dépensent moins d'« *énergie humaine* », utilisent la coopération et la concurrence, sont décentralisés, peuvent communiquer les uns avec les autres au sein d'un système ou réseau complexe, et transmettent l'information de manière efficiente. Pour ce théoricien, le travaillisme anglais devrait s'orienter vers ce type de structures décentralisées et vers le marché, et abandonner les institutions traditionnellement défendues par le socialisme.

3. MAURICE H. DOBB ET LA SUPPRESSION COMPLETE DE LA LIBERTE INDIVIDUELLE

Nous avons gardé pour la fin l'analyse d'une position qui, représentée dès le début par Maurice Dobb, possède un certain intérêt théorique, car, reconnaissant de façon plus ou moins explicite l'impossibilité du calcul économique socialiste, elle conclut que cette impossibilité et l'inefficience qu'elle suppose sont sans importance. Ou, si l'on préfère, qu'elles constituent un « *coût* » à ne pas considérer, puisque l'idéal socialiste doit, pour des raisons de type idéologique, éthique et politique, être poursuivi *per se*, c'est-à-dire indépendamment de ses résultats. Les partisans de cette position qualifient, donc, d' « *hypocrites* » et de « *naïfs* » les « *socialistes de marché* » qui prétendent introduire dans le système socialiste autant de mécanismes propres au capitalisme que faire se peut. Les défenseurs de cette position veulent appeler les choses par leur nom et éviter que quiconque se

---

Mulgen a même l'intuition de notre argument essentiel contre la possibilité d'utiliser la capacité informatique présente ou future pour permettre le calcul économique socialiste (car l'usage décentralisé de toute capacité informatique entraînera un volume et une variété d'information que cette même capacité informatique ne pourra pas refléter de manière centralisée) quand il affirme que « *Lange was wrong because technology runs up against the context in which information is produced* ». Il ajoute que les systèmes informatiques centralisés dénaturent l'information, alors que les systèmes décentralisés stimulent, au contraire, sa création et sa transmission de façon exacte, sans compter que les entrepreneurs révolutionnent constamment les techniques de traitement et de contrôle informatique, tandis que les planificateurs centraux sont, dans le meilleur des cas, à la remorque de ce que font les entrepreneurs en la matière. Il est décourageant de constater, face à ces preuves du démantèlement théorique du socialisme, que des auteurs comme David Miller (*Market, State and Community.Theoretical Foundations of Market Socialism*, Clarendon Press, Oxford 1989) s'obstinent à construire l'idéal utopique du « *socialisme de marché* ». On peut difficilement trouver quelque chose d'original dans l'apport de Miller : il repose sur l'établissement, par la contrainte, d'un système « *concurrentiel* » de coopératives gérées « *démocratiquement* » par les travailleurs. Miller n'est pas économiste, il n'a pas étudié le débat sur le calcul économique, et les raisons pour lesquelles un tel système ne pourrait pas fonctionner (pas de liberté d'exercice de la fonction entrepreneuriale à cause de l'inexistence de la propriété privée des moyens de production, et pas de création de l'information nécessaire pour calculer de manière efficiente et coordonner tout le système) lui échappent totalement. Miller est, cependant, suffisamment honnête pour déclarer son scepticisme à propos de la question suivante : un tel système peut-il être au moins aussi efficient que le capitalisme concurrentiel ? Et il signale que les arguments cruciaux en faveur de son « *socialisme de marché* » doivent, donc, être d'un autre type : le plus haut niveau de « *justice* », de « *liberté* » et de « *démocratie* » dans le travail qu'il permettrait d'atteindre (voir p. 14).Les choses ainsi présentées, la polémique avec ce genre d'auteurs doit se dérouler plutôt dans le domaine de la philosophie politique et de la théorie éthique que dans celui de la science économique. Pour une critique de cet essai, et d'autres récents, de résurrection du « *socialisme de marché* », consulter le travail d'Anthony de Jasay, *Market Socialism : A Scrutiny. This Square Circle*, op. cit. Voir aussi la note 258 du chap. VI. Et, en allemand, le livre de Martin Feucht *Theorie des Konkurrenz-sozialismus*, G. Fischer, Stuttgart 1983.

laisse abuser : ou bien le socialisme équivaut à la suppression absolue de l'autonomie et de la liberté individuelle ou bien ce n'est pas du socialisme[381].

Ce que désirent ces théoriciens, suivant la tradition socialiste la plus pure, c'est imposer de force à tous les individus leur vision personnelle de ce que doit être le monde. Ils se sont, en outre, rendu compte que l'imitation maladroite et partielle d'éléments propres à une économie de marché dans le système socialiste, loin de faciliter le problème du calcul économique, le rendent manifeste et beaucoup plus évident et difficile. Si l'on autorise, en effet, un certain niveau de décisions décentralisées, le problème posé par l'impossibilité de centraliser la connaissance dispersée apparaît de façon beaucoup plus nette et intense et donne, donc, l'impression que les problèmes de coordination sociale s'aggravent (si, de fait, cette aggravation ne se produit pas). Si, au contraire, on supprime toutes les libertés (y compris la liberté de choix des consommateurs et la liberté de choix de leur emploi pour les travailleurs) et si l'on prive les agents économiques de tout autre type de décisions autonomes, en imposant d'en haut un plan unifié pour toutes les sphère sociales, le problème du calcul économique socialiste, même s'il reste insoluble, restera en grande partie caché, et on aura l'impression que le degré de « *coordination* » et d' « *ajustement* » social est beaucoup plus élevé[382].

Imaginons, en effet, une « *société* » qui se maintienne à un niveau de simple subsistance, reposant sur des relations économiques simples totalement imposées d'en haut par la force et l'élimination physique de ceux qui s'opposent au « *régime* ». On peut même supposer que le brutal dictateur disposera de l'ordinateur le plus puissant pour vérifier l'exécution de ses instructions. Dans ces circonstances, le calcul économique semble se

---

[381] « *Either planning means overriding the autonomy of separate decisions, or it apparently means nothing at all* ». Voir le chap. intitulé « *Economic Law in the Socialist Economy* » du livre *Political Economy and Capitalism: Some Essays in Economic Tradition*, Routledge and Kegan Paul, Londres 1937, p. 279. Traduction espagnole de Emigdio Martínez Adame intitulée « *La Ley Económica en una Economía Socialista* », dans *Economía Política y Capitalismo*, Fondo de Cultura Económica, Mexico 1974, pp. 183-227.

[382] D'après Paul M. Sweezy, essayer d'introduire la décentralisation dans un système socialiste n'aboutirait qu'à y reproduire les pires caractéristiques du capitalisme, sans obtenir les avantages et les possibilités les plus importants de la planification socialiste (« *Some of the worst features of capitalism and fail to take advantage of the constructive possibilities of economic planning* »). Voir Paul M. Sweezy, *Socialism*, McGraw Hill, New York 1949, p. 233. Sweezy pense, donc, à un système de planification totale qui inclue des directives concrètes aux gérants des différentes industries concernant la façon dont ils doivent exécuter les plans sectoriels et entrepreneuriaux correspondants. Toute la théorie de la planification est fondée, pour Sweezy, sur des décisions de nature politique (sur l'imposition par la force des critères du dictateur). Il ne comprend pas le problème (de prise de décisions arbitraires) que pose le calcul économique dans un système socialiste et il lui est indifférent en pratique, car il pense, qu'une fois les objectifs du plan établis, les quantité et qualité des facteurs de production correspondants seront déterminées « *automatiquement* » par les planificateurs et s'imposeront par la force aux divers secteurs et entreprises. Voir les commentaires à la position de Sweezy dans « The Theory of Planning according to Sweezy », dans *Socialism and International Economic Order*, par Elizabeth L. Tamedly, The Caxton Printers, Caldwell, Idaho, 1969, pp. 143-145.

simplifier considérablement : on ferait ce qu'ordonne le dictateur, les combinaisons de production seraient celles qu'il a choisies, et les autres individus se limiteraient à obéir comme des esclaves en exécutant les instructions reçues d'en haut. Il est clair, comme l'a démontré Mises[383], que, même dans ces circonstances extrêmes, les plus « *favorables* » du point de vue de la possibilité de réalisation du calcul économique socialiste, le problème posé par ce dernier resterait insoluble. Car le dictateur ne disposerait toujours pas de guide rationnel pour la prise de ses décisions. Autrement dit, il ne saurait pas si les objectifs préétablis par lui-même pourraient être atteints de façon plus opportune ou adéquate en utilisant des combinaisons différentes de facteurs et de produits ou en prenant d'autres décisions. Mais si cela *laisse le dictateur indifférent*, c'est-à-dire si le socialisme ainsi conçu non seulement élimine la liberté de choix des biens et services de consommation pour les consommateurs, la liberté de choix de leur travail pour les travailleurs et la propriété privée des moyens de production, mais encore considère (explicitement ou implicitement) qu'il est dépourvu de tout objectif économique, ou que l'efficience est sans intérêt pour le maintien du système, alors le problème du calcul économique peut être considéré comme « *résolu* ». Non pas parce qu'il serait devenu possible, mais parce que l'on considère artificieusement que le « *calcul* » consiste précisément dans le fait qu'il n'existe aucun calcul et qu'on impose aux autres ce que le dictateur décide capricieusement à tout moment.

Il n'est pas étonnant, d'autre part, que les théoriciens de cette tendance, considérant la concurrence et la planification centrale socialiste radicalement incompatibles, se soient montrés spécialement critiques vis-à-vis du « *socialisme de marché* ». Ainsi s'explique la curieuse polémique opposant Maurice Dobb aux autres théoriciens du « *socialisme de marché* », en particulier à Abba P. Lerner[384]. Dobb, dont l'opinion coïncide curieusement sur ce point avec celle des théoriciens autrichiens, critique même ironiquement le fait que les théoriciens du « *socialisme de marché* » utilisent le modèle de l'équilibre général et, dans le paradigme néo-classique, supposent que les « *similitudes* » entre le système capitaliste et le socialiste sont « *si nombreuses* » qu'il n'existe pas, formellement, de différences entre les deux. Le problème, pour Dobb, ne se pose pas sur le plan de l'analyse néo-classique de l'équilibre, mais naît de la différence radicale opposant les institutions du système socialiste et celles du système capitaliste. Il est lié, en particulier, au fait que le socialisme suppose l'abolition, par la force, de toutes les institutions propres au système capitaliste et caractéristiques de celui-ci[385]. Dobb souligne même l'ambiguïté essentielle des « *solutions* »

---

[383] Ludwig von Mises, *Human Action*, op. cit., pp. 695-701.

[384] Les principaux articles de Dobb concernant ce débat sont : « Economic Theory and the Problems of the Socialist Economy », paru dans l'*Economic Journal*, n° 43 de 1933, pp. 588-598 ; et « Economic Theory and Socialist Economy : A Reply », dans *Review of Economic Studies*, n° 2, 1935, pp. 144-151. Ces articles et d'autres apports intéressants ont été réunis dans le livre *On Economic Theory and Socialism : Collected Papers*, publié par Routledge and Kegan Paul, Londres 1955.

[385] « *Naturally, if matters are formulated in a sufficiently formal way, the 'similarities' between one economic system and another will be paramount and the contrasting*

proposées par les « *socialistes de marché* » qui, voulant réconcilier l'irréconciliable à leur convenance, le contexte dans lequel ils se trouvent et le genre d'argument qu'ils considèrent, insistent parfois dans leurs modèles sur les caractéristiques typiques du marché et, dans d'autres cas, sur les avantages de la planification socialiste. Ainsi s'explique que Dobb ait qualifié Lerner, au cours du débat qui les opposa, d' « *opposant invisible* », car il éludait très habilement les questions posées, chaque fois qu'il le pouvait, en utilisant le simple et curieux artifice dialectique que l'on vient de décrire[386].

Dobb prétend, en somme, que l'autorité centrale fixe tous les prix, que ceux-ci soient imposés par la force à tous les niveaux, et qu'on empêche la souveraineté des consommateurs et la liberté du choix du travail. Comme cette autorité centrale ne poursuit aucun objectif, si ce n'est de se maintenir au pouvoir, on peut considérer sans intérêt la question de savoir si le « *calcul économique* » est possible ou pas. En ce sens, la proposition de Dobb est, à la fois, moins contradictoire et plus réaliste et « *honnête* » que celle de nombreux théoriciens du « *socialisme de marché* » ; moins contradictoire et plus réaliste, dans la mesure où elle s'appuie non pas sur l'analyse formelle de l'équilibre, mais sur les véritables institutions du socialisme qui, on le sait, sont fondées sur la coercition systématique et omniprésente, selon le modèle dessiné politiquement dès ses origines révolutionnaires. Plus « *honnête* » que celle des « *socialistes de marché* », dans la mesure où l'on ne prétend pas dissimuler le véritable visage du socialisme, mais où l'on

---

'differences' will disappear. It is the fashion in economic theory today for propositions to be cast in such a formal mould, and so devoid of realistic content, that essential differences disappear. The distinctive qualities of the laws of a socialist economy and of a capitalist economy... are not, of course, given in the rules of algebra, but in assumptions depending on differences existing in the real world ». Voir « Economic Theory and Socialist Economy: A Reply » op. cit, pp. 144-145. Il est, en outre, curieux de remarquer que Dobb reconnaît avoir pensé initialement que le problème socialiste pourrait être résolu par un procédé semblable à celui proposé par Dickinson ; voyant les conséquences que cela impliquerait au détriment du système socialiste, il abandonna cette position. Il reproche même, dans son article de 1933, au modèle de Dickinson d'être « *statique* », et utilise un langage qui pourrait bien être celui d'Hayek. Il affirme, en effet, que tenter d'appliquer les postulats de l'équilibre statique à un monde en changement constant est un « *barren feat of abstraction* » ; et que l'économie est beaucoup plus que « *a formal technique..., a system of functional equations, a branch of applied mathematics, postulating a formal relationship between certain quantities* ». Voir *Economic Theory and the Problems of a Socialist Economy*, op. cit., p. 589.

386 Dobb affirme en particulier, à propos de Lerner, qu'il était « embarrassed by a sense of battling with an invisible opponent (voir son « *Reply* » de 1935, op. cit., p. 144). Les commentaries suivants sur l'établissement du système de prix dans un système socialiste sont un exemple de la stratégie « *élusive* » de Lerner: il affirme, dans son article de 1934, « Economic Theory and Socialist Economy » (op. cit., p. 55) que « the competitive price system has to be *adapted* to a socialist society. If it is applied *in toto* we have not a socialist but a competitive society » ; peu après, cependant, Lerner se dédit dans son « A Rejoinder » (op. cit., 1935, p. 152) et affirme : « And by a price system I do mean a price system. Not a mere *a posteriori* juggling with figures by auditors, but prices which will have to be taken into consideration by managers of factories in organizing production ».

désire qu'il soit tout simplement fondé sur la répression et la restriction brutales de la liberté humaine[387].

Hoff donne, à l'occasion de son analyse critique de la position de Dobb,[388] l'exemple suivant qui l'explique. Il dit que l'usage du molybdène pour la fabrication d'épées pour jouer, ou de lentilles de haute qualité pour microscopes à usage scolaire, serait, sans aucun doute, considéré comme une mauvaise assignation de ressources dans une société où la satisfaction des désirs des consommateurs (ou du dictateur) aurait quelque importance, et où ce métal et ces lentilles, utilisés à d'autres fins, pourraient donc procurer une satisfaction bien plus grande (aux consommateurs ou au dictateur). Cependant, cela ne serait pas considéré comme « *inefficient* » ou « *non économique* » si l'objectif était, par exemple, que les enfants aient le meilleur équipement technique possible, ou que les travailleurs fabriquant des lentilles soient favorisés à tout prix. On voit, donc, que l'illogique et inefficient n'apparaît pas comme tel si les objectifs sont fixés arbitrairement dans chaque cas ou, mieux encore, s'il n'existe nullement d'objectifs. En outre, comme il ne pouvait en être autrement, puisque les différences entre le socialisme réel et le « *démocratique* » ne sont que des différences de degré mais pas de catégorie, cette façon arbitraire d'agir n'est pas l'apanage des sociétés socialistes les plus extrêmes ; elle se retrouve constamment à l'occasion de toutes les mesures d'interventionnisme pratiquées dans les pays occidentaux[389].

---

[387] Plus tard, Dobb modifia un peu sa position et introduisit de façon ambiguë un certain degré de décentralisation et même de concurrence dans la prise de décisions. Cependant, il ne précisa pas spécifiquement en quoi devrait consister cette légère décentralisation et, d'un point de vue théorique, la position que nous croyons véritablement intéressante est celle qu'il défendit dans les années 30, dont nous faisons le commentaire et que nous appellerons dorénavant « *modèle classique de Dobb* ».

[388] Trygue J. B. Of., *Economic Calculation in the Socialist Society*, op. cit., chap. 14. L'exemple des épées de molybdène se trouve à la pp. 278-279.

[389] Amartya Sen croit, pour sa part, qu'en réalité, les considérations relatives à l'égalité dans les résultats avaient, pour Dobb, une importance très supérieure aux considérations d'efficience (celles-ci étant ainsi reléguées à un second plan). Sen, mentionne aussi que, pour Dobb, la planification coercitive de l'investissement était beaucoup plus importante que le soi-disant ajustement microéconomique parfait. Cet argument, selon lequel les considérations d'« *efficience* » doivent être subordonnés aux considérations d'égalité, est devenu monnaie courante chez les intellectuels de gauche qui se sont résignés à ce que le socialisme ne puisse pas concurrencer le capitalisme sur le plan de la création de richesse. Ces intellectuels oublient, cependant, en adoptant cette position : 1) qu'efficience et éthique sont les deux faces de la même monnaie, c'est-à-dire que l'inefficient ne peut pas être juste, et que rien n'est plus efficient que la morale; 2) que le coût de l'égalitarisme qu'ils proposent signifie non seulement la pauvreté généralisée, mais la plus brutale répression contre la liberté d'action humaine ; 3) que l'expérience historique montre que la coercition, loin de diminuer l'inégalité, l'augmente et l'aggrave souvent ; 4) que rien n'est plus injuste, immoral et contraire à l'éthique que d'imposer l'égalité par la force, car l'homme a un droit naturel inaliénable à imaginer de nouveaux objectifs et à obtenir les fruits produits par sa propre créativité d'entrepreneur. Amartya Sen, « Maurice Herbert Dobb », *The New Palgrave. A Dictionary of Economics*, op. cit., vol. I, pp. 910-912.

Hayek, pour sa part, a consacré tout une section[390] de son article de 1935 sur la situation du débat à l'analyse détaillée de la position de Dobb ; il a d'abord fait l'éloge du courage et de l'honnêteté dont il faisait preuve dans l'exposé de ce que le socialisme véritable implique[391]. Cela étant, Hayek souligne que le calcul économique socialiste ne serait possible, dans le modèle de Dobb, qu'en empêchant la liberté de choix des consommateurs et des travailleurs, et *en supposant que le dictateur socialiste n'ait dans son action aucune gamme d'objectifs.* Car, à partir du moment où l'on suppose que le dictateur a un objectif, on peut affirmer que, même dans le modèle de Dobb, le calcul économique rationnel serait impossible pour ce dictateur, car il ne disposerait pas de guide objectif lui indiquant si, en poursuivant, avec ses décisions, un certain objectif, il néglige ou pas d'autres objectifs préfixés, ayant pour lui une valeur supérieure. En ce sens, l'opinion d'Hayek coïncide, à nouveau, pleinement avec celle de Mises, qui considère que le problème du calcul économique exige que le dictateur ait au moins décidé quels sont ses objectifs et quelle est leur importance relative dans son échelle de valeurs[392]. Partant de là, le calcul économique devient impossible, car le dictateur ne dispose pas de guide rationnel pour savoir s'il néglige, par ses décisions, d'atteindre des objectifs présentant, pour lui, une valeur supérieure[393].

---

[390] « Abrogation of the Sovereignty of Consumers », section 4 de « The Present State of the Debate », dans *Collectivist Economic Planning*, op. cit., pp. 214-217.

[391] « Dr. Maurice Dobb has recently followed this to its logical conclusion by asserting that it would be worth the price of abandoning the freedom of the consumer if by the sacrifice socialism could be made possible. This is undoubtedly a very *courageous* step. In the past, socialists have consistently protested against any suggestion that life under socialism would be like life in a barracks, subject to *regimentation of every detail.* Now D. Dobb considers these views as obsolete ». Voir F. A. Hayek, « The Present State of the Debate », dans *Collectivist Economic Planning*, op. cit., pp. 215.

[392] « We assume that the director has made up his mind with regard to the valuation of ultimate ends ». Ludwig von Mises, *Human Action*, op. cit., p. 696.

[393] Comme le dit Hayek : « The dictator, who himself ranges in order the different needs of the members of the society according to his views about their merits, has saved himself the trouble of finding out what people really prefer and avoided the *impossible task of combining the individual scales into an agreed common scale which expresses the general ideas of justice. But if he wants to follow this norm with any degree of rationality or consistency, if he wants to realize what he considers to be the ends of the community, he will have to solve all the problems which we have discussed already* ». Voir Hayek, « The Present State of the Debate », dans *Collectivist Economic Planning*, op. cit., pp. 216-217. Incidemment, Hayek semble déjà, en 1935, faire allusion, avant l'heure, au « Théorème d'Impossibilité d'Arrow », lorsqu'il parle de la tâche impossible consistant à combiner les échelles individuelles de valeur en une échelle commune exprimant les idéaux généraux de justice et que tout le monde accepte. Hayek considérait, cependant, sans aucun doute, que cette impossibilité ne provenait pas tant de raisons de pure logique dans un contexte statique où toute l'information nécessaire est considérée donnée et soumise à des conditions prédéterminées (comme le suppose le théorème d'Arrow), mais plutôt de la raison beaucoup plus générale et profonde liée à l'impossibilité, pour les préférences individuelles, d'être créées et transmises dans un contexte non entrepreneurial (problème essentiel de l'information dispersée, subjective et non exprimable qui constitue le noyau de la critique contre le calcul économique socialiste). Les

Le calcul économique peut être impossible parce que le dictateur a préalablement décidé quels sont ses objectifs et quelle importance hiérarchique ils présentent pour lui, ou bien nous pouvons considérer artificiellement qu'il n'y a aucun problème de calcul économique, parce qu'aucun objectif n'est poursuivi qui présente une importance relative par rapport aux autres objectifs. Il est clair, dans les deux cas, que l'assignation de ressources sera, dans le modèle de Dobb, purement arbitraire et les inefficiences d'une telle ampleur que son modèle n'est, comme le dit Mises, qu'un modèle de *destructionnisme*, c'est-à-dire de destruction complète ou annihilation de la civilisation et de réduction de l'humanité à une situation d'esclavage et de terreur presque inimaginables[394].

---

possibilités sont, donc, les suivantes : premièrement, que le dictateur socialiste impose sa volonté arbitraire, sans se soumettre à aucun objectif préétabli (ce serait le destructionnisme anarchique et arbitraire du « *modèle classique* » de Dobb) ; deuxièmement, que le dictateur ait préalablement établi sa propre échelle de valeurs avec sa hiérarchie correspondante (le calcul économique rationnel serait impossible pour le dictateur lui-même) ; troisièmement, que le dictateur essaie de découvrir les objectifs généraux poursuivis par les individus selon une échelle communément acceptée par tous (impossible théoriquement, étant donné le caractère dispersé de la connaissance et la forme strictement subjective et entrepreneuriale de sa création ; en outre, en conditions statiques, le théorème d'impossibilité d'Arrow serait applicable) ; et, quatrièmement, établir la propriété publique des moyens de production mais en essayant de faire prendre leurs décisions aux agents économiques de façon décentralisée (ce serait la solution des « *socialistes de marché* » ; également impossible théoriquement, l'information pratique nécessaire pour permettre le calcul économique rationnel ne se créant pas, à cause de l'inexistence d'une fonction entrepreneuriale libre et de l'impossibilité, pour les profits, d'agir comme stimulants comme dans un système capitaliste).

[394] Le *destructionnisme* est, pour Mises, l'essence du socialisme : « Socialism is not the pioneer of a better and finer world, but the spoiler of what thousands of years of civilization have created. It does not build; it destroys. For destruction is the essence of it ». (Ludwig von Mises, *Socialism*, op. cit., p. 44). C'est pourquoi tout essai d'exercer une contrainte institutionnelle et systématique sur la libre interaction entrepreneuriale n'est qu'un véritable génocide ou crime contre l'humanité, à cause des conséquences terribles que de telles expériences sociales finissent toujours par produire à la longue. De fait, durant les cent dernières années, toutes les tragédies de l'humanité non dues à des causes naturelles, (et même beaucoup de ces dernières, dans la mesure où on aurait endiguer plus facilement leurs effets d'une autre façon) ont été directement ou indirectement causées par le désir, souvent bien intentionné, de mettre en pratique l'utopie socialiste. Il y a évidemment, d'importantes *différences de degré* quant à l'extension et à l'intensité avec lesquelles on peut poursuivre un tel idéal, mais on ne doit jamais oublier que les différences existantes, par exemple, entre les génocides commis par l'Etat soviétique, le national socialisme, la Chine communiste, ou par Pol Pot contre leurs peuples respectifs et les conséquences pernicieuses créatrices de conflit constant, violence sociale et corruption morale, propres au « *socialisme démocratique* » et à ce qu'on nomme paradoxalement l'« *Etat du Bien-être* », sont seulement des différences de degré, quoique très importantes, mais pas de catégorie, car l'erreur intellectuelle et le destructionnisme qui constituent l'essence du socialisme « *réel* » et du socialisme « *démocratique* » ou « *interventionniste* » sont fondamentalement les mêmes. Voir, en ce sens, mon article « El Fracaso del Estado 'Social' », *ABC*, Madrid, 8 avril 1991, pp. 102-103.

Il est vrai que, d'un point de vue strictement économique[395], on ne peut pas juger la décision individuelle de celui qui est indifférent au coût du système socialiste pourvu qu'on atteigne ce système; et, de fait, Mises affirme, à la fin de son article séminal de 1920, que, dans cette circonstance, son argument contre le calcul économique socialiste ne sera pas pris en compte. L'on peut, cependant, se demander combien d'adeptes de l'idéal socialiste au niveau populaire et politique voudraient continuer de le défendre s'ils étaient conscients de ses véritables implications[396]. Il faut aussi se demander jusqu'à quel point le modèle socialiste peut se maintenir, à

---

[395] Dobb affirme, d'autre part, que : « The advantage of the planned economy *per se* consists in removing the uncertainties inherent in a market with diffused and autonomous decisions, or it consists in nothing at all ». Voir Maurice H. Dobb, « Review of Brutzkus and Hayek », dans *Economic Journal*, n°45, 1935, p. 535. Cette affirmation de Dobb s'harmonise parfaitement avec son modèle dictatorial de socialisme, qui prétend éluder le problème du calcul économique en imposant tout simplement par la force les désirs arbitraires du dictateur. Une des caractéristiques essentielles de l'action humaine est, en effet (comme nous l'avons vu au chapitre II), le caractère créatif de ses résultats ; en sorte que le futur est toujours incertain et ouvert à l'imagination créative des entrepreneurs. La seule façon, donc, d'éliminer l'incertitude du futur est d'écraser par la force la capacité de la liberté d'action humaine. L'« *avantage* » que Dobb attribue à la planification centralisée se fonde sur l'« élimination » de l'incertitude par la suppression de liberté d'action humaine et, donc, par la congélation du futur. Ou, autrement dit, sur la « *guérison* » de la soi-disant maladie du patient en mettant un terme à sa vie. Ce traitement que Dobb applique à l'incertitude est, curieusement, très voisin de celui des néo-classiques de l'équilibre, qui considèrent celle-ci comme un « *défaut gênant* » du marché par ce qu'elle ne s'harmonise pas facilement avec leurs « modèles ». Ainsi, par exemple, Kenneth J. Arrow, pour qui « there is one particular *failure* of the price system which I want to stress. I refer to the presence of uncertainty ». (Voir *The Limits of Organization*, New York, 1974, p. 33.)

[396] Rappelons qu'Oskar Lange parle aussi, dans son *On the Economic Theory of Socialism*, op. cit., de la possibilité d'éliminer le marché « *libre* » pour les biens et services de consommation et affirme que, dans ces circonstances, son système d'essai et erreur et de prix paramétriques devrait également fonctionner à la perfection pourvu que les prix paramétriques soient étendus non seulement aux biens et facteurs de production mais aussi aux biens et services de consommation. Dans ce cas, l'organe de planification devrait aussi modifier les prix chaque fois qu'il y a des excédents ou des pénuries en biens de consommation, et qu'il n'y a pas de situations de rationnement (naturellement, ce système ne permettrait pas le calcul économique pour les raisons que nous avons rencontrées en analysant la proposition de Lange). Lange dit, dans cet article, que, s'il discute la possibilité théorique d'éliminer la liberté des consommateurs, cela ne signifie pas qu'il la défende (parce qu'elle est non « *démocratique* ») ; l'on sait, cependant, qu'il s'inclina progressivement, à la fin de sa vie, vers la solution staliniste, qui ne tient pratiquement pas compte des désirs des consommateurs, et réduit artificiellement le problème du calcul économique en imposant par la force le contenu du plan à tous les niveaux. Herbert Zassenhaus défend également, en langue allemande, dans son « Über die Ökonomische Theorie der Planwirtschaft », publié dans le vol. 5 de *Zeitschrift für Nationalökonomie*, en 1935 (traduction anglaise de 1956, dans le n° 6 de *International Economic Papers*, intitulée « On the Theory of Economic Planning », pp. 88-107), un système de calcul économique socialiste fondé essentiellement sur l'élimination de la liberté de choix des consommateurs, et sur l'utilisation d'une solution de type mathématique où la concurrence décentralisée est maintenue à un certain niveau. Zassenhaus se caractérise par son manque de clarté et, explicitement, par son manque de réalisme, car il considère que la communauté demeure, à tout moment, statique.

chaque étape historique, en utilisant la force et dans quelle mesure on peut isoler un pays ou une zone géographique du reste du monde, afin que sa population ne découvre pas ce à quoi elle renonce véritablement en se laissant berner par la propagande officielle de son gouvernement. Toutes ces considérations sont d'un grand intérêt et d'une grande importance, en particulier quant à l'appréciation, dans chaque cas historique, des possibilités de la conquête démocratique ou révolutionnaire du pouvoir et du maintien de celui-ci par un régime socialiste. Mais aucune d'elles ne diminue en quoi que ce soit la solidité du défi théorique de Mises et d'Hayek ; défi qui a complètement démasqué le fait que le socialisme suppose forcément un appauvrissement généralisé des masses, parce qu'il ne permet pas le calcul sur le plan de l'efficience économique et que c'est un système en définitive impossible, incapable d'atteindre les objectifs « *paradisiaques* » qui lui ont été associés habituellement jusqu'ici, dans le but de duper le public.

4. EN QUEL SENS LE SOCIALISME EST-IL IMPOSSIBLE ?

Nous avons démontré au chapitre V que le socialisme constituait une erreur intellectuelle, parce qu'il est théoriquement impossible que les comportements sociaux puissent s'ajuster à l'aide d'un système de coercition institutionnelle contre la libre interaction humaine. Autrement dit, la thèse de ce livre est la suivante : en l'absence de liberté d'exercice de la fonction entrepreneuriale, d'une part, l'information nécessaire pour permettre le calcul économique rationnel (c'est-à-dire une prise de décisions non arbitraire qui tienne compte subjectivement de l'information importante dans chaque cas) n'est pas créée et, d'autre part, les agents économiques ne peuvent pas apprendre à discipliner leur comportement en fonction des nécessités et circonstances des autres (coordination sociale). Or cette thèse coïncide exactement avec celle défendue par Mises depuis son article de 1920. Pour Mises, en effet, le concept « *rationnel* » signifie la prise de décisions à l'aide de l'information importante nécessaire pour les mener à bien, tant du point de vue des objectifs que l'on veut poursuivre, que de celui des moyens et des coûts d'opportunité que l'on pense encourir. Il démontre que seul un contexte concurrentiel, où existent la liberté entrepreneuriale et la propriété privée des moyens de production, permet la création et la transmission entrepreneuriales de cette information. De sorte qu'en l'absence de marchés non contrôlés, de propriété privée des moyens de production et d'exercice libre de la fonction d'entrepreneur, l'information ne se crée pas, et les décisions sont prises (au niveau central ou de manière décentralisée) de façon totalement arbitraire. C'est seulement en ce sens que l'on doit entendre les affirmations suivantes de Mises : « As soon one gives up the conception of the freely established monetary price for goods of a higher order, *rational production becomes completely impossible.* Every step that takes us away from private ownership of the means of production and from the use of money also takes us away from rational economics »[397]. Et aussi que, pour les raisons indiquées, « *socialism is the abolition of rational economy* »[398]. Mais Mises n'affirme jamais, malgré les interprétations partiales et intéressées de ses écrits dues à certains de ses opposants, qu'il soit impossible d'essayer d'imposer de force une utopie et, en particulier, le système socialiste. Il dit, au contraire, que la connaissance théorique de l'impossibilité du calcul économique socialiste n'impressionnera que ceux qui pensent, à tort, que ce système peut atteindre un certain degré d'efficience, de développement économique et de civilisation supérieur à celui du système capitaliste, mais non pas ceux qui défendent le socialisme par jalousie ou pour des raisons de type passionnel, « *éthiques* » ou « *ascétiques* ». Mises écrit, en effet, en 1920 : « The knowledge of the fact that rational economic activity is *impossible* in a socialist commonwealth cannot, of course, be used as an argument either for or against socialism. Whoever is prepared himself to enter upon socialism on *ethical* grounds on the supposition that the provision of goods of a lower order for human beings under a system of a common ownership of the means of production is diminished, or whoever is guided by *ascetic* ideals in his desire for socialism, will not allow himself to be influenced in his endeavours by what

---

[397] « *Dès qu'on cesse de concevoir l'existence de prix monétaires librement établis dans le marché pour les biens d'investissement, la production rationnelle devient complètement impossible. Chaque pas qui nous éloigne de la propriété privée des moyens de production et de l'usage de la monnaie nous éloigne de l'économie rationnelle* ». Ludwig von Mises, « Economic Calculation in the Socialist Commonwealth », *Collectivist Economic Planning*, op. cit., p. 104.

[398] « Le socialisme suppose l'abolition de l'économie rationnelle ». Ludwig von Mises, « Economic Calculation in the Socialist Commonwealth », *Collectivist Economic Planning*, op. cit., p. 110. Il faut reconnaître que Mises expose sa thèse de manière un peu plus « *extrême* », du point de vue des termes employés, dans la version allemande de son livre sur *Le Socialisme.* Ainsi, à la p. 197 de la deuxième édition allemande de 1932, réimprimée en 1981 (Philosophia Verlag, Munich), on peut lire : « Der Kapitalismus ist die einzig denkbare und mögliche Gestalt arbeitsteilenden gesellschaftlichen Wirtschaft ». Cette affirmation selon laquelle le capitalisme est le seul système concevable d'économie sociale est légèrement adoucie dans la version anglaise, où s'ajoute à la traduction anglaise littérale la « *petite remarque* » suivante reproduite ici en italiques : « Capitalism is the only conceivable form of social economy *which is appropriate to the fulfillment of the demands which society makes of any economic organization* » (p. 194 de la version anglaise). La formule anglaise est un peu plus nuancée que l'allemande, bien que nous croyions que la version allemande est en parfait accord avec ce qu'affirmait Mises deux ans auparavant dans son article sur le calcul économique, puisque « *économie sociale* » signifie, pour lui « *économie rationnelle* ». On remarque un autre léger adoucissement à la p. 117 de la version allemande : « Der Versuch, die Welt sozialistsch zu gestalten, könnte die Zivilisation zertrümmen, er wird aber nie zur Aufrichtung eines sozialistischen Gemeinwesens führen können ». Or, on lit à la p. 118 de la version anglaise : « It would never set up a *successful* socialist community », où a été ajouté l'adjectif « *successful* ». Malgré ces légères variations de la version anglaise par rapport à la version allemande du livre de Mises sur *Le Socialisme*, nous croyons que l'idée de Mises est parfaitement recueillie dans son article de 1920 et qu'elle ne subit pas de modifications substantielles dans ses travaux postérieurs.

we have said... *But he who expects a rational economic system from socialism will be forced to re-examine his views* »[399].

Hayek, de son côté, et rejoignant Mises, déclare que, même s'il est « *possible* » en un certain sens d'entreprendre n'importe quelle ligne d'action, pour absurde qu'elle puisse paraître et si l'on peut, donc, de ce point de vue, essayer même de mettre en pratique un système socialiste, la question de l' « *impossibilité du socialisme* » se pose, dans une perspective théorique, uniquement et exclusivement, dans le sens suivant : à savoir si la ligne d'action socialiste est cohérente avec les objectifs qu'elle prétend atteindre. En particulier, atteindre un développement économique et social coordonné et harmonieux, au moins égal et, si possible, supérieur à celui auquel on aboutit dans un système capitaliste. Or, si l'objectif était de mettre fin à l' « *anarchie du marché* », à corriger ses « *inefficiences* » et à obtenir, grâce à la coercition et à un plan économique rationnel de type centralisé, une plus grande efficience économique, il est clair que le socialisme, ne pouvant pas atteindre ces objectifs, est une *impossibilité.* Ou, autrement dit, comme le système socialiste rend *impossible* le calcul économique rationnel et le comportement ajusté des agents sociaux, un tel système ne peut pas atteindre l'objectif visant à obtenir une coordination et une efficiences meilleures que le système capitaliste. Hayek reconnaît, enfin, que l'inefficience économique et le déclin général du développement qui découlent forcément de l'impossibilité du calcul économique socialiste peuvent laisser inchangé le désir de ceux qui défendent encore le socialisme pour d'autres raisons (religieuses, passionnelles, éthiques ou politiques), quoique, dans ce cas, la science économique fournisse une connaissance et un service de grande valeur même à ce deuxième groupe de personnes, puisqu'elle leur fait connaître les *coûts* véritables de leurs options politiques, éthiques ou idéologiques, et peut les aider, le cas échéant, à réviser ces options ou à les confirmer[400].

---

[399] « *La connaissance du fait que l'activité économique rationnelle est impossible dans une communauté socialiste ne peut pas, naturellement, être utilisée comme un argument en faveur ou à l'encontre du socialisme. Quiconque désire embrasser le socialisme pour des raisons de type éthique, en sachant que la provision de biens de consommation sera drastiquement réduite pour les être humains, ou quiconque désire embrasser le socialisme pour des raisons de type ascétique ne se laissera nullement influencer par ce que nous avons dit... Toutefois, celui qui attend du socialisme un système économique rationnel devra forcément réexaminer ses idées* ». Ludwig von Mises, « Economic Calculation in the Socialist Commonwealth », *Collectivist Economic Planning*, op. cit., p. 130.

[400] Hayek reproche à Mises d'avoir utilisé parfois l'expression selon laquelle « *le socialisme est impossible* », alors qu'en réalité il voulait dire que le calcul économique rationnel était impossible dans un système socialiste. Nous ne croyons pas que ce reproche soit très justifié étant donné les affirmations expresses de Mises reproduites dans le texte (des expressions semblables à celles mentionnées par Hayek n'apparaissent que dans son livre sur *Le Socialisme*, quoique leur signification ne soit pas douteuse compte tenu du contexte général dans lesquelles elles apparaissent). « *Much of the objections made at first were really more a quibbling about words caused by the fact that Mises had ocasionally used the somewhat loose statement that socialism was impossible, while what he meant was that socialism made rational calculations impossible. Of course any proposed course of action, if the proposal has any meaning at all, is possible in the strict sense of the word, i. e. it may be tried. The*

L'analyse de Mises et d'Hayek a supposé, en tout cas et sans aucun doute, une forte « *douche froide* » pour tous ceux qui, experts et non experts en économie, ont défendu le socialisme avec autant de naïveté que d'enthousiasme et pensé qu'il allait être la panacée permettant de résoudre tous les problèmes sociaux, d'atteindre une efficience et un développement économiques encore jamais vus dans le monde du capitalisme. Le fait que le socialisme suppose un appauvrissement généralisé et une perte d'efficience constitue, sans aucun doute, un argument de poids et souvent définitif pour que la plupart des gens se décident à l'abandonner comme idéal. On ne peut, cependant, pas ignorer que le socialisme en tant qu' « *idéal* » présente une composante « *éthique* » importante, et même « *religieuse* », qui oblige à le considérer du point de vue de l'éthique sociale. C'est pourquoi l'on consacre de plus en plus d'efforts de recherche à essayer de savoir si, indépendamment des problèmes théoriques d'efficience économique, le socialisme est un système éthiquement admissible ou pas. De fait, et au moins dans l'une des perspectives du domaine de l'éthique sociale analysées (celle du droit naturel), il existe de fortes raisons pour considérer que l'idéal socialiste est radicalement contraire à la nature de l'homme (comme cela semble évident, puisque le socialisme est fondé sur l'exercice de la violence et de la contrainte systématiques contre la caractéristique le plus intime et essentielle de l'homme : sa capacité à agir librement). Ainsi, le système socialiste non seulement serait théoriquement erroné, mais aussi éthiquement inadmissible (immoral, injuste), de sorte qu'il serait à la longue impossible à mettre en pratique de façon cohérente et, allant contre la nature de l'homme, serait condamné inexorablement à l'échec. Car, dans cette optique, science et éthique ne sont que les deux faces d'une même monnaie, et il existe dans le monde un ordre cohérent, non contradictoire et dans lequel les conclusions scientifiques, en matière d'évolution historique et en matière d'éthique, tendent toujours à converger et à coïncider les unes avec les autres[401].

---

question can only be whether it will be lead to the expected results, that is whether the proposed course of action is consistent with the aims which it is intended to serve ». F. A. Hayek, « Nature and History of the problem », *Collectivist Economic Planning,* op. cit., p. 36. Chose curieuse, à la suite des changements révolutionnaires intervenus dans les pays de l'Est, l'expression résumée « *le socialisme est impossible* » s'est généralisée dans le langage courant.

[401] Il faut mentionner, sur ce sujet, les apports développés, en matière d'éthique sociale, par Israel M. Kirzner (*Discovery, Capitalism and Distributive Justice*, Basil Blackwell, Londres 1989), et Hans-Hermann Hoppe (*A Theory of Capitalism and Socialism*, Kluwer Academic Publishers, Hollande 1989). Ces deux auteurs (à qui l'on pourrait ajouter Robert Nozick, auteur du livre, un peu dépassé mais encore remarquable, *Anarchy, State and Utopia*, Basic Books, New York 1974 ; traduction espagnole de Rolando Tamayo publiée par le Fondo de Cultura Económica, Mexico 1988) montrent que le socialisme non seulement est théoriquement impossible mais est éthiquement inadmissible ; Kirzner, part de la théorie stimulante selon laquelle tout homme a un droit naturel à posséder les fruits de sa propre créativité entrepreneuriale, et Hoppe part de l'axiome habermasien selon lequel l'argumentation avec d'autres individus signifie toujours l'acceptation et la reconnaissance implicites de l'individualité et le droit de propriété de l'autre « *moi* » sur son être, sa pensée et ses réalisations, d'où il déduit logiquement, à partir de cet axiome, toute une théorie du droit de propriété et du capitalisme. Sur ma théorie des *trois niveaux* différents mais

Cela étant, si la science économique prouve que le calcul rationnel est impossible dans le système socialiste, et si l'analyse théorique de l'éthique sociale démontre que le socialisme est également impossible parce qu'il va contre la nature humaine, quelles conclusions peut-on obtenir d'une étude historique interprétative des expériences socialistes réalisées, en pratique, jusqu'ici ? Il s'agit de savoir si les faits historiques s'étant produits dans les pays socialistes s'harmonisent avec l'analyse théorique du socialisme, telle que l'ont développée Mises et Hayek. Selon cette analyse, ce qu'on peut espérer de l'introduction d'un système socialiste, méconnaissant le libre exercice de la fonction d'entrepreneur, et précisément dans la mesure où cette liberté est restreinte, c'est, d'abord, une mauvaise assignation des ressources et facteurs productifs : certaines lignes de production se développeront trop et aux dépens d'autres qui produisent des biens et services peut être plus utiles à la population. Il se produira aussi un développement excessif de certains projets, justifié exclusivement pour des raisons techniques ou technologiques ; ils seront entrepris sans tenir compte des coûts qu'ils font encourir. Cette tendance incontrôlée au développement de projets pour des raisons strictement « *techniques* » empêchera, paradoxalement, l'introduction généralisée de nouvelles technologies et méthodes de production économiquement plus intéressantes, et qui auraient pu être découvertes et essayées en présence d'une complète liberté de l'exercice de l'action entrepreneuriale[402]. Il y aurait, en somme un excès

---

complémentaires pour étudier la réalité sociale (théorique, historique-évolutif et éthique), voir mon « *Introduction* », vol I des *Obras Completas* de F. A. Hayek, Unión Editorial, Madrid 1990, pp. 23-24). L'immoralité du socialisme peut être entendue de façon différente suivant le niveau considéré. Autrement dit, le socialisme est immoral au moins en trois sens différents. Premièrement et d'un point de vue théorique, le socialisme est immoral car il empêche, en tant que système social, la création d'information dont le propre système a besoin pour atteindre les objectifs recherchés. Deuxièmement, d'un point de vue évolutif, rien n'est plus immoral que le socialisme, car il consiste en une utopie constructiviste qui méprise la valeur des normes et coutumes traditionnelles (*mos-moris*, coutume). Et troisièmement, d'un point de vue éthique, le socialisme suppose l'agression contre le principe le plus essentiel de la nature humaine : sa capacité à agir librement et de manière créative, et à posséder les fruits de sa créativité entrepreneuriale.

[402] Hoff a montré que toute tendance contre la fonction entrepreneuriale et en faveur du socialisme donnait implicitement et explicitement plus d'importance, dans tous les domaines sociaux, à la mentalité technique propre à l'ingénieur. Car, une fois éliminées les considérations relatives aux profits et au coût entrepreneurial, on accorde presque inévitablement une importance disproportionnée et unilatérale aux considérations de type « *technique* ». Ce phénomène se produit non seulement dans les différentes industries et secteurs, mais aussi dans toute la société. Et, de fait, les politiques et fonctionnaires socialistes finissent toujours par se croire d'extraordinaires « *ingénieurs sociaux* », capables de façonner la société à leur guise, en y introduisant le « *changement* » nécessaire pour la conduire à des « *niveaux croissants* » de développement économique et social. Hoff conclut que « *a product which is technically perfect is ex-hypothesi ideal for its purpose from the technical point of view: it gives joy to the engineers and technical experts and can even give laymen aesthetic pleasure, but it must be insisted that the production of a technical perfect article is economically irrational and an economic misuse of labour and material, if this would have satisfied more needs have they being used for another purpose* ». Hoff, *Economic Calculation*

d'investissement dans les industries les plus intensives en capital, au détriment de la production de biens et services de consommation ; excès provenant de la réduction arbitrairement fixée du niveau du taux d'intérêt. Et, en général, l'irrationnalité et la discoordination sociale s'étendraient à tous les domaines ; ainsi, avec le même effort et appui social et, toutes circonstances égales, le niveau de vie et la production de biens et services de consommation seront beaucoup plus réduits, en qualité et en quantité, dans un système socialiste que dans un système capitaliste. Autrement dit, toutes circonstances égales, le système socialiste ne pourra qu'approcher le système capitaliste, il encourra des coûts humains, des coûts concernant l'environnement écologique, et en général les autres facteurs productifs, beaucoup plus importants ou, si l'on préfère, inutiles et complètement disproportionnés.

Cela étant, même sans analyser en détail l'expérience historique des systèmes socialistes, nous pouvons avancer que l'interprétation historique de ces expériences illustre les conclusions *a priori* de la théorie économique du socialisme développée par Mises et Hayek et coïncide pleinement avec elle. Les systèmes socialistes, en effet, se sont montrés incapables de coordonner rationnellement leurs décisions économiques et sociales, de maintenir un niveau minimum d'ajustement et d'efficience[403], de satisfaire les désirs de biens et services de consommation de leurs sociétés et de stimuler leur développement économique, technologique et culturel. Et ainsi, les distorsions et contradictions des systèmes socialistes des pays de l'Est sont apparues si évidentes à la plupart de leurs sociétés que la clameur publique favorable à l'abandon du socialisme et à la réintroduction du capitalisme est devenue insupportable pour les anciens régimes qui, l'un après l'autre, se sont effondrés. En ce sens, la chute du socialisme dans les pays de l'Est doit

---

in the Socialist Society, op. cit., p. 141 (phrase finale de la note n° 8). Paradoxalement, tenter d'introduire dans chaque secteur de la production les dernières innovations technologiques, indépendamment des considérations nécessaires de coût, finit par retarder la société sur le plan technologique, car les innovations technologiques vraiment intéressantes pour elle (celles qui auraient été découvertes et introduites à l'aide de critères entrepreneuriaux) ne sont pas découvertes et ne sont pas appliquées au moment et à l'endroit adéquats. D. T. Armentano insiste sur le fait que le planificateur socialiste n'a pas les moyens de savoir quel est le projet le plus économique et efficient, de sorte que ses décisions tendront à être discoordonnées, d'un point de vue intratemporel et extratemporel. Et cela, même s'il essaie de justifier sa décision en invoquant des considérations de type technique. Il conclut, en faisant allusion au fameux exemple de Mises de ce gérant socialiste qui doit choisir entre la construction d'une centrale énergétique qui utilise du pétrole et une autre qui utilise de l'énergie nucléaire, que « *if and when the power plant is built at a particular point with particular resources, it will represent an 'arbitrary' and not an economic decision* », car l'information concernant les prix et les coûts qui se créerait spontanément dans un marché libre animé par l'action entrepreneuriale n'existe pas. Voir « Resource Allocation Problems under Socialism », dans *Theory of economic Systems. Capitalism, Socialism, Corporation*, William P. Snavely (éd.), Merrill, Columbus, Ohio 1969, pp. 133-134.

403 Naturellement, nous n'entendons pas l'« *efficience* » dans le sens parétien de maximisation, mais comme un attribut de la coordination entrepreneuriale dans des contextes créatifs et d'incertitude. Voir Jesús Huerta de Soto, *The Theory of Dynamic Efficiency*, Routledge, Londres et New York 2005.

être considérée, sans aucun doute, comme un grand triomphe scientifique et une illustration, sans précédent dans l'histoire de la science sociale, de l'analyse théorique du socialisme qu'a réalisée l'Ecole autrichienne d'Economie depuis les années 20. Cependant, une fois souligné ce que les circonstances historiques évoquées représentent comme hommage pour Mises et comme satisfaction pour Hayek, les économistes de son école et quelques autres, il faut ajouter ceci : l'analyse théorique qu'ils ont réalisée ayant montré *a priori* que le socialisme, fondé sur une erreur intellectuelle, ne pourrait pas fonctionner et qu'il engendrerait toutes sortes de désajustements et de distorsions sociales, on peut considérer comme tragique le fait que tant d'années de souffrance indicible pour des millions de personnes aient dû s'écouler pour que se manifeste historiquement ce que l'on savait, dès l'origine, et grâce à l'Ecole autrichienne, devoir forcément se produire. De cette souffrance sont spécialement responsables non seulement la majorité des membres de la communauté scientifique qui a méprisé et même frauduleusement *caché* le contenu de l'analyse autrichienne du socialisme, mais aussi ce positivisme bête et dépassé, qui sévit encore et d'après lequel *seule* l'expérience, en marge de toute théorie, serait capable de démontrer les possibilités de survie d'un quelconque système social[404]. A la glorieuse exception de Mises, Hayek, les économistes de leur école et quelques autres, presque toute la communauté des scientifiques sociaux a trahi l'humanité et raté l'accomplissement de son grave devoir scientifique qui les obligeait à avertir la société des dangers découlant de l'idéal socialiste. Il est donc nécessaire de procéder à un sain et formatif *éclaircissement* de responsabilités scientifiques qui situe chaque théoricien, face à la société et à l'histoire future de la pensée économique, et indépendamment de la renommée, du nom ou de la popularité qu'il ait pu acquérir dans d'autres contextes, à la place qui lui corresponde réellement.

Des paroles de prudence sont donc nécessaires à propos de nos commentaires sur l'interprétation historique des expériences socialistes, car, à l'encontre de ce que beaucoup de théoriciens « *positivistes* » supposent, nous ne considérons pas que l'évidence empirique suffise, à elle seule, à confirmer ou à réfuter une théorie scientifique dans le domaine économique. Nous avons délibérément affirmé que les études historiques « *illustraient* » les conclusions théoriques et coïncidaient avec elles, mais pas qu'elles

---

[404] Ainsi, par exemple, ce sot « *scientisme positiviste* » obsède et imprègne, en général, le système d'éducation et le monde universitaire nord-américain et, en particulier, tous les apports de l'« *Ecole de Chicago* », y compris ceux de l'un de ces membres les plus connus, George Stigler ; cet auteur considère que les deux parties au débat échouèrent dans leur appréciation des conséquences « *empiriques* » de leurs positions respectives ; il estime que seule l'« *évidence empirique* » peut résoudre les différences existant entre les partisans du capitalisme et ceux du socialisme (*The Citizen and the State*, The University of Chicago Press, Chicago 1975, pp. 1-13). Voir l'excellent commentaire critique à la position de Stigler réalisé par Norman P. Barry dans son « The Economics and Philosophy of Socialism », *Il Politico*, Universidad de Pavie, 1984, année XLIX, n° 4, pp. 573-592.

« *confirmaient* » ou « *démontraient* » leur validité[405]. En effet, bien qu'il ne s'agisse pas de reproduire ici l'analyse des insuffisances logiques de la « *méthodologie positiviste* »[406], il est clair que l'expérience du monde social est toujours une expérience de nature historique, c'est-à-dire concernant des faits très complexes, dans lesquels interviennent une infinité de « *variables* » qu'on ne peut pas observer directement, mais que l'on peut seulement interpréter à la lumière d'une théorie préalable. Suivant ce que sera la théorie, l'interprétation des faits historiques sera, elle aussi, différente ; de sorte que l'établissement préalable, par des procédés méthodologiques autres que les positivistes, de théories permettant d'interpréter correctement la réalité acquiert un importance extraordinaire. Il n'existe donc pas une évidence historique incontestable et, encore moins, qui permette de vérifier ou pas la véracité ou la fausseté d'une théorie. En outre, et même s'il n'en était pas ainsi, la discussion théorique en général, et sur le socialisme en particulier, permet d'aboutir à des conclusions de très grande valeur, qui auraient évité, si on en avait tenu compte à temps, non seulement des dizaines et des dizaines d'efforts infructueux, mais aussi – nous l'avons dit –

---

[405] Voir les intéressantes observations de Fritz Machlup dans « Testing versus Illustrating », pp. 231-232 du vol. III (*The Economics of Information and Human Capital*) de *Knowledge. Its Creation Distribution and Economic Significance,* op. cit.

[406] Mon article « Método y Crisis en la Ciencia Económica » (*Hacienda Pública Española*, n° 74, 1982, pp. 33-48, reproduit dans le vol. I de mes *Lecturas de Economía Política,* Unión Editorial, Madrid 1986, pp. 11-33) offre un résumé de l'analyse critique de la méthodologie positiviste et de la bibliographie la plus importante la concernant. Les idées méthodologiques de l'Ecole autrichienne s'épurent parallèlement au développement du débat sur le calcul économique socialiste, et la complète construction de la critique concernant la méthodologie positiviste peut être considérée comme l'un des sous-produits les plus intéressants de ce débat ; car, de fait, et pour les mêmes raisons que celles pour lesquelles le socialisme constitue une erreur intellectuelle (impossibilité d'obtenir l'information pratique nécessaire de façon centralisée), il n'est pas possible, en économie, d'observer directement des faits empiriques, ni de vérifier empiriquement une théorie, ni d'effectuer, en somme, de prédictions spécifiques de temps et de lieu sur ce qui doit arriver. Il en est ainsi parce que l'objet de recherche de la Science Economique est constitué par les idées et la connaissance que les hommes possèdent et créent à propos de ce qu'ils font, et cette information change constamment, est très complexe et ne peut être ni mesurée, ni observée ni appréhendée par un scientifique (ni par un organe de planification). Si l'on pouvait mesurer les faits sociaux et vérifier empiriquement les théories économiques, le socialisme serait possible et, à l'inverse, les raisons qui rendent le socialisme impossible sont celles qui rendent inapplicable la méthodologie positiviste. Les « *faits* » de la réalité sociale ne peuvent, donc, en raison de leur caractère « *spirituel* », qu'être interprétés historiquement ; et il faut, pour cela, disposer d'une théorie préalable. Sur ces intéressants aspects, consulter les 33 références bibliographiques de mon article « *Método* » précité et, en particulier les travaux de Mises, *Theory and History*, Yale University Press, Yale 1957 (traduction espagnole de Rigoberto Juárez Paz, publiée à Madrid par Unión Editorial en 1975) ; et d'Hayek « *The Facts of the Social Sciences* », dans *Individualis and Economic Order*, op. cit., pp. 57-76, et *The Counter-Revolution of Science*, Free Press, Glencoe, Illinois 1952 (il existe une magnifique réédition publiée à Indianapolis par Liberty Press en 1979). On trouve dans Bruce Caldwell, *Beyond Positivism. Economic Methodology in the Twentieth Century*, George Allen and Unwin, Londres 1982, et en particulier aux pp. 117-138, une explication positive et objective du paradigme méthodologique autrichien.

de nombreux conflits de toutes sortes et d'indicibles souffrances humaines. Par conséquent, *attendre* que l'histoire « *confirme* » qu'un système économique est possible ou pas, non seulement constitue une impossibilité logique, car l'histoire ne peut ni confirmer ni réfuter aucune théorie, mais aussi implique de tomber dans l'absurdité suivante : renoncer *a priori* aux enseignements des théories correctes développées en marge de l'expérience, et inviter, en outre, à tenter toute absurdité ou utopie exigeant des coûts humains disproportionnés[407], sous prétexte de permettre l'analyse des « *résultats expérimentaux* » correspondants.

Ces commentaires étaient nécessaires car, même si au moment où ces lignes sont écrites (1990-1991), la chute des systèmes socialistes des pays de l'Est et leur évolution générale durant les dernières décennies confirment pleinement les prévisions qui pourraient découler des enseignements de Mises et d'Hayek sur le socialisme, il n'en a pas toujours été ainsi[408] et on a même cru, au contraire, à certains moments, que l'évolution des évènements dans les pays de l'Est « *réfutait* » pleinement la théorie de l'impossibilité du socialisme telle que l'avaient énoncée les économistes autrichiens. On a même pu lire, dans certaines occasions, qu'Hayek[409] et Robbins[410] avaient

---

407 Mises insiste sur le fait que les leçons de l'expérience soviétique ne sont pas suffisantes pour établir aucun argument théorique à propos du socialisme et conclut que « *the fallacies implied in a system of abstract reasoning – such as socialism is – cannot be smashed otherwise than by abstract reasoning* ». *Socialism*, op. cit., p. 535.

408 L'interprétation populaire des faits historiques a parfois été comparativement plus « *facile* ». Ce fut le cas, par exemple, à propos des échecs flagrants du mal nommé « *communisme de guerre* », qui contraignirent à l'adoption par Lénine, en 1921, de la Nouvelle Politique Economique. L'interprétation des évènements historiques des dernières années, qui se sont achevées par la chute de tous les régimes communistes des pays de l'Europe de l'Est, est également évidente. L'interprétation des faits historiques est, peut-être plus compliquée dans d'autres étapes qui, cependant, confirment toujours, après une étude détaillée, les thèses de la théorie sur l'impossibilité du calcul économique socialiste. On peut voir, à ce propos, la section « Does Russia refute Mises ? » incluse dans l'article « The failure of Bolchevism and its Aftermath » de David Ramsay Steel, paru dans le *Journal of Libertarian Studies*, vol. 5, n° 1, hiver 1981, pp. 105-106.

409 Pour Hayek, cette version n'est qu'une « *déformation scandaleuse des faits* » (voir note 225 du chap. V), et particulièrement claire si l'on sait que les commentaires sur lesquels s'appuient ses détracteurs pour justifier le « *repli* » sont faits par Hayek non seulement en passant, mais dans le but évident de respecter la courtoisie académique qui l'a toujours caractérisé, en permettant que ses adversaires ne se trouvent pas absolument vaincus, du moins sur le papier. C'est dans ce sens qu'il convient d'interpréter les observations présentes à la p. 187 de *Individualism and Economic Order* (op. cit.), et aussi aux p. 238 et 242 de l'article sur le « *Present State of the Debate* » (*Collectivist Economic Planning*, op. cit.) et où l'on peut lire : "But while this makes it illegitimate to say that these proposals are impossible in any absolute sense, it remains not the less true that these very serious obstacles to the achievement of the desired end exist and that there seems to be no way in which they can be overcome... » (p. 238). « *No one would want to exclude every possibility that a solution may yet be found. But in our present state of knowledge serious doubt must remain whether such solution can be found* » (p. 242). Il n'est donc pas étonnant que plus de 40 après l'apogée du débat sur le calcul économique, Hayek n'ait pas su conserver, dans son article de 1982, et vis-à-vis de ses adversaires, qui maintiennent encore les sottes et fausses interprétations concernant son soi-disant « *repli sur une deuxième ligne de défense* », la même patience et

abandonné, en constatant le fonctionnement pratique du socialisme en Union soviétique, la position extrême de Mises et s'étaient repliés sur une « *seconde ligne de défense* » : ils auraient affirmé que, bien que le socialisme puisse « *fonctionner* » (c'est-à-dire qu'il « *ne soit pas impossible* ») il poserait, en pratique, de graves problèmes d'inefficience. Cette interprétation, nous le savons, est totalement erronée, car ni Mises ni Hayek ne se sont retirés, à aucun moment, sur une « *deuxième ligne de défense* ». Ils ont, au contraire, toujours pensé que les faits de l'Union soviétique confirmaient pleinement la théorie misesienne du socialisme même durant les étapes historiques où les échecs et les insuffisances du système socialiste furent le mieux camouflées et parurent le moins évidentes[411].

5. CONCLUSION FINALE

Après tout ce qui a été dit du débat sur le calcul économique socialiste, l'on peut conclure qu'aucun des théoriciens socialistes ne fut capable de répondre de façon satisfaisante au défi posé Mises et Hayek. D'abord, ils ne surent pas comprendre, la plupart du temps, le sens véritable de ce défi. Ils

---

courtoisie que celles dont il avait traditionnellement fait montre. Hayek a lui-même expressément reconnu que ses expressions de courtoisie et de générosité avaient été utilisées par ses adversaires avec peu d'honnêteté scientifique et qu'il ne commettrait plus l'erreur de susciter des malentendus pour faire preuve de courtoisie académique : « *I might, perhaps, also add that J. A. Schumpeter then accused me with respect to that book of 'politeness to a fault' because I 'hardly ever attributed to opponents anything beyond intellectual error'. I mention this as an apology in the case that, on encountering the same empty phrases more than 30 years later, I should not be able to command quite the same patience and forbearance* ». « The New Confusion about Planning », chap. XIV de *New Studies in Philosophy, Politics, Economics and the History of Ideas*, op. cit., p. 235.

[410] Il n'est pas non plus admissible de dire que Robbins s'est retiré sur une « *deuxième ligne de défense* ». Robbins reconnaît, au contraire, explicitement (note 1 de la p. 148 de *The Great Depression*, op. cit.) que son argument suit de près celui de Mises, dans son livre sur *Le Socialisme* (à la traduction duquel Robbins contribua en élaborant un premier brouillon de quelques parties importantes, qu'il remit ensuite à son ami J. Kahane pour la traduction définitive) et, lorsque, 40 ans après, devenu Lord Robbins, il écrit son autobiographie, il maintient explicitement son opinion et reconnaît la validité de l'argument de Mises à propos de l'impossibilité du calcul économique socialiste, tel qu'il avait été initialement énoncé en 1920 : « *Mises' main contentions that without a price system of some sort, a complex collectivist society is without the necessary guidance and that, within the general framework of such a society, attempts to institute price systems which have meaning and incentive in a dynamic context are liable to conflict with the main intention of collectivism -these still seem to me to be true and to be borne out by the whole history of totalitarian societies since they were propounded* ». Voir Lionel Robbins, *Autobiography of an Economist,* Macmillan, Londres 1971, p. 107. Et aussi *Political Economy, Past and Present*, Columbia University Press, New York, pp. 135-150.

[411] Cette grande variation de la difficulté d'interprétation des faits de l'expérience se reproduit de façon encore plus dramatique pour les effets de l'interventionnisme et la social-démocratie des pays occidentaux. Ainsi, dans ces contextes, l'aide de la théorie est encore plus nécessaire que pour le socialisme « *réel* ».

évoluaient dans le contexte du paradigme néo-classique walrasien et utilisaient un outillage analytique qui les empêchaient de comprendre quels sont les véritables problèmes apparaissant dans un système sans propriété privée des moyens de production ni liberté d'exercice de la fonction d'entrepreneur. Deuxièmement, l'orientation vers les problèmes de la statique (conséquence, à son tour, du phénomène précédent) empêcha d'apprécier et d'analyser en détail en quoi consistaient les véritables problèmes impliqués et produisit la fausse sensation qu'ils avaient été « *théoriquement résolus* ». C'est pourquoi, le véritable défi théorique de Mises et Hayek resta, et reste encore aujourd'hui, sans réponse, comme l'admettent de plus en plus de théoriciens du socialisme. D'autre part, l'évolution des évènements sociaux, économiques et politiques, au cours du XXème siècle, a pleinement confirmé les apports théoriques de Mises et d'Hayek sur la théorie du socialisme, même si la plupart des économistes occidentaux considèrent que le débat se termina au début des années 40. Depuis cette date, diverses lignes de recherches se sont développées, aussi bien dans le domaine des « *systèmes comparés* » que dans celui de la théorie de la « *réforme des systèmes socialistes* » et du développement de la planométrie, avec une méconnaissance presque totale des problèmes théoriques analysés par Mises et Hayek durant le débat ; ce qui contribua, dans une large mesure, à la stérilité et à l'échec de toutes ces lignes de recherche.

Du côté de l'Ecole autrichienne, non seulement les parties initiales au débat (surtout Mises et Hayek), mais aussi un nombre croissant de jeunes économistes ont continué de développer un ensemble intéressant de théories qui sont nées du débat lui-même. En ce sens, le débat est plein de conséquences scientifiques et a été très fructueux pour la science économique, en sorte qu'il est intéressant d'analyser les différents domaines économiques qui ont été enrichis par des apports nés de la polémique sur le calcul économique socialiste. La plupart de ces jeunes auteurs ont été cités à différentes reprises dans ce livre, lorsque leurs apports étaient importants. Et il faudrait envisager d'en faire, dans un autre travail, une étude plus approfondie et détaillée.

La situation actuelle, favorisée par les évènements historiques liés à la chute des régimes socialistes de l'Europe de l'Est et dont le monde est témoin, provoque une révision généralisée de la version « *traditionnelle* » du débat ; révision qui suit les lignes maîtresses exposées dans ce livre et à laquelle la plupart de ceux qui étaient, jusqu'ici, les théoriciens les plus considérés des pays socialistes prennent activement part, aux côtés d'un groupe de plus en plus important d'économistes occidentaux. Si l'évolution de la recherche dans le domaine de l'histoire de la pensée économique continue ainsi, l'on peut espérer atteindre un consensus généralisé sur la nécessité de modification de l'évaluation et des conclusions réalisées jusqu'ici et concernant le « *débat sur le calcul économique socialiste* ». S'il en est ainsi, nous considérons comme un grand honneur et un motif de profonde satisfaction le fait d'avoir apporté notre grain de sable à la destruction de ce qui n'a été qu'un autre mythe grave et injustifié de la science économique.

BIBLIOGRAPHIE

ALCHIAN, A. A., « Corporate Management and Property Rights », dans *Economic Policy and the Regulation of Corporate Securities*, American Enterprise Institute, Washington D. C., 1969, p. 342.

ALCHIAN, A. A. et ALLEN, W. R., *University Economics : Elements of Inquiry,* Wadsworth Publishing, Belmont, Californie, 3° édition, 1971.

ALVAREZ, V. A., « 'El camino hacia la Sevidumbre' del Profesor Hayek », *Moneda y Crédito,* n° 13, juin 1945; reproduit comme chap. 2 de *Libertad Económica y Responsabilidad Social,* dix essais, édition commémorative du centenaire de la naissance de D. Valentín Andrés Alvarez, Centro de Publicaciones del Ministerio de Trabajo y Seguridad Social, Madrid 1991, pp. 69-86.

ALLAIS, M., « Le problème de la planification dans une économie collectiviste », *Kyklos,* juillet-octobre 1947, vol. I, pp. 254-280, vol. II, pp. 48-71.

ANDERSON, T. L., LEAL, D. R., *Ecología de mercado*, Unión Editorial, Madrid, 1993.

ANTONELLI, E., « Léon Walras et Carl Menger à travers leur correspondance », *Economie Appliquée*, vol. VI, avril-sept., 1953.

AQUINO, St. T., *Suma Teológica*, vol. IV, B. A. C., Madrid, 1954.

ARANSON, P. H., « Brono Leoni in Retrospect », *Harvard Journal of Law and Public Policy,* été 1988.

ARMENTANO, D.T., « Resource Allocation Problems under Socialism », dans *Theory of Economic Systems. Capitalism, Socialism, Corporatism*, William P. Snavely (éd.), Ed. Merrill, Columbus, Ohio, 1969, p. 133 et s.

ARNOLD, N. S., *Marx's Radical Critique of Capitalist Society. A Reconstruction and Critical Evaluation*, Oxford University Press, Oxford, 1990.

ARROW, K. J., « Limited Knowledge and Economic Analysis », *American Economic Review,* vol. 64, mars 1974, pp. 1-10.

ARROW, K. J., *The Limits of Organization*, New York, 1974.

ARROW, K. J. et HURWICZ, L., *Studies in Resources Allocation Processes*, Cambridge University Press, Cambridge, 1977.

ARRUÑADA, B., « El Coste de la Información Contable », *España Económica*, mai 1991, pp. 8-11.

BAGEHOT, W., *Economic Studies*, Longmans Greens, Londres, 1898.

BAILEY, S., *A Defense of Joint-Stock Banks and Country Issues*, James Ridgeway, Londres, 1840.

BALLESTEROS, A., *Alfonso X El Sabio*, Ediciones « El Albir », Barcelone, 1984.

BALLOD, K., *Der Zukunftsstaat. Wirtschaftstechnisches Ideal und volkswirtschaftliche Wirklichkeit,* E. Laubsche, 4° édition, Berlin, 1927 (1° édition, Stuttgart, 1919).

BARONE, E., « Il Ministro della Produzione nello Stato Colletivista », *Giornale degli Economista*, n° 37, septembre 1908. Traduction anglaise de F. A. Hayek intitulée « The Ministry of Production in the Collectivist State », Appendice A de *Collectivist Economic Planning*, F. A. Hayek (éd.), Augustus M. Kelley, Clifton, 1975, p. 245-290.
BARROW, J. D., TIPLER, F. J., *The Anthropic Cosmological Principle*, Oxford University Press, Oxford, 1986.
BARRY, N. P., « The Economics and Philosophy of Socialism », *Il Politico*, XLIX° année, n° 4, 1984, p. 573-592.
BARRY, N. P., *The Invisible Hand in Economics and Politics. A Study in the two Conflicting Explanations of Society : End-States and Processes*, Institute of Economic Affairs, Londres, 1988.
BASTIAT, F., « La Ley », dans *Obras Escogidas*, édition de F. Cabrillo, Unión Editorial, Madrid, 2004.
BAUER, O., *Der Weg zum Sozialismus*, Ignaz Brad, Vienne 1919.
BENNETT, J., *The Economic Theory of Central Planning*, Basil Blackwell, Oxford, 1989.
BERGSON, A., « Socialist Economics », dans *A Survey of Contemporary Economics* (éd. Howard S. Ellis), Richard D. Irwin, Homewood, Illinois, 1948.
BERGSON, H., *Oeuvres*, Presses Universitaires de France, Paris 1959.
BERGUM, D. F., « Economic Planning and the Science of Economics », *American Economic Review*, juin, 1941.
BERNHOLZ, P., « Information, Motivation and the Problem of Rational Economic Calculations in Socialism », dans Svetozar Pejovich (éd.), *Socialism. Institutional, Philosophical and Economic Issues*, Kluwer Academic Publishers, Dordrecht, Hollande, 1987.
BIBLIA DE JERUSALEN, Desclée de Brouwer, Bilbao, 1971.
BLAUG, M., *Economics Through the Looking Glass*, Institute of Economic Affairs, Londres, 1988.
BLAUG, M., « Comment on O'Briens's « Lionel Robbins and the Austrian Connections » », dans *Carl Menger and his Legacy in Economics*, Edit. Par Bruce J. Caldwell, Annual Supplement to vol. 22, *History of Political Economy*, Duke University Press, Durham, 1990.
BLAUG, M., « Book Review », *Economic Journal*, vol. 103, n° 421, novembre 1993, p. 1570 et s.
BLAUG, M. et DE MARCHI, N., *Appraising Economic Theories*, Edward Elgar, Aldershot, Angleterre, 1991.
BLOCK, W. et HEXHAM, I., *Religion, Economics and Social Thoughts*, Fraser Institute, Vancouver, 1989.
BOETTKE, P. J., « Evolution and Economics : Austrians as Institutionalists », dans *Research in the History of Economic Thought and Methodology*, n° 6, 1988.
BOETTKE, P. J., *The Political Economy of Soviet Socialism. The Formative Years 1918-1928*, Kluwer Academic Publishers, Dordrecht, Hollande, 1990.
BÖHM-BAWERK, E. VON, « The Exploitation Theory », chap. XII, p. 241-321 du vol. I de *Capital and Interest*, « History and Critique of Interest Theories », Libertarian Press, South Holland, Illinois, 1959, traduction

anglaise de « Geschichte und Kritik der Kapitalzins-Theorien » (1884, 1900, 1914 et 1921), vol. I de *Kapital und Kapitalzins*. Traduction espagnole préfacée par J. Reig et intitulée *La Teoría de la Explotación*, Unión Editorial, Madrid, 1976.
BÖHM-BAWERK, E. VON, *Capital and Interest*, vol. II, « The Positive Theory of Capital », Libertarian Press, South Holland, Illinois, 1959.
BÖHM-BAWERK, E. VON, « Zum Abschluss des Marxchen Systems », de *Staatswissenschaftliche Arbeiten-Festgaben für Karl Knies zur Fünfundsiebzigsten Wiederkehr*, Haering, Berlin 1896, pp. 85-205. Traduction anglaise intitulée « Unresolved Contradiction in the Marxian economic System », chap. IV de *Shorter Classics of Eugen von Böhm-Bawerk*, Libertarian Press, South Holland, 1962. Traduction espagnole intitulée « Una Contradicción no resuelta en el Sistema Económico Marxista », *Libertas,* n° 12, mai 1990, VII° année, Buenos Aires., pp. 165-296.
BÖHM-BAWERK, E. VON, « Macht oder Ökonomisches Gesetz ? », dans *Zeitschrift für Volkswirtschaft, Sozialpolitik und Verwaltung*, Vienne, vol. XXIII, décembre 1914, p. 205-271. Traduit en anglais en 1931 par J. R. Mez et publié sous le titre « Control or Economic Law ? », dans *Shorter Classics of Eugen von Böhm-Bawerk*, vol. I, Libertarian Press, South Holland, Illinois, 1962.
BORRELL, J., *La República de Taxonia*, Ediciones Pirámide, Madrid, 1992.
BRADLEY, R., « Market Socialism : A Subjectivist Evaluation », *The Journal of Libertarian Studies*, vol. V, n° 1, hiver 1981, pp. 23-39.
BRUS, W., « Observaciones sobre los problemas de contabilidad marginal en la economía socialista », dans *Problemas de Economía Política del Socialismo*, éd. Oskar Lange, Fondo de Cultura Económica, Mexico, 1974, pp. 175-194.
BRUS, W. et LASKI, K., *From Marx to the Market. Socialism in Search of an Economic System*, Clarendon Press, Oxford, 1989.
BRUTZKUS, B., *Economic Planning in Soviet Russia*, Routledge, Londres, 1935 (il existe une réédition publiée par Hyperion Press, Westport, Connecticut, 1982). Traduction anglaise de *Die Lehren des Marxismus im Lichte der Russsischen Revolution*, Edit. H. Sack, Berlin, 1928.
BUCHANAN, J. M., *Cost and Choice*, Marckham Publishing, Chicago, 1969.
BUCHANAN, J. M., « The Public Choice Perspective », chap. 3, *Liberty, Market and State,* Harvester Press, Sussex, 1986.
BUCHANAN, J. M. et THIRLBY, G. F. (éd.), *L. S. E. Essays on Cost*, New York University Press, New York, 1981.
BUKHARIN, N.I., PREOBRAZHENSKY, E., *The ABC of Communism. A Popular Explanation of the Program of the Communist Party of Russia*, University of Michigan Press, Ann Arbor, 1966.
CAFFE, F., « Barone », *The New Palgrave. A Dictionary of Economics*, vol. I, p. 195-196, Macmillan, Londres, 1987.
CALDWELL, B., *Beyond Positivism. Economic Methodology in the Twentieth Century*, Allen and Unwin, 1982.

CALDWELL, B. (éd.), *Carl Menger and his Legacy in Economics*, Annual Supplement to vol. 22, *History of Political Economy*, Duke University Press, Durham et Londres, 1990.
CAMPOS, J. G., BARELLA, A., *Diccionario de Refranes*, Anejo XXX, Boletín de la Real Academia Española, Madrid, 1975.
CASSEL, G., *Teoristische Sozialökonomie*, 5° édition, Leipzig 1932 (la 1° de 1918); traduction espagnole de Miguel Paredes, intitulée *Economía Social Teórica,* Edit. Aguilar, Madrid, 1960 ; traduction anglaise de S. L. Barron, *The Theory of Social Economy*, Augustus M. Kelley, New York, 1967.
CAVE, M., *Computers and Economic Planning. The Soviet Experience*, Cambridge University Press, Cambridge, 1980.
CELA, C. J., « El Dragón de Leviatán », leçon magistrale prononcée à l'Unesco en juillet 1990, « Los Intelectuales y el Poder », p. IV et V, *ABC*, 10 juillet, 1990, Madrid.
CERVANTES, M., *El Ingenioso Hidalgo Don Quijote de la Mancha*, Edition critique et commentaires de Vicente Gaos, Edit. Gredos, Madrid, 1987.
CICERON, M. T., *De Re publica*, The Loeb Classical Library, Cambridge, Massachusetts, 1961. Traduction espagnole d'Antonio Fontán, *Sobre la República*, Edit Gredos, Madrid, 1974.
COASE, R. H., « The Nature of the Firm », dans *The Firm, the Market and the Law*, University of Chicago Press, Chicago, 1988, pp. 33-55; réimpression d'*Economica*, n° 4, novembre, 1937.
COLLARD, D., « Henry Douglas Dickinson », *The New Palgrave. A Dictionary of Economics*, vol. I, op. cit., p. 836.
CROZIER, B., SELDON, A., *Socialism Explained*, The Sherwood Press, Londres, 1984.
CHALOUPEK, G. K., « The Austrian debate on economic calculation in a socialist economy », *History of Political Economy*, vol. 22, n°4, hiver 1990, pp. 659-675.
CHAREMZA, W., GRONICKI, M., *Plans and Disequilibria in Centrally Planned Economies*, North Holland, Amsterdam, 1988.
DEMBISKI, P. H., *The Logic of the Planned economy. The Seeds of the Collapse*, Clarendon Press, Oxford, 1991.
DI LORENZO, T. J., « Competition and Political Entrepreneurship ; Austrian Insights into Public Choice Theory », dans *The Review of Austrian Economics*, édité par Murray N. Rothbard et Walter Block, vol. 2, Lexington Books, Lexington, 1988, pp. 59-71.
DICKINSON, H. D., « Price Formation in a Socialist Economy », *Economic Journal*, n° 43, 1933, pp. 237-250.
DICKINSON, H. D., *Economics of Socialism*, Oxford University Press, Oxford, 1939.
DOBB, M. H., « Economic Theory and the Problems of a Socialist Economy », *Economic Journal*, n° 43, 1933, pp. 588-598.
DOBB, M. H., « Economic Theory and Socialist Economy : A Reply », *Review of Economic Studies*, n° 2, 1935, pp. 144-151.
DOBB, M. H., « Review of Brutzkus and Hayek », *Economic Journal*, n°45, 1935.

DOBB, M. H., « Economic Law in the Socialist Economy », dans *Political Economy and Capitalism. Some Essays in Economic Tradition*, Routledge and Kegan Paul, Londres 1937. Traduction espagnole d'Emigdio Martínez Adame intitulée « La Ley Económica en una Economía Socialista », dans *Economía Política y Capitalismo*, Fondo de Cultura Económica, Mexico, 1974.
DOBB, M. H., *On Economic Theory and Socialism. Colected Papers*, Routledge and Kegan Paul, Londres, 1955.
DOLAN, E. G. (éd.), *The Foundations of Modern Austrian Economics*, Sheed and Ward, Kansas City, 1976.
DURBIN, E., *The Fabians, Mr. Keynes and the Economics of Democratic Socialism*, Routledge and Kegan Paul, New York, 1984.
DURBIN, E., *New Jerusalems. The Labour Party and the Economics of Democratic Socialism*, Routledge and Kegan Paul, Londres, 1985.
DURBIN, E. F. M., *Purchasing Power and Trade Depression*, Chapman and Hall, Londres, 1933.
DURBIN, E. F. M., « Economic Calculus in a Planned Economy », *Economic Journal*, décembre 1936; réédité dans *Problems of Economic Planning*, Routledge and Kegan Paul, Londres 1968, pp. 140-155.
DURBIN, E. F. M., « A Note on Mr. Lerner's « Dynamical » Propositions », *Economic Journal*, n° 47, septembre 1937, pp. 577-581.
EATWELL, J., MILGATE, M., NEWMAN, P., *The New Palgrave. A Dictionary of Economics* (4 vol.), Macmillan Press, Londres, 1987.
ELLIOT, J. H., *El Conde-Duque de Olivares*, Editorial Crítica, Barcelona, 1990.
ELLMAN, M., « Changing Views on Central Economic Planning 1958/1983 », *The ACES Bulletin*, n° 25, 1983, pp. 11-29.
ELLMAN, M., « Economic Calculation in Socialist Economies », dans *The New Palgrave. A Dictionary of Economics*, vol. II, Macmillan, Londres, 1987, p. 31.
ELLMAN, M., *Socialist Planning*, 2° édition, Cambridge University Press, 1989. Traduction espagnole de Carlos Cruz Arjona intitulée *La Planificación Socialista*, Fondo de Cultura Económica, Mexico, 1983.
ENDRES, A. M., « Menger, Wieser, Böhm-Bawerk and the Analysis of Economic Behaviour », *History of Political Economy*, vol. 23, n° 2, été 1991, pp. 279-299.
ENGELS, F., *Anti-Dühring o La Revolución de la Ciencia de Eugenio Dühring. Introducción al Estudio del Socialismo*, Editorial Claridad, Buenos Aires, 3° édition, 1970.
EXTAIN, A. (éd.), *Comparison of Economic Systems. Theoretical and Methodological Approaches*, University of California Press, Berkeley, 1971.
FELIPE, L., *Obras Completas*, Edit. Losada, Buenos Aires, 1963.
FERGUSON, A., *An Essay on the History of Civil Society*, T. Caddel in the Strand, Londres, et A. Kincaid, W. Creech et J. Bell, Edimbourg, 1767. Traduction espagnole de la 3° édition anglaise de 1773, revue et corrigée par Juan Rincón Jurado et publiée par l'Instituto de Estudios Políticos, Madrid, 1974.

FEUCHT, M., *Theorie des Konkurrenzsozialismus*, G. Fischer, Stuttgart, 1983.

FRIEDMAN, D., *The Machinery of Freedom*, 2° édition, Open Court, Illinois, 1989.

FRIEDMAN, M., « Lerner on the Economics of Control », *Journal of Political Economy,* octobre 1947, pp. 405-416; traduction espagnole de Raimundo Ortega Fernández intitulée « Lerner y la Economía de Control », chap. XI de *Ensayos sobre Economía Positiva*, Editorial Gredos, Madrid, 1967.

FRIEDMAN, M., *Market or Plan?*, Center for Research into Communist Economies, Londres, 1984.

FURUBOTN, E., PEJOVICH, S., « Property Rights, Economic Decentralization and the Evolution of the Yugoslav Firm », dans *Journal of Law and Economics*, n°16, 1973, pp. 275-302.

GARELLO, J., « Cultural Protectionism », *Mont Pèlerin Regional Meeting*, Paris, 1984.

GARCIA VILLAREJO, A. et SALINAS SANCHEZ, J., *Manual de Hacienda Pública. General y de España,* Editorial Tecnos, Madrid, 1985.

GARDNER, R., « L. V. Kantorovich : The Price Implications of Optimal Planning », *Journal of Political Literature*, vol. XXVIII, juin, 1990, pp. 638-648.

GILLESPIE, S., « Are Economic Statistics Overproduced ? », *Public Choice*, vol. 67, n° 3, décembre, 1990, pp. 227-242.

GÖDEL, K., « Über formal unentscheidbare Sätze der « Principia Mathematica » und verwandter Systeme I », dans *Monatshefte für Mathematik und Physik*, n° 38, pp. 173-198; traduit en anglais dans les *Collected Works* de Kurt Gödel. Oxford University Press, Oxford 1986 (traduction espagnole de Jesús Mosterín, Alianza Editorial, n°286, Madrid, 1989).

GOSSEN, H. H., *Entwicklung der Gesetze des menschlichen Verkehrs und der daraus fliessenden Regeln für menschliches Handeln*, Edit. Friedrich Vieweg & Sohn, Braunschweig, 1854. Traduction anglaise de Rudolph C. Blitz, publiée par The MIT Press, Cambridge, Massachussets, 1983, et intitulée *The Laws of Human Relations and the Rules of Human Action Derived Therefrom.*

GOULD, J. P. et FERGUSON, C. E., *Microeconomic Theory*, Richard D. Irwin, 5° edition, Illinois, 1980. Traduction espagnole d'Eduardo L. Suárez, intitulée *Teoría Microeconómica*, Fondo de Cultura Económica, Mexico, 1983.

LE GRAND, J., ESTRIN, S. (éd.), *Market Socialism*, Clarendon Press, Oxford 1989.

GRANICK, D., « Central Physical Planning Incentives and Job Rights », dans *Comparative Economic Systems. Present Views,* Ed. A. Zimbalist, Kluwer-Nijhoff, Boston, 1984.

GRAY, J., *Liberalisms : Essays in Political Philosophy*, Routledge, Londres, 1989.

HAHN, F., « On Market Economics », dans *Thatcherism*, Robert Skidelsky (éd.), Chatto & Windus, Londres, 1988.

HALM., G., « Further Considerations on the Possibility of Adequate Calculation in a Socialist Community », traduit en anglais par H. E. Batson, inclus dans F. A. Hayek (éd.) *Collectivist Economic Planning* (1935), pp. 131-200.
HARDIN, G., « An Operational Analysis of Responsibility », dans *Managing the Commons*, éd. Garret Hardin et John Baden, W. H. Freeman, San Francisco, 1977.
HARDT, J. P. et autres (éd.), *Mathematics and Computers in Soviet Economic Planning*, Yale University Press, New Haven, Connecticut, 1967.
HAYEK, F. A., « Nature and History of the Problem », dans *Collectivist Economic Planning*, Routledge, Londres, 1935.
HAYEK, F. A., « The Present State of the Debate » (1935), dans *Collectivist Economic Planning*, Augustus M. Kelley, Clifton, 1975, pp. 201-243. Réédité sous le titre « Socialist Calculation II : The State of the Debate (1935) », dans *Individualism and Economic Order*, Gateway Edition, Chicago, 1972.
HAYEK, F. A. (éd.), *Collectivist Economic Planning*, Routledge & Sons, Londres, 1935.
HAYEK, F. A., « Economics and Knowledge », *Economica*, IV (1937), pp. 33-54; réédité dans *Individualism and Economic Order*, Gateway Edition, Henry Regnery, Chicago, 1972.
HAYEK, F. A., « Socialist Calculation III : The Competitive « Solution » », *Economica*, vol. III, n°26, mai, 1940. Réédité dans *Individualism and Economic Order*, Gateway Edition, Chicago, 1972, pp. 181-208.
HAYEK, F. A., « The Use of Knowledge in Society », *American Economic Review*, XXXV, n°4 (sept. 1945), pp. 519-530, dans *Individualism and Economic Order*, Gateway Edition, Henry Regnery, Chicago, 1972.
HAYEK, F. A., *The Counter-Revolution of Science*, Free Press, Glencoe, New York, 1952 (il existe une magnifique réédition de Liberty Press, Indianapolis, 1979).
HAYEK, F. A., *The Constitution of Liberty*, University of Chicago Press, Chcago, 1959. Traduction espagnole de José Vicente Torrente, intitulée *Los Fundamentos de la Libertad*, publiée par Unión Editorial de Madrid en 7 éditions, la première en 1975 et la dernière en 2001. Edition française, *La Constitution de la Liberté,* Editions Litec, Paris, 1954.
HAYEK, F. A., « The Results of Human Action but not of Human Design », dans *Studies in Philosophy, Politics and Economics*, Simon and Schuster, New York, 1969.
HAYEK, F. A., *The Road to Serfdom*, The University of Chicago Press, Chicago 1972. (1° éd. De 1944). Traduction espagnole de José Vergara, intitulée *Camino de Servidumbre*, Alianza Editorial, Madrid, 1978 (n° 676 de la série de livres de poche).
HAYEK, F. A., *Law, Legislation and Liberty*, vol I, « Rules and Order »; vol. II « The Mirage of Social Justice »; vol. III « The Political Order of a Free People », The University of Chicago Press, Chicago, 1973, 1976 et 1979. Traduction espagnole de Luis Reig Albiol, intitulée *Derecho, Legislación y Libertad*, et publiée en 3 vol. et en 2 éditions (la première de

1976 et la seconde de 1985), par Unión Editorial, Madrid, Edition française, *Droit, Législation et liberté*, PUF, 2007.
HAYEK, F. A., « Competition as a Discovery Procedure », dans *New Studies in Philosophy, Politics, Economics and the History of Ideas*, Routledge and Kegan Paul, Londres, 1978.
HAYEK, F. A., *The Sensory Order*, University of Chicago Press, Midway Reprint, Chicago, 1976 (1° éd. 1952).
HAYEK, F. A., « Dr. Bernard Mandeville », dans *New Studies in Philosophy, Politics, Economics and the History of Ideas*, Routledge and Kegan Paul, Londres, 1978.
HAYEK, F. A., « The New Confusion about Planning », dans *New Studies in Philosophy, Politics, Economics and the History of Ideas*, Routledge and Kegan Paul, Londres, 1978.
HAYEK, F. A., « Two Pages of Fiction : The Impossibility of Socialist Calculation », *Economic Affairs*, avril, 1982; réédité dans *The Essence of Hayek*, édité par Chiaki Nishiyama et Kurt R. Leube, Hoover Institution Press, Stanford University 1984, pp. 53-61.
HAYEK, F. A., « The Moral Imperative of the Market », dans *The Unfinished Agenda. Essays on the Political Economy of Government Policy in Honour of Arthur Seldon,* Institute of Economic Affairs, Londres, 1986.
HAYEK, F. A., *The Fatal Conceit. The Errors of Socialism*, The University of Chicago Press, Chicago 1988. Traduction espagnole de Luis Reig Albiol préfacée par Jesús Huerta de Soto et intitulée *La Fatal Arrogancia. Los Errores del Socialismo*, Unión Editorial, Madrid 1990. (Reproduite dans Vol I, *Obras Completas de F. A Hayek*, Unión Editorial, Madrid, 1997). Edition française, *La présomption fatale*, PUF, 1993.
HAYEK, F. A., *The Trend of Economic Thinking. Essays on Political Economists and Economic History,* vol. III de *The Collected Works of F. A. Hayek*, Routledge, Londres, 1991 (Edition espagnole, Unión Editorial, Madrid 1995).
HAYEK, F. A., *Socialismo y guerra*, vol. 10 de *Obras Completas de F. A. Hayek*, Unión Editorial, Madrid, 1998.
HEERTJE, A., « Nicolaas Gerard Pierson », *The New Palgrave. A Dictiionary of Economics,* vol. III, Macmillan, Londres, 1987, p. 87.
HEILBRONER, R., « The Triumph of Capitalism », *The New Yorker*, 23 janvier, 1989.
HEILBRONER, R., « Analysis and Vision in the History of Modern Economic Thought », *Journal of Economic Literature*, vol. XXVIII (sept. 1990), pp. 1097-1114.
HEIMANN, E., *Mehrwert und Gemeinwirtschaft. Kritische und Positive Beiträge zur Theorie des Sozialismus*, Edit. Robert Engelmann, Berlin, 1922.
HILFERDING, R., « Böhm-Bawerks Marx-Kritik », *Marx-Studien*, vol. I, I. Brand, Vienne, 1904.
HOFF, T. J. B., *Okonomisk Kalkulanjon i Socialistiske Samfund*, H. Ashekovg, Oslo 1938. Traduction anglaise de M. A. Michael, intitulée *Economic Calculation in the Socialist Society*, William Hodge, Londres 1949; et Liberty Press, Indianapolis, 1981.

HOFF, T. J. B., *Economic Calculation in the Socialist Society*, Liberty Press, Indianapolis, 1981.
HOPPE, H. H., *A Theory of Socialism and Capitalism*, Kluwer Academic Publishers, Amsterdam et Londres, 1989.
HOSELITZ, B. F., « The Early History of Entrepreneurial Theory », dans *Explorations in Entrepreneurial History*, 3, n° 4, avril, 1956. Version espagnole dans J. E. Spengler et W. R. Allen, *El pensamiento económico de Aristóteles a Marshall*, Edit. Tecnos, Madrid, 1971, chap. 9.
HUBERMAN, B.A. (éd.), *The Ecology of Computation*, North Holland, Amsterdam, 1988.
HUERTA DE SOTO, J., « La Teoría Austriaca del Ciclo Económico », *Moneda y Crédito*, n° 152, mars, 1980; réimprimé dans *Lecturas de Economía Política*, J. Huerta de Soto (éd.), vol. III, Unión Editorial, Madrid 1986, pp. 241-256.
HUERTA DE SOTO, J., « Derechos de Propiedad y Gestión Privada de los Recursos de la Naturaleza », dans *Cuadernos del Pensamiento Liberal*, n° 2, mars 1986, Unión Editorial, Madrid, pp. 13-30, reproduit dans *Lecturas de Economía Política*, J. Huerta de Soto (éd.), vol. III, Unión Editorial, Madrid 1987, pp. 25-45.
HUERTA DE SOTO, J. (éd.), *Lecturas de Economía Política*, 3 vol., Unión Editorial, Madrid, 1986-1987.
HUERTA DE SOTO, J., « Conjectural History and Beyond », dans « The « Fatal Conceit » by F. A. Hayek. A Special Symposium », *Humane Studies Review*, vol. 6, n° 2, hiver 1988-1989, p. 10. Publié en espagnol sous le titre « Historia, Ciencia Económica y Etica Social » dans *Cuadernos del Pensamiento Liberal*, n° 12, avril 1991, Unión Editorial, Madrid pp. 78-80.
HUERTA DE SOTO, J., « Prólogo » du livre *Hayek. Su contribución al pensamiento político y económico de nuestro tiempo*, de Eamonn Butler,Unión Editorial, Madrid 1990, pp. 9-15.
HUERTA DE SOTO, J., « La Crisis del Paradigma Walrasiano », *El País*, Madrid, 17 décembre, 1990, p. 36.
HUERTA DE SOTO, J., « Prólogo » du vol. I des *Obras Completas* de F. A. Hayek (*La Fatal Arrogancia. Los Errores del Socialismo*), Unión Editorial, Madrid 1990, pp. 13-27.
HUERTA DE SOTO, J., « El Fracaso del Estado « Social » », *ABC*, Madrid, 8 avril 1991, pp. 102-103.
HUERTA DE SOTO, J., « F. A. Hayek : Los Fundamentos de la Economía Liberal », *Revista de Economía*, Consejo General de Colegios de Economistas de España, n° 12, Madrid, 1992, pp. 121-125.
HUERTA DE SOTO, J., « The Economic Analysis of Socialism », chap. 14 de *New Perspectives on Austrian Economics*, Gerrit Meijer (éd.), Routledge, Londres et New York, 1995.
HUERTA DE SOTO, J., *Monnaie, crédit bancaire et cycles économiques*, L'Harmattan, deuxième édition, Paris, 2011.
HUERTA DE SOTO, J., *The Theory of Dynamic Efficiency*, Routledge, Londres et New York, 2009.
HUME, D., *A Treatise of Human Nature*, Oxford University Press, Oxford, 1981.

HURWICZ, L., « Centralization and Decentralization in Economic Processes », dans *Comparison of Economic Systems. Theoretical and Methodological Approaches*, Alexander Extein (éd.), University of California Press, Berkeley, 1971.
HURWICZ, L., « The Design of Mechanisms for Resource Allocation », *American Economic Review*, n° 63, 2, mai, 1973.
HURWICZ, L., « Economic Planning and the Knowledge Problem : A Comment », *Cato Journal*, vol. 4, n° 2, automne, 1984.
INGRAO, B. et ISRAEL, G., *La Mano Invisible*, Edit. Laterza & Figli, Rome-Bari, 1987. Traduction anglaise de Ian McGilvray, intitulée *The Invisibile Hand. Economic Equilibrium in the History of Science*, The MIT Press, Cambridge, Massachusetts, 1990.
JAFFE, W., *Correspondence of Leon Walras and Related Papers*, North Holland, Amsterdam, 1965.
JASAY, A. DE, *Market Socialism : A Scrutiny. This Square Circle*, Institute of Economic Affairs, Occasional Paper 84, Londres, 1990.
JUAN PABLO II, *Laborem Exercens. El Trabajo Humano*, Ediciones Paulinas, Madrid, 1981.
JUAN PABLO II, *Centesimus Annus. En el Centenario de la « Rerum Novarum »*, Promoción Popular Cristiana, Madrid, 1991.
KASER, M. C., « Strumilin », *The New Palgrave. A Dictionary of Economics*, vol. IV, Macmillan, Londres, 1987, p. 534.
KAUDER, E., « Intellectual and Political Roots of the Older Austrian School », *Zeitschrift für Nationalökonomie*, n° 17, pp. 411-425; reproduit dans *Austrian Economics*, Stephen Littlechild (éd.), Editorial Edward Elgar, Vermont, 1990.
KAUTSKY, K., *The Social Revolution and on the Morrow of the Revolution*, Twenty Century Press, Londres, 1907.
KAUTSKY, K., *Die proletarische Revolution und ihr Programm*, Editions Dietz Nachfolger, 1922.
KEYNES, J. M., *Two Memoirs*, Rupert Hart-Davies, Londres, 1949.
KEIZER, W., « Two Forgotten Articles by Ludwig von Mises on the Rationality of Socialist Economic Calculation », dans *The Review of Austrian Economics*, vol. I, Lexington Books, Massachusetts, 1987, pp. 109-122.
KEIZER, W., « Recent Reinterpretations of the Socialist Calculation Debate », dans Krabbe, J. J., Wentjes, A. et Visser, H. (éd.), dans *Austrian Economics. Roots and Ramifications Reconsidered,* MCB University Press, Bradford, 1989.
KEIZER, W., « The Property Rights Basis of von Mises' Critique of Socialism », manuscrit en attente de publication, présenté devant la First European Conference on Austrian Economics, Maastrich, 9-10 avril 1992.
KIRZNER, I. M., *Competition and Entrepreneurship*, The University of Chicago Press, Chicago 1973. Traduction espagnole, intitulée *Competencia y Empresarialidad*, Unión Editorial, 2° édition, Madrid 1998. Edition française, *Concurrence et Esprit d'Entreprise,* Economica, 2005.
KIRZNER, I. M., *Perception, Opportunity and Profit*, The University of Chicago Press, Chicago, 1979.

KIRZNER, I. M., « Prices, the Communication of Knowledge and the Discovery Process », *The Political Economy of Freedom. Essays in Honor of F. A. Hayek,* Philosophia Verlag, Munich, 1984.
KIRZNER, I. M., *Discovery and the Capitalist Process*, The University of Chicago Press, Chicago, 1985.
KIRZNER, I. M., « Austrian School of Economics », *The new Palgrave. A Dictionary of Economics*, vol. I, Macmillan, Londres, 1987, pp. 145-151.
KIRZNER, I. M., « The Economic Calculation Debate : Lessons for the Austrians », *The Review of Austrian Economics*, vol. 2, Lexington Books, Massachusetts, 1988, pp. 1-18.
KIRZNER, I. M., *Discovery, Capitalism and Distributive Justice*, Basil Blackwell, Oxford, 1989.
KIRZNER, I. M., *The Meaning of Market Process. Essays in the Development of Modern Austrian Economics*, Routledge, Londres 1991.
KNAACK, R., « Comparative Economics : Lessons from Socialist Planning », dans *Comparative Economic Systems. Present Views*, éd. A. Zimbalist, Edit. Kluwer-Nijhoff, Boston, 1984.
KORNAI, J., *Antiequilibrium. On Economic Systems Theory and the Task of Research*, North-Holland, Amsterdam, 1971.
KORNAI, J., *Economics of Shortage*, North-Holland, Amsterdam 1980.
KORNAI, J., *Growth, Efficiency, Shortages*, University of California Press, Berkeley, 1982.
KORNAI, J., « The Hungarian Reform Process », *Journal of Economic Literature*, vol. XXIV, n° 4, décembre 1986.
KORNAI, J., *Vision and Reality. Market and State*, Edit. Harvester Wheatsheaf, New York, 1990.
KOTARBINSKI, T., *Praxiology. An Introduction to the Sciences of Efficient Action*, Polish Scientific Publishers, Varsovie, 1965.
KOWALIK, T., « Oskar Lange's Lectures on the Economic Operation of a Socialist Society », dans *Contributions to Political Economy*, n° 6, 1986, pp. 1-24.
KOWALIK, T., « Lange-Lerner Mechanism », *The New Palgrave. A Dictionary of Economics*, vol. III, Macmillan, Londres, 1987, pp. 129-131.
KOWALIK, T., « Oskar Ryszard Lange », *The New Palgrave. A Dictionary of Economics*, vol. III, Macmillan, Londres, 1987, pp. 123-129.
KRIPKE, S., *Wittgenstein. On Rules and Private Language*, Harvard University Press, Harvard 1982.
KUKATHAS, CH., *Hayek and Modern Liberalism*, Clarendon Press, Oxford, 1989.
LACHMANN, L. M., « Methodological Individualism and the Market Economy », dans *Capital, Expectations and the Market Process. Essays on the Theory of the Market Economy*, Sheed, Andrews & McMeel, Kansas City, 1977.
LANDAUER, C., *Planwirtschaft und Verkehrswirtschaft*, Duncker & Humblot, Munich 1931 (traduction espagnole, FCE, Mexico 1948).
LANGE, O. et BREIT, M., « Droga do socjalistycznej gospodarki planowej » (« Le chemin vers une économie planifiée socialiste ») chapitre du livre *Gospodarka-politykataktyka-organizacja socjalizmu (Economie*

politique et tactique de l'organisation du socialisme), Varsovie 1934. Réédité dans *Dziela* (« Travaux »), vol. I, Edit. Polski Wydawnictwo Economiczne, Varsovie, 1973.
LANGE, O., « On the Economic Theory of Socialism. Part. I », *Review of Economic Studies* 4 (1), octobre, 1936, pp. 53-71.
LANGE. O., « On the Economic Theory of Socialism. Part. II », *Review of Economic Studies* 4 (2), février 1937, pp. 123-142.
LANGE. O., « One the Economic Theory of Socialism », dans le livre *On the Economic Theory of Socialism*, édition et introduction de Benjamin M. Lippincott, University of Minnesota Press, Minneapolis 1938; 2° edition, McGraw Hill, New York, 1964, pp. 55-143. Traduction espagnole d'Antonio Bosch Doménech et Alfredo Pastor Bodmer, intitulée *Sobre la Teoría Económica del Socialismo*, Edit. Ariel, Barcelona, 1971.
LANGE, O., « The Economic Operation of a Socialist Society : I & II ». Conférences prononcées les 8 et 15 mai 1942 et éditées et publiées par Tadeusz Kowalik dans *Contributions to Political Economy*, n° 6, 1987, pp. 1-24.
LANGE, O., « Gospodarcze podstawy demokracji w Polsce » (Fondements Economiques de la Démocratie en Pologne), dans *Ku gospodarce planowej* (Vers une économie de planification centrale), Londres, 1943.
LANGE, O., « The Practice of Economic Planning and the Optimum Allocation of Resources », *Econometrica*, juillet 1949, p. 166 et s.
LANGE, O., *Zagadnienia ekonomii polityczmej w swietle pracy J. Stalina « Ekonomiczne problemy socjalizmu w ZSRR »* (Problèmes de politique économique à la lumière du travail de J. Staline « Problèmes économiques du Socialisme en URSS), Varsovie 1953.
LANGE, O., *Political Economy, vol I. General Problems*, Pergamon Press, Londres 1963. Traduction espagnole de Silverio Ruiz Daimiel, *Economía política, Problemas generales*, Fondo de Cultura Económica, Mexico 1966.
LANGE, O., « The Computer and the Market » (1967), inclus dans *Socialist Economics*, éd. Alec Nove et D. M. Nuti, Penguin Books, Middlesex 1972, initialement publié dans *Socialism, Capitalism and Economic Growth. Essays Presented to M. Dobb*, éd. par C. H. Feinstein, Cambridge University Press, 1967.
LANGE, O., *Ensayos sobre Planificación Económica*, Ariel quincenal, Barcelona, 1970.
LANGE, O. et TAYLOR, F. M., *Sobre la Teoría Económica del Socialismo.* Traduction espagnole d'Antonio Bosch Doménech et Alfredo Pastor Bodmer, Edit. Ariel, Barcelona, 1973.
LANGE, O. (éd.), *Problemas de Economía Política del Socialismo*, Fondo de Cultura Económica, Mexico, 1974.
LANGE, O., *Economía Polityezna, vol. II*, Panstwowe Wydawnictwo Naukowe, Varsovie, 1968. Traduction espagnole de Elzbieta G. de Kerlow, intitulée *Economía Política, vol. II. Teoría de la Reproducción*, Fondo de Cultura Económica, Mexico, 1980.
LANGLOIS, R. N. (éd.), *Economics as a Process. Essays in the New Institucional Economics*, Cambridge University Press, New York, 1986.

LASKI, K., « Condiciones para el Equilibrio General entre Producción y Consumo », dans *Problemas de Economía Política del Socialismo*, éd. Oskar Lange, F. C. E., Mexico, 1974.
LAVOIE, D., « A Critique of the Standard account of the Socialist Calculation Debate », dans *The Journal of Libertarian Studies. An Interdisciplinary Review*, vol. V, n° 1, hiver, 1981, pp. 41-87.
LAVOIE, D., *The Market as a Procedure for Discovery and Conveyance of Inarticulate Knowledge*, Working Paper, Department of Economics, George Mason University, novembre, 1982. Et *Comparative Economic Studies*, vol. 28, n° 1, 1986, pp. 1-19.
LAVOIE, D., « Leontief and the Critique of Aggregative Planning », dans *National Economic Planning. What is Left?* Ballinguer Publishing Company, Cambridge, Massachusetts, 1985.
LAVOIE, D., *Rivalry and Central Planning*, Cambridge University Press, Cambridge, 1985.
LAVOIE, D., *National Economic Planning. What is left?*, Ballinger, Cambridge, Massachusetts, 1985.
LAVOIE, D., BAETJER, H et TULLOH, W., « High-Tech Hayekians : Some Possible Research Topics in the Economics of Computation », dans *Market Process*, vol. 8, printemps, 1990, George Mason University, pp. 120-146.
LEICHTER, O., *Die Sprengung des Kapitalismus : Die Wirtschaftpolitik der Sozialisierung*, Edit. Verlag der Wiener Volksbuchhandlung, Vienne, 1923.
LENIN, V. I., *Die nächsten Aufgaben der Sowjetmacht*, Berlin, 1918.
LEONI, B., *Freedom and the Law*, Liberty Press, 3° édition augmentée, Indianapolis 1991 (première édition 1961, seconde édition 1972). Traduction espagnole intitulée *La Libertad y la Ley*, Unión Editorial, Madrid, 1974.
LEPAGE, H., « Peut-on planifier une économie de marché ? », dans *Demain Le Libéralisme*, Librairie Générale Française, Paris, 1980.
LEPAGE, H., *Planification et Economie de Marché*, Institut Economique, Paris, 1983.
LERNER, A. P., « Economic Theory and Socialist Economy », *Review of Economic Studies*, octobre, 1934, n° 2.
LERNER, A. P., « A Rejoinder », *Review of Economic Studies*, février, 1935, n° 2.
LERNER, A. P., « A Note on Socialist Economics », *Review of Economic Studies,* octobre 1936, n° 4.
LERNER, A. P., « Statics and Dynamics in Socialist Economics », *Economic Journal*, juin 1937, n° 47.
LERNER, A. P., « Theory and Practice of Socialist Economies », *Review of Economic Studies*, octobre 1938, n° 6.
LERNER, A. P., *The Economics of Control*, Macmillan, New York 1944. Traduction espagnole d'Edmundo Flores publiée par le Fondo de Cultura Económica, Mexico 1951 et intitulée *Teoría Económica del Control. Principios de Economía del Bienestar.*
LEVY, D. M., « The bias in centrally planned prices », *Public Choice*, vol. 67, n° 3, décembre, 1990, pp. 213-226.

LINDAHL, E., *Studies in the Theory of Money and Capital*, Augustus M. Kelley, New York, 1970.
LINDBECK, A., *La Economía política de la Nueva Izquierda*, Alianza Editorial, Madrid, 1971.
LIPPINCOTT, B. M. (éd.), *On the Economic Theory of Socialism*, University of Minnesota Press, Minneapolis 1938 ; deuxième édition, McGraw Hill, New York,1964. Traduction espagnole d'Antonio Bosch Doménech et Alfredo Pastor Bodmer, intitulée *Sobre la Teoría Económica del Socialismo*, Ed. Ariel, Barcelone, 1971.
LITTLECHILD, S., *Austrian Economics*, (3 vol.), Edit. Edward Elgar, Londres et Vermont, 1990.
LORENZ, K., *Aspects of Form*, L. L. Whyte, Londres 1951.
LUGO, J. DE, *Disputationes de Iustitia et Iure*, Lyon, 1643.
LUTZ, V., *Central Planning for the Market Economy*, Edit. Longmans, Londres, 1969.
MAARSEVEEN, J. G., *Nicolaas G. Pierson*, Erasmus University, Rótterdam, 1981.
MACHADO, A., *Poesías Completas*, Edition critique de Oreste Macri, Espasa Calpe, Madrid, 1989.
MACHLUP, F., « Closing Remarks », dans *The Economics of Ludwig von Mises. Toward a Critical Reappraisal,* Laurence S. Moss (éd.), Sheed and Ward, Kansas City, 1976.
MACHLUP, F., *Knowledge. Its Creation, Distribution and Economic Significance,* vol. III, *The Economics of Information and Human Capital*, Princeton University Press, Princeton, New Jersey, 1984.
MACKAY, TH. (éd.), *A Plea for Liberty. An Argument against Socialism and Socialistic Legislation. Consisting of an Introduction by Herbert Spencer and Essays by Various Writters*, Liberty Classics, Indianapolis, 1981.
MALINVAUD, E., « Decentralized Procedures for Planning », *Activity Analysis in the Theory of Growth and Planning*, Macmillan, Londres, 1967.
MALINVAUD, E., « A Planning Approach to the Public Good Problem », *The Swedish Journal of Economics*, vol. 73, mars 1971, pp. 96-112.
MALLOCK, W. H., *A Critical Examination of Socialism*, 1908, réédité en 1990 par Transaction Publishers, New Brunswick.
MARAÑON, G., *Cajal : Su Tiempo y el Nuestro*, dans *Obras Completas*, vol. VII. Espasa Calpe, Madrid, 1971.
MARAÑON, G., *El Greco y Toledo*, dans *Obras Completas*, vol. VII, Espasa Calpe, Madrid, 1971.
MARCHI, N. DE, BLAUG, M., *Appraising Economic Theories. Studies in the Methodology of Research Programs*, Edward Elgar, Aldershot, Angleterre, 1991.
MARCOS DE LA FUENTE, J., *El empresario y su función social*, 3° éd., Fundación Cánovas del Castillo, Madrid, 1983.
MARTINEZ-ALIER, J., *Ecological Economics. Energy, Environment and Society*, Basil Blackwell, Oxford, deuxième édition, 1990.

MARX, K., *Capital. A Critique of Political Economy*, vol. I, « The Process of Capitalist Production », International Publishers, New York 1967. Première edition, 1867.
MARX, K., *Grundrisse. Foundations of the Critique of Political Economy*, Random House, New York, 1973.
MARX, K., « The Civil War in France : Address to the General Council », dans *The First International and After. Political Writings*, éd. D. Fernbach, Ramdon House, New York, vol. 3, 1974, pp. 187-268.
MARX, K., « Critique of the Gotha Programme » (1891), dans *The First International and After. Political Writings*, Ramdon House, New York, vol. 3, 1974, pp. 339-359.
MARX, K., *Crítica del Programa de Gotha*, Editorial Progreso, Moscou, 1977.
MARX, K., *El Capital. Crítica de la Economía Política*, vol. I, Editorial Progreso, Moscou 1990; traduction de Cristián Fazio.
MATTE LARRAIN, E. (éd.), *Cristianismo, Sociedad Libre y Opción por los Pobres*, Centro de Estudios Públicos, Chili, 1988.
MAYER, H., « Der Erkenntniswert der funktionellen Preistheorien », dans *Die Wirtschaftstheorie der Gegenwart*, Edit. Verlag von Julius Springer, vol. 2, Vienne, 1932, pp. 147-239b.
MEADE, J. E., *Planning and the Price Mechanism. The Liberal Socialist Solution*, George Allen and Unwin, Londres, 1948.
MEADE, J. E., *The Controlled Economy*, George Allen and Unwin, Londres, 1971.
MEADE, J. E., *The Theory of Indicative Planning*, Manchester University Press, Manchester, 1990.
MENGER, C., *Untersuchungen über die Methode der Socialwissenschaften und der Politischen Ökonomie inbesondere*, Duncker & Humblot, Leipzig, 1883.
MENGER, C., *Investigations into the Method of the Social Sciences with Special Reference to Economics*, New York University Press, New York 1985. Préface de Lawrence H. White et traduction de Francis J. Nock.
MIGUE, J. L. et BELANGER, G., « Toward a General Theory of Managerial Discretion », *Public Choice*, n° 17, 1974, pp. 27-43.
MILL, S., *Principles of Political Economy*, Augustus M. Kelley, Fairfield, 1976.
MILLER, D., *Market, State and Community. Theoretical Foundations of Market Socialism*, Clarendon Press, Oxford, 1989.
MILLER, M. S. et DREXEL, K. E., « Market and Computation : Agoric Open Systems », dans B. A. Huberman *The Ecology of Computation*, North Holland, Amsterdam, 1988.
MISES, L. VON, *Theorie des Geldes und der Umlaufsmittel*, Duncker & Humblot, Munich et Leipzig 1912 et 1924. Traduction anglaise de H. E. Batson, préfacée par MurrayN. Rothbard et intitulée *The Theory of Money and Credit*, Liberty Press, Liberty Classics, Indianapolis 1980. Il existe trois traductions espagnoles : l'une d'Antonio Riaño, *Teoría del Dinero y del Crédito*, Edit. Aguilar, Madrid 1936; une autre de José María Clarmunda

Bes, *Teoría del Dinero y del Crédito*, Ediciones Zeus, Barcelona, 1961; et la troisième de Juan Marcos de la Fuente, Unión Editorial, Madrid, 1997.
MISES, L. VON, « Die Wirtschaftsrechnung im sozialistischen Gemeinwesen », dans *Archiv für Sozialwissenschaft und Sozialpolitik*, n° 47, 1920, pp. 86-121; traduction anglaise de S. Adler intitulée « Economic Calculation in the Socialist Commonwealth », dans *Collectivist Economic Planning*, éd. F. A. Hayek, Augustus M.Kelley, Clifton, 1975.
MISES, L. VON, *Socialism. An Economic and Sociological Analysis*, troisième édition, publiée en 1981 par Liberty Press, Indianapolis. Traduction anglaise, par J. Kahane, de *Die Gemeinwirtschaft. Untersuchungen über den Sozialismus*, Gustav Fischer, Iéna, 1922. Traduction espagnole de Luis Montes de Oca intitulée *Socialismo. Análisis económico y sociológico,* 3° édition, Western Books Foundation, New York 1989, et Unión Editorial, Madrid 2003. Edition française, *Le Socialisme*, Genin, 1952.
MISES, L. VON, « Neue Beiträge zum Problem der sozialistischen Wirtschaftsrechnung », dans *Archiv für Sozialwissenschaft und Sozialpolitik*, n° 51, 1924, pp. 488-500.
MISES, L. VON, « Neue Schriften zum Problem der sozialistischen Wirtschaftsrechnung », dans *Archiv für Sozialwissenschaft und Sozialpolitik*, n° 60, 1928, pp. 187-190.
MISES, L. VON, *Kritik des Interventionismus*, Gustav Fischer Verlag, Iéna 1929 et 1976; traduction anglaise intitulée *A Critique of Interventionism*, Arlington House Publishers, New York, 1977 (traduction espagnole, Unión Editorial, Madrid, 2001).
MISES, L. VON., « Les équations de l'économie mathématique et le problème du calcul économique en régime socialiste », *Revue d'Economie Politique*, 1938, pp. 1055-1062 ; reproduit dans la même revue, dans son n° 97 (6) de novembre-décembre, 1987.
MISES, L. VON, *Nationalökonomie. Theorie des Handelns und Wirtschaftens*, The International Carl Menger Library, 2° édition, Philosophia Verlag, Munich 1980 (1° édition, Editions Union, Genève, 1940).
MISES, L. VON, *Theory and History*, Yale University Press, Yale, 1957. Traduction espagnole de Rigoberto Juárez Paz, intitulée *Teoría e Historia*, Unión Editorial, Madrid, 1975.
MISES, L. VON, *Human Action. A Treatise on Economics*, 3° édition revue, Henry Regnery Company, Chicago 1966. Traduction espagnole de Joaquín Reig Albiol, intitulée *La Acción Humana. Tratado de Economía*, 10° édition, Unión Editorial, Madrid, 2011. Edition française*, L'action humaine, Traité d'Économie*, PUF, 1997.
MISES, L. VON, *Bureaucracy*, Arlington House, New Rochelle, New York 1969. Traduction espagnole de Dalmacio Negro Pavón, intitulée *Burocracia*, Unión Editorial, Madrid, 1974.
MISES, L. VON, *Liberalism*, Cobden Press, San Francisco, 1985. Traduction espagnole de Joaquín Reig Albiol, intitulée *Liberalismo*, Unión Editorial, Madrid, 1977 et 1982.

MISES, L. VON, *Notes and Recollections*, Libertarian Press, South Holland, Illinois, 1978.
MISES, L. VON, *Economic Calculation in the Socialist Commonwealth*, réédition de 1990 publiée par le Ludwig von Mises Institute, Auburn University, Alabama, avec une introduction de Yuri N. Maltsev et Jacek Kochanowicz et un post-scriptum, intitulé « Why a Socialist Economy is Impossible », de Joseph T. Salerno.
MITCHEL, W., *The Anatomy of Government Failures*, International Institute of Economic Research, Los Angeles, 1979.
MONTESQUIEU, *Oeuvres Complètes. Avec des notes de Dupin, Crevier, Voltaire, Mably, Servan, La Harpe, etc.*, Chez Firmin Didot Frères, Libraires, Paris, 1843.
MORENO, F., « El Trabajo según Juan Pablo II », dans le livre *Cristianismo, Sociedad Libre y Opción por los Pobres*, Ed. Eliodoro Matte Larrain, Centro de Estudios Públicos, Santiago du Chili, 1988.
MOSS, L. S. (éd.), *The Economics of Ludwig von Mises. A Critical Reappraisal*, Sheed and Ward, Kansas City, 1976.
MULGEN, G., « The Power of the Weak », *Marxism Today*, décembre, 1988.
MUSGRAVE, R. A., « National Economic Planning : The U. S. Case », *American Economic Review*, n° 67, 1° partie, février, 1977, pp. 50-54.
NAISHUL, V. A., *The Supreme and Last Stage of Socialism*, Centre for Research into Communist Economies, Londres, 1991.
NELSON, R. R., « Assessing Private Enterprise : An Exegesis of Tangled Doctrine », *Bell Journal of Economics*, n° 12, 1, printemps, 1981.
NEGISHI, T., « Tâtonnement and Recontracting », *The New Palgrave. A Dictionary of Economics*, vol. IV, Macmillan, Londres, 1987, pp. 589-595.
NEUBERGER, E., « Libermanism, Computopia and Visible Hand : The Question of Informational Efficiency », *American Economic Review*, Papers and Proceedings, mai, 1966.
NEURATH, O., *Durch die Kriegswirtschaft zur Naturalwirtschaft*, G. D. W. Callwey, Munich 1919. Traduction anglaise intitulée « Through War Economy to Economy in Kind », dans *Empiricism and Sociology*, D. Reidel, Dordrecht, Holland, 1973.
NEURATH, O., *Wirtschaftsplan und Naturalrechnung von der sozialistischen Lebensordnung und von kommenden Menschen*, E. Laubsche, Berlin, 1925.
NISHIYAMA, Ch., LEUBE, K. R. (éd.), *The Essence of Hayek*, Hoover Institution Press, Stanford University, Californie, 1984.
NISKANEN, W., *Bureaucracy and Representative Government*, Adine-Atherton Press, Chicago, 1971.
NOVAK, M., *The Catholic Ethic and the Spirit of Capitalism*, Free Press, New York, 1993.
NOVE, A., « Planned Economy », dans *The New Palgrave. A Dictionary of Economics*, vol. III, Macmillan, Londres, 1987, pp. 879-885.
NOVE, A., « Socialism », *The New Palgrave. A Dictionary of Economics,* vol. IV, Macmillan Press, Londres, 1987, pp. 398-407.

NOVE, A., *The Economics of Feasible Socialism*, Allen and Unwin, Londres, 1983.
NOVE, A., *Studies in Economics and Russia*, Macmillan, Londres, 1990.
NOZICK, R., *Anarchy, State and Utopia,* Basic Books, New York, 1974. Traduction espagnole de Rolando Tamayo, Fondo de Cultura Económica, Mexico, 1988.
NOZICK, R., *The Examined Life*, Simon and Schuster, New York, 1989.
NUTTER, G. W., « Central Economic Planning : The Visible Hand », chap. 15 de *Political Economy and Freedom. A Collection of Essays*, Liberty Press, Indianapolis, 1983.
NUTTER, G. W., « Market Without Property : A Grand Illusion », dans *Political Economy and Freedom. A Collection of Essays*, Liberty Press, Indianapolis, 1983.
OAKESHOTT, M., *Rationalism in Politics*, Edit. Methuen, Londres, 1962.
OAKESHOTT, M., *On Human Conduct*, Oxford University Press, Oxford, 1975.
OAKESHOTT, M., *Rationalism in Politics and other Essays*, Liberty Press, Indianapolis, 1991 (préface de Timothy Fuller).
O'DRISCOLL, G. P., RIZZO, M. J., *The Economics of Time and Ignorance*, Basil Blackwell, Oxford, 1985.
O'DRISCOLL, G. P., « A Tribute to F. A. Hayek », dans *The Cato Journal*, vol. 9, n° 2, automne, 1989, pp. 345-352.
ORTEGA Y GASSET, J., *Mirabeau o el Político, Obras Completas*, Revista de Occidente, Madrid, 1947, vol. 3.
PARETO, V., *Manuel d'Economie Politique*, Librairie Droz, Genève 1966. Traduction anglaise d'Ann S. Schwier, intitulée *Manual of Political Economy*, Augustus M. Kelley, New York, 1971. Traduction espagnole de Guillermo Cabanellas, Buenos Aires, 1946.
PEJOVICH, S., « The Case of Self-Management in Yugoslavia », dans *Socialism. Institutional, Philosophical and Economic Issues*, Kluwer Academic Publishers, Dordrecht, 1987, pp. 239-249.
PENROSE, R., *The Emperor's New Mind. Concerning Computers, Minds and the Laws of Physics*, Oxford University Press, Oxford 1989. Traduction espagnole de Javier García Sanz, intitulée *La Nueva Mente del Emperador*, Mondadori España, 1991.
PIERSON, N. G., « The Problem of Value in the Socialist Community », dans *Collectivist Economic Planning*, traduction anglaise, par G. Gardiner, de l'article intitulé « Het waardproblem in een socialistische Maatschappij », *De Economist*, vol. I, 1902.
PIERSON, N. G., Principles of Economics, traduction de A. Wotzel, vol. II, Macmillan, Londres, 1912.
POHLE, L. et HALM, G., *Kapitalismus und Sozialismus*, 4° édition, Berlin, 1931.
POLANYI, K., « Sozialistische Rechnungslegung », dans *Archiv für Sozialwissenschaft und Sozialpolitik*, n° 49, 1922, pp. 377-420.
POLANYI, K., « Die funktionelle Theorie der Gesellschaft und das Problem der sozialistischen Rechnungslegung. (Eine Erwiderung an Prof. Mises und

Dr. Felix Weil) », dans *Archiv für Sozialwissenschaft und Sozialpolitik*, n° 52, 1924, pp. 218-228.
POLANYI, M., *The Logic of Liberty*, The University of Chicago Press, Chicago, 1951.
POLANYI, M., *Personal Knowledge*, The University of Chicago Press, Chicago, 1958.
POLANYI, M., *The Study of Man*, The University of Chicago Press, Chicago, 1959.
POLANYI, M., *Knowing and Being*, The University of Chicago Press, Chicago, 1969.
POLANYI, M., « The Republic of Science : Its Political and Economic Theory », dans *Knowing and Being*, édité par Marjorie Grene, University of Chicago Press, Chicago, 1969.
POLANYI, M., « Ciencia, Fe y Sociedad », *Estudios Públicos* (revue du Centro de Estudios Públicos de Santiago de Chile), vol. 29, été 1988, pp. 271-330.
PRIBRAM, K., *A History of Economic Reasoning*, The Johns Hopkins University Press, Baltimore, 1983.
PRYBILA, J. S., *Market and Plan under Socialism*, Hoover Institution Press, Stanford, Californie, 1987.
RAGA, J. T., « Proceso Económico y Acción Empresarial », *Homenaje a Lucas Beltrán*, Edit. Moneda y Crédito, Madrid, 1982, pp. 597-619.
REAL ACADEMIA ESPAÑOLA, *Diccionario de la Lengua Española*, Espasa Calpe, 20° édition, Madrid, 1984.
REVEL, F., *El estado megalómano*, Planeta, Madrid 1981.
ROBERTS, P. C., *Alienation and the Soviet Economy*, Homes & Meir, New York 1990 (1° édition, 1971).
ROBERTSON, E. S., « The Impracticability of Socialism », dans *A Plea for Liberty*, Thomas Mackey (éd.), Liberty Classics, Indianapolis, 1981, pp. 35-79.
ROBBINS, L., *The Great Depression*, Macmillan, New York, 1934.
ROBBINS, L., *Politics and Economics*, Macmillan, Londres, 1963.
ROBBINS, L., *Autobiography of an Economist*, Macmillan, Londres, 1971.
ROBBINS, L., *An Essay on the Nature and Significance of Economic Science*, Macmillan, Londres, 1972.
ROBBINS, L., *Political Economy, Past and Present*, Columbia University Press, New York 1976.
RODRIGUEZ BRAUN, C., « Entrevista a F. A. Hayek », *Revista de Occidente*, n° 58, mars 1986, pp. 124-135.
ROPER, W. C., *The Problem of Pricing in a Socialist State*, Harvard University Press, Cambridge, Massachusetts, 1931.
ROSENBERG, W. G., « Observations on the Soviet Incentive System », *ACES Bulletin*, 19, n° 3-4, 1977, pp. 27-43.
ROTHBARD, M. N., *Ludwig von Mises : Scholar, Creator and Hero*, The Ludwig von Mises Institute, Auburn University, Alabama, 1988.
ROTHBARD, M. N., *Man, Economy, and State. A Treatise on Economic Principles*, vol. II, Nash Publishing, Los Angeles, 1970.

ROTHBARD, M. N., *Power and Market. Government and the Economy*, Institute for Humane Studies, Menlo Park, Californie, 2° édition, 1970.
ROTHBARD, M. N., « Lange, Mises and Praxeology : The Retreat from Marxism », dans *Toward Liberty. Essays in Honor of L. von Mises in his 90th birthday*, Institute for Humane Studies, Californie, 1971, pp. 307-321.
ROTHBARD, M. N., *For a New Liberty*, Macmillan Publishing, New York, 1973.
ROTHBARD, M. N., « New Light on the Prehistory of the Austrian School », dans *The Foundations of Modern Austrian Economics*, Sheed & Ward, Kansas City, 1976, pp. 52-74.
ROTHBARD, M. N., *Individualism and the Philosophy of Social Sciences*, Cato Institute, San Francisco, 1980.
ROTHBARD, M. N., « Lo Ilusorio del Precio de Monopolio », dans le vol. I de *Lecturas de Economía Política*, compilation de Jesús Huerta de Soto, Unión Editorial, Madrid, 1986. Traduction, par Carmen Liaño Reig, de *Man, Economy, and State*, vol. II, chap. 10, Nash Publishing, Los Angeles 1970.
ROTHBARD, M. N., « The End of Socialism and the Calculation Debate Revisited », *The Review of Austrian Economics*, vol. 5, n° 2, 1991, pp. 51-76.
ROTSCHILD, M., *« Bionomics » : The Inevitability of Capitalism*, Henry Holt, New York, 1990.
RUDOLF, Archiduc (Prince héritier de la Maison d'Autriche), Notes manuscrites de *Politische Oekonomie*, Hefte janvier-août, 1876, Österreichisches Staatsarchiv.
RYLE, G., « Knowing How and Knowing What », inclus dans le livre *The Concept of Mind*, Hutchinson's University Library, Londres, 1949.
SALAS, J. DE, *Comentarii in Secundam Secundae divi Thomae de Contractibus*, Lyon, 1617.
SALERNO, J. T., « Ludwig von Mises as Social Rationalist », *The Review of Austrian Economics*, n° 4, 1990, pp. 36-48.
SALERNO, J. T., « Why Socialist Economy is Impossible », Post-scriptum de Mises, *Economic Calculation in the Socialist Economy*, Ludwig von Mises Institute, Auburn University, Alabama, 1990.
SAMUELSON, P. A., *Economics*, 13° édition, McGraw Hill, New York 1989.
SAY, J. B., *Traité d'Economie Politique* (1804), réimpression de Slatkine, Genève 1982. Traduit en anglais en 1880 par C. R. Princep sous le titre *A Treatise on Political Economy*, Augustus M. Kelley, New York 1971.
SCARAMOZZINO, P., *Omaggio a Bruno Leoni*, Ed. A. Giuffrè, Milan, 1969.
SCITOVSKI, T., « Lerner's Contribution to Economics », *Journal of Economic Literature*, vol. XXII, n° 4, décembre, 1984.
SCHÄFFLE, A., *Die Quintessenz des Sozialismus*, 13° édition, Ed. F. A. Berthes, Gotha, 1891.
SCHIFF, W., *Die Planwirtschaft und ihre Ökonomischen Hauptprobleme*, Berlin, 1932.
SCHUMPETER, J. A., *Capitalism, Socialism and Democracy*, George Allen and Unwin, Londres 1950. Traduction espagnole de José Diaz García,

intitulée *Capitalismo, Socialismo y Democracia*, Edit. Aguilar, Madrid, 1971.
SCHWARTZ, P., *Empresa y Libertad*, Unión Editorial, Madrid 1981.
SECO, M., *Diccionario de Dudas y Dificultades de la Lengua Española*, Espasa Calpe, 9° édition, Madrid, 1990.
SEIDL, Ch., « Allokationsmechanismus, asymmetrische Information und Wirtschaftssystem », dans *Jahrbücher für Nationalökonomie und Statistik*, 197(3), 1982, pp. 193-220.
SELDON, A., « Recollections. Before and After « The Road to Serfdom ». Reflections on Hayek in 1935, 1944, 1960, 1982 », dans *Hayek's « Serfdom » Revisited. Essays by economists, philosophers and political scientists on « The Road to Serfdom » after 40 years*, Institute of Economic Affairs, Hobart Paperback n° 18, Londres, 1984.
SELDON, A., *Capitalism*, Basil Blackwell, Oxford 1990.
SEN, A., « Maurice Herbert Dobb », dans *The New Palgrave. A Dictionary of Economics*, vol. I. Macmillan, Londres 1987, p. 910-912.
SEUROT, F., *Les Economies Socialistes*, Presses Universitaires de France, 1983.
SHACKLE, G. L., *Epistemics and Economics*, Cambridge University Press, Cambridge 1972. Traduction espagnole de Francisco González Aramburo, intitulée *Epistémica y Economía*, Fondo de Cultura Económica, Madrid, 1976.
SHAKESPEARE, W., *As you like it*, dans *The Riverside Shakespeare*, Houghton Mifflin Company, Boston, 1974.
SHEANAN, J., « Planning in France », *Challenge*, mars-avril 1975.
SKIDELSKY, R., *John Maynard Keynes. Vol. I, Hopes Betrayed*, Macmillan, Londres, 1983.
SKOUSEN, M., « Conversation with Robert Heilbroner », *Liberty*, vol. 4, n° 6, juillet 1991, pp. 45-50 et 63, et aussi dans *Forbes*, 27 mai 1991.
SMITH, A., *An Inquiry into the Nature and Causes of the Wealth of Nations*, édité par R. K. Campbell et A. S. Skinner. Editeur du texte W. B. Todd. « The Glasgow Edition of the Works and Correspondence of Adam Smith », Liberty Press, Indianapolis, 1981.
SNAVELY, W. P., *Theory of Economic Systems. Capitalism, Socialism, Corporation,* Merrill, Columbus, Ohio, 1969.
SNOWBERGER, V., « Comment on the « New Soviet Incentive Model » », *Bell Journal of Economics*, 8, n° 2, automne 1977.
SORMAN, G., *Esperando a los bárbaros*, Seix Barral, Barcelone 1993.
SOTO, H. DE, *El otro Sendero. La Revolución Informal*, Edit. Diana, Mexico 1987.
SOWELL, T., *Knowledge and Decisions*, Basic Books, New York, 1980.
STANKIEWICZ, T., « Investment under Socialism », *Communist Economies*, vol. 1, n° 2, 1989, pp. 123-139.
STEELE, D. R., « The Failure of Bolchevism and its Aftermath », *The Journal of Libertarian Studies. An Interdisciplinary Review*, vol. 5, n° 1, hiver 1981, pp. 99-111.

STEELE, D. R., « Posing the Problem : The Impossibility of Economic Calculation under Socialism », dans *The Journal of Libertarian Studies. An Interdisciplinary Review*, vol. 5, n° 1, hiver 1981, pp. 7-22.
STIGLER, G., *The Citizen and the State*, Chicago University Press, Chicago, 1975.
STREISSLER, E. W., « The influence of German Economics on the work of Menger and Marshall », dans *Carl Menger and his Legacy in Economics*, Annual Supplement to volume 22 of *History of Political Economy*, édité par Bruce J. Caldwell, Duke University Press, Durham 1990, pp. 31-68.
STREISSLER, E. W., « Carl Menger on economic policy : the lectures to Crown Prince Rudolf », dans *Carl Menger and his Legacy in Economics*, édité par Bruce J. Caldwell, Annual Supplement to volume 22 of *History of Political Economy*, Duke University Press, Durham 1990, pp. 107-130.
STRUMLIN, S., *Ekonomitscheskaja Shishni*, n° 237, 284, 290 des 23 octobre, 17 décembre et 24 décembre 1920.
STUART, V., « Winstbejag versus behoeftenbevrediging », *Overdruk Economist*, vol. 76, n° 1, p. 18 et s.
SULZER, G., *Die Zukunft des Sozialismus*, Dresde, 1899.
SWEEZY, P. M., *Socialism*, McGraw Hill, New York, 1949.
TAMEDLY, E. L., *Socialism and International Economic Order*, The Caxton Printers, Caldwell, Idaho, 1969.
TAYLOR, F. M., « The Guidance of Production in a Socialist State », *American Economic Review*, vol. XIX, n° 1, mars 1929; réédité dans *On the Economic Theory of Socialism*, Ed. Benjamin E. Lippincott, McGraw Hill, New York 1964. Traduction espagnole d'Antonio Bosch Domenech et Alfredo Pastor Bodmer, intitulée « La Orientación de la Producción en un Estado Socialista », Edit. Ariel, Barcelone, décembre, 1973 (4° édition).
TAYLOR, R., *Action and Purpose*, Humanities Press, New Jersey 1980.
TEMKIN, G., « On Economic Reforms in Socialist Countries : The Debate on Economic Calculation under Socialism Revisited », dans *Communist Economies*, vol. I, n° 1, 1989, pp. 31-59.
THIRBLY, G. F., « The Ruler », *South African Journal of Economics*, décembre 1946, réédité dans J. M. Buchanan et G. F. Thirbly (éd.), *L. S. E. Essays on Cost*, New York University Press, New York, 1981.
THOMSEN, E. F., *Prices and Knowledge. A Market Process Perspective* Routledge, Londres, 1992.
TIPLER, F. J., « A Liberal Utopia », dans « A Special Symposium on The Fatal Conceit by F. A. Hayek », *Humane Studies Review*, vol. 6, n° 2, hiver, 1988-89, pp. 4-5.
TISCH, K., *Wirtschaftsrechnung und Verteilung im zentralistich organisierten sozialistischen Gemeinwesen*, Université de Bonn, Wuppertal-Elberfeld, 1932.
TRIGO PORTELA, J., VAZQUEZ ARANGO, C., *La Economía Irregular*, Generalitat de Catalunya, Servei de Publicacions, Colección « Textos i Documents », 2, Barcelone, 1983.
TRIGO PORTELA, J., *Barreras a la Creación de Empresas y Economía Irregular*, Instituto de Estudios Económicos, Madrid, 1988.

TSCHAYANOFF, A., « Zur Frage einer Theorie der nichtkapitalistischen Wirtschaftssystem », dans *Archiv für Sozialwissenschaft und Sozialpolitik*, 1923, n° 57, pp. 577-613.
TURGOT, A. R. J., « Eloge de Gournay », dans *Oeuvres*, Guillaumin, Paris 1844, vol. I, pp. 262-291.
TULLOCK, G., *The Politics of Bureaucracy*, Public Affairs Press, Washington D. C., 1965.
VAUGHN, K. I., « Economic Calculation under Socialism : The Austrian Contribution », *Economic Enquiry*, vol. XVIII, octubre, 1980; reproduit dans le vol. III de *Austrian Economics*, Stephen Littlechild (éd.), Edward Elgar, Londres, 1990, pp. 332-351.
VAUGHN, K. I., « Critical Discussion of the Four Papers », dans *The Economics of Ludwig von Mises. A Critical Reappraisal*, Sheed and Ward, Kansas City, 1976, p. 107 et s.
VAUGHN, K. I., « Introduction » à *Economic Calculation in the Socialist Society*, Trygve J. B. Hoff, Liberty Press, Indianapolis, 1981.
VECCHIO, G. DEL, « L 'Opera Scientifica di Enrico Barone », *Giornale degli Economisti*, noviembre, 1925.
VILLAPALOS, G., « Serendipidad », *ABC*, Madrid, 3 janvier 1992, p. 3.
WARD, B., « Linear Programming and Soviet Planning », dans Hardt, John P. et al. (éd.), *Mathematics and Computers in Soviet Economic Planning*, Yale University Press, New Haven, Connecticut, 1967.
WARD, B., *The Socialist Economy. A Study of Organizational Alternatives*, Random House, New York, 1967.
WEBER, A., *Allgemeine Volkswirtschaftslehre*, 4° édition, Munich et Leipzig, 1932.
WEBER, M., *Economy and Society*, University of California Press, Berkeley, 1978. Traduction anglaise, par plusieurs auteurs, de l'ouvrage *Wirtschaft und Gesellschaft. Grundriss der verstehenden Soziologie*, Tübingen, 1921.
WEBER, M., « Wirtschaft und Gesellschaft », dans *Grudriss der Socialökonomie*, vol. III, Tübingen, 1922.
WEBER, M., *The Theorie of Social and Economic Organization*, The Press of Glencourt, New York, 1964.
WEIL, F., « Gildensozialistische Rechnungslegung. Kritische Bemerkungen zu Karl Polanyi : « Sozialistische Rechnungslegung » in diesem Archiv 49/2, s. 377ff. », dans *Archiv für Sozialwissenschaft und Sozialpolitik*, n° 52, 1924, pp. 196-217.
WEITZMAN, M. L., « The New Soviet Incentive Model », *Bell Journal of Economics*, 8, n° 2, automne, 1977.
WICKSTEED, P. H., *The Common Sense in Political Economy*, 2° édition, Routledge, Londres, 1933. Réédition de Augustus M. Kelley, New York, 1967.
WINIECKI, J., *Economic Prospects : East and West. A View from the East*, Center for Research into Communist Economies, Londres, 1987.
WINIECKI, J., *The Distorted World of Soviet-Type Economies*, Routledge, Londres, 1988 et 1991.

WIESER, F. VON, *Der natürliche Wert*, Edit. A. Hölder, Vienne 1889. Traduction anglaise de C. A. Malloch *Natural Value*, Augustus M. Kelley, New York, 1971.
WIESER, F. VON, *Social Economics*, Augustus M. Kelley, New York, 1967. Traduction anglaise, par A. Ford Hinnichs, de *Theorie der gesellscaftlicchen Wirtschaft*, J. C. B. Mohr, Tübingen, 1914.
WILCZYNSKI, J., *The Economics of Socialism. Principles Governing the Operation of the Centrally Planned Economies in the USSR and Eastern Europe under the New System*, Edit. George Allen and Unwin, Londres, 1978.
WILLIAMSON, O. E. et WINTER, S. G., *The Nature of the Firm. Origins, Evolution and Development*, Oxford University Press, Oxford, 1991.
WISEMAN, J., « Uncertainty, Costs, and Collectivist Economic Planning », *Economica,* mai, 1953, pp. 234-235. Reproduit dans J. M. Buchanan et G. F. Thirlby (éd.), *L. S. E. Essays on Cost*, New York University Press, New York, 1981.
WISEMAN, J., « The Theory of Public Utility Price : An Empty Box », *Oxford Economic Papers*, Oxford University Press, 1957, réédité dans J. M. Buchanan et G. F. Thirlby (éd.), *L. S. E. Essays on Cost*, New York University Press, New York,1981.
WOOD, J. C., WOODS, R. N., (éd.), *Friedrich A. Hayek. Critical Assessments*, Routledge, Londres, 1991.
ZASSENHAUS, H., « Über die ökonomische Theorie der Planwirtschaft », dans *Zeitschrift für Nationalökonomie*, vol. V, septembre, 1934. Traduction anglaise intitulée « On the Economic Theory of Planning », *International Economic Papers,* vol. VI, 1956, pp. 88-107.

INDEX DES MATIERES

INDEX DES NOMS CITES

TABLE DES MATIERES

Marché et Organisations
L'Harmattan

Cahiers d'économie et de gestion thématiques dont le but est de promouvoir la recherche originale sur les relations de plus en plus étroites qui se tissent entre le marché et les organisations. Les acteurs économiques de taille, de puissance et de pouvoir différents dont les intérêts peuvent être convergents, complémentaires ou, le plus souvent, antagoniques, ont tendance à organiser les marchés. La raison du marché, pourtant, est la référence stratégique pour l'entreprise ainsi que pour les institutions publiques de décision économique.
Direction : Sophie Boutillier, Marc-Hubert Depret, Blandine Laperche, Céline Merlin-Brogniart, Jean-Louis Monino, Dimitri Uzunidis (directeur de publication)

Numéros parus :

N°1 : Artisanat. La modernité réinventée, 2006
N°2 : La petite entreprise, elle a tout d'une grande. De l'accompagnement aux choix stratégiques, 2006
N°3 : Tourisme et Innovation. La force créative des loisirs, 2007
N°4 : Le travail. Formes récentes et nouvelles questions, 2007
N°5 : Les universités et l'innovation. L'enseignement et la recherche dans l'économie des connaissances, 2007
N°6 : Entrepreneuriat et accompagnement. Outils, actions et paradigmes nouveaux, 2008
N°7 : Développement durable des territoires. Economie sociale, environnement et innovations, 2008
N°8 : Développement durable et responsabilité sociale des acteurs, 2009
N°9 : Gouvernance : exercices de pouvoir, 2009
N°10 : Le travail collaboratif. Une innovation générique, 2009
N°11 : Economie sociale et solidaire. Nouvelles trajectoires d'innovations, 2010
N°12 : Relations à la marque et marques de la relation. Regards croisés sur le management relationnel de la marque, 2010
N°13 : Les contrats au service de la recherche ?, 2011
N°14 : Le potentiel économique de l'Afrique subsaharienne, 2011
N°15 : Management de la distribution, 2012
N°16 : Territoire Vert. Entreprises, Institutions, Innovations, 2012
N°17 : Eco-conception, conception et innovation. Les nouveaux défis de l'entreprise, 2013
N°18 : Intelligence économique : entreprises et territoires, 2013
N°19 : La finance globale. Un monde fini, 2013

http://riifr.univ-littoral.fr/?page_id=40
contact : Dimitri Uzunidis, uzunidis@univ-littoral.fr

Collection « L'esprit économique »

fondée par Sophie Boutillier et Dimitri Uzunidis en 1996
dirigée par Sophie Boutillier, Blandine Laperche, Dimitri Uzunidis

Dernières parutions

► ***Série Economie et Innovation***
S. BOUTILLIER, *L'artisanat et la dynamique de réseaux*, 2011.
P. DESHAYES, H. DE MEDINA (dir.), *Développement durable et intelligence des matériaux. Regards croises franco-brésiliens sur les pratiques du bâtiment et de la construction*, 2011.
F. LARRE, J.-M. PLASSARD, *L'enseignant : réalités économiques et enjeux professionnels*, 2012.
P. MADINIER, *Une économie de services sans servilité*, 2013.
N. ABBES, *L'entreprise responsable. De la responsabilité sociétale à la communication environnementale*, 2013.
Z. LIU, *Politiques d'innovation et pme en France. Une histoire de liens faibles*, 2013.
E. BESANÇON, N. CHOCHOY, T. GUYON, *L'innovation sociale. Principes et fondements d'un concept*, 2013.
► ***Série Le Monde en Question***
J. BAUMGARTEN, *L'économie mondiale à bout de souffle*, 2011.
C. BERBERI, *Le Royaume-Uni face à l'euro. De la prudence à l'hostilité*, 2012.
K. EDGEWEBLIME, *Le FMI en Afrique*, 2012.
M. SANTI, *Splendeurs et misères du libéralisme*, 2012.
P. BAGUS, *La tragédie de l'euro*, 2012.
C. BERTHOMIEU, J.-P. GUICHARD, E. PONOMARENKO (dir.), *La Russie, l'Europe et la méditerranée dans la crise*, 2013.
► ***Série Krisis***
D. DE CALLATAY, *Le pouvoir de la gratuité. L'échange, le don, la grâce*, 2011.
J. BLANCHET, *Sciences de la nature et sciences humaines*, 2012.
J. BLANCHET, *Utilitarisme et positivisme. Une analyse critique*, 2012.
J. BLANCHET, *Utilitarisme et positivisme. Une analyse critique*, 2012.
R. PARAIRE, *L'énergie économique*, 2013.
G. MINART, *Entrepreneur et esprit d'entreprise. L'avant-gardisme de Jean-Baptiste Say*, 2013.
► **Série *Clichés***
S. BOUTILLIER, D. UZUNIDIS (dir.), *La Russie européenne. Du passé composé au futur antérieur*, 2008.
R. VOLPI, *La négociation. Pain, paix, liberté*, 2009.
► ***Série Cours Principaux***
J. BOURDARIAT, *Le commerce international. Théories et pratiques actuelles*, 2011.
J. BLANCHET, *L'économie : concepts, méthodes, outils*, 2012.
L. DANIEL, M. RUIMY, *Taux d'intérêt et marches financiers*, 2013.
G. FONOUNI-FARDE, *Comprendre l'économie internationale. L'économie pour tous !*, 2103.
► ***Série L'économie formelle***
V. LEDERMAN, *Inefficience des marchés et inefficacité des règles. Risque financier majeur*, 2011.
F. MACHROUH, *Crises bancaires : comprendre pour mieux prédire*, 2012.
J. ATLAN, *L'argent des pauvres, les milliards des banques. Alternatives financières et politiques*, 2012.
F. DUHAMEL, A. DUNOYER de SEGONZAC, *La cocotte-minute financière. Petit précis de décomposition socio-économique*, 2012.
P. BRACONNIER, G. CAIRE (dir.), *L'économie sociale et solidaire et le travail*, 2013.
M. SANTI, *L'Europe. Chroniques d'un fiasco économique et politique*, 2013.
J. BERNARD, *La croissance. 10 points cruciaux*, 2013.

Économie et Entreprise aux éditions L'Harmattan

Dernières parutions

COMMENT (RE)FAIRE DE LA FRANCE UN PAYS ENTREPRENANT ?
Daniel Laurent, Lirzin Franck - Préface de Claude Bébéar ; avec la collaboration de Hubert Lévy-Lambert
Comment relancer l'économie française et en exploiter le formidable potentiel ? Le pays a déjà été confronté à des situations semblables à la fin du XIXe siècle ou après 1945, et chaque fois il a su se réinventer. Après Friedman et Keynes, voici venu le temps de Schumpeter et de la «destruction-créatrice». Loin du déclinisme actuel, ce livre montre au travers d'exemples précis que les initiatives se multiplient pour créer un nouveau «modèle français», original et performant.
(19.00 euros, 184 p.)
ISBN : 978-2-343-00992-6, ISBN EBOOK : 978-2-296-53749-1

FILIÈRE (LA) PORCINE EN FRANCE – Le porc français a-t-il un avenir ?
Marzio Antoine
Consommerons-nous encore du porc français dans dix ans ? Et de quelle qualité ? Après une visite détaillée de la filière, ce livre analyse la question environnementale, du bien-être animal, des surconsommations vétérinaires, de l'hyperconcentration des élevages en Bretagne, et propose des solutions axées sur le redéploiement géographique, la diversification des races de porcs et des techniques d'élevage et la montée en gamme.
(23.00 euros, 232 p.)
ISBN : 978-2-343-00634-5, ISBN EBOOK : 978-2-296-53791-0

ÉCONOMIE (L') SOCIALE ET SOLIDAIRE ET LE TRAVAIL
Sous la direction de Patrice Braconnier et Gilles Caire
Dans un contexte où l'accès à l'emploi se fait toujours plus difficile et où les conditions de travail se durcissent, l'économie sociale et solidaire est-elle en mesure de proposer des façons de «travailler autrement» ? Existe-t-il une spécificité de l'emploi et de l'organisation du travail dans le champ de l'ESS ? Entre travail et bénévolat, entre salariat et entrepreneuriat, entre employeurs et employés, les frontières au sein de l'ESS sont floues. Mais peut-elle encore proposer de nouvelles utopies en matière de travail ?
(Coll. L'esprit économique, série L'économie formelle, 26.00 euros, 252 p.)
ISBN : 978-2-343-00563-8, ISBN EBOOK : 978-2-296-53764-4

ART (L') DE LA CRISE – Prévenir, contenir et sortir d'une situation sensible
Fusalba Thierry
L'objectif de cet ouvrage est de proposer aux organisations prises dans le maelström des événements une méthode fiable et performante qui leur permette d'avoir des points de repères solides afin d'élaborer une stratégie de sortie de crise efficace. L'auteur propose une réflexion sur la stratégie, sur l'organisation et l'entraînement des cellules de crises, sur l'exploitation des enseignements ainsi que sur le management et la communication de crise.
(34.00 euros, 332 p.)
ISBN : 978-2-343-00042-8, ISBN EBOOK : 978-2-296-53717-0

CONTRÔLE (LE) DES CONCENTRATIONS TRANSNATIONALES
Burnier Da Silveira Paulo - Préface de Bruno Lasserre ; avant-propos de Vinicius Carvalho
Les concentrations transnationales augmentent et les systèmes de contrôle des concentrations se multiplient. Alors que les enjeux économiques revêtent désormais une dimension internationale,

les mécanismes juridiques de régulation demeurent cantonnés à une échelle nationale ou régionale. Le risque : être confronté à des décisions contradictoires ou incohérentes rendues par différentes autorités de la concurrence... Des mécanismes de régulation s'imposent, ainsi que l'adoption par l'OMC de règles contraignantes.
(39.00 euros, 406 p.)
ISBN : 978-2-336-29198-7, ISBN EBOOK : 978-2-296-53776-7

DES HOMMES ET DES RISQUES
Le rôle des assurances dans la construction des sociétés humaines
Nabeth Marc - Préface de Jean-Hervé Lorenzi - Postface de François-Xavier Albouy
Il est difficile d'imaginer un monde sans assurance ni protection sociale de nos jours. Pourtant, pour plus de 80% de la population des pays en développement, l'absence d'assurance est une réalité tangible. Les témoignages que ces personnes nous livrent sur leur perception des risques et leur créativité pour y faire face démentent de nombreux préjugés religieux, sociaux et culturels. L'enjeu est stratégique : il révèle le rôle essentiel de l'assurance dans la construction des sociétés humaines.
(Coll. Affaires stratégiques, 20.00 euros, 194 p.)
ISBN : 978-2-343-00120-3, ISBN EBOOK : 978-2-296-53744-6

INTELLIGENCE STRATÉGIQUE ET ÉNERGIE : UN TANDEM INDISSOCIABLE AU SERVICE D'UNE NOUVELLE GÉOPOLITIQUE
Du Castel Viviane
Voici un éclairage sur les enjeux énergétiques de demain, à travers la grille de lecture que propose l'intelligence économique et stratégique. Celle-ci permet, grâce à ses capacités d'analyse et d'investigation, de se projeter dans l'avenir, d'anticiper les évolutions et de se positionner en leader sur le marché international de l'énergie.
(Coll. Intelligence stratégique et géostratégie, 28.00 euros, 276 p.)
ISBN : 978-2-336-00726-7, ISBN EBOOK : 978-2-296-53876-4

DES MARCHÉS SANS FOI NI LOI
Bensebaa Faouzi, Boudier Fabienne
Tout est vendable, tout est échangeable, tel est le credo des « drôles de marchés ». Parmi eux, les « marchés sans foi ni loi ». Jetant aux orties le sacré, contournant la règle ou profitant de ses imperfections, ils sont peu visibles du grand public. Pourtant, les pratiques que l'on y découvre sont inédites et permettent souvent à des acteurs situés à la marge du système de se rencontrer. Ces « marchés sans foi ni loi » peuvent tout aussi bien être facteurs de désordre et de transgression que sources de créativité.
(Coll. Drôles de Marchés, 14.00 euros, 132 p.)
ISBN : 978-2-343-00469-3, ISBN EBOOK : 978-2-296-53537-4

PROJETS ET ENTREPRENEURIAT AU SEIN DES PAYS ÉMERGENTS
Coordonné par Robert Paturel
Voici les dernières investigations réalisées dans des pays émergents. Le rôle de trois institutions de formation dans le développement de l'entrepreneuriat est exposé, puis des particularités de trois autres contrées permettant de voir la façon dont leur entrepreneuriat est stimulé sont relevées. Enfin, ce livre étudie l'entrepreneuriat féminin : objet d'un projet d'envergure au Maroc, il est analysé différemment à Madagascar et en Turquie.
(CEDIMES, Coll. Mouvements Économiques et Sociaux, 31.00 euros, 316 p.)
ISBN : 978-2-343-00345-0, ISBN EBOOK : 978-2-296-53631-9

RAPPORTS (LES) ENTRE AUTORITÉS DE RÉGULATION EN MATIÈRE DE CONCURRENCE
Medjnah Mourad
Parce que le droit suit le mouvement du marché et compte tenu de la réalité économique des secteurs régulés, la quête d'une réelle efficacité des autorités de régulation et d'une meilleure protection de la sécurité juridique des acteurs de marché (entreprises et consommateurs) commande d'adopter

une nouvelle conception de régulation, selon laquelle des rapports équilibrés entre les deux types de régulateur doivent progressivement laisser place à un processus d'intégration des régulateurs sectoriels au sein du régulateur commun de la concurrence.
(79.00 euros, 892 p.)
ISBN : 978-2-336-29750-7, ISBN EBOOK : 978-2-296-53649-4

TAUX D'INTÉRÊT ET MARCHÉS FINANCIERS
Daniel Laurent, Ruimy Michel
Les taux d'intérêt ont récemment acquis une place centrale au sein des marchés de capitaux. Cet ouvrage vise à mieux cerner le «prix de l'argent» à travers trois axes : l'évolution de la place des taux d'intérêt dans l'économie, les impacts des fluctuations sur le comportement des ménages, des entreprises et de l'État ; et enfin le marché monétaire et la courbe des taux pour décrypter les dernières évolutions de la politique monétaire. Un ouvrage didactique, illustré par de nombreux exemples.
(Coll. L'esprit économique, série Cours Principaux, 22.00 euros, 226 p.)
ISBN : 978-2-343-00362-7, ISBN EBOOK : 978-2-296-53423-0

QUOTIDIEN (LE) DES BÂTISSEURS OU L'HISTOIRE HUMAINE D'UNE CONSTRUCTION
Revon Jacques - Préface de François Rebsamen
La philosophie dégagée à travers ce témoignage photographique se veut avant tout humaniste : un vrai patrimoine à transmettre et à faire découvrir. Les images (photos toutes réalisées par l'auteur) témoignent du travail et de l'engagement d'ouvriers, de compagnons, de cadres, tous en action, au rythme des saisons en toutes circonstances. Chaque chapitre aborde une étape de la vie d'un chantier : une phase de construction, un métier, une méthode, un événement de chantier, une cérémonie... (Nombreuses illustrations en couleur.)
(35.00 euros, 264 p.)
ISBN : 978-2-343-00100-5, ISBN EBOOK : 978-2-296-53419-3

INDUSTRIE (L') EN CALE SÈCHE – Matière premières : de la gestion des flux aux rapports de forces
Charles Thierry
À force d'abnégation les gueules noires des siècles passés ont permis le développement industriel de notre pays. «Il faut rappeler aux nations croissantes qu'il n'y a point d'arbre dans la nature qui, placé dans les meilleures conditions (...) puisse grandir et s'élargir indéfiniment» (Paul Valery, 1931) Pour l'avenir de l'industrie, la crise des matières premières et de l'énergie est mère de toutes les batailles. Quant aux choix qui s'offrent à nous, ils doivent désormais être considérés comme des choix de civilisation.
(21.00 euros, 206 p.)
ISBN : 978-2-336-00868-4, ISBN EBOOK : 978-2-296-53416-2

ART (L') DE DIRIGER ?
Lajous Olivier
L'art de diriger conduit à conjuguer de nombreux paramètres humains, techniques et financiers en vue de faire aboutir un projet dont les valeurs partagées assurent la cohésion de l'équipe qui le porte. Il suppose de la part des dirigeants la maîtrise de la savante alchimie entre savoir, savoir être, savoir-faire et faire savoir. L'autorité, le bonheur, l'esprit d'innovation, la gestion du temps et du sens sont autant d'ingrédients de cette alchimie qui fait les grands capitaines d'entreprise.
(Coll. Diplomatie et stratégie, 16.50 euros, 164 p.)
ISBN : 978-2-343-00175-3, ISBN EBOOK : 978-2-296-53352-3

UNE AUTRE IMAGE DE L'ORGANISATION – Mises en perspective analytiques
Castille Emmanuel, Cifali Mireille, Arnaud Gilles, Cerdin Jean-Luc, Dubouloy Maryse
Ouvrage coordonné par Emmanuel Castille - Préface d'Yvon Pesqueux
Interroger l'organisation avec les concepts de la psychanalyse n'est pas chose aisée. Lorsqu'il s'agit de comprendre l'implication de l'inconscient dans les actions, les décisions, les processus,

voire dans le déterminisme organisationnel au sens large, il est difficile de trouver une réponse. Comment voir l'organisation à l'échelle du savoir analytique ?
(Coll. Perspectives organisationnelles, 18.00 euros, 188 p.)
ISBN : 978-2-343-00602-4, ISBN EBOOK : 978-2-296-53445-2

FABRIQUE (LA) DU PRÊT-À-PENSER
Zerbib Romain
Comment les cabinets de conseil en stratégie procèdent-ils pour imposer leur offre sur les marchés ? Comment font-ils pour qu'au même moment la quasi-totalité des managers utilisent le même champ lexical, emploient la même pratique de gestion ? Cet ouvrage met en évidence les techniques pour y parvenir, en décryptant le protocole de production, de légitimation et de diffusion d'un dispositif de gestion au sein des médias spécialisés, des universités et des entreprises.
(Coll. Entreprises et Management, 18.00 euros, 170 p.)
ISBN : 978-2-343-00311-5, ISBN EBOOK : 978-2-296-53479-7

RESPONSABILITÉ (LA) SOCIALE DES ENTREPRISES MULTINATIONALES
Stratégies et mise en œuvre
Pestre Florent
L'auteur se plonge dans le fonctionnement interne des entreprises multinationales et dévoile les différents processus à l'œuvre entre les directions générales et leurs filiales. L'observation des pratiques de cinq entreprises françaises offre un véritable voyage d'études à travers les initiatives de lutte contre le sida de Lafarge en Afrique du Sud ou de celles contre la malnutrition de Danone en Pologne. L'ouvrage présente les différentes phases de la construction des stratégies de RSE.
(Coll. Entreprises et Management, 37.50 euros, 374 p.)
ISBN : 978-2-336-29291-5, ISBN EBOOK : 978-2-296-53291-5

MANAGEMENT (LE) STRATÉGIQUE, D'ABORD HUMAIN
De la maîtrise de l'intelligence individuelle à celle de l'intelligence collective
Delcroix Jean-Luc, Tisserand Isabelle - Préface de Michel Roger, ministre d'État de la principauté de Monaco
Aujourd'hui, le management en entreprise joue un rôle prépondérant dans les stratégies culturelles de développement global. La gestion des ressources humaines n'est-elle pas un art, une mission de confiance, d'autorité, de créativité ? Quels sont les impacts de la stratégie sur l'épanouissement et le bien-être du corps social ? La réussite économique n'est-elle pas le fruit d'un plan d'action qui replace l'humain au centre du dispositif de réussite ?
(Coll. Intelligence stratégique et géostratégie, 13.50 euros, 132 p.)
ISBN : 978-2-343-00302-3, ISBN EBOOK : 978-2-296-53275-5

MANUEL DES AFFAIRES – Ou traité théorique et pratique des entreprises industrielles, commerciales et agricoles
Courcelle Seneuil Jean-Gustave - Édition scientifique par Luc Marco
Jean-Gustave Courcelle Seneuil, économiste parisien ainsi que rédacteur spécialisé des notes de lecture sur le sujet des affaires dans la revue mensuelle *Le Journal des économistes*, fait le bilan économique de soixante-dix ans de révolution industrielle. En tant que témoignage exceptionnel de la pensée gestionnaire du XIXe siècle, ce livre est ici proposé dans une édition scientifique restituant les citations de l'auteur dans le contexte de l'époque.
(Coll. Recherches en Gestion, 40.00 euros, 388 p.)
ISBN : 978-2-343-00626-0, ISBN EBOOK : 978-2-296-53436-0

L'HARMATTAN ITALIA
Via Degli Artisti 15; 10124 Torino

L'HARMATTAN HONGRIE
Könyvesbolt ; Kossuth L. u. 14-16
1053 Budapest

L'HARMATTAN KINSHASA
185, avenue Nyangwe
Commune de Lingwala
Kinshasa, R.D. Congo
(00243) 998697603 ou (00243) 999229662

L'HARMATTAN CONGO
67, av. E. P. Lumumba
Bât. – Congo Pharmacie (Bib. Nat.)
BP2874 Brazzaville
harmattan.congo@yahoo.fr

L'HARMATTAN GUINÉE
Almamya Rue KA 028, en face du restaurant Le Cèdre
OKB agency BP 3470 Conakry
(00224) 60 20 85 08
harmattanguinee@yahoo.fr

L'HARMATTAN CAMEROUN
BP 11486
Face à la SNI, immeuble Don Bosco
Yaoundé
(00237) 99 76 61 66
harmattancam@yahoo.fr

L'HARMATTAN CÔTE D'IVOIRE
Résidence Karl / cité des arts
Abidjan-Cocody 03 BP 1588 Abidjan 03
(00225) 05 77 87 31
espace_harmattan.ci@hotmail.fr

L'HARMATTAN MAURITANIE
Espace El Kettab du livre francophone
N° 472 avenue du Palais des Congrès
BP 316 Nouakchott
(00222) 63 25 980

L'HARMATTAN SÉNÉGAL
« Villa Rose », rue de Diourbel X G, Point E
BP 45034 Dakar FANN
(00221) 33 825 98 58 / 77 242 25 08
senharmattan@gmail.com

L'HARMATTAN TOGO
1771, Bd du 13 janvier
BP 414 Lomé
Tél : 00 228 2201792
gerry@taama.net

Achevé d'imprimer par Corlet Numérique - 14110 Condé-sur-Noireau

www.ingramcontent.com/pod-product-compliance
Lightning Source LLC
LaVergne TN
LVHW011157061026
849535LV00003B/764